Uni-Taschenbücher 1646

UTB
FÜR WISSEN
SCHAFT

Eine Arbeitsgemeinschaft der Verlage

Wilhelm Fink Verlag München
Gustav Fischer Verlag Jena und Stuttgart
A. Francke Verlag Tübingen und Basel
Paul Haupt Verlag Bern · Stuttgart · Wien
Hüthig Fachverlage Heidelberg
Leske Verlag + Budrich GmbH Opladen
Lucius & Lucius Verlagsgesellschaft Stuttgart
Mohr Siebeck Tübingen
Quelle & Meyer Verlag · Wiesbaden
Ernst Reinhardt Verlag München und Basel
Schäffer-Poeschel Verlag · Stuttgart
Ferdinand Schöningh Verlag Paderborn · München · Wien · Zürich
Eugen Ulmer Verlag Stuttgart
Vandenhoeck & Ruprecht in Göttingen und Zürich

Werner Dahlheim

Die griechisch-römische Antike

Bd. 1 (UTB 1646)

Herrschaft und Freiheit:

Die Geschichte der griechischen Stadtstaaten

Bd. 2 (UTB 1647)

Stadt und Imperium:

Die Geschichte Roms und seines Weltreiches

Werner Dahlheim

Die griechisch-römische Antike

Bd. 1

Herrschaft und Freiheit: Die Geschichte der griechischen Stadtstaaten

3. Auflage

Ferdinand Schöningh

Paderborn · München · Wien · Zürich

Werner Dahlheim, geboren 1938, lehrt als ordentlicher Professor für Alte Geschichte an der Technischen Universität Berlin. Er ist Autor von Büchern zu Julius Caesar, zum römischen Völkerrecht, zur Herrschaftsordnung des Imperiums Romanum und zur Geschichte der römischen Kaiserzeit.

Die Deutsche Bibliothek – CIP-Einheitsaufnahme

Dahlheim, Werner:
Die griechisch-römische Antike / Werner Dahlheim. –
Paderborn; München; Wien; Zürich: Schöningh.

Bd. 1. Herrschaft und Freiheit: die Geschichte der
griechischen Stadtstaaten. – 3. Aufl. – 1997
(UTB für Wissenschaft: Uni-Taschenbücher; 1646)
ISBN 3-8252-1646-2 (UTB)
ISBN 3-506-99420-4 (Schöningh)
NE: UTB für Wissenschaft / Uni-Taschenbücher

3. Auflage 1997
(unveränderter Nachdruck der 2., durchgesehenen und aktualisierten Auflage 1994)

Gedruckt auf umweltfreundlichem, chlorfrei gebleichtem Papier (mit 50 % Altpapieranteil)

(Verlag Ferdinand Schöningh GmbH, Jühenplatz 1, D-33098 Paderborn)
ISBN 3-506-99420-4

Printed in Germany

Herstellung: Ferdinand Schöningh, Paderborn

Einbandgestaltung: Alfred Krugmann, Freiberg am Neckar

UTB-Bestellnummer: ISBN 3-8252-1646-2

Inhalt

Literaturverzeichnis

Vorwort zur 1. Auflage

Wer sich als Autor auf den Weg macht, eine Geschichte der Griechen zu schreiben, muß nicht lange ausholen, um sein Vorhaben verständlich zu machen. Die ungehemmt fortschreitende Spezialisierung aller historischen Disziplinen und der unermüdliche Fleiß ihrer Diener zwingen von Zeit zu Zeit, inne zu halten und die Konturen einer historischen Epoche sichtbar zu machen, die im allgemeinen (und richtigen) Verständnis ein unverzichtbares Stück europäischer Geschichte geblieben ist. Diese Einsicht hat für viele Generationen seit der Mitte des 18. Jahrhunderts zeitweilig Züge hymnischer Verehrung angenommen, so als ob den Griechen neben ihrer irdischen eine zweite, zeitlose und für alle Menschen vorbildliche Existenz eigen gewesen wäre. Die Historiker haben dies auf Dauer nicht hingenommen und die Griechen wieder in ihre eigene Welt zurückversetzt und sie ihre eigenen Erfahrungen machen lassen. Von ihnen handelt dieses Buch.

Wer heute als Leser eine Geschichte der Griechen in die Hand nimmt, weiß vieles nicht mehr, was noch seine Eltern ganz selbstverständlich auf der Schulbank lernten. Darüber zu jammern ist müßig, darauf als Autor zu achten, wichtiger. So macht es keinen Sinn mehr, den Homer oder die Tragödiendichter zu preisen und ihre Bedeutung für die Griechen und andere zu betonen, wenn man sie nicht selbst zu Wort kommen läßt und ihre Geschichten vorstellt. Geschichtsschreibung überzeugt zuallererst durch ihre Fähigkeit, längst Vergangenes mit Anschauung zu füllen; also muß sie auch bereit sein, jenseits aller Gelehrsamkeit das Abenteuer des menschlichen Lebens faßbar zu machen. Dies allerdings in Kenntnis des wissenschaftlichen Instrumentariums, der Tragweite systematischer Methoden und der Notwendigkeit, den behandelten Stoff theoretisch durchdringen zu müssen.

Jede Geschichtsschreibung stößt an Grenzen: Die entschiedenste ziehen die Quellen, denn dort, wo sie schweigen, ist auch das Geschäft des Historikers zu Ende. So wird es niemals gelingen, den bunten Alltag der Griechen in den Gassen ihrer Städte und damit den ungezwungenen, unmittelbaren Teil ihres Lebens zu rekonstruieren. Gewiß stößt der Spaten des Archäologen immer wieder auf erstaunliche Zeugnisse, und gewiß werden jährlich neue Inschriften und Papyri gefunden. Wirklich Neues enthalten nur ganz wenige Dokumente; die meisten passen in ein längst erörtertes und bekanntes Schema: Hier eine Grabinschrift, dort ein Ehrendekret, noch eine Quittung oder ein Kaufvertrag und – wenn es hoch kommt – ein literarisches Fragment. Alles dies verändert unsere Erkenntnisgrundlage nicht, lagert sich vielmehr in den Schichten der über 200 Jahre hin publizierten Texte ab. Man muß sich also bescheiden, obwohl die Phantasie die Mutter auch der Historie ist, wie bereits Mommsen wußte.

Stoff hat sie, allen Verlusten zum Trotz, genug und so viel, daß jeder Verfasser einer griechischen Geschichte weiß, daß er nicht alles Wissenswerte berichten kann. Er wird also seinerseits Grenzen ziehen und eine Auswahl treffen müssen. Um dabei den Verdacht völliger Beliebigkeit gar nicht erst aufkommmen zu lassen, muß die Auswahl einer Orientierung gehorchen. Diese wird in diesem Buch gegeben durch die Begriffe *Herrschaft* und *Freiheit* und durch die Beschränkung auf die Geschichte der Stadtstaaten. Denn die Stadt war es, die die Griechen als einzige Form politischer Organisation anerkannten, und Städte waren es, die Geschichte schrieben – sei es, daß sie innerhalb ihrer Mauern alle Möglichkeiten staatlichen Zusammenlebens erprobten und diskutierten, sei es, daß sie jenseits davon Herrschaft über andere aufrichteten und nach Formen suchten, dieser Dauer zu verleihen. Die griechischen Stämme vor allem in Mittel- und Nordgriechenland lebten im Schatten und gewannen erst unter den hellenistischen Königen ein besonderes Profil.

Das Gegensatzpaar – Herrschaft und Freiheit – verdeutlicht sofort, daß weder das eine noch das andere sich durchsetzte. Im Raum der Außenpolitik bestimmte das ständige Ringen gegeneinander mit unentschiedenem Ausgang das Schicksal der griechischen Städte. Die kleinen unter ihnen, die ihren politischen Willen immer nach dem eines stärkeren Nachbarn ausgerichtet hatten, lernten erst von anderen, mächtigeren, daß Freiheit ein hohes Gut sein kann, das zu verteidigen alle Anstrengungen lohnte. Der Gedanke, daß die souveräne Entscheidung über das eigene Schicksal substantieller Bestandteil des staatlichen Lebens sein müsse, ist erst auf dem langen, blutigen Weg der Kriege entstanden und auch nur dort zu suchen.

Innerhalb der Städte war die Freiheit ein nicht minder schwer erkämpftes und in Bürgerkriegen häufig wieder verlorenes Gut. Denn es war zu entscheiden, wem innerhalb der Bürgerschaft sie zustand – allen oder nur den Besitzenden – und in welchen Formen sie

sich dem staatlichen Herrschaftsanspruch anpasste. Der Seefahrer der Frühzeit hatte die absolute Freiheit, das heißt die Freiheit, die ihm seine persönliche Macht schuf; er lebte wie die mythischen Helden, von denen ihm Homer sang, Der Bürger des demokratischen Athen hingegen kannte Jahrhunderte später die Freiheit als Unterwerfung aller staatlichen Aktion unter seinen Willen, dem er die Gestalt von Gesetzen gab. Herrschaft war damit dem Prinzip nach aufgegeben: „Ein Wesenszug der Freiheit besteht darin, abwechselnd beherrscht zu werden und zu herrschen", beschrieb Aristoteles das Verhältnis zwischen Herrschaft und Freiheit.
Freiheit meint natürlich auch die Freiheit des Geistes, also die Ausbildung der Fähigkeit, mit Hilfe des gesungenen oder geschriebenen Wortes auf die Herausforderungen der Zeit antworten zu können. Der geistige Ausbruch aus der Tradition gehörte ebenso dazu wie die Wahl des richtigen Wortes und die Entscheidung, ob der Vers oder die Prosa, das Gedicht oder die Abhandlung, die Erzählung oder das Drama das geeignete Mittel ist.

Ich schulde Dank meiner Tutorin, Frau Dagmar Rempel. Sie hat mit scharfsinniger Kritik nicht gespart und zur Präzisierung vieler Überlegungen beigetragen.

Werner Dahlheim

Vorwort zur 2. Auflage

Die zweite Auflage beschränkt sich auf die Korrektur von Fehlern und Irrtümern. Wo nötig, wurden Belege nachgetragen. Das Literaturverzeichnis wurde gründlich überarbeitet und auf den neuesten Stand gebracht.

Berlin, im März 1994 Werner Dahlheim

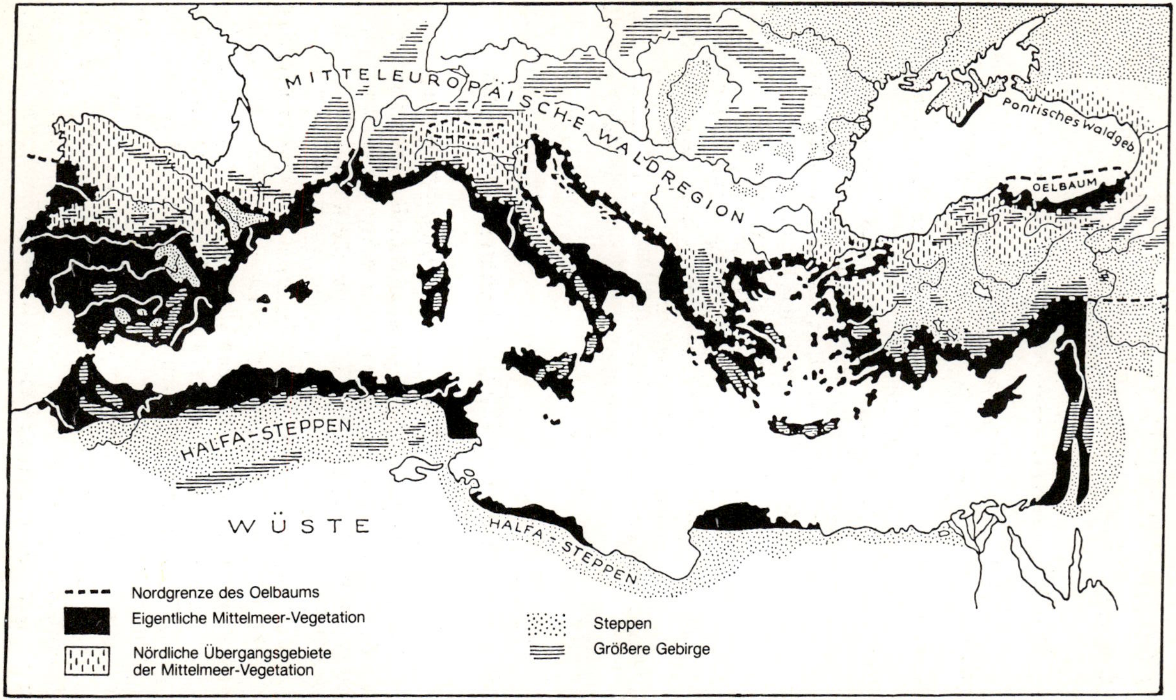

Vegetation des Mittelmeerraums Nach: Ernst Kirsten, Landschaft und Geschichte in der antiken Welt. Habelt-Verlag, Bonn 1984, S. 219.

I. Ursprung und Beginn der griechischen Geschichte

um 2800-2000	Entstehung einer eigenständigen Kultur auf Kreta.
um 2000-1450	Zeitalter der großen Palastherrschaften von Knossos, Phaistos, Mallia und Zakros.
um 1850-1600	Einwanderung indogermanischer Stämme in Griechenland.
1600-1200	Die mykenische Kultur im griechischen Mutterland. Die archäologischen Funde sprechen von einer zentral verwalteten Gesellschaft, über die Könige herrschten.
um 1200	Einbruch der „Seevölker" in das östliche Mittelmeer („Ägäische Wanderung").
bis 800	Ankunft neuer indogermanischer Völker in Griechenland; Besiedlung der ägäischen Inseln und der Westküste Kleinasiens.

1. Das Land und die äußeren Lebensbedingungen

Die antiken Griechen nutzten nach einer langen Geschichte fortwährender Landnahmen einen geographischen Raum, der sich nahezu über das ganze Mittelmeergebiet erstreckte. Zunächst umfaßte er Mittelgriechenland, die Peloponnes und die sie umgebenden Inseln, die Ägäis und ihre Ostküste, sowie die großen Inseln Rhodos, Kreta und Teile Zyperns. Dann, als griechische Kolonisten über das Meer fuhren, dehnte er sich auf die Küsten der nördlichen Ägäis, der Dardanellen und des Schwarzen Meeres aus. Seit dem Ende des 7. Jahrhunderts schließlich siedelten Griechen auch an den Küsten Siziliens, Unteritaliens (bis hinauf nach Kyme und den Golf von Tarent), Südfrankreichs, Spaniens und der Cyrenaika. Überall konzentrierten sie sich auf die Schwemmlandgebiete der Flußmündungen. Sie lebten dort nicht viel anders als die in der alten Heimat Gebliebenen: Als Bauern von der eigenen Hände Arbeit (oder derer von Hörigen), für die Handel und Gewerbe immer nur an zweiter

Stelle kamen und denen in der nächst gelegenen Stadt lebende Nachbar eher Feind als Freund war.

Die scheinbare Weitläufigkeit des besiedelten Landes, das doch nur die schmalen Küstenstreifen erfaßte, hat die Griechen selbst immer wieder in Staunen versetzt: „Es ist schon großartig, daß wir Griechen vom Phasis (also dem südöstlichen Winkel des Schwarzen Meeres) bis zu den Säulen des Herakles (d. h. die Straße von Gibraltar) nur um das Meer herumsiedeln wie Ameisen und wie Frösche um einen Teich sitzen", wunderte sich noch Platon (*Phaidon* 109b).

Das Kerngebiet, das die Griechen seit dem Ende des 2. Jahrtausends und dauernd bewohnten, ist der südliche Vorsprung der Balkanhalbinsel, von der Wasserscheide zwischen Donau und dem ägäischen Meer bis Kythera, gelegen vor der Südspitze der Peloponnes. Das Gebiet ist klein (rd. 130.000 qkm), aber wie kein anderes in Europa durch lange und zerklüftete Küsten mit dem Meer verbunden. Das Land wird von Gebirgsketten durchzogen, die bis zu 3000 m aufsteigen und ins Meer vorstoßen. Sie schnüren die Ebenen ein und lassen ihnen und den Talkesseln nur wenig Raum. Dort liegen die wenigen, tiefer ins Land hinein ragenden Schwemmländer der großen Flüsse: So in der Argolis, in der Ebene von Athen, an der peloponnesischen Westküste in Elis und Achaia, in Lakonien im Tal des Eurotas, in Mittelgriechenland im Tal des Spercheios und auf Kreta in der Messara-Ebene.

Die Verbindung zwischen den einzelnen Landschaften ist oft – trotz häufig unsteter und widriger Winde – nur zur See oder über für Mensch und Tier halsbrecherische Steilpfade möglich. Menschen, die in einem solchen Land leben, erscheint der Blick auf eine Ebene, deren Grenze das Auge nicht mehr oder nur kaum wahrnehmen kann, wie ein Naturwunder. Thaumakoi hieß denn auch eine Stadt am Nordhang des Othrysgebirges, da sie dieses Wunder gewährte: „Sie liegt, wenn man von den Thermophylen und dem Golf von Malis über Lamia kommt, auf der Höhe in dem Paß und ragt über dem Teil Thessaliens auf, den man Koile nennt. Wenn man diese zerklüftete Gegend und die den Windungen der Täler folgenden Wege durchschritten hat und zu dieser Stadt gelangt ist, breitet sich plötzlich wie die Fläche des weiten Meeres die Ebene in ihrem ganzen Umfang vor einem aus, so daß man mit den Augen nicht leicht eine Grenze des Landes finden kann, das einem zu Füßen liegt. Nach diesem wunderbaren Blick heißt die Stadt Thaumakoi" (Livius 32,4,4 nach Polybios).

Die Ägäis wird auf drei Seiten von ähnlich gearteten Festlandküsten und im Süden von Kreta, Karpathos und Rhodos begrenzt. Sie ist mit Inseln dicht übersät und diente daher als Brücke zu den Ländern Kleinasiens und des Vorderen Orients. Hier kam alles Gute und alles Böse über das Wasser, seit die griechischen Siedler im 9. Jahrhundert v.Chr. die Inseln eine nach der anderen in Besitz genommen hatten: Athen machte sie im 5. Jahrhundert zu seinem Paradeplatz, gotische Flotten überwanden 268/9 n.Chr. zum erstenmal die Dardanellen und stießen plündernd nach Süden vor, Byzanz wehrte hier in der 2. Hälfte des 7. Jahrhunderts die nach Norden drängenden Kriegsschiffe der islamischen Kapitäne ab. So blieb das ägäische Meer noch für Jahrhunderte eine griechische See, aber keine Insel war sich ihrer nächsten Zukunft je sicher. Als 1669 die kretische Hauptstadt Candia in türkische Hände fiel, endeten lange Jahrzehnte schwerer Kriege und Raubzüge mit der Herrschaft des türkischen Halbmondes.

Das Klima des Landes ist mediterran: Jeden Sommer zieht sechs Monate lang die trockene Saharaluft nach Norden, und erst ab Oktober setzen sich ozeanische, mit Feuchtigkeit gesättigte Tiefs durch. Wasser ist eine Seltenheit und daher kostbar. Das Land war und ist arm: Weniger als ein Drittel ist landwirtschaftlich überhaupt nutzbar. Seine Bauern konnten nur engräumige (im Inneren z.T. sumpfige) Täler und Küstenebenen zum Anbau von Weizen und Gerste nutzen. Sie bearbeiteten mit starren Holzpflügen und Handhacken einen kargen, dünnen Boden, der bei starken Regenfällen von den Berghängen rutschte; diese wurden zudem häufig abgeholzt oder Ziegen fraßen die Schößlinge, bevor sie heranwuchsen, so daß keine Wurzeln die karge Erde festhalten konnten. Das war schon zu Platons Zeiten so, der beklagte, daß im Vergleich zu früher „nur der hagere Leib des Landes zurückblieb" (Kritias 111 A–D). Die Bauernhöfe waren zumeist klein und ernährten nur die Familie. Als die Bevölkerung im 8. Jahrhundert zunahm, waren viele Städte gezwungen, Getreide zu importieren und den Anbau von Oliven und Wein zu fördern, für die sich noch Märkte finden ließen.

Das Gebirgsland gehörte den Hirten, deren Schaf- und Ziegenherden über Hänge und Schluchten getrieben wurden. Viele wanderten mit ihren Tieren im späten Frühjahr aus den heißen Tälern in die frischeren Berge und kehrten im Herbst zurück, sobald der erste Winterregen das Gras wieder sprießen ließ. Die Zucht von Großvieh (Pferde und Rinder) war nur möglich, wenn Wiesen zur Verfügung standen. In Makedonien und Elis hat es sie gegeben; nicht zufällig ließ die Sage gerade dort Herakles den Rinderstall des Königs Augias reinigen.

Die Härte der Natur im Landesinneren, wo die Berge beinahe bis zur Grenze des ewigen Schnees aufsteigen, milderte nur der Mythos. Er siedelte die Götter eben dort an, wo das menschliche Leben nicht zu erhalten war. Über den Wolken des Olymp versammelten sie sich: Auf dem Parnassos herrschte Dionysos mit den Mänaden, an seinem Südhang Apoll als der Herr von Delphi, und auf dem Helikon in Böotien tanzten die Musen; das unwirtliche, von Hirten durchzogene Arkadien gar, in dessen Wäldern Herakles den erymantischen Eber gejagt hatte, verklärten die späteren römischen Dichter zur paradiesischen Landschaft, während in der rauhen Wirklichkeit die schiere Not die kleinen arkadischen Städte längst zu Steinhaufen zwischen Wald und Weide hatte verkommen lassen (vgl. Pausanias, Beschreibung Griechenlands, Buch 8).

Das Meer trug mit seinem Fischreichtum zur Ernährung der Bevölkerung bei. Der Speisezettel war immer reich an Fisch und arm an Fleisch; wenn die von Homer liebevoll beschriebenen Helden gemeinsam gewaltige Fleischberge vertilgten, zeugt das nur von den wenigen Festschmäusen des Jahres. Über das Meer, das mit unzähligen Buchten tief in das Land eingreift, und nicht auf den wenigen Bergpässen bewegte man sich fort, von einer Talbucht und Küstenlandschaft zur nächsten.

Wer seine soziale Situation verbessern wollte, befuhr das Meer, häufig als Kaufmann, nicht selten als Seeräuber. Thukydides bestätigte am Ende des 5. Jahrhunderts, was bereits die homerischen Helden, allen voran Odysseus, bewegte: „Kaum hatten sie begonnen, mit Schiffen zueinander hinüberzufahren, verlegten sie sich auf den Seeraub. Dabei waren es gerade die tüchtigsten Männer, die sie anführten, zu eigenem Gewinn und zum Lebensunterhalt der Schwachen" (1,5).

Für die meisten Griechen hing das Überleben in der Tat von der Beherrschung des Meeres ab. Ihre Geschichte ist daher zum einen die Geschichte eines Volkes, das das Meer befuhr und auf ihm kämpfte, um die wichtigsten Seestraßen kontrollieren zu können, über die allein auch Invasionen fremder Mächte zu fürchten waren. Zum anderen ist sie die Geschichte eines in eine Vielzahl kleiner Staaten zersplitterten Landes, dessen geographische Beschaffenheit die Gründung größerer politischer Einheiten erschwerte. Von Zeit zu Zeit mochte es gelingen, einzelne Staaten dem Herrschaftswillen agressiver und mächtiger Nachbarn zu unterwerfen – aber selbst dann beharrten sie zäh und letztlich meist erfolgreich auf ihrer politischen Selbständigkeit und den Bestand ihrer der Tradition verpflichteten Einrichtungen.

2. Kreta: Die Minoische Welt des dritten und zweiten Jahrtausends

Die Grundlagen der historischen Rekonstruktion

Kreta, rd. 250 x 34 km groß, bildet den Südrand der ägäischen Welt. Die Insel ist durch drei große, jeweils über 2000 m hohe Gebirgszüge – Leuka im Westen, Ida in der Mitte und Dikte im Osten – und viele Gebirgsmassive stark gegliedert. Sie begrenzen zahlreiche kleine Ebenen, Täler und für den Ackerbau geeignete Terrassen, die eine vielfältige landwirtschaftliche Nutzung ermöglichten. Griechen und Römer rühmten denn auch die Insel wegen ihrer Eichen- und Zypressenwälder, ihrer fruchtbaren Weiden im Binnenland und ihrer hohen Wein- und Ölkultur. Im Unterschied zum Süden, wo die Berge steil und zerklüftet ins Meer fallen, begünstigte das Nord- und Ostufer mit seinen geschützten Stränden die Entwicklung des Seehandels, der sich dementsprechend vorwiegend nach Norden und Osten und nicht nach Ägypten orientierte.
Die Bezeichnung der auf Kreta zwischen 2500 und 1300 herrschenden Hochkultur als „minoisch" ist modern. Pate bei dieser Begriffsbildung stand die mythische Erinnerung der Griechen. Sie erzählten von König Minos, dem mächtigen Herrn eines kretischen Seereiches, seinem Baumeister Dädalos und seiner schönen Tochter Ariadne, die den Athener Theseus liebte und diesem den Weg durch das Labyrinth des Minotauros wies. Eine historische Auswertung dieser und einer Fülle anderer griechischer Legenden ist nicht möglich. Die Griechen wußten von den Kretern der Frühzeit weniger als wir Heutigen, denen der Spaten der Archäologen seit dem Ende des 19.Jahrhunderts die Kultur der Minoer neu erschloß. Diese kannten zwar die Schrift, jedoch enthalten ihre Zeugnisse nur eine eng begrenzte Botschaft. Seit etwa 1800 existierte eine überwiegend aus Silbenzeichen bestehende Schrift, die der Ausgräber von Knossos, Arthur Evans, *Linear A* nannte; seit etwa 1450 entwickelte sich daraus *Linear B*. Diese fand sich im Unterschied zu *Linear A* auch in den mykenischen Palastburgen des griechischen Festlandes (z. B. Pylos), auf Kreta jedoch allein in Knossos.

Soweit diese in größerem Umfang nur auf kleinen Tontäfelchen erhaltenen Schriftzeugnisse lesbar sind, enthalten sie eintönige und kurze Auflistungen von Abgaben, Opfern, Besitztümern und Lebensmittelzuteilungen. Im Gegensatz zu den anderen Hochkulturen des Alten Orients fehlen erzählende Darstellungen, Tatenberichte oder Rechtssatzungen ebenso völlig wie steinerne Monumentalinschriften. Die Tontafeln sprechen also allein von den Bedürfnissen einer zentralen Verwaltungsbehörde, nicht jedoch von den Menschen und ihrer sozialen und politischen Lebensordnung. Sie öffnen daher nur ganz eingeschränkt den Zugang zur Geschichte des minoischen Volkes, dessen schöpferische Fähigkeiten sie allerdings bereits durch ihr Vorhandensein bezeugen.
Somit bleiben als einzig tragfähige Grundlagen der historischen Rekonstruktion die Siedlungsgeographie und die materiellen Überreste. Die noch erhaltenen Bauten, Brand- und Zerstörungsschichten, Gräber und Bestattungsformen, Veränderungen der Waffentechnik, Keramik, bestimmte Typen bildlicher Darstelllung sowie die Größe, Lokalität und Verbreitung menschlicher Siedlungen sind die Materialien, deren Interpretation allein die untergegangene Welt der minoischen Kreter der Vergessenheit entreißen kann.

Die Geschichte des minoischen Kreta

Größe, Lage und Fruchtbarkeit der Insel boten die Voraussetzung für die Entstehung einer eigenen Kultur und einer weitgehend selbständigen Geschichte, die bis in die neolithische Zeit zurückreicht und erst mit der Eingliederung in das Weltreich der Römer in den Jahren 68-65 v.Chr. zu Ende ging. Anders als die Griechen, die seit dem Beginn des 1.Jahrtausends die ganze Insel in Besitz nahmen, konzentrierten sich die Kreter des 3. und 2.Jahrtausends auf den Zentral- und Ostteil der Insel, obwohl der Westen ebenso fruchtbar und sogar wasserreicher ist.
Über die Anfänge der minoischen Welt sagt die Siedlungsgeographie, daß die ersten bedeutenden Siedlungen zunächst im Osten der Insel wuchsen und sich von dort auf das Zentrum hin ausdehnten. Die wirtschaftliche Basis des Aufstiegs und des Bevölkerungswachstums wurde eine intensive Nutzung des Wein- und Ölanbaus; aus den Reichen des Alten Orients kam die Metallbearbeitung hinzu. Beide Faktoren förderten Arbeitsteilung, Warenaustausch und Vorratshaltung, was wiederum zur sozialen Differenzierung und zur Ausbildung einer zentralen politischen Gewalt führte. Damit

waren am Ende des dritten Jahrtausends die Voraussetzungen für den Bau großer Palastanlagen geschaffen, in denen sich künftig alle politische, wirtschaftliche und kulturelle Macht konzentrieren sollte.

Bis heute gefunden und ausgegraben wurden vier große Paläste: Knossos, Mallia und Zakros im Norden und Osten, Phaistos mit Hagia Triada im Süden, das die über 40 km lange und 6-12 km breite Messaraebene beherrschte. Alle diese Anlagen folgten einem einheitlichen Muster: Um einen immer rechteckigen und von Norden nach Süden orientierten Mittelhof gruppierten sich verschiedene Räume; an der Westfassade schloß sich ein weiterer, keiner architektonischen Norm verpflichteter Hof an. Um die Paläste herum entstanden planmäßig angelegte große Städte; für Knossos z. B. errechneten die Ausgräber eine Bevölkerung von rd. 80.000 Menschen. Befestigungen sind nirgends erkennbar; die Herren der Paläste haben also ganz anders als die Burgherren von Mykene, Tiryns und Pylos auf dem griechischen Festland friedlich nebeneinander gelebt, und sie fürchteten weder innere Aufstände gegen ihre Herrschaft noch äußere Angriffe.

Die großen Paläste spiegeln das Ausmaß der politischen und sozialen Konzentration von Macht, der sie ihre Entstehung verdankten. Ihre Regenten, vermutlich mit sakralen Würden ausgestattete Könige, lenkten die gesamte Bevölkerung der Insel. Sie lebten – darin den späteren europäischen Fürsten durchaus ähnlich – inmitten ihrer Untertanen, kontrollierten das gesamte Wirtschaftsleben, teilten Waren und Arbeitskräfte zu und bildeten den glanzvollen Mittelpunkt des religiösen und gesellschaftlichen Lebens. In ihren Palästen entfaltete die Kultur ihren zeitlosen Charme: Die virtuosen Wandfresken, die Beschwingtheit der Vasenmalerei, die eleganten barbusigen Hofdamen in ihren breit ausladenden Röcken, die todesverachtende Akrobatik der kultischen Stierspringer und der Reichtum an Schmuck und Kleinkunst zeugen von einer lebensfrohen und friedlichen Hofhaltung.

Um 1750 zerstörten Erdbeben zum erstenmal die kretischen Paläste. Der Wiederaufbau erfolgte jedoch rasch und vor allem in Knossos noch prächtiger und monumentaler als zuvor; der dort errichtete neue Palast bedeckte eine Fläche von 20.000 qm, und seine riesigen Magazine waren geräumiger als die der anderen Paläste zusammen. Daraus läßt sich eine gewisse Vormachtstellung der Fürsten von Knossos ableiten, die wohl am tatkräftigsten ihre zerstörte Macht restauriert hatten. Die Beziehungen zur Außenwelt

und vor allem zum griechischen Festland wurden intensiver: Die Zivilisation der mykenischen Burgen verband sich so eng mit der kretischen Tradition, daß heute rückblickend der zusammenfassende Epochenbegriff „Minoisch-Mykenisch“ gebraucht werden kann. In der Ägäis sind es insbesondere die seit 1967 auf der Insel Thera (heute: Santorin) gemachten Funde, die minoische Siedlungen außerhalb Kretas belegen. Auf den dort entdeckten Fresken finden sich die wichtigsten Zeugnisse einer hoch entwickelten Schiffstechnik, die Handelsbeziehungen bis in die Reiche des Alten Orients (vor allem Syrien und Ägypten) möglich machte.
Irgendwann um 1500 riß ein gewaltiger Vulkanausbruch die Insel Thera buchstäblich in Stücke. Die dadurch ausgelösten Flutwellen trafen die 100 km entfernte Nordküste Kretas und richteten schwere Verwüstungen an. Was verschont blieb, fiel den folgenden Erdbeben zum Opfer. Die Paläste von Mallia, Zakros und Phaistos versanken für immer im Schutt. Allein Knossos widerstand; es mußte sich jedoch mykenischen Eroberern beugen, die Zentralkreta bis um 1350 beherrschen konnten. Aber auch diese letzte Blütezeit endete mit einer Katastrophe. Neue Erdbeben oder Bürgerkriege vernichteten jetzt Knossos und vertrieben die mykenischen Herren aus Kreta. Auch danach ging das Leben auf der Insel gewiß weiter, aber es versank in das Dunkel einer prähistorischen Zivilisation ohne Schrift, ohne große Steinarchitektur und ohne Bildkunst und Plastik.
Der um 1230 einsetzende große Völkersturm, der in Mittelgriechenland und auf der Peloponnes den Zusammenbruch der mykenischen Kultur bewirkte (s. u. S. 26), verurteilte in Kreta zum Untergang, was sich an eigenständiger Kultur über die Wirren der Zeit gerettet haben mochte. Die Welt, die in den ersten drei Jahrhunderten des ersten Jahrtausends von den einwandernden dorischen Stämmen aufgebaut wurde, hatte mit der zerstörten der minoischen Zeit nichts mehr gemeinsam. Diese stand bei aller Eigenständigkeit den zentral gelenkten und bürokratisch verwalteten Reichen des Alten Orients viel näher als der Stadtkultur der griechischen Einwanderer, die nichts mehr vom Glanz der minoischen Kultur und dem Elend ihres Sturzes wußten und ihre eigene Welt jenseits dieser Tradition schufen.

3. Griechenland: Die Mykenische Welt des zweiten Jahrtausends

Um die Mitte des 2. Jahrtausends begann die kretische Kultur auf das griechische Festland einzuwirken. Dies fiel zusammen mit dem Zustrom neuer ethnischer Gruppen, die Homer rückblickend *Achaier* nannte. Die Siedlungsgeographie und die archäologischen Funde zeigen, daß die neuen Herren Griechenland in Fürstentümer aufteilten: Das mächtigste bildete sich in Mykene aus, dessen Fürst der späteren griechischen Sage nach die Oberhoheit in der Argolis ausübte; die gefundenen riesigen Kuppelgräber und das auf Mykene ausgerichtete Straßennetz bestätigen dies. In Messenien stand an der Westküste der Palast von Pylos, nördlich davon, im späteren Triphylien, schloß sich die Herrschaft des sagenhaften Nestor an. In Mittelgriechenland erhoben sich Burgen auf der Akropolis von Athen und in den späteren böotischen Städten Theben und Orchomenos; weiter im Norden an der Küste Thessaliens lag das legendäre Jolkos (heute: Volos).

Die dortigen Burgen, seit ca. 1400 umschlossen von gewaltigen Mauerringen, sprechen zusammen mit den Grabfunden (Waffen und Darstellungen von Streitwagen) von einer hierarchisch gegliederten Kriegeraristokratie, die von einem König geführt wurde. An zahlreichen Orten rings um das Mittelmeer fanden die Archäologen große Mengen der für jene Zeit typischen Keramik, so daß weitreichende Handelsbeziehungen der mykenischen Fürsten anzunehmen sind.

Das politische und soziale Gesicht dieser Welt der Fürsten und Paläste erkennen wir nur in Umrissen. Die Entzifferung ihrer Schrift (*Linear B*) hat keine überzeugenden Antworten auf die Fragen nach der Gesellschaftsstruktur oder gar den Lebensbedingungen der kleinen Leute geben können. Die beschriebenen Tontäfelchen, in den Flammen der untergehenden Paläste um 1200 gebrannt (und nur deshalb überhaupt erhalten), stammen aus den letzten Wochen vor der Katastrophe und sind daher nur Momentaufnahmen einer jahrhundertealten Ordnung. Sie enthalten zudem – vorausgesetzt, ihre Entzifferung unter der Prämisse, es handle sich um einen griechischen Dialekt, ist richtig – nur eintönige Inventare, Personallisten und Opferanweisungen. Zusammen mit den stummen Zeugnissen der Architektur lassen sie die Schatten einer Zivilisation erkennen, die von einer Palastbürokratie zentral verwaltet und von der um den König und die Burgen gruppierten Kriegeraristokratie beherrscht wurde.

Wie die minoische Geschichte Kretas gehört auch die mykenische Geschichte Griechenlands in den größeren Zusammenhang der Staatenwelt des Alten Orients. Die mykenischen Fürsten und ihre Untertanen sind mit den zentral regierten und bürokratisierten Gesellschaften im nördlichen Syrien und in Mesopotamien weit mehr verwandt als mit den Bürgern der griechischen Städte des ersten Jahrtausends. Erhalten blieben ihre technischen Fertigkeiten in der Landwirtschaft und der Metallverarbeitung. Politik, Wirtschaft und Kultur hingegen verschwanden und wurden von einer neuen, grundverschiedenen Gesellschaftsordnung abgelöst.

Der Untergang der mykenischen Welt erfolgte nicht plötzlich, und ihre Fürsten erlitten nicht das Schicksal, das die assyrischen Könige in wenigen Jahren, 614-606, ins Nichts stürzen ließ, als eine große Koalition von Medern und Chaldäern ihre Hauptstädte Assur und Ninive berannte. Mykene verließ die historische Bühne zwischen 1200 und 1000 v.Chr. fast lautlos. Die einzelnen Phasen des Abschieds sind im Dunkel der schriftlosen Zeit nur schwach erkennbar: Zuerst ging die Technik der Schreibkunst verloren, dann verschwanden einige Siedlungen, andere wurden verlegt oder richteten sich in den Trümmern einstiger Größe auf ein neues und nunmehr armseliges Leben ein. Die Bevölkerungszahl sank, obwohl nach dem Niedergang der alten Machtzentren Neueinwanderer aus dem Norden seßhaft wurden. Es waren dies vornehmlich dorisch sprechende, griechische Stämme, von denen niemand mit Gewißheit sagen kann, ob sie aus dem Norden der Balkanhalbinsel oder von weit außerhalb kamen.

Am Ende dieser Entwicklung jedenfalls war der kulturelle Zusammenhalt, der die Überlebenden und die Neuankömmlinge mit den alten mykenischen Palastzentren einmal verbunden hatte, zerrissen. Die neuen, zu lang anhaltender Armut verurteilten Siedlungen hatten nur noch die Möglichkeit, ihren Weg in eine bessere Zukunft aus eigener Kraft und eigener Einsicht zu finden.

Die Ursachen, die den mykenischen Palästen die Kraft zum Überleben nahmen, sind angesichts der allein auswertbaren archäologischen Zeugnisse nicht auszumachen. Die zuständigen Gelehrten, auf ihr Spezialistentum seit langem stolz, diskutieren drei Möglichkeiten:

- Die Zerstörung der mykenischen Burgen und Paläste durch Naturkatastrophen; insbesondere in der Argolis und in Messenien sollen Erdbeben die Lebensgrundlagen zerstört haben.

- Die Vernichtung der mykenischen Kultur durch einfallende Stämme aus dem Norden (*Seevölker* nach der Aussage der ägyptischen Quellen), die seit der Mitte des 13. Jahrhunderts den gesamten östlichen Mittelmeerraum verheerten. Einige von ihnen waren auf der Suche nach Land bis nach Ägypten vorgedrungen und hatten dort als „Krieger des großen Meeres des Nordlandes" Furcht und Schrecken gesät; andere hatten Kleinasien überfallen und das Hethiterreich, Ugarit, Charkemisch, Aleppo und andere Städte zerstört und das Gebiet der Levante verwüstet. Ihre Spuren hat die Zeit nahezu vollständig verweht; nur der Stamm der Peleset (Philister) konnte sich an der Wende vom 12. zum 11. Jahrhundert im südwestlichen Palästina behaupten, wo seine Agressivität die israelitischen Stämme unter Saul zum militärischen und politischen Zusammenschluß zwang.
- Konflikte und Kriege der mykenischen Hochburgen gegeneinander, denen sich auf Dauer die komplizierte Palastwirtschaft der mykenischen Könige nicht gewachsen zeigte.

Am wahrscheinlichsten ist immer noch die Vorstellung, daß durchziehende Scharen der Seevölker die wichtigsten Paläste (Ausnahme: Athen) der unvorbereiteten Mykenäer brandschatzten und das Land auf dem Seeweg wieder verließen. Die geschlagen Zurückgebliebenen konnten die Trümmer ihrer zentralisierten Herrschaftsorganisation nicht mehr zusammenfügen und verloren die Legitimation, sich weiter als Könige zu gebärden. Damit barst zugleich die wichtigste Säule der gesellschaftlichen Ordnung, die einer zentralen Verwaltungs- und Kontrollbehörde nicht entraten konnte. Am Ende stand das soziale Elend, wuchs Gras auf den zerstörten Burghügeln von Mykene, Tiryns und Pylos, überlebten nur wenige in kleinen dörflichen Gemeinschaften. Und schließlich schwand auch die Erinnerung an Fürsten, Paläste, an Schiffe, an weitgespannte Beziehungen bis nach Kreta, Kleinasien und Sizilien, nachdem die Kenntnis der Schrift, die Zeugnis von großen Tagen für spätere Generationen hätte bewahren können, bereits verloren war.

4. Die Einwanderung neuer Völker zu Beginn des ersten Jahrtausends und der Zerfall ihrer stammesstaatlichen Ordnung

Die Wanderungen: Ihre Ziele und Folgen

In Griechenland folgten den *Seevölkern* in mehreren Schüben vor allem dorisch sprechende Stämme, die die vorgefundene Bevölkerung teils versklavten – so vor allem in Thessalien und auf Kreta –, teils das Land mit ihr teilten; Attika und Euboia blieben im Besitz der alten Bewohner.

Die nach dem Untergang der mykenischen Welt neu entstehenden Siedlungen sind vor allem durch Keramikfunde bezeugt; an einigen Orten – z. B. in Asine in der Argolis und in Lefkandi auf Euboia – stieß der Spaten der Archäologen auf Gräber mit kostbaren Beigaben und auf besonders große und vergleichsweise prächtig ausgestattete Häuser, die in der Mitte des Ortes lagen. Auf solche Häuser und ihre Herren waren offenbar die Wirtschafts- und Lebensformen der Dörfer ausgerichtet, und der Status ihrer Bewohner wurde durch die Zugehörigkeit zur Familie des Hausherrn bestimmt. Aber noch für lange Zeit wurden viele dieser Siedlungen wieder aufgegeben, und es entstanden anderswo neue, ohne daß sich das Sozialgefüge und die Lebensbedingungen verändert hätten.

In der ersten Hälfte des 8. Jahrhunderts wuchsen hie und da Zentren, die viele Dorfgemeinschaften an sich binden konnten. Es waren insbesondere Kultorte wie Dodona, Delphi und Olympia, deren mächtige Götter und große Tempel Pilger aus dem gesamten bis an die kleinasiatische Küste reichenden Siedlungsgebiet anzogen. Andere Ortschaften ordneten sich kleinere Siedlungen unter. Ihre dichten und wachsenden Wohnsiedlungen, ihre Tempelanlagen und ihre Versammlungsplätze zeugen davon, daß sie zu Zentren der umliegenden, dörflich besiedelten Ebenen aufgestiegen waren.

Viele, die Nachfahren der mykenischen Griechen wie Teile der neu zugewanderten Stämme, flohen in den folgenden zwei Jahrhunderten (11.-9. Jahrhundert) aus dem Chaos des Völkersturms in eine neue Heimat: Auf Schiffen gelangten sie zu den Kykladen, nach Kreta, die Inseln vor der kleinasiatischen Küste und an diese selbst, wo sie das griechische Ionien begründeten (sog. *Ionische Wanderung*). In diesen *Dunklen Jahrhunderten*, in die kaum ein historisches Zeugnis Licht wirft, mußten sie das Meer mit den Phoinikern

teilen, die vor allem die nordwestafrikanische Küste kolonisierten und (um 814) Karthago gründeten (s. S. 52).
Die in Griechenland einwandernden Stämme waren ursprünglich Großstämme, zusammengeführt durch die unbekannte Not, die sie aus der alten Heimat vertrieben hatte; zu vergleichen sind sie etwa mit den Sachsen und Franken, die sich am Ausgang der Antike aus einer Vielzahl von Kleinstämmen zwischen Rhein und Elbe gebildet hatten, bevor sie nach Westen vorstießen. Hier wie dort war das Ziel der Wanderung die Landnahme, so daß sich die künftige politische Ordnung der Stämme nach diesem elementaren Bedürfnis ausrichten mußte. Geführt wurden sie von Kriegshäuptlingen, deren Macht von ihrem militärischen Erfolg und von der Eroberung siedlungsfähigen Landes abhing. Daher konnten sie ihre monarchische Stellung nach der Seßhaftwerdung nur dort bewahren, wo die äußere Bedrohung den weiteren Zusammenhalt erzwang (wie in Makedonien und Epirus) oder einen neuen notwendig machte (wie in Sparta, s. S. 133).
Die spätere Besiedlungsstruktur beweist, daß nur wenige dieser großen Stämme überdauerten. Die besondere Lage Griechenlands lud dazu auch nicht ein: Das Land ist von Norden her schwer zu erreichen, da keine Heerstraßen über das Balkanmassiv in das nördliche Griechenland führten. Die Eindringlinge konnten sich daher im Gebirge über schwierige Pässe nur langsam vorwärts bewegen, so daß nicht vielköpfige Kriegerscharen Griechenland erobert haben, sondern allmählich und schrittweise einsickernde Familien und Stämme. Häufig spalteten sich die Großstämme also bereits auf ihrem Marsch nach Süden, und viele Einwanderergruppen werden in abgeschiedenen Tälern über Jahre hin ihre Kräfte neu gesammelt haben, bevor sie erneut ihr Glück versuchten. So zerfiel auch der dorische Erobererverband, von dem die spätere Geschichte nur die Spartaner, Messenier, Argiver und die Nordwestgriechen kennt. Mit der Besitznahme der engräumigen Talkessel und Küstenebenen gewannen die Interessen der seßhaft gewordenen Kleingruppen das Übergewicht über den alten Gesamtverband, der nur noch hie und da bei großen religiösen Festen wieder zum Leben erwachte.
Wie gründlich die Ordnung der Wanderungszeit beseitigt werden konnte, veranschaulicht die Geschichte der Argolis. Die griechische Sage sprach von der Rückkehr der Herakliden, wenn sie die Geschichte der Peloponnes meinte, und sie erzählte, daß die Nachkommen des großen Helden Herakles, beginnend mit seinem Sohn

Hyllos, eine Reihe vergeblicher Versuche gemacht hätten, in die Peloponnes einzudringen. Erfolg aber sei erst den Urenkeln beschieden gewesen, die die Peloponnes in drei nahezu gleiche Teile aufgeteilt hätten, wobei der eine, Temenos, die Argolis erlost habe. In der sagenhaften Überlieferung hielt sich also die Vorstellung, daß der erste auf der Peloponnes gegründete dorische Staat die gesamte Argolis umfaßt haben muß, was durch die führende Position der Stadt Argos in der nördlichen Peloponnes im 8. Jahrhundert unter dem mächtigen König Pheidon bestätigt wird.

Die historische Entwicklung zeigt den Zerfall des Loses des Temenos in einzelne Distrikte, die sich sämtlich zu Sondergemeinden entwickelten. Von der vom Inachos durchflossenen Ebene von Argos sonderte sich der fruchtbare Küstenstrich von Sikyon ab, es folgten Korinth und die Isthmosgebiete, im Osten war es die Gebirgslandschaft von Epidauros, wozu auch Aigina gehörte, und schließlich beanspruchte auch Troizen mit der Insel Kalaureia und der Halbinsel Methana die Eigenständigkeit. Damit längst nicht genug: In historisch heller Zeit spalteten sich auch diese Gebiete weiter auf. Aigina löste sich von Epidauros, Methana von Troizen; die argivischen Gebirgsdörfer Mykene und Tiryns, im 5. Jahrhundert von Argos unterworfen, kämpften beharrlich und zäh um ihre Selbständigkeit. Hier wie anderorts zerfiel also der alte Stammes- und Wehrverband so gründlich, daß von seiner einstigen Größe nur eine schwache Erinnerung blieb. An seiner Bahre stand jene mit schier unbändiger Energie geladene zukunftsträchtige Staatsform, die wir unter dem Begriff *Polis* kennen und die unter ihren aristokratischen Führern die statische und machtarme Ordnung der Stammesstaaten beiseite schob.

Die Seßhaftwerdung und ihre sozialen und politischen Folgen

Die Siedlungsweise der Einwanderer orientierte sich an den natürlichen Landschaften; sie teilte die sich herausbildenden Gemeinschaften dementsprechend. Die wirtschaftliche und die soziale Grundlage bildeten der *Oikos* und der *Kleros* (so die Begrifflichkeit bei Homer): *Oikos* meinte das Haus, den Lebensraum der Familie sowie Wirtschaft und Besitz an Vieh, Waffen und allen sonstigen beweglichen Gegenständen. *Kleros* (wörtlich: das Los) bezeichnete den Landanteil, den nach der Eroberung einer Fruchtebene eine Familie, Sippe oder ein einzelner erhalten hatte, und der, folgt man Homer, im 8. Jahrhundert als Privateigentum galt. Die Familie

unterlag dem Prinzip der *Autarkie* („Selbstgenügsamkeit"), d. h. sie stand wirtschaftlich auf eigenen Füßen und gehorchte dem Spruch des Familienoberhauptes; eingeschränkt wurde diese Selbständigkeit durch den Sippenverband (*génos*), der zugleich eine Kultgemeinschaft war. Über dem Genos stand die *Phratrie* (eine Vereinigung von „Brüdern"), in der die Bürgerliste geführt wurde. Mehrere Phratrien bildeten schließlich den Stamm (*phyle*). Die politischen Organisationsformen waren wenig ausgeprägt: Zumeist gab es einen Rat der Sippenoberhäupter (*die Ältesten*), die einen Häuptling berieten; die Waffenfähigen mögen hie und da noch zu Versammlungen zusammengekommen sein.
Diese kleinräumige Welt war nicht geeignet, größere politische Energien zu entfalten. Sie gebar jedoch die Adelsherrschaft, die dieser statischen Ordnung schließlich Leben einhauchte. Der Adel bildete sich aus den freien und wehrfähigen Stammesgenossen, die bei der Landverteilung die besten Güter erlost oder als Führer größerer Gruppen beansprucht hatten und die im Ältestenrat Platz nahmen. Sie entmachteten den König (Häuptling), monopolisierten alle Herrschaftsfunktionen (Kriegführung, Kultausübung, Rechtsprechung), und sicherten sich wirtschaftlich ab, indem sie ihren Grundbesitz vermehrten – meist auf Kosten des Gemeindelandes.
Die soziale Ordnung begann, sich nach den neuen Herren auszurichten: Unter ihnen standen die unmittelbaren Familienmitglieder, dann die entfernteren Verwandten, gefolgt von den Angehörigen des *Oikos* im weitesten Sinne: angesehene und geringere Gefolgsleute, bis hin zu den Sklaven. Entscheidend war die persönliche Bindung zwischen Hoch und Niedrig: Der Adlige suchte Gefolgsleute, um seine Ansprüche durchzusetzen, und der Arme bedurfte des Schutzes, den er nur bei seinem mächtigen Nachbarn finden konnte. Die gegenseitige Abhängigkeit verfeinerte sich im Lauf der Zeit und gehorchte neuen Bedürfnissen: Der Adlige brauchte nun Arbeitskräfte und Hilfsdienste der verschiedensten Art und nicht mehr nur die starken Arme seiner Gefolgsleute. Diese wiederum hofften auf rechtlichen und politischen Schutz in einer komplizierter gewordenen Welt. Die, die gehorchten, taten es aus gutem Grund, und wo der nicht gegeben war, taten sie es, weil sie es so von den Vätern gelernt hatten.
In den engräumigen kargen Landschaften fanden die seßhaft gewordenen Bevölkerungssplitter der eingewanderten Völker eine neue politische und soziale Lebensordnung: die Stadt (*pólis*). Meist um eine befestigte Anhöhe herum entstand eine städtische Siedlung, in

der der Adel und ein großer Teil der Bevölkerung wohnte und von dort täglich auszog, um die umliegenden Felder zu bearbeiten. Auch diese Gemeinwesen blieben durchweg klein und zählten ihre Einwohner nach Hunderten oder (seltener) nach Tausenden. Und sie wollten selbständig sein, ein Wert, für den sie jederzeit bereit waren, zu den Waffen zu greifen.

Quellen, die die historischen Gründe dieser Entwicklung hin zur städtischen Gesellschaft verdeutlichen können, gibt es nicht. Um so klarer ist die welthistorische Bedeutung des Vorganges, mit dem die europäische Geschichte im eigentlichen Sinne des Wortes beginnt. Denn auch die römische Geschichte war von Anfang an Stadtgeschichte, und auch sie gründete auf der elementaren Einsicht, daß der Bürger (*civis*), sein Wille und seine Freiheit den Staat ausmachen. Was hier wie dort im politischen und geistigen Raum geschaffen und durchprobiert wurde, mündete in die Geschichte des späteren Europa. Eine vergleichbare Entwicklung haben andere Kulturen der Erde nicht durchlaufen.

II. Die Städte der Griechen im Mittelmeerraum

um 750-550	Gründung von griechischen Kolonien an den Küsten Unteritaliens, Siziliens, der heutigen französischen und spanischen Mittelmeerküste, der Nordküste der Ägäis, den Küsten des Marmara- und des Schwarzen Meeres, der Krim und dem Asowschen Meer.
seit 700	Agrarkrise in fast allen Städten Griechenlands; vor allem die Kleinbauern verschulden sich und geraten in die soziale Abhängigkeit ihrer Gläubiger („Schuldknechtschaft"; lat.: *nexum*). Vielerorts kommt es zu bürgerkriegsähnlichen Konflikten (*Staseis*). Die Teilnahme an einem Kolonistenzug ist für viele die letzte Rettung vor dem Schritt ins offene soziale Elend.

1. Die Gliederung der archaischen Epoche

Die griechische Geschichte nach der Wanderung wird häufig in drei Perioden eingeteilt: Die archaische, klassische und hellenistische Zeit. Die Bezeichnungen *archaisch* und *klassisch* sind der Fachsprache der Kunstwissenschaft und der Klassischen Archäologie entnommen (zum Begriff *hellenistisch* s. S. 273 f.). Diese hatten Ende des 19. Jahrhunderts die bildende Kunst der Zeit vor 500 erschlossen und grenzten sie als *archaisch* von der bereits bekannten Kultur des 5. Jahrhunderts ab. Der modernen Geschichtswissenschaft war damit aufgegeben, die Sinnfälligkeit dieser Gliederungsbegriffe für die politische und soziale Geschichte zu prüfen.
Der Begriff *archaisch* erfaßt die Zeit zwischen Homer und dem Konflikt der Griechen mit den Persern (um 750-500). Zu Beginn dieser Zeit lebten die Griechen aus der Sicht der Großreiche des Alten Orients als barbarisches Volk am Rande der zivilisierten Welt. 250 Jahre später waren sie ihrem eigenen Anspruch nach dem Orient kulturell überlegen, und sie zeigten sich politisch und militärisch fähig, den Angriff des persischen Weltreiches abzuwehren.

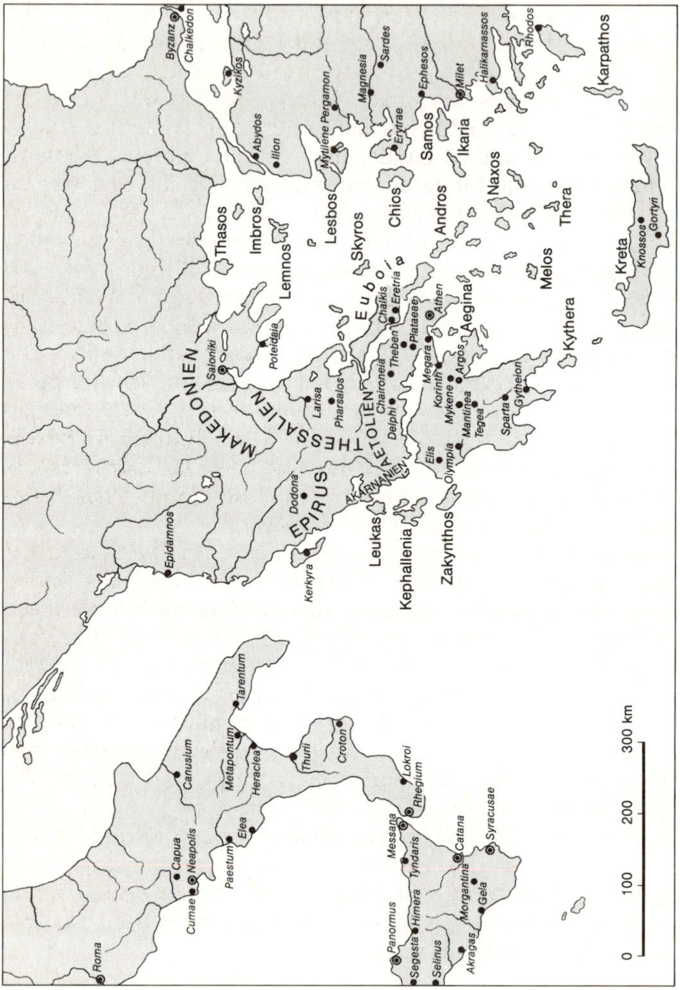

Ägäis, Griechenland und Süditalien

Auf dem Weg dorthin erfanden die Griechen die Schrift, schufen mit dem Stadtstaat eine dem Stammesstaat überlegene politische und soziale Lebensordnung, kolonisierten weite Küstenstreifen des Mittelmeeres und des Schwarzen Meeres, fanden den Übergang von der Natural- zur Geldwirtschaft, revolutionierten ihre Kriegstechnik zu Wasser und zu Lande, entwickelten eine viele Wissensbereiche umfassende Literatur und machten sich auf den Weg zu demokratischen Staatsordnungen. Sie taten dies bis 500 ungestört von äußeren politischen Einflüssen: Die Staaten des Orients fanden an der kargen Balkanhalbinsel und ihren Bewohnern nichts, was die Mühe einer genaueren Beobachtung gelohnt hätte; nur die Phoiniker drangen in die Ägäis und darüber hinaus in das westliche Mittelmeer vor, jedoch nicht als Eroberer, sondern als Händler. Die Völker des Nordens blieben ruhig: Den Dorern und Nordwestgriechen folgten keine weiteren Stämme mehr in die südliche Balkanhalbinsel, die zudem durch die Makedonen und Epiroten nach Norden abgeriegelt wurde. Die Völker des westlichen Mittelmeeres fanden erst viel später und unter dem Einfluß der griechischen Kolonialstädte zu politisch effektiven Ordnungen.

Die archaische Zeit kannte keine Geschichtsschreibung, und bei den Historikern des späten 5. Jahrhunderts (s. S. 253 ff.) finden sich nur meist ungenaue, mit Legenden durchsetzte Erinnerungen an die frühe Zeit. Erste Zeugnisse für eine funktioniernde Buchkultur gibt es erst ab der Mitte des 6. Jahrhunderts; stofflich konzentrierten sie sich auf die entstehenden Naturwissenschaften und die Philosophie. Die Rekonstruktion der Geschichte der Zeit bis 500 ist daher zunächst nur durch die Auswertung der zeitgenössischen Dichtung möglich, die – neben einigen wichtigen Inschriften – die einzige schriftliche Nachrichtenquelle bildet. In ihren Werken spiegelt sich auch dort, wo mythische Themen behandelt werden, ein lebendiges Bild der sozialen und politischen Gegenwart. Ergänzend treten die Erkenntnisse der archäologischen Forschung hinzu, die insbesondere die Siedlungsformen, Stadtanlagen, Gebrauchsgegenstände und Grabfunde auswertete.

2. Grenzziehung: Griechen und Barbaren

Homer beschrieb eine Gesellschaft ohne Schrift. Trotzdem wurde rd. hundert Jahre vor seinen Epen, um 850, das griechische Alphabet geschaffen. Es waren griechische Kaufleute, die auf ihren Außenposten an der syrischen Küste von den Phoinikern die Konsonantenschrift übernahmen und durch Vokalzeichen ergänzten, um ihre Geschäfte gewinnbringend dokumentieren zu können. Damit entstand ein alphabetisches Schriftsystem, in dem erstmals alle wichtigen Sprechtöne (Konsonanten und Vokale) einzeln notiert werden konnten. In der Form des Alphabets von Chalkis (auf Euboia) gelangte die Buchstabenschrift über die unteritalische Kolonie Kyme (nördlich von Neapel) in den Westen und wurde dort zum Ausgangspunkt aller italischen Schriften und damit des heutigen westeuropäischen Schriftsystems.
Nach 700 setzte sich der Name *Hellenen* – ursprünglich nur die Bezeichnung eines einzelnen nordgriechischen Stammes – für die Griechen aller Stämme und Staaten durch, unabhängig davon, ob sie in Attika oder im fernen Massilia lebten, gleichgültig, welchen Dialekt sie sprachen (die heutige Bezeichnung *Griechen* leitet sich von dem lateinischen Wort *Graeci* ab). Sie alle waren durchdrungen von der Vorstellung, einer einzigen Kultur anzugehören; es verband sie nach den Worten Herodots „die Bluts- und Sprachgemeinschaft mit den anderen Hellenen, die Gemeinsamkeit der Heiligtümer, der Opferfeste und Lebensweise." Menschen, die nicht so lebten und die griechische Sprache nicht beherrschten, waren *Barbaren*, da die Laute, die sie ausstießen, in den Ohren der Hellenen wie „bar-bar-bar" klangen. Man verstand sie nicht und respektierte sie auch nicht: Seit dem 4. Jahrhundert galten sie – von den Kulturvölkern Persiens und Ägyptens abgesehen – von Natur aus als minderwertig und waren nach Aristoteles zur Sklaverei geboren (Politik 1252b 9).

3. Der Stadtstaat (Polis) als Bürgergemeinschaft

Entstehung und Ausbreitung

„Städte" hat es in der Welt des Alten Orients seit langem gegeben. Dort waren sie Palaststädte, wie sie sich auch im minoischen Kreta und im mykenischen Griechenland ausgebildet haben, oder Sitze von Priesterkönigen, wie sie im Zweistromland im 3. Jahrtausend entstanden. Die griechische Stadt ist davon grundverschieden: Sie war von Anfang an eine Bürgergemeinschaft (wie später das römische *municipium*). Zu vergleichen ist sie mit den phoinikischen Städten. Diese entstanden in Syrien nach der Ägäischen Wanderung und vor der Machtexpansion der Assyrer in einem machtleeren Raum; seit dem Ende des 9. Jahrhunderts wurden weitere von phoinikischen Kauffahrern an der nordafrikanischen Küste gegründet (s. S. 52 f.).

Die ersten griechischen Städte hat der archäologische Spaten an der Küste Kleinasiens ausgegraben, dort, wo ein natürlicher Mittelpunkt einer Landschaft die Bedingungen für eine geschützte Ansiedlung bot, ohne den Zugang zum Meer zu behindern (z. B. Milet, Smyrna, Priene). Am Ende der Entwicklung waren es rund 700 Städte, die sich im Mutterland und an den Küsten des Mittelmeeres ausbreiteten. Von vielen kennen wir nur den Namen, von manchen nicht einmal diesen. Durch die spärlichen Trümmer ihrer immer armselig gewesenen Existenz ziehen seit langem Hirten mit ihren Schafen oder Ziegen. Diesen gehören heute diese Städte, da kein anderes lebendes Wesen noch Anspruch darauf erhebt, sie mit ihnen zu teilen.

Die meisten dieser Städte nahmen nur den Umfang einer heutigen Dorfmark ein, bei der die Felder in der Reichweite der Siedlung liegen (50-100 qkm). Die Zahl ihrer wehrfähigen Bürger lag irgendwo zwischen 500 und 1500 Männern; je nach der Zahl der Sklaven und Fremden ist die gesamte Bevölkerung auf das vier- bis siebenfache anzusetzen. Einige Städte waren deutlich größer: z. B. Athen, Sparta, Argos, Syrakus oder Akragas (Agrigent); ihre Bevölkerungszahl maß sich nach Zehntausenden. Trotzdem waren auch sie – gemessen an modernen Städten – Zwerge.

Die Folge dieser kleinen und überschaubaren Lebensformen war, daß alle Bürger gesellschaftlich (häufig auch persönlich) miteinander verbunden waren. Politik und Privatleben durchdrangen einander ganz selbstverständlich, Freund- und Feindschaften äußerten und entluden sich im alltäglichen Miteinander auf beiden Ebenen, bewaffnete Konflikte mit der benachbarten Stadt sind nicht selten Familienfehden gewesen. Das ganze politische und gesellschaftliche Leben wurde in der Stadt viel intensiver, als es in der bisherigen stammesstaatlichen Ordnung möglich war: Ständig wurde über alles und vor allem über Politik räsonniert und palavert, man verglich die eigenen Fähigkeiten mit denen der anderen und wetteiferte mit-

und gegeneinander. Dabei lernte man unaufhörlich und wurde bald gewahr, daß nur Griechen es waren, die so lebten.
Die Griechen nannten die Stadt *pólis*, ein Begriff, der ursprünglich nur die Burg bezeichnete und erst später auf die dazugehörige Siedlung innerhalb und außerhalb der Stadtmauern übertragen wurde. Ihren Siegeszug trat die neue städtische Lebensform mit der Kolonisation an: Für die Menschen, die in einer fremden und kaum zivilisierten Umgebung heimisch werden mußten, bot die städtische Ordnung die Chance, sich gemeinsam gegen feindliche Barbaren zu behaupten und – isoliert von der fremden Welt – ein Eigenleben in herkömmlicher Weise zu führen. Die Kolonisation machte die Stadt zur politischen und sozialen Ordnung, die sich im gesamten Mittelmeer ausbreitete und von den einheimischen Völkern, die damit in Berührung kamen, mehr und mehr nachgeahmt wurde. Am Ende des 7. Jahrhunderts saßen die Griechen um das Mittelmeer „wie die Frösche um den Teich" (Platon); antike Geschichte war für tausend Jahre Stadtgeschichte geworden.
Zwar gab es weiterhin Stämme und Stammesherrschaften (z. B. bei den Ätolern und den Phokern). Sie entfalteten jedoch – mit Ausnahme Makedoniens – keine politischen Kräfte, die die Existenz der Stadtstaaten hätten bedrohen können. Im Gegenteil: Die Anziehungskraft städtischen Lebens war so stark, daß sich innerhalb der Grenzen eines Stammes Stadtgemeinden ausbildeten, die früher nur Dörfer gewesen waren. Dies reichte zwar selten aus, um den Stammesverband politisch völlig aufzulösen, aber es genügte, um ihm die Fähigkeit zu nehmen, Rivale benachbarter Städte zu werden. So konnte der athenische Stratege Demosthenes auf dem Feldzug gegen Ätolien im Sommer 426 den wohlfeilen Rat hören: „Der Stamm der Ätoler sei zwar groß und streitbar, wohne aber in unbefestigten Ortschaften, die weit auseinanderliegen und sei, da er auch nur leichte Bewaffnung trage, unschwer zu überwältigen, bevor er sich zur Verteidigung sammeln könne" (Thukydides 3,94).

Die Wesensmerkmale der Polis

Die Polis als Rechtsbegriff umfaßte das städtische Siedlungszentrum ebenso wie das dazugehörige Land. Dementsprechend konnte es auch keinen Rechtsunterschied geben zwischen denen, die in der ummauerten Stadt, und denen, die in der Umgebung, auf dem Lande wohnten; Athener z. B. war der Bauer im südlichen Attika ebenso wie der Bewohner des Stadtviertels unterhalb des Burgber-

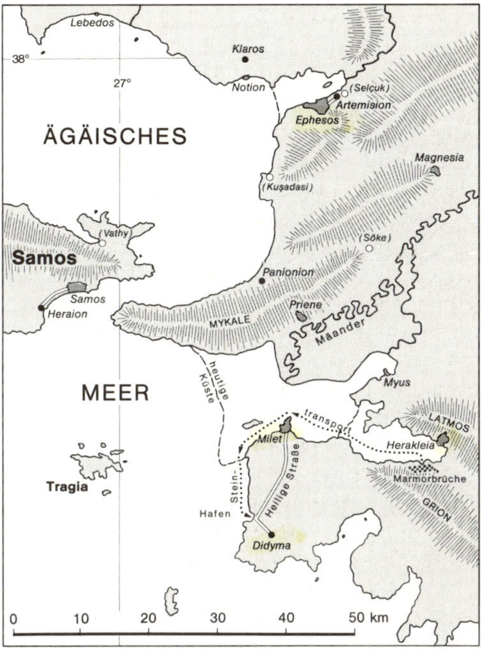

Ionische Stadtstaaten an der kleinasiatischen Küste. In der tiefen Meeresbucht, in der sich der Mäander ergoß, lagen bedeutende Städte: Milet, Priene, Herakleia und Myus. Der Fluß machte diese Städte zunächst reich, da seine jährlichen Überschwemmungen die Felder befruchteten, dann arm, als er fiebrige Sümpfe bildete und die lebenswichtigen Häfen der Seestädte verschloß.

ges, der Akropolis. Für sie alle war die Stadt der Platz der Volksversammlung, das unverrückbare Zentrum aller politischen Entscheidungen. Es gab keine Stadt ohne einen solchen Platz, ohne eine Bürgerschaft, die sich dort versammelte, ohne Politik, die dort stattfand. Man war also nicht Bürger von Athen, weil man in der Stadt wohnte; wohl aber mußte man seine politischen Rechte dort wahrnehmen. Es gab denn auch Städte, deren Bürger zum guten Teil in den umliegenden Dörfern wohnten; das Zentrum war jedoch dort, wo die politische Entscheidung fiel.

So war es ohne jede Bedeutung, ob das Territorium der Stadt klein oder groß war, ob eine Mauer existierte, ob wirtschaftliche Macht (z. B. durch einen Hafen oder einen besonderen Markt) oder kulturelle Ausstrahlung vorhanden war. Alles dies konnte, mußte aber nicht sein. Unverzichtbar hingegen waren der innere Zusammenhalt und die Beteiligung der Bürgerschaft an der Macht: „Die Männer, nicht die Mauern, machen die Stadt aus", sagte Aristoteles, und: „Wem es erlaubt ist, an der beratenden und richterlichen Gewalt Anteil zu nehmen, den nennen wir Bürger (*Politen*) dieser Polis, und die Polis nennen wir die Gesamtheit solcher Leute, die hinreicht zur Autarkie [d. h. zur Selbstgenügsamkeit] des Lebens" (Politik 1275b). So konnte eine Stadt auch dann noch bestehen, wenn ihr das Land genommen und ihre vertriebenen Bürger Unterschlupf auf dem Gebiet einer befreundeten Gemeinde gefunden hatten.

Die Polis war also eine Einheit, die sich selbst genügte, und zwar in dreifacher Weise:

(1) Nach innen war sie als Genossenschaft der Bürger geordnet, deren politische Rechte nach Besitz und Wehrkraft abgestuft werden konnten (d. h. in der Frühzeit waren die handlungsfähigen Bürger nahezu ausschließlich die adligen Herren). Die Beziehungen der Bürger untereinander, ihre Verfassung, das Strafrecht und die Regeln des Privatrechts gründeten sich auf Gesetze. Diese beschloß das Volk oder erließen Gesetzgeber, die die Polis dazu berief. Die politische Verfassung ruhte auf drei Institutionen:

- Der Versammlung der Bürger (Heeres- oder Volksversammlung),
- dem Rat, der der Versammlung Vorschläge unterbreitete (zunächst nur mit den Führern der Adelsfamilien besetzt),
- den Beamten (anfangs noch hie und da Könige, dann gewählte Vertreter, deren Amtszeit auf maximal ein Jahr beschränkt wurde).

Diese Grundelemente der Verfassung wurden in den Jahrhunderten bis Alexander in vielen Städten auf die verschiedenste Weise ausgestaltet und kombiniert.

(2) Kultisch-religiös bildete sie den heiligen Schutzbereich der Stadtgottheit, der zu Ehren alle regelmäßig zu Opfern und Festen zusammenkamen. Diese dienten gleichzeitig dem sozialen Zusammenhalt: Die geschlachteten Opfertiere wurden gemeinsam verzehrt, während der Rauch der verbrannten ungenießbaren Teile zu Ehren der Götter in den Himmel stieg.

(3) Ihre Beziehungen nach außen waren durch den festen Willen bestimmt, Fremdherrschaft nicht zu ertragen. Den idealen Zustand

der Unabhängigkeit, den nur wenige Städte tatsächlich erreichen konnten (s. S. 176 f.), bezeichnete der Begriff *Freiheit*, das hieß das Recht, nach eigenen Gesetzen zu leben. Dazu gehörte praktisch auch das Freisein von wirtschaftlicher Not und Abhängigkeit, begrifflich gefaßt als *Autarkie* (*autárkos* = sich selbst genügend).
Über die Besonderheit ihrer staatlichen Ordnung in einer Welt der Monarchen, Stammeshäuptlinge und Barbaren waren sich die Griechen früh im klaren. Sie wußten und verkündeten es voller Stolz, daß ihre Ordnung vornehmlich auf Recht und Gesetz beruhte – unabhängig davon, ob Demokraten oder Aristokraten in den Städten regierten: „Sie [gemeint sind hier die Spartaner] sind zwar frei, aber nicht in allem. Über ihnen steht nämlich das Gesetz als Herr, das sie viel mehr fürchten als deine Untertanen dich", erklärte der verbannte Spartanerkönig Demaratos dem erstaunten persischen Großkönig Xerxes (Herodot 7,104,4). Und der Demokrat Perikles sprach für alle Athener: „In öffentlichen Angelegenheiten verwehrt uns tiefer Respekt vor den Gesetzen, sie zu übertreten" (Thukydides 2,37,3). Und sie alle glaubten, daß die Götter ihre schützenden Hände über die Stadt hielten, aber dies nur tun konnten, solange sich die Bürgerschaft nicht in inneren Kriegen (*Staseis*) selbst zerfleischte (Solon, frg. 3,1-6).
Theoretisiert über ihren Staat haben die Griechen seit der Mitte des 5. Jahrhunderts. Sie taten es, indem sie die Frage nach den besonderen Merkmalen der Polis mit der Frage nach ihren Ursprüngen verknüpften. Die Sophisten (s. S. 240 ff.) stellten als Wesenselement das Gesetz heraus, das sich die Bürger willkürlich setzten und das im Interesse einer kleinen Gruppe Herrschender oder aller Bürger das städtische Leben regelte. Dieser der historischen Erfahrung abgelesene Gedanke von der zentralen Funktion des Gesetzes blieb vorherrschend: „Denn wie der Mensch in seiner Vollendung das edelste aller Lebewesen ist, so wiederum losgerissen von Gesetz (*nómos*) und Recht (*díke*) das schlimmste von allen" (Aristoteles, Politik 1253a 33). Die historischen Anfänge der Polis und der menschlichen Gesellschaft sind denn auch untrennbar gebunden an den Akt der Unterwerfung unter das Recht: Nach dem Mythos des Protagoras von Abdera über die Anfänge der gesellschaftlichen Ordnung waren die Menschen – von Zeus gänzlich ungenügend für den Kampf ums Überleben ausgerüstet – nicht fähig, ihre kläglichen Siedlungen zu behaupten, denn es fehlte ihnen die Staatskunst (*politiké areté*), so daß sie, statt einander zu helfen, einander Unrecht taten; erst als Zeus befahl, ihnen *Aidos* (den Respekt vor den

anderen) und *Dike* (den Sinn für Gerechtigkeit) zu bringen, „damit diese den Städten Ordnung und Eintracht stiftende Bande geben möchten", konnte eine stabile Form menschlicher Gemeinschaft entstehen (Platon, Protagoras 320c-322d).
Am Anfang also steht der individuelle Mensch als ein Wesen voller Mängel, die er nur beheben kann, indem er sich mit seinesgleichen zusammenschließt. Der Staat entsteht „um des bloßen Lebens" willen, schrieb Aristoteles, der jedoch sofort ergänzte, „aber er *besteht* um des vollendeten Lebens willen" (Politik 1252b 28). Das heißt, die Polis gewährt weit mehr als nur die Sicherheit des nackten Lebens, wenn sie nach Recht und Gesetz geordnet ist und ihre Institutionen den Bürgern die ihnen gemäße Form der politischen Mitsprache einräumen – was jeweils als „gemäß" zu definieren war, ließ Raum für viele Kontroversen. Für Aristoteles wurde das Streben nach der staatlichen Ordnung, die allein allen das Glück bringen konnte, zum Naturgesetz: „Es ist so, daß der Staat zu den naturgemäßen Gebilden gehört und daß der Mensch von Natur ein nach der staatlichen Gemeinschaft strebendes Wesen (*zóon politikón*) ist ... Denn das ist eben dem Menschen eigentümlich im Gegensatz zu den Tieren, daß er allein fähig ist, sich vom Guten und Schlechten, von Recht und Unrecht Vorstellungen zu machen" (Politik aaO.).

4. Die soziale Ordnung der Polis

Die Gliederung der Gesellschaft

Die Gesellschaft der Bürger gliederte sich in Adlige und Nichtadlige. Der Adel war ausgezeichnet durch den großen Besitz, kriegerische Tüchtigkeit und eine eigene Kultur. Manch einer hatte sein Vermögen auf Kaperfahrten gemacht, von denen sich zuhause trefflich erzählen ließ, wie es etwa Odysseus tat, der am Hofe des Phäakenkönigs mit der Geschichte eines Überfalls auf das thrakische Ismaros aufwartete: „Dort zerstört' ich die Stadt und vertilgte die Männer." (s. S. 70). Sie alle wußten, daß ihre Waffen und die Kunst, sie zu handhaben, ihnen Macht und Reichtum sicherten: „Mein großer Schatz ist Spieß und Schwert, und ein schöner Schild, der den Leib bedeckt; damit kann ich pflügen und ernten, auch lesen süßen Wein", sang ein trunkener kretischer Aristokrat (Skolion des Hybreas). Seine und die Verbindungen seiner Standesgenossen zu den Adelsfamilien anderer griechischer Städte waren eng; man sah

sich auf den großen gemeingriechischen Festen und Spielen wie (seit 776) in Olympia, heiratete untereinander und kämpfte gegeneinander, wenn es um Ruhm und Ehre oder schlicht um den Besitzstand ging. Die Nichtadligen setzten sich zusammen aus Bauern, Handwerkern (*Demiourgoi*), Besitzlosen (*Theten*) und Sklaven.
Die Bauern besaßen Land, das sie nicht dem Adel verdankten, sondern der kriegerischen Tüchtigkeit ihrer Vorfahren, die es erobert hatten. Trotzdem waren sie der Gewalt der Adligen auf vielfache Weise ausgeliefert. Dort, wo sie lebten, erhob sich im fruchtbarsten Teil des Tales oder der Küstenebene ein stattliches Haus, in dem der Mann lebte, dessen Macht in Krieg und Frieden alles bestimmte. Er war im Krieg der Offizier oder Befehlshaber, im Frieden der Richter, Anwalt, Staatsbeamte und Priester der Götter – zu welchem auch immer man beten wollte. Und er war vor allem der reiche Nachbar, der bei Mißernten als einziger das benötigte Saatgut vorstrecken konnte, und der beim Streit um das knappe Wasser entschied.
Lange Jahrzehnte des Gehorsams und der harten Lebensbedingungen waren kein Nährboden für Widerspruch gegen die, die alle Macht hatten und sich selbst die „Besten" (*áristoi*) oder die „Wohlgeborenen" (*eupatrídai*) nannten und gerne hörten, wenn andere von ihnen als den „Fetten" sprachen. Zudem besaßen die Bauern und die wenigen Handwerker keine eigenen Werte und Vorstellungen vom richtigen Leben, die als Alternative zum adligen Verständnis von der Welt getaugt hätten. Im Gegenteil: Der kleine Mann hat sich immer nach der Decke der großen Herren gestreckt und dessen Werte auch als die seinen verstanden.
Es bedurfte also einer tiefgreifenden Veränderung der sozialen und politischen Verhältnisse, um den kleinen Mann gegen den Adligen aufzubringen, in dem er mehr und mehr den „geschenkefressenden König" und den Verkünder „schiefer Urteile" sah, und den er mit dem Habicht verglich, der vor der gefangenen Nachtigall prahlt: „Törin, was schreist du denn so? Ein Stärkerer hält dich gefangen. Gehen mußt du, wohin ich will, trotz deines Gesanges" – so Hesiod (Erga 207 f.).

Die Unfreien

Die Sklaverei spielte in der Welt der frühen Städte eine untergeordnete Rolle. Es fehlten noch die Voraussetzungen, die den wirtschaftlichen Einsatz von Sklaven lohnend machten:

- Sklaven mußten leicht, also ohne große Kosten zu erwerben sein; dies setzte voraus, daß ein Sklavenmarkt mit einem gut ausgebauten Transportsystem existierte.
- Sklaven mußten rentabel sein. In der Landwirtschaft und im Gewerbe waren sie nur dann gefragt, wenn es sich um Großbetriebe handelte. Deren Entstehung wiederum hing davon ab, daß das hergestellte Produkt auch auf entfernten Märkten begehrt war und dort hingebracht werden konnte.
- Die Gesellschaft, die sich vor allem männliche Sklaven in größerem Umfang zulegen wollte, mußte bereit sein, solidarisch gegen Sklavenaufstände vorzugehen, auch wenn davon nur einzelne Besitzer direkt betroffen waren.

Die Wanderung hatte in verschiedenen Gegenden (insbesondere in Thessalien, Lakonien und auf Kreta) zur Versklavung der vorgefundenen Bevölkerung geführt. Die Eroberer etablierten sich dort als neue Herrenschicht, die sich bei der Verteilung des Bodens die auf den einzelnen Landlosen sitzenden Bauern als Eigentum (und Rentenquelle) zusprach. Das persönliche Verhältnis zwischen Herren und Sklaven richtete sich nach der wirtschaftlichen Bedeutung dieser Form von Kollektivsklaverei: Anders als Kriegsgefangene und Schuldknechte, die außer Landes gebracht und dort verkauft wurden, lebten diese Sklaven weiter in der alten Heimat. Die Bebauung ihres Landes, das nun einem anderen gehörte, erfolgte im gewohnten Familienbetrieb, was die Anerkennung einer beschränkten Vermögensfähigkeit bedingte. Die wirtschaftliche Stellung ist mit der eines zinspflichtigen Bauern vergleichbar; im Unterschied zu den mittelalterlichen Hörigen etwa, die der Rechtsgemeinschaft als freilich minderberechtigte Glieder angehörten, waren die Unterworfenen der Thessaler, Spartaner und Kreter jedoch Eigentum anderer Menschen.

Aufstände gegen diese Kollektivsklaverei hat es in Messenien immer wieder gegeben (s. S. 128). In Kreta hören wir nichts davon. Offenbar bekamen die Klaroten, so ihre durchgehende Bezeichnung, im täglichen Leben ihre Unfreiheit weit weniger zu spüren als die spartanischen Heloten. Aristoteles betont, die Kreter hätten ihren Sklaven nur den Besuch der Gymnasien und den Besitz von Waffen untersagt. Die Kluft zwischen Sklaven und Freien war damit für jedermann erkennbar markiert, sie war aber nicht tief genug, als daß die Klaroten in einem Aufstand das eigene Leben und das der Familie aufs Spiel gesetzt hätten.

Die Entstehung und die Rechtsfolgen der Unfreiheit

Der Vorgang der Versklavung	*Die Rechtsfolgen*
● Die Unterwerfung Während der Wanderung und teilweise im Verlauf der Kolonisation wurden Teile der vorgefundenen Bevölkerung versklavt; so in Thessalien die Penesten, in Messenien die Heloten, auf Kreta die Klaroten, auf Sizilien Teile der Sikeler.	Die Versklavung der gesamten Bevölkerung; im Unterschied zu den individuell Versklavten blieben sie: – wirtschaftlich selbständig, – als Familienverband erhalten, – Bewirtschafter ihres alten Landbesitzes.
● Die Schuldknechtschaft Die Beitreibung von Schulden erfolgte in der Regel durch den Zugriff auf die Person des Schuldners.	Die Versklavung Von Solon abgeschafft (in Rom 326 durch die *lex Poetelia Papiria*). Es blieb die Schuldknechtschaft durch Urteilsvollstreckung.
● Der Krieg Eroberung von Städten, Gefangennahme und Kapitulation hatten die Rechtlosigkeit der Besiegten zur Folge.	Die Versklavung (in der Frühzeit vor allem das Los der Frauen, da versklavte Männer ein zu großes Sicherheitsrisiko bedeuteten und meist getötet wurden).
● Der Kauf Nach der Überlieferung sollen die Bewohner von Chios um 600 als erste Sklaven von den Barbaren gekauft haben.	Die Versklavung; ökonomisch und gesellschaftlich wird die Sklaverei damit zur bedeutsamen Größe. Pate standen die Interessen des metallverarbeitenden Gewerbes.
● Abstammung, Verkauf durch den Vater, der Selbstverkauf, das Urteil.	Die Versklavung

Das Verhältnis von Mann und Frau

Die Lebenswelt der Frauen stellten die Dichter häufig der männlichen gegenüber. Die vornehme Frau, die in der homerischen Welt der adligen Fehden natürlich häufiger auftrat als die Bäuerin oder

die Magd, war die Herrin des Haushaltes, legte aber auch selbst Hand an: Penelope, die Frau des Odysseus, spann und wob ebenso wie Andromache, die Frau des Trojaners Hektor. Den Männern hingegen gebührte der Krieg, die Rede und der Sitz im Rat der Fürsten.
Wohl nur in dieser Atmosphäre adliger Lebensart, die innerhalb ihres Kreises die freie Entfaltung jeder Persönlichkeit tolerierte, war es einer Frau wie der Dichterin Sappho möglich, ihre eigenen Vorstellungen vom Leben zu haben und in wunderbare Verse zu gießen. Auf Lesbos im adligen Hause als frühe Zeitgenossin Solons geboren, für Jahre nach Sizilien in die Verbannung getrieben, führte sie eine Erziehungsanstalt für vornehme Mädchen. Sie sang so eindringlich von Liebe und Leidenschaft, von ihren schönen Freundinnen und von Aphrodite, daß manche sie auf eine Stufe mit Homer stellten – die höchste Auszeichnung, die die Nachwelt zu vergeben hatte. Sie wußte sehr genau, daß sie das männliche Spiel um Krieg und Ehre nichts anging:

„Auf der dunklen Erde, sagen manche, ist das Lieblichste
Eine Reiterschar oder, sagen andere, marschierende Krieger.
Andere wieder sagen es von Schiffen. Ich aber: Was immer
Du liebst.“
Sie wußte, was sie liebte:
„Mir geht mehr zu Herzen ihr Gang voll Anmut
Und der Schmerz im strahlenerhellten Antlitz
Als der Lyder Wagen und das bewaffnet
Ringende Fußvolk“ (27a Diehl).

Das Verhältnis der Geschlechter zueinander war von der Vorstellung einer harmonischen Ehe geprägt. So wünschte der in seine Heimat aufbrechende Odysseus der weinend zurückbleibenden Nausikaa, der Tochter des Phäakenkönigs, was er für die höchste Gabe der Götter hielt: Einen Mann, ein Haus und die „selige Eintracht, denn nichts ist besser und wünschenswerter auf Erden, als wenn Mann und Weib, in herzlicher Liebe vereinigt, ruhig ihr Haus verwalten.“ Gegeben wurde dieses Glück allerdings nur dem, der innerhalb seines Standes heiratete: „Niemand soll zum Himmel fliegen und soll nicht suchen, Aphrodite zu freien“, heißt es bei Alkman (frg.1,16; vgl. S. 131 f.), was ihm das Lob des Aischylos (Prometheus 887) eintrug, der die Liebe Ios zu Zeus tadelte und den wahrlich weise nannte, „der dies als erster erkannte und sagte“, und der hinzufügte, „daß wer um Lohn arbeitet, nie mit hohen Adels sich rühmendem Stamm Heirat wünschen soll.“

Eine andere Welt wird sichtbar, wenn die Dichter nach Homer vom Alltag der kleinen Leute erzählen. Von der gegenseitigen Achtung der Geschlechter, die sich auch in den großartigen Frauendarstellungen der Großplastik spiegelt, ist hier nichts zu spüren. In der bäuerlichen Familie wurde die Frau häufig als üble Verführerin beschimpft, unnütz im täglichen Existenzkampf und überaus gefräßig dazu: „Die einzige Arbeit, die sie recht versteht, ist essen“, rief um 600 der Dichter Semonides von Samos. Hesiod hatte ein nicht minder drastisches Bild zur Hand: Während die Frau untätig wie eine Drohne zu Hause sitzt, müht sich der Mann auf dem Felde wie die Arbeitsbiene um das tägliche Brot.

Die Gründe für diese bei den Dichtern erkennbare Mißachtung der Frau und ihrer Tätigkeit lagen in der schwelenden sozialen Krise, in der jeder zuviel geborene erbberechtigte Sohn den Ruin bedeuten konnte. Darüber hinaus hatten die Frauen keinen Anteil an den einschneidenden Veränderungen der Zeit: Sie waren vom Krieg ausgeschlossen, an dem jetzt auch der Bauer schwer gerüstet teilnahm, und wenn es galt, die Heimat zu verlassen und sich einem Kolonisationszug anzuschließen, war der Rat der Frauen nicht gefragt, da sie in der Regel nicht mitzogen.

Aristoteles hat daraus ein folgenreiches Naturgesetz gemacht: „Desgleichen [d. h. ebenso wie bei dem Verhältnis des Menschen zu den anderen Lebewesen] ist das Verhältnis des Männlichen zum Weiblichen von Natur so, daß das eine besser, das andere geringer ist, und das eine regiert und das andere regiert wird“ (Politik 1254b 13). Das Mittelalter hat sich daran orientiert und zur Lehrmeinung erhoben, daß „wegen ihres Standes der Dienstbarkeit die Frau dem Mann in allem unterworfen“ sein soll. Thomas von Aquin wußte denn auch nach der Aristoteles-Lektüre, daß Mädchen nur bei „widrigen Umständen“ gezeugt würden.

5. Die Agrarkrise und die Folgen der neuen Kriegstechnik

Seit der Mitte des 8. Jahrhunderts gerieten die Bauern in Not; sie verelendeten nicht alle und schon gar nicht sofort, aber die Unzufriedenheit wuchs. Die Gründe waren vielschichtig: Die wachsende

Bevölkerung, die schleichende Verschuldung und die Zwänge des geltenden Erbrechts verdichteten sich zu einer Agrarkrise. Vor allem das Erbrecht lastete schwer: Der Hof mußte zu gleichen Teilen an die Erben fallen (Realteilung), was nach wenigen Generationen bedeuten konnte, daß die Urenkel eines Großbauern zu Kleinbauern abgesunken waren, die kaum das Existenzminimum für ihre Familien erwirtschafteten. Hinzu kam nach der Einführung der Geldwirtschaft der Hypothekenzins: Der Kleinbauer hatte, wenn er einmal in Not kam, selten vergeblich bei seinem reicheren Nachbarn angeklopft, von ihm Saatgut geliehen und nach der Ernte zurückerstattet – dabei war dann der eine oder andere Sack mehr dabei. Jetzt aber, wo es für Kapital vielfältige Verwendungsmöglichkeiten gab und auch der große Herr seine Ansprüche an ein standesgemäßes Leben nur mit klingender Münze befriedigen konnte, wurden ein fester Zins und die pünktliche Rückzahlung ausbedungen. Wer beides nicht leisten konnte, haftete mit seiner Person und wurde als Sklave verkauft. Dort, wo dieses Zugriffsrecht des Gläubigers unwirksam bleiben mußte, weil der Schuldner ins Ausland floh oder sein Verkauf den erwünschten Erlös nicht brachte, stellte der Gläubiger Schuldsteine (*hóroi*) auf und ließ den Schuldner oder seine Familie als Pächter auf seinem Grund und Boden für sich arbeiten.

Die Bauern versuchten, sich zu helfen, so gut es ging: Sie heirateten spät, um die Kinderzahl zu begrenzen, schickten ihre Söhne in die Fremde, verkauften ledige Schwestern und Töchter ins Bordell oder verweigerten den alt und unnütz gewordenen Eltern die Nahrung; wer es sich leisten konnte, hielt sich eine Sklavin, deren Kinder erbrechtlich nicht anerkannt werden mußten. Dann verminderten sie den Anbau von Futtermitteln und nutzten die ehemaligen Viehweiden zum Weizenanbau; so konnte sich in Megara ein gewisser Theagenes zum Tyrannen aufschwingen, indem er die Bauern zum Abschlachten der Viehherden der Reichen aufhetzte, um neue Anbauflächen zu gewinnen. Und schließlich rodeten die Bauern den Wald und schoben ihre Felder auch die Talhänge hinauf – zumeist mit verheerenden Folgen, da die starken Regenfälle im Winter den nun ungeschützten Boden ins Tal schwemmten.

Als alles nichts half, begehrten die Armen in allen Städten auf, in denen es eine sozial differenzierte Gesellschaft gab. Es waren vor allem die kleinbäuerlichen Schichten der freien Bürger, die die Angst umtrieb, angesichts der wachsenden ökonomischen und politischen Gewalt des Adels ihre Höfe und mit ihnen ihren freien

rechtlichen Status zu verlieren. Denn die Probleme der Bauern waren nicht die eines von der Stadt weit entfernten flachen Landes; sie entfalteten sich vielmehr innerhalb der Stadtmauern. Der dort ansässige Bürger kämpfte um sein Bürgerrecht zumeist als Grundbesitzer, und die Freiheit seines Hofes von Belastungen war die elementarste Voraussetzung seiner politischen Existenz. Solon verlieh der Verbitterung der Bedrängten Sprache, als er dichtete, „Reichtum kennt keinen Grenzstein, der deutlich jeden verpflichtet, denn wer heute mehr als die anderen besitzt, hastet nach doppeltem Wert. Wer sättigte je einen jeden!“ (vgl. S. 144). Nun liefen Parolen um, die die Neuverteilung des Bodens ebenso forderten wie die Schuldenfreiheit, da nur so die Bauern an einen Neuanfang denken konnten.
Die Adligen wehrten sich und schlossen sich in einer Reihe von Städten zu Bünden zusammen, in denen jedes Mitglied schwor: „Ich werde dem Demos feindlich gesinnt sein und ihm mit meinem Rat schaden, soviel ich vermag“ (Aristoteles, Politik 1310a, der dies für ganz töricht hielt). Wie hätten sie auch leichten Herzens von einer sozialen Gliederung der Gesellschaft Abschied nehmen können, in der der erste auch der beste war und der Rest wenig oder nichts: „Eins vor allen anderen wählen sich die Besten: den ewigen Ruhm vor den sterblichen Dingen; die große Menge aber ist gesättigt, wie das Vieh“ (Heraklit frg. 24 Diels). Wer so dachte, gab nicht kampflos nach. Vielerorts drohte der Bürgerkrieg. Denn mit dem Auftauchen der Phalangen auf den Schlachtfeldern hatte der Adel sein Monopol auf das Kriegshandwerk verloren, und der Bauer, der seinen Platz in der Schlachtreihe der Hopliten einnahm, begriff, daß Lanze und Schwert zwei Schneiden hatten. Eine konnte ihm den Weg weisen, dem sozialen Elend vielleicht doch noch zu entfliehen, die andere aber, wenn das nicht mehr möglich war, seinen übermächtigen Peinigern heimzahlen, was Angst und Elend aus den Höfen der Bauern gemacht hatten. Die Not begann, die Stadtmauern zu unterhöhlen, wirkungsvoller als es ein äußerer Feind vermocht hätte:

„Unentrinnbar vergiftet den Staat die eiternde Wunde:
Traurige Knechtschaft bricht rasch über alle herein.
Schon entfachen sie selber den Krieg, die schlummernde Zwietracht,
Vielen wird so die Kraft blühenden Lebens verzehrt;
Denn das verhetzte Gesindel vernichtet, willkommene Rache,
Feindlich zu Rotten vereint rasch die geliebteste Stadt“
(Solon frg. 3,17-21 Diels; Übers.: Franyó).

Wir hören die Stimmen der ins Elend getriebenen Bauern nicht. Wohl aber hören wir von der Not und dem Haß der adligen Familien, die der innere Streit oder die eigene Mißwirtschaft ins Unglück stürzte oder ins Exil trieb: „Den Adligen, Kyrnos, schlägt die Armut am schlimmsten von allen, schlimmer als graues Alter oder Fieber ... Denn ein von Armut bezwungener Mann vermag nicht nach seinem Willen zu sprechen oder handeln, die Zunge ist ihm gebunden" – so ein Lied aus der ersten Hälfte des 5. Jahrhunderts, zugeschrieben dem Theognis von Megara (173 f.; 177 f.). Nicht jeder suchte den Ausweg, der nach der Einführung des timokratischen Prinzips (s. S. 146 f.) für viele so nahe lag: Die Heirat mit dem Sohn oder der Tochter eines reichen Emporkömmlings, den die Verbindung mit einer hochadligen Familie das lange ersehnte Ziel, ganz dazu zu gehören, erreichen ließ – wie viel es immer kosten mochte. Die Verachtung der allzu Standesbewußten allerdings wollte ertragen sein: „Bei den Widdern und Eseln und Hengsten bemühen wir uns, Kyrnos, um eine gute Zucht, wählen mit Sorgfalt den Stamm; doch eine schlechte Frau aus schlechtem Hause zu nehmen, macht dem Edlen nichts aus, wenn ihm die Mitgift gefällt. Auch die Frauen verbinden sich willig dem schlechteren Manne, falls er vermögend nur ist; reich soll er sein und nicht gut. Denn das Geld steht in Ehren" (Theognis 183 ff.).

So war es. Die Exklusivität des alten Adels, an dessen Wiege die Götter und die Heroen gestanden hatten, war dahin. Wer für sich bleiben wollte, mochte dafür gute Gründe haben: „Denn von Edlen wirst du Edles lernen; läßt du dich aber mit den Schlechten (*kakoi*) ein, verdirbst du, was du jetzt an Vernunft besitzt" (aaO. 33 ff.). Die Zukunft jedoch gehörte den anderen, denen, die mit den Aufsteigern paktierten und lernten, die Macht im Staate zu teilen und den neuen Bedingungen des Wirtschafts- und Geldverkehrs zu gehorchen.

Für alle wurde die Suche nach einem Ausweg aus der sozialen Krise zur lebenswichtigen Aufgabe. Sie verband sich mit der Suche nach einer neuen politischen Ordnung, in der der erbliche Besitz von Macht, Herrschaft und Reichtum und die besondere Würde, die ihn legitimiert hatte, auf Dauer nicht zu halten waren. Im Zentrum des politischen Konflikts tobte der Kampf um die Phylenordnung, jene gentilizische Organisation der Gemeinde, die die Herrschaft der adligen Herren in allen Erscheinungsformen des sozialen und politischen Lebens absicherte. Sie sollte abgelöst werden durch lokale Ordnungen, in denen sich die soziale Übermacht nicht mehr in politische umsetzen konnte. Daneben galt das Aufbegehren dem Adelsrat, der als Organ der herrschenden Geschlechter die Institutionen der Regierung beriet und kontrollierte. Ihm wurde das Modell eines von den Bürgern und aus ihrem Kreis gewählten Rates (*boulé*) entgegengestellt – und schließlich durchgesetzt –, der alle wesentlichen Kompetenzen des alten Adelsrates an sich ziehen und in die Mitte des staatlichen Entscheidungsprozesses rücken sollte. Der Schlachtruf nach der Neuverteilung von Grund und Boden fand keinen Widerhall, auch wenn er in den Städten lange nicht verstummen wollte. Daß die damit verbundenen Konflikte nicht zu verheerenden Bürgerkriegen führten, lag nicht zuletzt daran, daß der Adel einen eigenen Weg zur Lösung der sozialen Krise gefunden hatte: die Kolonisation.

6. Die Ausbreitung der Griechen im Mittelmeerraum

Der beanspruchte Raum

Mehr als 200 Jahre lang, von um 750 bis gegen Ende des 6. Jahrhunderts, bestiegen in den Hafenstädten des Mutterlandes Männer ihre Schiffe, um anderswo eine neue Heimat zu finden. Vorausgegangen war der Aufstieg von Seestädten, die zunächst an den natürlichen Brennpunkten des innergriechischen Seeverkehrs aufblühten: Dem Isthmos von Korinth, wo sich das Ägäische Meer bis auf wenige Kilometer dem Ionischen nähert, und die schmale Seestraße am Euripos, die Euboia vom Festland trennt und eine gefahrlose Fahrt zwischen Nord- und Südgriechenland gewährt. Am Isthmos waren es Korinth und Megara, am Euripos Chalkis und Eretria, aus deren Häfen die ersten Schiffe in die Ferne ausliefen. In der Mitte des saronischen Golfs gelegen, stieg Aigina auf, dessen Bürger als die tüchtigsten Seeleute ganz Griechenlands gerühmt wurden. An der kleinasiatischen Westküste schließlich wuchsen Milet und Phokäa: Sie kontrollierten die Mündungen des Mäander und des Hermos und damit die wichtigsten Handelsstraßen, die von der Ägäis ins Landesinnere führen.
Entdecker und Aussiedler fuhren zunächst nach Westen, nach Sizilien und Süditalien. Dort gründeten die Chalkidiker, angeblich 736, Naxos, am Fuße des Ätna, und von dort weitere bedeutende Kolonien wie Leontinoi und Rhegion. Die Korinther besetzten Korkyra,

das Tor zur Adria, und gründeten Syrakus, das sich im 7. Jahrhundert die ganze Südspitze Siziliens unterwarf und neue Städte baute. Bald folgten andere dem Beispiel der ersten Seestädte: die Rhodier und Kreter gründeten Gela, die Achäer Kroton und Sybaris, die Spartaner Tarent. Im späten 7. Jahrhundert erreichten Schiffe der Phokäer Südfrankreich (Gründung von Massilia am Rhone-Delta), und Siedler von der Insel Thera gründeten Kyrene als einzige Kolonie auf afrikanischem Boden.

Seit 650 landeten Siedler aus Chalkis an der thrakischen Küste, während Schiffe aus Milet durch das Marmarameer ins Schwarze Meer fuhren und dessen Küsten besetzten. Im 6. Jahrhundert stießen die Perser aus den Bergländern Kleinasiens nach Westen an die Küste vor und zwangen manchen Griechen zur Auswanderung; bis um 500 zogen ionische Flüchtlinge bis nach Sardinien und Korsika. Die Athener, lange Zeit teilnahmslose Beobachter der Kolonistenzüge, setzten sich Anfang des 6. Jahrhunderts im hellespontischen Sigeion fest; um 550 führte der ältere Miltiades auf Geheiß des delphischen Orakels Siedler nach der Chersones. Nahezu alle Kolonien nahmen Nachzügler auf und gründeten selbst neue Kolonien. So z. B. Massilia, das in schneller Folge ca. 12 Städte gründete, die von Nizza bis Barcelona das Tyrrhenische Meer säumten.

Die Kolonisationsfahrten endeten, als alle günstigen Küstenstreifen besetzt waren und die historische Entwicklung den Griechen andere Aufgaben stellte. Die Versuche, über die Straße von Gibraltar hinaus und nach Tartessos an der Mündung des Guadalquivir – Herr reicher Silberminen und Hauptumschlagplatz von Zinn aus Cornwall – zu segeln, scheiterten an Karthago. Die Konflikte mit der groß gewordenen phoinikischen Gründung nahmen seit der Mitte des 6. Jahrhunderts stetig zu und führten zu militärischen Auseinandersetzungen auf Sizilien, die schließlich in einem langen Ringen um den alleinigen Besitz der Insel mündeten (s. S. 234 ff.). Im griechischen Mutterland absorbierten die Kriege gegen die Perser und der daraus folgende Machtanspruch der Athener über das Ägäische Meer alle Energien.

Die Kolonisten zogen also fast ausnahmslos nach Norden und Westen. Sie hatten auch keine andere Wahl: Die Küsten der Levante, Ägyptens und Nordafrikas wurden von den Reichen des Alten Orients bzw. den Phoinikern und ihren Kolonien beherrscht, und diese waren nicht gewillt, das vorhandene Siedlungsland mit anderen zu teilen. Zwingen konnte man sie dazu nicht, da von einer technologischen oder militärischen Überlegenheit der Griechen – vergleichbar etwa der der europäischen Eindringlinge in die Neue Welt – keine Rede sein konnte. Aber auch im Westen und Norden gab es Grenzen. Sie zog der feste Wille, die gewohnten Klima- und Ernährungsbedingungen nicht zu verlassen, und sie zog die Entschlossenheit, die Verbindung zur Heimat nicht abreißen zu lassen. So blieb man an den Meeresküsten, suchte die Schwemmlandgebiete in deren Nähe und überließ die fruchtbaren Binnenebenen den einheimischen Stämmen.

Auch die Adria entzog sich weitgehend dem Zugriff der Kolonisten, nachdem Korinth an der südwestlichen Balkanküste Korkyra, Apollonia und Epidamnos gegründet und die Handelsrouten nach Norden unter seine Kontrolle gebracht hatte. Erst im 4. Jahrhundert werden zaghafte Versuche erkennbar, Niederlassungen am Ostufer der mittleren Adria und auf den vorgelagerten Inseln (z. B. Issa und Korçula) zu gründen; aber sie konnten niemals zu zusammenhängenden Arealen verbunden werden. Dementsprechend gering waren die Kenntnisse dieses Raumes. Im homerischen Epos verschwimmen seine Küsten und ihre Bewohner im Nebel wundersamer Geschichten: Dort liegt das Märchenreich der Phäaken, die die Fremden schützen und sie – wie den gestrandeten Odysseus (s. S. 101 f.) – nach Hause begleiten; dort verstümmeln aber auch barbarische Könige, erfüllt von Fremdenhaß, Unglückliche, die es an ihre Küsten verschlug.

Die Gründe, warum die Griechen gerade die Adria fast ängstlich mieden, obwohl diese durch ihren Verlauf von Nordwesten nach Südosten den Einflüssen des Orients in ihrer späteren Geschichte immer offen war, sind vielfältig. Da ist zunächst die Geographie: Die fjordartigen illyrischen Küsten luden keine Ackerbauern ein. Das Meer stößt hier schnell auf eine Kette gebirgiger Inseln, die unmittelbar vor den hohen Gebirgsketten des Balkanfestlandes liegen. Jene endlose Mauer der Dinarischen Alpen liegt am Rand eines riesigen Karstplateaus, dem die dalmatinische Küste den Rücken zukehrt. Da waren weiter die Seeräuber: Die besondere Gestalt der Küsten hat zu allen Zeiten die Piraterie gefördert. Selbst in den Glanzzeiten der venezianischen Herrschaft, viele Jahrhunderte später, rissen die Klagen darüber nicht ab; ein venezianischer Senator mochte wohl recht haben: es sei immer leichter gewesen, die Vögel mit bloßen Händen am freien Flug zu hindern, als den Piraten den Seeweg zu versperren. Mit anderen Worten: Wer der Piraten Herr werden wollte, mußte die gesamte dalmatinische Küste kontrollieren; dazu reichten die griechischen Kräfte nicht. Und schließlich Korkyra (Korfu): Im Süden führt die Straße von Otranto in das Ionische Meer; eine schmale Straße, die Seekarten messen 72 km. Den Schlüssel hierzu hält die Insel Korkyra in Händen, die gedeckt von der armen, aber bergigen Ostküste wie ein Sperriegel vor dem Eingangstor zur Adria liegt. Wer in die Adria ein- oder ausfährt, muß an Korkyra vorbei, das als Kolonie Korinths dessen Interessen geschickt mit den eigenen zu verbinden wußte, und dazu zählte als erstes die Sicherung des Handelsmonopols in der Adria.

Die Gründe des Auszugs: Armut und Fehde

Die Menschen, die über 200 Jahre hinweg in den Hafenstädten des Mutterlandes die Schiffe bestiegen, um anderswo eine neue Heimat zu finden, hatten zuallererst ihre Furcht vor dem Unbekannten zu überwinden. Diese vermischte sich mit der Angst vor dem Meer, das viele Erzählungen und Vasenbilder mit Ungeheuern, gefährlichen Piraten und dem Gott Poseidon, unberechenbar in seiner Herrschaft über Wind und Wellen, bevölkert hatten. Der Sohn des Phäakenkönigs Alkinoos, der den gestrandeten Odysseus, „zermürbt von der Fülle der Leiden", in der Halle sitzen sah, sprach aus, was die ganze Epoche bewegte: „Ich meine ja immer: Übel gibt es gewiß, doch kein andres vergleicht sich dem Meere; dieses zerrüttet den Mann, und hätte er riesige Kräfte" (Odyssee 8, 137 ff.). Viele Generationen mutiger Seefahrer haben an dieser Gewißheit nichts ändern können. Noch die arabischen, die seit 640 n.Chr. die Tore von Konstantinopel berannten und nach Sizilien griffen, überwanden ihre Furcht nur durch den Glauben an einen besonderen Lohn: „Ein Kriegszug zur See ist gleichwertig mit zehn Kriegszügen zu Land, und wer seekrank wird, ist wie einer, der sein Blut um Gottes Willen vergoß" – lautet ein dem Propheten Mohammed früh zugeschriebener Satz (Lewis, Der Islam, Bd. 1, S. 300).
Auf die Griechen lauerten auch in der neuen Heimat unvorhersehbare Gefahren. Derjenige, den es in die Reichweite der Könige und Satrapen der Großstaaten verschlug, sah sich gnadenlos verfolgt: „Wie Fische fing ich die Iawâni (sc. die Ioner) inmitten des Meeres", triumphierte der assyrische König Sargon, der gegen Ende des 8. Jahrhunderts eine Kolonistenschar vor der kilikischen Küste aufgespürt hatte. Auch im Westen drohten Tod und Verderben im Kampf gegen Stärkere: Als um 540 die Etrusker und Karthager die

Phokäer bei Alalia (Korsika) schlugen, wurden die Gefangenen wegen fortgesetzter Piraterie verurteilt und gesteinigt (Herodot 1,166 f.).
Das Motiv der Kolonisation kann demnach nicht zweifelhaft sein: Nur die nackte Not war stark genug, Griechen, dazu noch meist ortsgebundene Bauern, auf schwankende Schiffe zu treiben. Die meisten teilten das Schicksal des Vaters von Hesiod (s. S. 110), den es nach Böotien verschlagen hatte: „Das aiolische Kyme verließ er in schwärzlichem Seeschiff. Nicht aus reicher Habe noch Wohlstand entwich er, nein, aus bitterer Armut, wie Zeus sie den Menschen gegeben." Die Zunahme der Bevölkerung also, verbunden mit einer weit um sich greifenden Agrarkrise, zwang über Generationen Menschen in die Ferne, deren Bodenbesitz die Familie nicht mehr ernährte, und die ihren Lebensunterhalt in Handel und Gewerbe nicht finden konnten.
Häufig war Gewalt nötig, um die Verzweifelten, die sich an ihre Heimat und ihre Familie klammerten, zur Ausfahrt zu zwingen. So wie in Thera, wo niemand dem Rat des Apollon folgen wollte, nach Afrika auszuwandern. Da mußte das Los aus jeder Familie und jedem Ort die bestimmen, die die Insel verlassen mußten, um den Zurückbleibenden das Überleben zu ermöglichen. Als Angst und Hilflosigkeit die Ausgefahrenen zur Umkehr zwangen, wurden sie in der Heimat mit einem Geschoßhagel empfangen und aufs Meer zurückgetrieben: Es gab keine Hoffnung, alle hungrigen Mäuler auf der kargen Insel stopfen zu können (Herodot 4, 150-159). Ähnliches trug sich in Phokäa zu, als der vergebliche Widerstand gegen die Perser die Bemannung der Schiffe notwendig machte: Ein Eid, abgelegt in strengen religiösen Formen, sollte die Kolonisten verpflichten, niemals wieder nach Phokäa heimzukehren; viele jedoch, schreibt Herodot (1, 165), überfiel auf der Fahrt das Heimweh, und über die Hälfte der Auswanderer kehrte zurück.

Die Kolonisatoren

Den Siedlern vorausgefahren waren Abenteurer, Händler und Seeräuber; die meisten Kapitäne waren alles zusammen. Ihre Namen hat niemand bewahrt, aber die Abenteuer, die sie bestehen nußten, wurden zum beliebten Stoff der epischen Dichter. Sie leben bis heute in den Erzählungen von den Leiden und Irrfahrten des Odysseus, dem ein zorniger Gott zehn Jahre lang die Heimkehr aus dem Krieg verwehrte (s. S. 100). Die erste mißtrauische Frage des ein-

äugigen Kyklopen an Odysseus, als dieser sich mit seinen Gefährten in der Höhle des ungastlichen Gesellen häuslich einrichten wollte, spiegelt die Empfindungen, die jedermann im Mittelmeer hatte, wenn Fremde ihre Schiffe an Land zogen: „Fremde, wer seid ihr? woher kommt ihr die feuchten Pfade gefahren? eines Geschäftes wegen? oder schweift ihr nur so hin über die Salzflut wie Seeräuber, die da umher schweifen und ihr Leben wagen, um Anderen Böses zu bringen?" (Odyssee 9, 251-254).
Männer dieser Art hatten sich bereits um 750 in Ischia und Kyme an der Bucht von Neapel niedergelassen, während andere nach Al Mina an die nordsyrische Küste gefahren waren, wo an der Mündung des Orontes die Hauptkarawanenstraße aus Mesopotamien das Meer erreichte. Auch dies mußte sein, daß sich zu den Scharen der Verzweifelten, die neues Land suchten, die Abenteurer und Konquistadoren gesellten. Denn die soziale Not und die politischen Kämpfe um Macht und Überleben hatten auch eine große Zahl von Desperados und Kriegern entlassen, die das Meer als Seeräuber befuhren und keine Scheu hatten, mit der Waffe neue Siedlungsplätze zu erobern. So fuhr eine Schar Messenier, als ihr Land in Spartas Hände fiel, nach Kleinasien, ein Zug, den Mimnermos, Zeitgenosse Solons und Nachfahre der Gründer Kolophons, schilderte:

„Pylos, des Aipytos und des Neleus Feste, verlassend,
Kamen zu Schiff in die lieb lockende Asia wir,
Ließen uns dreist als mächtige Landesbeherrscher im schönen
Kolophon nieder, erfüllt böse von ruchlosem Sinn.
Danach brachen wir auf von dem Ufer des Flusses und nahmen,
Folgend dem göttlichen Rat, Smyrna in Aiolis ein."
(12. Elegie; Übers.: Franyó).

Kein Zweifel: Raub und Gewalt prägten viele Kolonistenzüge. In Thasos fand sich „der Abschaum aller Hellenen ein", schrieb der Dichter Archilochos (um 650; frg. 54 Diehl), der seine Heimat Paros als armer Mann verlassen hatte und sein Leben als Söldner fristete. Er mußte es also wissen, und er kannte auch das Ethos, dem solche Männer gehorchten:

„Hier der Speer gibt mir Brot,
und den Wein von Ismaros gibt mir
hier mein Speer, und ich trink',
auf meinen Speer hier gelehnt." (frg. 2 D; Übers.: M. Treu).

Andere trieben die unterschiedlichsten Motive. So waren die Griechen, die in Naukratis an der Mündung des Nils an Land gingen, zumeist Händler, Reisende oder Söldner. Gerade hier lohnte sich der Handel: Die ägyptische Überproduktion an Getreide konnte mit hohen Gewinnen in den hungernden Städten des Mutterlandes verkauft werden; als Rückfracht luden die Schiffe hochwertige landwirtschaftliche Produkte, Waffen und Keramik. Den Pharaonen waren diese Männer so willkommen, daß sich ihre Siedlung schnell zu einem dicht bevölkerten Handelsplatz entwickelte. Von einem gewissen Charaxos aus Mytilene, der dort sein Glück versuchte, wissen wir mehr: Dieser Kauffahrer, der in Naukratis vermutlich Wein aus Lesbos losgeschlagen hatte, verliebte sich in die schönste Kurtisane des Ortes, die thrakische Sklavin Rhodopis, und kaufte sie um einen stolzen Preis frei. Währenddessen kniete im heimatlichen Lesbos seine Schwester, die Dichterin Sappho, vor Aphrodite und erbat die glückliche Heimkehr des Bruders (Herodot 2, 135; Sappho, frg. 5,1).

Neben diesen Händlern waren es vor allem Söldner, die das Gesicht der Kolonie und ihre Geschichte bestimmten. Sieben von ihnen, vermutlich Dorer aus Rhodos, die in Abu Simbel an der Grenze zum Sudan Dienst taten, ritzten im Jahre 591 ihre Namen in das linke Bein einer Kolossalstatue von Ramses II. und verkündeten stolz, daß sie, „welche fremder Zunge waren“, den Nil aufwärts gefahren waren, „soweit es der Fluß zuließ“ (Meiggs-Lewis nr.7 A). Wie zahlreich diese Söldner waren, zeigte sich Jahrzehnte später. 525 stemmte sich Ägypten unter dem Griechenfreund Amasis und seinem Sohn Psammetich vergeblich gegen die drohende Unterwerfung durch die Perser. Herodot (3,1 ff.) überliefert, daß Tausende griechischer Söldner in den Kampf zogen; aber auch sie konnten nicht verhindern, daß der Perserkönig siegte und für viele Jahrhunderte die eigenständige Geschichte Ägyptens beendete.

Alle diese Beispiele – nunmehr bezogen auf den Gründungsvorgang einer Kolonie – zeugen von einem Höchstmaß an privatem Wagemut und Eigennutz. Der Staat tritt aktiv nicht in Erscheinung. Wie sollte er auch: Er war angesichts der tiefgreifenden gesellschaftlichen Krise gänzlich unvorbereitet und konnte nur hoffen, daß andere an seiner Stelle handelten. Diese fanden sich in einer Schar adliger Männer, die in den gerade anhängigen Fehden um Macht und Ehre unterlegen waren oder bereit, für die Aussicht, als Städtegründer göttliche Verehrung zu genießen, jedes Risiko einzugehen. Sie sammelten die Männer aus der Stadt und den umliegenden Dörfern um sich, sorgten für Schiffe, Waffen, Landmesser und die sonstige Ausrüstung. Und sie nahmen aus der Stadt mit, was sie als mitnehmenswert erachteten, und dies waren die entscheidenden Accessoires der Heimat: Das Modell einer Stadt, ihre politischen Institutionen, die Grundsätze des sozialen Miteinanders, die Götter. Damit bekam die private Initiative der Kolonistenführer ihren welthistorischen Rang, da sie die politische und gesellschaftliche Ordnung des Mutterlandes über das Meer trugen und sich selbst deren Spielregeln unterwarfen. Dies wiederum öffnete den Städten die Möglichkeit, die aus ihren Häfen auslaufenden Schiffe als die ihren zu verstehen und dem ganzen Unternehmen den staatlichen Segen nicht zu versagen. Später, als sich der ungeahnte Erfolg einstellte, schmückte sich die Stadt mit dem Titel Metropolis (Mutterstadt) und gab vor, selbst für den Auszug und den Erfolg der Kolonisten alles getan zu haben. Dies war zwar so nicht richtig, wurde von den späteren Generationen, die in gefestigten und selbstbewußten Stadtstaaten lebten, jedoch gerne hingenommen.

Die Gründung der Kolonie

Die Gründung der Kolonie, an der selten mehr als etwa 200 Menschen beteiligt waren, erfolgte dort, wo es bebaubares Ackerland gab und die Ansiedlung von niemandem behindert wurde. Thukydides (6,2) und die Berichte über die Gründung Kyrenes (s.o.) bezeugen, daß die Griechen nicht anders vorgingen als die Phoiniker: Sie setzten sich zunächst auf Kaps oder kleinen, vor der Küste liegenden Inseln fest, von denen aus vorsichtig und häufig erst nach Jahren des Zuwartens der Schritt auf das Festland und in die weiten Fruchtebenen gewagt wurde. Erst als dieser gelang, begann die eigene Geschichte der Kolonie und deren Loslösung von der verlassenen Heimatstadt.

Natürlich hatte man vorher Erkundigungen eingezogen. Dazu gehörte der Weg nach Delphi, wo das Orakel des Apoll Weisungen gab: Im tiefergelegenen Ende des Tempels, über dem Abgrund auf einem Dreifußkessel sitzend, umhüllt vom aufsteigenden Dunst und einen frisch geschnittenen Lorbeerzweig schüttelnd, blickte die *Pythia*, als Mädchen gekleidet, in die Zukunft. Ihre in Trance ausgestoßenen Worte hüllten die Priester in Hexameter. Diese enthielten nicht nur Voraussagen, sondern boten Entscheidungshilfen für die Auswahl des Zielortes und der Wegstrecke. Die Priesterschaft in Delphi gewöhnte sich daran, Informationen von heimkehrenden Kapitänen und Oikisten zu sammeln, um die Pythia immer treffsicherer orakeln zu lassen. Daran hatte Delphi ein kräftiges Eigeninteresse, da seine Geltung und sein materielles Wohlergehen davon abhingen. Auch der Oikist hatte auf seine Vorteile zu achten: Seine Gefährten folgten ihm leichter auf die Schiffe, wenn Apollon dies befohlen hatte und göttlicher Segen auf dem Unternehmen ruhte. Selbst wenn er dem Inhalt des Orakels gründlich mißtrauen mochte, so konnte er doch in Delphi die Männer treffen, die sich mit denselben Problemen wie er herumschlugen oder diese in einem anderen Winkel der Welt bereits gelöst hatten.

Gelang die Landung im fremden Land und war der erste Winter gnädig gewesen, verteilte der Anführer die Felder. Dabei wurden die Grundstücke – wie bei der Erbteilung in Griechenland – nach vergleichbarer Größe und Qualität aufgeteilt und dann verlost. Wer ein solches Los gezogen hatte, erhielt das Bürgerrecht der Kolonie. Auf die Landlose müssen bereits zu Beginn der Reise Anwartschaften bestanden haben. Dafür spricht der Sinn des ganzen Unternehmens und nicht zuletzt die launige Nachricht, daß ein Kolonist auf der Fahrt und schwer des Weins seine Anrechte gegen einen Honigkuchen tauschte (Athenaios 4,62,167). Waren die Äcker verteilt, sollte niemand mehr an den Eigentumsverhältnissen rütteln dürfen: „Wenn aber jemand eine (neue) Landverteilung beantragt oder (dazu) seinen Stimmstein abgibt im Rat der Alten, in der Polis oder im Ausschuß oder wenn er einen Bürgerkrieg wegen der Landverteilung anzettelt, soll er samt seiner Nachkommenschaft verflucht sein für alle Zeit, sein Vermögen soll an das Volk (die Gemeinde) fallen und sein Haus soll niedergerissen werden" (IG IX^2 1,3, nr. 609; Übers.: Gehrke). Als die Lokrer dieses Gesetz erließen, hatten sie gerade verteilt, was sie anderen abgenommen hatten. Ihre Furcht, daß selbst unter den eigenen Bürgern Neid und Mißgunst alles Gewonnene wieder gefährden könne, spricht von den Nöten, die die Kolonisten auch nach gelungener Stadtgründung plagten.

Die neue Siedlung wurde als Stadt gegründet und so eingerichtet, wie man dies aus der Heimat kannte. Homer hat die landläufigen Motive einer Koloniegründung und den Gründungsvorgang selbst in der Geschichte der Phäaken erzählt, die – bedrängt von den Kyklopen – ihre Heimat aufgaben und die Stadt Scheria gründeten. Alle wesentlichen Züge eines erfolgreichen Kolonistenzuges sind vorhanden: Die Not als treibendes Motiv, die Initiative eines adligen Anführers, der Bau von Mauern und Tempeln und die Aufteilung des Bodens:

„Die [Phäaken] bewohnten voreinst Hypereias breitere Tanzflur,

Nahe den übermütig rohen kyklopischen Männern
Und von ihnen beraubt; sie waren stärker an Kräften.
Da erhob Nausithoos sich, der Göttliche, führte
Hin nach Scheria sie, weit weg von erwerbsamen Männern.
Mauern zog um die Stadt er und baute die Häuser,
Schuf den Göttern die Tempel und teilte für alle den Acker."
(Odyssee 6,2 ff.; Übers.: F.G. Jünger).

Das Gros der Siedler waren Witwer oder unverheiratete waffenfähige Männer, die aus Familien mit mehr als einem Erben stammten; für ihre aristokratischen Führer galt dies natürlich auch, wenn man sie nicht ohnehin wegen eines fraglichen Stammbaums oder politischer Querdenkerei gerne ziehen ließ. Nach der Verteilung der Äcker und dem Bau der Stadt mußte es also das nächste Ziel sein, Frauen unter der einheimischen Bevölkerung zu finden oder aus Griechenland nachkommen zu lassen. Der Kontakt zur Mutterstadt riß ohnehin nicht ab; das schnelle Anwachsen vieler Kolonien ist nur dadurch zu erklären, daß nach einer erfolgreichen Gründung Hunderte der in der Heimat Verbliebenen nun auch den gefahrvollen Weg über das Wasser wagten.

Die Folgen der Kolonisation

Die neu gegründete Kolonie (*apoikía* = Auswanderung) wurde als selbständige, von der Mutterstadt (*metrópolis*) unabhängige Stadt mit eigenem Bürgerrecht eingerichtet. Die religiöse, soziale und politische Ordnung kopierte die mutterländischen Verhältnisse. So lag wenige Jahrzehnte nach der Gründung die Macht hier wie dort in den Händen einer Gruppe aristokratischer Familien, die den überwiegenden Teil des Reichtums, d. h. des Grund und Bodens besaßen; der Adel in Syrakus z. B. nannte sich *Gamoroi*, das heißt „Leute, die das Land unter sich aufgeteilt hatten." Sie bemächtigten sich auch der politischen Institutionen, sprachen Recht und übten die priesterlichen Funktionen aus.
Verbindungen zwischen Mutterstadt und Kolonie hat es zu allen Zeiten gegeben. Sie waren naturgemäß besonders eng, solange ein Strom von Nachzüglern aus der Heimat in die Kolonien zog. Dauerhafte Herrschaftsansprüche hingegen konnte nur Korinth begründen: Die Stadt entsandte jährlich Kommissare (*Epidemiurgen*) in seine Kolonien an der Adria (s.o.) und nach Poteideia auf der Chalkidike (s. S. 214). Ansonsten entschied jede Kolonie selbst über das,

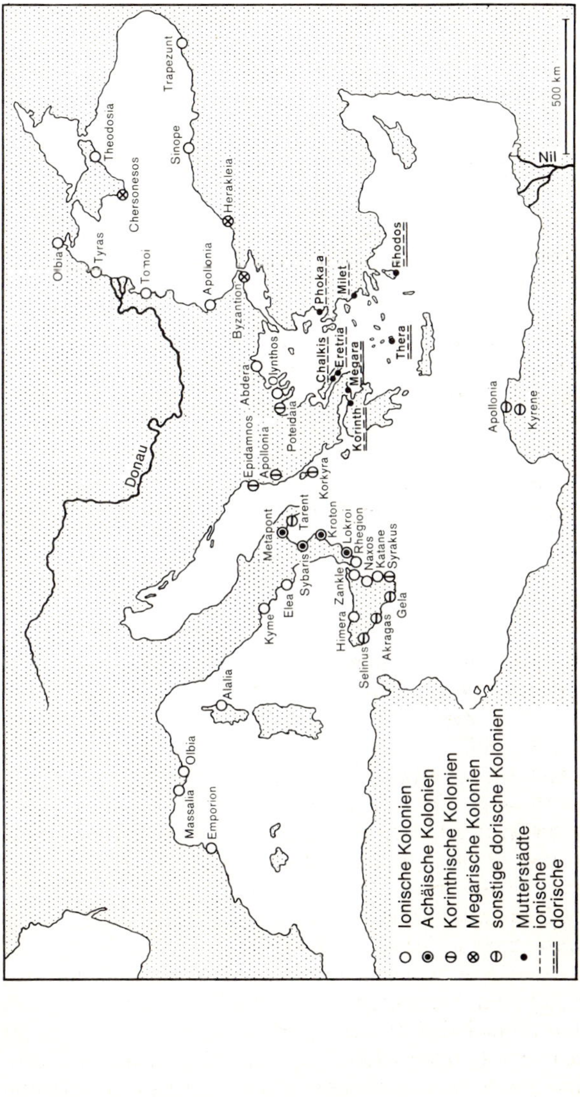

Die griechische Kolonisation (750-550 v. Chr.)

was ihre Sicherheit und ihren Besitz mehren konnte – angesichts der großen Entfernungen und der begrenzten Möglichkeiten, sie zu überwinden, auch nicht verwunderlich. Viele Kolonien waren zudem längst mächtiger als ihre Gründerstadt geworden, so daß diese, selbst wenn sie ihre weit in die Ferne verschlagenen Söhne disziplinieren wollte, dabei kläglich gescheitert wäre. Die häufig zwischen Mutterstadt und Kolonie ausgetauschten Bürgerrechte bezeugten ebenso wie Gesandtschaften und Festdelegationen besondere Bindungen, die jedoch den harten Kern wesentlicher politischer Entscheidungen nicht betrafen. Im Grunde wußte jeder, der an der Küste Südfrankreichs oder Unteritaliens lebte, daß dies eine neue, eigenständige Welt war und nicht mehr Griechenland; so sprachen die Kolonisten in Italien von *Großgriechenland*, wenn sie von ihrer neuen Heimat erzählten. Es lief denn auch kein einziges Kriegsschiff aus den Häfen der Kolonien, als 480 der persische Angriff die Selbständigkeit der mutterländischen Städte bedrohte. Letztlich blieb es der Initiative des einzelnen überlassen, wie er die Verbindung zur alten Heimat aufrechterhielt; Anlässe zu Besuchen boten vornehmlich die großen Feste und Spiele, wo ohnehin alle zusammenkamen, die Rang und Namen hatten oder danach strebten. Dort wurden alte Beziehungen gepflegt und neue gesucht. Und mancher großer Herr in den alten Städten des Mutterlandes war bereit, familiäre Bande über das Meer mit den Familien zu knüpfen, die in der Fremde reich und mächtig geworden waren.

Die wirtschaftlichen Folgen der Kolonisation waren dieselben wie zu allen Zeiten: Der Handel blühte auf und wirkte seinerseits befruchtend auf das Handwerk. Alles, was in die Kolonien eingeführt wurde, konnte mit Weizen, Oliven, Wein, Bauholz und Produkten der Weidewirtschaft (Häute, Pelze) bezahlt werden. Die Küche, in der bisher nach den Rezepten von Bauern und Hirten gekocht wurde, wird nun auch eine Küche von Seefahrern, und die Eßtische füllen sich mit Fischen und Gewürzen; die Zuschauer der Komödien des Aristophanes kannten Sizilien auch als das Land, wo es den besten Käse gab. Häufig verkauften die Griechen aus Sizilien und Unteritalien ihre Produkte nach Nordafrika, Italien und Gallien; der sizilische Historiker Timaios führte z. B. den unermeßlichen Reichtum von Akragas (heute: Agrigent) auf die Wein- und Ölexporte nach Karthago zurück. Importiert wurden vor allem Metalle, Keramik und Luxusgüter. Im Handel mit den Schwarzmeerstädten bestand die Rückfracht des griechischen Händlers für die gelieferten Töpferwaren im wesentlichen aus Weizen, ohne den in

Griechenland vielerorts Hungersnöte ausgebrochen wären. Jedermann ging es im Grunde besser: Dem Töpfer, der am Hafen bessere Preise als früher auf dem Marktplatz erzielte, dem Bauern, der seine Felder nicht mehr an alle Söhne verteilen mußte, dem Händler, der überall im Mittelmeer willkommen war, und dem Adligen, dem in der Ferne neue Möglichkeiten winkten, Reichtum und Ruhm zu erwerben.

Sie alle erweiterten ihren Horizont, wurden aus alten Gewohnheiten herausgerissen und verglichen die neu sich auftuenden Welten jenseits des Wassers mit der Armut und Rückständigkeit der Heimat. Statt Angst und Hoffnungslosigkeit, mit der die Kolonisten das Land ihrer Geburt verlassen hatten, herrschte mehr und mehr die Gewißheit, die Bewährungsprobe bestanden zu haben und auch künftig Neues und Unerhörtes tun zu können. Die Begegnung mit den fremden Völkern, mit denen man sich auseinanderzusetzen hatte, sei es als Händler, sei es als Krieger, hatte mehr gebracht als nur neue Erfahrungen und Reichtümer: Man hatte gelernt, schneller und anders zu denken, und war bereit, dementsprechend zu handeln.

Am Ende ihrer Fahrten hatten die Kolonisatoren die Welt des Mittelmeeres gründlich verändert und die elementaren Voraussetzungen der Geschichte Europas geschaffen. Wer um 500 Umschau hielt, sah die Ägäis als griechisches Meer, sah griechische Städte an den früher unzugänglichen Küsten Makedoniens und Thrakiens, sah die Ufer des Schwarzen Meeres besiedelt, sah in Ostsizilien und Unteritalien Weltstädte wie Syrakus, Sybaris oder Tarent, sah Ionier von Nizza bis Barcelona und auf den Inseln Sardinien und Korsika, und wer das Meer befuhr, begegnete griechischen Schiffen, die über Gibraltar, die sagenumwobenen Säulen des Herakles, hinausfuhren und längst begonnen hatten, weite Teile des Mittelmeeres in Interessensphären aufzuteilen. Nichts war mehr so, wie es früher war: Wo immer griechische Kriegs- oder Lastschiffe landeten, brachten sie neue Techniken, veredelte Pflanzen, nautische Kenntnisse und Zeugnisse ihrer geistigen Bewältigung der Welt mit sich, die in der neuen Umgebung eine Revolution des Denkens und Handelns auslösten.

Und vor allem: Sie führten weiten Teilen des Mittelmeeres vor Augen, wie die politische Organisationsform der Zukunft aussah. Der Stadtstaat hatte seine entscheidende Bewährungsprobe bestanden, und er war damit zum allein handelnden politischen Körper der Griechen (und später der Römer) geworden, der den Stammesstaaten für lange Jahrhunderte jede eigenständige Entfaltungsmöglichkeit nahm. Dabei wiesen die Anfänge nicht in diese Richtung: Was Armut und Fehde in den hungernden Hafenstädten des Mutterlandes freigesetzt hatten, war ein Höchstmaß an persönlicher Initiative adliger Herren gewesen, die die ungeregelte Flucht vor dem Hunger in erfolgreiche Kolonistenzüge verwandelten. Pate hatte der schiere Eigennutz gestanden, nicht Moral und Gewissen; anders: Die wachsende Schar verzweifelter Bauern, von in Blutfehde hoffnungslos ineinander verkrallten Aristokraten und von auf Taten und Kampf erpichten Abenteurern bot dem adligen Machtstreben ein neues Feld, Ehre und Reichtümer zu gewinnen. Aber sie lernten, daß ihrem Tatendrang der höchste Lohn winkte, wenn sie Städte nach dem Muster der heimatlichen Ordnung gründeten. So siegte letzten Endes die staatliche Ordnung, in der wenig später der Machtanspruch des Adels gründlich erschüttert werden sollte.

Wer seinen Blick über das Mittelmeer hinaus schweifen ließ, entdeckte bald, daß sich auch die Welt jenseits des direkten griechischen Zugriffs veränderte. Die überlegene südliche Zivilisation begann, weit nach Norden auszustrahlen und die Kulturen der dort lebenden Völker zu beeinflussen. Insbesondere waren es die Kolonien im ostmediterran-pontischen Raum und im westlichen Mittelmeer, die Kontakt und Austausch mit ihren barbarischen Nachbarn intensivierten. Seit um 500 traf auf die Randzonen nördlich des Mittelmeerraumes bis in die Gebiete jenseits der Alpen hinein das später von Cicero (de re publica 2,4,9) geprägte Wort zu, daß „den Barbarenländern gewissermaßen ein griechischer Saum angewebt zu sein scheine." Dies bedeutete auch, daß nun Nachrichten über die Völker des Nordens nach Süden gelangten. die sich bei Herodot mit Mythen und märchenhaften Ausschmückungen mischten. Niemals jedoch hat ein Grieche daran gedacht, Eroberungszüge in den barbarischen Norden für erstrebenswert zu halten. Selbst die hellenistischen Könige, dazu wohl am ehesten in der Lage, entfalteten ihren Tatendrang in ganz andere Richtungen und sahen sich auf dem Gipfel des Ruhms, wenn ihre Reiterei die Pferde im Indus, nicht aber in der Donau tränkte. Erst die Römer versuchten eine offensive Sicherung der mitteleuropäischen Großräume: Augustus führte ihre Legionen in breiter Front über den Rhein und an die Donau und lehrte seine Nachfolger, den Norden des Mittelmeeres als einheitlichen Raum zu begreifen.

III. Der Krieg und seine Diener

1. Die Allgegenwart und das Gesicht des Krieges

„Ganz Hellas ging einst in Waffen wegen der mauerlosen Siedlungen und der unsicheren Straßen, und das Leben mit dem Schwert war ihnen vertraut wie den Barbaren", schrieb rückblickend Thukydides (1,6,1), als er sich um 400 anschickte, mit dem Peloponnesischen Krieg den größten Krieg zu beschreiben, den Griechen je geführt hatten. Die so beschworene Allgegenwart des Krieges hängt an den geographischen und politischen Grundbedingungen des griechischen Lebens. Eingezwängt zwischen hoch aufsteigenden Bergen und darauf angewiesen, den wenigen Fruchtebenen möglichst viel an Nahrung zu entreißen, existierten mehrere hundert Städte, die eifersüchtig auf ihre Unabhängigkeit bedacht waren und doch gleichzeitig im regen Austausch auf allen Gebieten miteinander verkehrten. In dieser Welt wurde man sehr schnell zum Feind, wenn es um die Kontrolle der wenigen fruchtbaren Äcker ging. Krieg bedeutete denn auch in Griechenland zuvörderst Krieg um jeden Fetzen des benachbarten Landes, auf dem bereits ein anderer Bauer seinen Pflug führte oder seine Schafe weiden ließ. Kriege um ferne Länder, große geopolitische Ziele oder überseeische Märkte ließen die innergriechischen Rivalitäten vor dem Ende des 5. Jahrhunderts erst gar nicht zu: „Denn sie fügten sich nicht in Gruppen unter das Gebot der mächtigsten Städte, noch zogen sie selbständig und gleichberechtigt zu gemeinsamen Fahrten aus, sondern gegenseitig bekämpften sich die einzelnen Nachbarstädte" (Thukydides 1, 15).

So bekriegten z. B. die Phoker jahrhundertelang die Westlokrer, da sie beide die gleiche Schafweide begehrten. Nicht wesentlich anders sah der Zwist Spartas mit Argos aus, in dem es um die Beherrschung der zwischen beiden Städten liegenden kynurischen Ebene ging. In den jahrzehntelangen Streit der Städte Chalkis und Eretria auf Euboia um die lelantische Ebene griffen adlige Kämpfer vieler griechischer Städte ein. Noch zu der Zeit, als die Athener mit Alkibiades von der Eroberung Siziliens träumten (s. S. 220), sahen sie sich bereits in Gedanken die Ländereien der großen Insel „durch das Los" verteilen.

So war der Krieg in der griechischen Welt allgegenwärtig. Er führte sein hartes Regiment in drei Gestalten:

- als *Landkrieg*. Sein Gesicht prägten festgefügte Schlachtreihen, die in der Ebene aufeinanderprallten, und Festungsanlagen. Das bedeutete, daß der Gewinn einer offenen Feldschlacht Vorteile, aber nicht den endgültigen Sieg brachte. Dieser forderte die Erstürmung der Stadtmauern, die daher mit immer größerem Aufwand ausgebaut wurden. Erst als der römische Friede den Griechen gewaltsam die Möglichkeit nahm, gegeneinander Krieg zu führen, verwandelten sich die Mauern in Steinbrüche, und auf ihren Resten begann, Gras zu wachsen.
- als *Seekrieg*. Sein Gesicht bestimmten die Küsten, da alle großen Seestraßen ihre schützenden Schatten suchten. Kriegsschiffe verließen die Häfen nur in den Sommermonaten, in denen allein die Gefahren des Meeres zu bestehen waren. Alle größeren und längeren Unternehmungen zwangen zur Mitnahme von Versorgungsschiffen und – abhängig vom Kriegsziel – Truppentransportern. Landungsunternehmungen führten nie tief ins Hinterland; keine griechische Stadt hat sich je an der Eroberung größerer territorialer Binnenräume versucht. Die Gründe für dieses – jedenfalls angesichts der römischen Geschichte – erstaunliche Phänomen – sind vielfältig, zwei davon gravierend: Zum einen konnte der Druck der Überbevölkerung durch die Kolonisationsfahrten nach außen abgeleitet werden, zum anderen zwangen bis zu den Perserkriegen keine äußeren Herausforderungen zur Konzentration der eigenen Kräfte oder zur Besetzung zusammenhängender Räume.
- als *unerklärter Kleinkrieg*. Sobald der große Krieg ruhte, regierten die vielfältigen Formen des unerklärten Krieges: Seeräuberei und Bandenkriege zu Lande.

Gänzlich fremd war die Spielart des Krieges, die später für Jahrhunderte die europäische Geschichte prägen sollte: *Religionskrieg* und Kreuzzug. In den Jahren des Perserkrieges hörte man zwar den Ruf, es gelte die Freiheit der Griechen zu bewahren, doch wollte niemand damit fromme Werke für Hera oder Zeus tun.

Gewiß: jeder Sieg war ein Geschenk der Götter, um deren Hilfe vor der Schlacht Tausende beteten, und die Götter hatten Anspruch auf Dank für den Sieg. „Nicht wir haben dies zustande gebracht, sondern die Götter und Heroen", schrie der stolze Themistokles nach der Schlacht von Salamis (Herodot 8, 109). Obsiegt aber, dessen waren sich die Griechen gewiß, hatten die Menschen und ihre Inter-

essen und nicht ein Gott, der über andere falsche Götter und ihre Gläubigen triumphierte und von seinen Dienern verlangen konnte, den Gegner um der einen Wahrheit willen zu vernichten.
Der Mann, der im Kampf fiel, starb also auf See, als Räuber auf dem Land oder als Verteidiger seiner Heimatstadt. So begrüßte Odysseus in der Unterwelt den toten Fürsten der Achäer, Agamemnon, mit der mitleidigen Frage:

„Welches Los des schmerzlichen Todes hat dich getroffen?
Bist du auf deinem Schiff dem Herrscher Poseidon erlegen,
als er die Wut der entsetzlichen, heillosen Winde erregte?
Oder töteten dich auf dem Lande feindliche Männer,
als du Rinder geraubt und Herden glänzender Schafe?
Oder bist du im Kampf für die Stadt und die Frauen gefallen?"
(Odyssee 11, 398 ff.).

Mit dem Ausbau der Städte und ihrem stärker werdenden Zugriff auf ihre Bürger fiel der Krieg in die Hände des Staates. Die Stadtmauern, die Phalanx (s.u.) und schließlich auch die Kampfschiffe wiesen den Weg dazu: Diese wichtigsten Instrumente des Krieges forderten ohne Wenn und Aber viele und loyale Diener, die zeit ihres Lebens bereit sein mußten, zu zahlen und zu kämpfen, sobald es die Stadt – und nicht ihr jeweiliges Eigeninteresse – forderte. Am Ende der Entwicklung regierte der Grundsatz, daß die Verteidigung des Staates Recht und Pflicht eines jeden Bürgers und nur des Bürgers ist.
Jedoch: ganz gelang die Verstaatlichung des Krieges nie, da die Interessen und Denkgewohnheiten der frühen Zeit blieben und dem staatlichen Anspruch nur bis zu einem gewissen Grade unterworfen werden konnten (vgl. S. 106 f.). Dies galt natürlich und vor allem für die Familien des Adels, die auf die Eigenständigkeit ihrer Häuser pochten und es lange gewohnt waren, jenseits der Stadtgrenzen selbständig zu handeln und eigene, persönliche Beziehungen zu knüpfen. Ihr Spielraum für private Initiative war anfangs schier grenzenlos: Seeraub, Handel und nicht zuletzt die Gründung von Kolonien wiesen Wege zu Reichtum, Ehre und öffentlicher Bewunderung weit über die engere Heimat hinaus, die Verdienste um den Staat nur ergänzen, aber nicht ersetzen konnten. Ein weiter Weg also, den die homerischen Helden wie Odysseus zurücklegen mußten, um in der Existenz eines Staatsbeamten, Generals und Offiziers eine erstrebenswerte Lebensaufgabe zu entdecken. Am Ziel

waren sie erst, als das Ende der Kolonisationsfahrten und die Bedrohung jeder Stadt durch den persischen Angriff dem privaten Tatendrang immer engere Grenzen gezogen hatte, während die Städte aus denselben Gründen Macht gewannen; diese machte sie als Feld adliger Bewährung aufregend und attraktiv und verschaffte ihr zugleich die Mittel, Widerstrebende notfalls mit Gewalt unter das Joch des staatlichen Interesses zu zwingen.

In der Welt am Rande der bedeutenden Staaten hat der Krieg sein ursprüngliches Gesicht als Privatfehde weitgehend behalten. Dort, wo – wie in den Landschaften Nordwestgriechenlands oder Kretas – viele kleine Städte und Dörfer um ihre wenigen Habseligkeiten haderten, waren die Bürgermeister geradezu darauf angewiesen, daß große Herren und Krieger die Fehden der Stadt zu ihrer Privatsache machten. So konnte gegen Ende des 3. Jahrhunderts das dankbare Megalopolis auf der Peloponnes dem jungen Philopoimen huldigen, weil es ihm beliebte, „bei den Kriegszügen seiner Mitbürger, die sie mit Einfällen in Lakonien auf Raub und Beute unternahmen, immer der erste der Ausziehenden und der letzte der Heimkehrenden zu sein“ (Plutarch, Philopoimen 4,1). Als ihm dies nicht mehr genügte, verdingte er sich als Söldnerführer auf Kreta und anderswo und kehrte sporadisch in die Heimat zurück, die den verlorenen Sohn hochleben und ihn sofort an den nie aufhörenden Scharmützeln mit den Nachbarstädten teilhaben ließ. Männer wie diese dachten wie Achill und waren besessen vom Krieg, der ihnen alles versprach, was das Leben lohnte: „Denn offenbar war dieser Mann über das Maß des Notwendigen hinaus für die soldatischen Dinge begeistert, schätzte den Krieg als das vielseitigste Betätigungsfeld der Tugend und verachtete diejenigen, die da versagten“ (Plutarch, aaO. 4, vgl. Agesilaos 36).

Die Bürgerschaften der Städte zogen fast Jahr für Jahr zu Feld, und dies im Sommer und nicht gerade zur besten Erntezeit. Da der Gegner meist eine der Nachbarstädte war, dauerte der Krieg ein paar Tage, höchstens ein paar Wochen, dann war man wieder zu Hause oder tot. In der Regel ging es ja nicht um Sein oder Nichtsein, sondern um die Acker- und Weideflächen oder das Vieh: Der Sieger erntete die Felder ab, brannte die Hütten der Bauern und ihre Wohnhäuser nieder, schleppte davon, was als Kriegsbeute überhaupt transportierbar war, und trieb natürlich auch das Vieh weg, wenn es der Gegner nicht rechtzeitig hinter die Stadtmauern in Sicherheit gebracht hatte.

Alle Kriege begleitete ein Rechtssatz, den Sieger wie Besiegte glei-

chermaßen anerkannten: Aller Besitz des Besiegten und sein Grund und Boden gehörten dem Sieger. Fiel eine Stadt im Sturmangriff oder durch Überrumpelung, so führte der Sieger Frauen und Kinder in die Sklaverei und erschlug die Männer, wenn sie nicht auf auswärtigen Märkten und einzeln verkauft werden konnten. Kapitulierte eine bedrängte Stadt, so ließ der Sieger die Bewohner meist abziehen – ohne alle Habe, die wie die Äcker und Herden ihm zufiel. Häufig genug erfreute sich der Eroberer seines neuen Besitzes nicht lange. Fanden die vertriebenen alten Besitzer gastliche Aufnahme und militärische Hilfe bei einem mächtigen Nachbarn, so kam es nach Jahren oder Jahrzehnten wieder zum Krieg, in dem die neuen Besitzer, die inzwischen die Felder der alten bestellten, nun ihrerseits das Los von Vertriebenen zu tragen hatten.
Kriege dieser Art machten Besitz zu einer höchst unbeständigen Ware. Wenn ein und dasselbe Stück Land mehrmals den Besitzer gewechselt hatte und der jüngste Erwerber immer wieder durch Ansprüche der vorhergehenden Eigentümer gestört werden konnte, gab es keinen festen Rechtstitel auf äußeren Besitz. Konsequenterweise trat denn auch Herrschaft meist ungeschminkt als das Recht des Stärkeren auf (s. S. 263).

2. Piraten und Räuber

Dort, wo der Krieg ständig anwesend war oder jederzeit ausbrechen konnte, machte er den Raubzug zur Gewohnheit. Auf dem Lande zogen Viehräuber aus, von denen Homer sagte, daß sie wie Löwen die Herden angreifen und gegen Bauern und Hunde kämpfen müssen. Dies füllte den Tag vor allem der jungen Krieger, die noch nicht in der großen Schlacht gefochten hatten und das Kriegshandwerk erst erlernen mußten. So räsoniert der greise Nestor vor Troja – erbittert über Achill, der das Schwert nicht aufnehmen will – über die Taten seiner Jugend, in der er sich mit den Eleiern um Viehherden schlug:

„Beute trieben wir zusammen vom Feld, reichliche, viele:
Fünfzig Herden von Rindern, ebenso viele Haufen von Schafen,
Ebenso viele Schweineherden, ebenso viele Herden verstreuter Ziegen,
Und falbe Pferde hundert und fünfzig ...
Da freute sich im Sinne Neleus [der Vater],

Weil mir vieles zugefallen, der ich als Neuling in den Krieg ging" (Ilias 11, 670 ff.).

Das Meer gehorchte dem gleichen Gesetz. Beide, Pirat und Räuber, lebten im Verständnis der Frühzeit gefährlich, aber nicht unehrenhaft. Thukydides sah, als er in die Anfänge der griechischen Seefahrt zurückblickte, die Besten der Griechen auf Kaperfahrt: Kaum blühte die Schiffahrt auf, „als sie sich auch schon auf den Seeraub verlegten. Dabei waren es gerade die tüchtigsten Männer, die sie anführten, zu eigenem Gewinn und um Lebensunterhalt für die Schwachen. Sie überfielen die unbefestigten Städte und offenen Dorfsiedlungen und lebten so fast ganz vom Raub. Dies Handwerk brachte damals noch keine Schande, eher sogar Ruhm ..." (1, 5,1).

Piraterie wurde betrieben nicht bloß an bestimmten Küstenabschnitten. Gewiß, es gab bevorzugte Gegenden wie die reichen Küstenstädte in der Levante. Dorthin fuhren die Kühnsten wie Menelaos, der mit behäbigem Stolz dem Sohn des Odysseus erklärte, woher der große Reichtum seines Palastes kam: „Ich litt viel, und auf vielerlei Weltfahrt brachte ich vieles aufs Schiff, bis im achten Jahre ich heimkam. Meine Weltfahrt ging zu den Kyprern, Phoinikern, Ägyptern, ja ich kam zu Erembern, Sidoniern, Aithiopen, Lybien sah ich ... Ich nun erraffte mir dort auf der Weltfahrt Güter in Menge" (Odyssee 4,82 ff.). Andere fuhren nach Westen oder an die thrakische Küste, wo sie wie Odysseus Städte berannten, die Männer totschlugen, die Weiber und Kinder fingen und die Beute an Vieh und Waren gerecht verteilten: „Zu kurz sollte keiner mir kommen" (Odyssee 9, 41 f.). Dies waren große Unternehmungen, zu denen viele Schiffe zusammengezogen werden mußten. Daneben, und dies auch an den armseligen Küsten des Meeres, gab es die kleine, versteckte Seeräuberei, zumeist von Küstenbewohnern ausgeübt, die tagsüber ihrem Beruf nachgingen und sich nachts, in der schützenden Dunkelheit, in Seeräuber verwandelten. Sie waren kleine Raubtiere mit kleinen Schiffen und bescheidenem Ehrgeiz: Hier ein Fischerboot kapern, dort einen Kornspeicher plündern oder einige Schafe stehlen – alles dies mußte den Einsatz des Lebens lohnen und war gebunden an die Hoffnung, eines Tages doch den großen Fang machen zu können.

Es war also auch keine bestimmte Gruppe für die Seeräuberei verantwortlich. Sie ist so allgegenwärtig gewesen wie der Krieg: Die Elenden und die Mächtigen, die Reichen und die Armen verfingen sich gleichermaßen in den Maschen eines Netzes, das über alle Küsten geworfen war. Rücksichten auf bestimmte Personen oder Städte gab es nicht. Selbst der Göttermythos sprach von Seeräubern: Der Hymnos auf Dionysos (s. S. 116) erzählt, diesen hätten tyrrhenische Piraten an der Küste aufgegriffen und gefesselt auf ihr Schiff geschleppt, „denn sie meinten, den Sohn eines Zeus entsprossenen Königs“, einen vornehmen Mann also, gefangen zu haben, der gewaltiges Lösegeld versprach. Diesmal täuschten sie sich: Der Gott verwandelte sich in einen Löwen und jagte sie ins Wasser, wo sie als Delphine einer traurigen Zukunft entgegen schwammen. Zumeist jedoch wurde ihre Kühnheit mit reicher Beute belohnt, da Götter selten unterwegs anzutreffen waren und die Arme der Menschen meist zu schwach, um sich zu wehren.

Seeräuberei treiben hieß unter diesen Vorzeichen nichts weiter als Krieg führen, Krieg vornehmlich gegen Städte, Dörfer, Menschen und Herden, denn an der Küste war die Beute leichter zu fassen und größer als auf dem Meer, wo die Handelsschiffe vielleicht nur Bausteine geladen hatten oder selbst nichts weiter als verkappte und gefährliche Konkurrenten waren. Als unbescholtene Männer fanden alle dort Zuflucht und Versorgung, wo sie zuhause waren. Hier saßen die Kaufleute, die die geraubten Waren und Menschen problemlos abnahmen, hier fanden sich auch Männer genug, die bereit waren, für das Abenteuer auf dem Meer anzuheuern. Niemand mußte besondere, versteckte Zufluchten ausstatten oder stille Umschlagsplätze suchen, wo die Beute verstohlen und weit unter Wert hätte verkauft werden müssen. Alles dies geschah in der Heimatstadt und vor den Augen aller, von denen viele das heimkehrende Schiff am Hafen erwartungsvoll begrüßten. Denn Thukydides hatte recht, als er schrieb, daß gerade die tüchtigsten Männer auf der Brücke standen und neben ihrem eigenen Gewinn auch die Nahrung für die Schwachen im Laderaum gestapelt hatten (s.o.); vielen verarmten Familien muß der Sohn auf dem Schiff, der seinen Anteil an der Beute an Land trug, wie ein Lebensretter erschienen sein.

Die moralische Verurteilung solchen Tuns konnte sich erst entwickeln, als die Kolonisation dem sozialen Elend ein Ventil schuf und die Städte so stark waren, daß sie den Krieg verstaatlichen konnten. Das war erst der Fall, als die Seestädte gefestigt und reich genug waren, sich hinter Mauern einzuschließen und vom Staat ausgehobene Truppen oder Schiffe bereitstanden, um die Ächtung jeder privaten Initiative zu Krieg und Fehde durchzusetzen. Dies kostete Geld, das nunmehr auch die aufbrachten, die – wie das reiche Heiligtum des Apollon auf Delos – nicht selbst zur See fuhren, aber unter der Piraterie genug gelitten hatten. Thukydides, der die Macht der athenischen Flotten und ihre Funktion als Seepolizei kannte, hat auch die verschiedenen Versuche geschildert, die Piraterie einzudämmen: Vom legendären kretischen König Minos bis zu Korinth, Samos und Athen reichen die herangezogenen Beispiele (1, 13 f. u.ö.). Wirklich erfolgreich – und dies auch nur für kurze Zeit – waren lediglich die Athener. Sie eroberten unter Kimon um 475 die Insel Skyros (östlich von Euboia), vertrieben die vom Seeraub lebende Bevölkerung und bauten die Insel zum Militärstützpunkt aus, von dem aus die Route ins Schwarze Meer überwacht werden konnte.

Wenige Jahrzehnte später machte der Krieg mit Sparta alles zunichte. Beide Kontrahenten lernten schnell, daß angeheuerte Kaperschiffe die Gebiete des Feindes wirkungsvoll verheeren konnten und Verträge, die man nicht offen brechen wollte, durch den unerklärten Krieg der Desperados leicht auszuhöhlen waren (vgl. Thukydides 5,115 z.J. 416). Da half es wenig, daß die Athener in ihre Bündnisverträge einen Passus aufnahmen, der dem Partner verbot, Plünderungszüge zu organisieren oder anderen Seeräubern Ankerplätze anzubieten (StV II 167, Z. 7; 184, Z. 8 ff.). Zu verlockend war die Versuchung, im Schatten des großen Krieges wieder wie in alten Zeiten auf dem Meer zu jagen und die Küsten nach leichter Beute abzusuchen. Als der spartanische Admiral Lysander in der letzten Phase des Krieges begann, neue Geschwader für den Endkampf aufzustellen, sammelte sich unter seinen Fahnen alles, was Schiffe und Mannschaften für klingende Münze anzubieten hatte. Es sagt genug, daß die Nachricht vom letzten großen Triumph Lysanders im Hellespont (405: Seeschlacht von Aigospotamoi) ein Seeräuberschiff nach Sparta trug.

Von diesem Tag an war die für kurze Zeit gewonnene Sicherheit der Meere dahin. Viele kehrten zu den alten Gewohnheiten zurück, die sie nicht moralischer Skrupel wegen, sondern aus Angst vor den schnellen Trieren der Athener aufgegeben hatten. So auch die Ätoler, „die immer daran gewöhnt waren, von Seeraub und ähnlichen völkerrechtswidrigen Handlungen zu leben. Und solange es ihnen freistand [d. h. bis zur Herrschaft der Römer], die Griechen auszuplündern und zu brandschatzen, bestritten sie damit ihren Lebensunterhalt; jedes Land galt ihnen als Feindesland“ (Polybios 30, 11). Wer jetzt noch gegen Piraten kämpfte, glich wohl dem tyrannischen

Polykrates von Samos (um 538-522), der Seeräuber und Seepolizist zugleich war und nach dem Motto verfuhr, „man werde sich bei seinem Freunde beliebter machen, wenn man ihm Geraubtes wiedergibt, als wenn man ihm überhaupt nichts genommen hat" (Herodot 3, 39,4).

3. Die militärische Revolution: Phalanx und Hoplit

Der Krieg war stets eine Sache der Waffen und der Technik. Und er verpflichtete immer neue Diener, wenn die Kämpfe heftiger und für die Städte immer bedrohlicher wurden. So verschwand in Griechenland der ritterliche Kampf, den die Helden Homers genauso Mann gegen Mann ausgetragen hatten wie die Adligen, die zu Beginn des 7. Jahrhunderts in den Krieg zwischen Chalkis und Eretria um den Besitz der lelantischen Ebene wie zu einem Turnier ausgezogen waren. Mit ihm verschwanden der Streitwagen und die ungeordneten Haufen von Gefolgsleuten, die sich um die ritterlichen Kämpfer geschart hatten. An ihre Stelle traten Hunderte schwerbewaffneter Männer, die eine Phalanx bildeten, deren Angriffselan, gestützt auf den Zusammenhalt und die gleichmäßige Bewegung aller, jetzt die Schlacht entschied. In dieser Phalanx standen nebeneinander der Aristokrat, der vom Streitwagen gestiegen war, und der Bauer, dessen Einkommen niemals für Roß, Wagen und Diener ausgereicht hätte, wohl aber für die Rüstung eines Schwerbewaffneten (Hoplit).

Es verschwand auch der Feldherr, der seinen Gefolgsleuten voranstürmte und durch heldisches Gebaren auffiel. Die Männer, die jetzt in der Schlachtreihe gemeinsam dem Tod ins Auge sahen, verlangten den sachkundigen Strategen und Führer, der den Krieg studiert hatte und seinen Soldaten Mut und Vertrauen gab: „Einen Feldherrn, der, von hohem Wuchs, spreizbeinig vorwärts stapft, sich mit Locken brüstet und den Schnurrbart abschert, mag ich nicht. Sei er bloß ein Zwerg und trage krumme Beine er zur Schau: Wenn er sicher nur auf seinen Füßen steht und Mut bewährt", dichtete schon Archilochos (frg. 60 D; vgl. S. 280). Am Ende dieser Ahnenreihe großer Feldherrngestalten sollten Krieger stehen, die professionell ausgebildet waren und „die Kriegskunst als die einzige, die sich für Könige schicke", achten gelernt hatten (Plutarch, Pyrrhos 8). Sie griffen schließlich selbst zur Feder und lehrten andere ihre Kunst: „Wie du ein Heer in Schlachtordnung zu stellen, wie du bei Tage und Nacht, wie du auf schmalen und breiten Wegen im Gebirge und in der Ebene zu marschieren, wie du ein Lager aufzuschlagen . . ., welche Stellung du einzunehmen hast, wenn du in Kolonnen auf die Feinde stößt, oder wie du der Feinde Absichten am leichtesten durchschauen oder ihnen die deinigen am besten verbergen kannst" – dies alles mußte ein Soldatenführer lernen, der niemals vergessen durfte, „daß alle, von denen du Gehorsam verlangst, auch ihrerseits etwas von dir verlangen werden, nämlich daß du ihr guter Berater bist" (Xenophon Kyrupädie 1,6; vgl. die Lehre von der Kunst des Krieges bei Polybios 9, 12-21).

Häufig entschied die erste Schlacht den Krieg, da man zumeist den Nachbarn nicht vernichten, sondern ihm nur seine Reichtümer entreißen wollte. Die Verluste hielten sich damit in Grenzen, so hart der Kampf selbst getobt haben muß; zur Verfolgung des geschlagenen Feindes war der in Eisen gehüllte und erschöpfte Hoplit ohnehin nicht mehr fähig.

Das Ethos, das die Soldaten ermutigte, war zunächst der Appell an die Heimat, der Gedanke, Frauen und Kinder schützen zu müssen. Darüber hinaus trieb die Kämpfer aber auch in einem schwer zu bestimmenden Ausmaß die ebenso banale wie hellsichtige Einsicht, daß der Tod ohnehin unvermeidlich sei und besser in der Gewißheit ertragen werden könne, von anderen dann gerühmt und betrauert zu werden: „Keinem Sterblichen ist es vergönnt, dem Tod zu entrinnen. Selbst nicht ihm, der dem Stamm göttlicher Ahnen entsproß. Oft ist einer, der Schlacht und dem Krachen der Speere entronnen, glücklich nach Hause gekehrt; dort aber trifft ihn der Tod. Dennoch weckt im Volk er nicht Liebe . . . Jenen beweint, wenn er fällt, jeder, ob klein oder groß", so Kallinos von Ephesos (1, 9-21), der um die Mitte des 7. Jahrhunderts die ersten Kriegslieder dieser Art schrieb. So redeten bereits die Helden Homers, als sie um Troja kämpften (vgl. Ilias 12, 322-328); auch sie wußten, daß es ein Zurückweichen nicht geben durfte: „Nur der gemeine Mann weicht aus dem Kampfe; wer aber erster ist in der Schlacht, muß stehen, ganz gleich, ob es ihn trifft oder den anderen treffe" (Ilias 11, 408). Nun stand auch der gemeine Mann in der ersten Reihe und gehorchte dem Gesetz, genauso beflügelt von der Hoffnung auf den Sieg, der neben der Beute das kaum auszumessende Gefühl gab, für Augenblicke vergessen zu können, daß der Mensch nur „Traum eines Schattens" ist (Pindar, Pyth. Oden 8,95 f.).

Der Krieg fiel mit der Einführung der Phalanx in die Hände der besitzenden Mittelschichten, die in der neuen Heeresordnung zum erstenmal sichtbar für die Existenz des Gemeinwesens eintraten und offizielle Anerkennung für ihre Taten heischten und erhielten. Danach konnte es nur eine Frage der Zeit sein, bis diese Schichten politisches Selbstbewußtsein erlangten. Als sie es gefunden hatten, erhoben sie Anspruch auf die Teilhabe an der politischen Macht, und sie waren bereit, ihr Interesse mit dem der Armen zu verbinden und für beide zu kämpfen, wenn ihren Forderungen nicht nachgegeben wurde.

4. Der Krieg auf dem Meer

Seit dem 6. Jahrhundert ist der Krieg auf dem Meer durch die schmalen Silhouetten der Trieren geprägt. Sie beherrschten im Sommer die Küsten und lagen im Winter in den trockenen Schiffshäusern, bis im Frühjahr die Kalfaterer ihre Wände und Decks neu abdichteten und die Kapitäne die Rudermannschaften aus Bürgern und Söldnern zusammensuchten. Kriegsschiffe hat es schon vor der Triere gegeben, und sie waren längst das Instrument des Krieges schlechthin für jede Stadt geworden, die Handel auf dem Meer trieb oder ihre Macht über andere ausdehnen wollte. Aber sie verlangten einen hohen Preis, Verschwendung von Geld im großen Stil für Bau, Unterhalt und Bemannung, vor allem, als man begann, in Flottenstärken zu rechnen. Die Stadt, die sich dies leisten wollte, brauchte Geld und Menschen, brauchte Häfen, Werften und ein spezialisiertes Handwerk, brauchte die Einsicht der Bürger, daß sich dieser ganze ungeheure Aufwand lohnen würde.
Und sie mußte ertragen lernen, daß Herrschaft zur See früher oder später die Seeleute in die Politik hineinzog und sie zu Herren der Stadt machen konnte. Denn das Ausmaß der Aufwendungen und des Engagements des kleinen Mannes für den Seekrieg konnte schnell an den Punkt führen, wo auch das letzte finanzielle und politische Opfer gefordert werden mußte: „Das Handwerk des Seemannes ist eine Kunst (*téchne*) wie nur eine, die man nicht nur so gelegentlich nebenher treiben kann, sondern auf die man sich mit ganzer Kraft verlegen muß“ (Thukydides 1, 141,5-9). Daß dies den politischen Umsturz nach sich ziehen konnte, war den scharfsinnigen Kritikern der Demokratie früh klar geworden, die das Treiben der kleinen Wichtigtuer in der Volksversammlung tief verachteten, aber sehr genau wußten, daß es deren Arme und deren Mut waren, die die Trieren trieben und Athen zur Großmacht erhoben: „Mit

Recht", gestand um 430 zähneknirschend ein unbekannter adliger Athener, „mit Recht sind in Athen die Armen und der Demos bevorrechtigt und haben den Vorzug vor den Vornehmen und Reichen, weil nur das Volk es ist, das die Schiffe treibt und dadurch der Stadt ihre Machtstellung verschafft, wenigstens viel eher als die Hopliten und die Edlen und die Tüchtigen" (Pseudo-Xenophon, Staat der Athener 1,2). Zu entrinnen war dieser ehernen Logik des Seekrieges nicht, da er dem ältesten Grundsatz gehorchte, auf dem der griechische Stadtstaat gegründet war: Wer als Bürger im Krieg die Waffe für die Stadt führte, hatte das Recht erworben, über ihre Politik mitzuentscheiden.

Die Zahl der Städte, die Kriegsschiffe auf Kiel legen und weiträumige Interessensphären abstecken konnten, war von vorneherein begrenzt. Zum Kreis der Privilegierten gehörten vornehmlich Korinth, Korkyra, Aigina, Samos, Milet, Syrakus und schließlich Athen.

Die erste Schlacht auf See schlugen nach Thukydides (1, 13) die Korinther gegen die Korkyräer. Die Kampfschiffe, die beide Kontrahenten um die Mitte des 7. Jahrhunderts zu Wasser gelassen hatten, waren Langschiffe, an deren Bug ein Rammsporn angebracht war und die im Gefecht allein von Ruderern vorangetrieben wurden. Die militärische Revolution hatte sich damit auch auf See vollzogen: Kämpften noch die homerischen Helden mit langen Lanzen auf Schiffen, die Bordwand an Bordwand lagen, und hatte der gewonnen, der das feindliche Schiff entern konnte, so fuhren jetzt Schiffe gegeneinander, die selbst zur Waffe geworden waren. Nunmehr entschieden schnelle und taktisch geschickt ausgeführte Manöver über Sieg oder Niederlage. Oder anders: Das Herz dieser Kampfmaschinen schlug auf ihren Ruderbänken. Der Kapitän, der dort die meisten und geübtesten Männer sitzen hatte und sich ihrer Entschlossenheit sicher sein konnte, wenn er Rammkurs befahl, führte sein Schiff zum Sieg.

Die technische Weiterentwicklung des Kriegsschiffes war damit vorgezeichnet: Die Werften erhielten den Auftrag, Schiffe zu bauen, die im Getümmel der Schlacht jedes Manöver ausführen konnten und von möglichst vielen Ruderern angetrieben wurden. Das Ergebnis war der *Dreiruderer*, die Triere (lat.: *Trireme*): 170 Ruderer, in versetzten Dreierreihen auf jeder Seite sitzend, trieben den schlanken, etwa 38 Meter langen und nur 4,5 Meter breiten Schiffskörper mit hoher Schlagfrequenz auf eine Geschwindigkeit bis zu 30 km/h, während der Steuermann auf das feindliche Schiff zuhielt, um es zu rammen oder durch die Zerstörung seiner Ruder manövrierunfähig zu machen. Alles, was diesem Ziel hinderlich war, wurde aus dem Schiff verbannt: Proviant, Ersatzteile, Hopliten; um das Schiff auf dem Kampfplatz zu bringen, blieben ein Mast und ein Rahsegel, aber auch diese wurden vor dem Gefecht nach Möglichkeit noch an Land gebracht. Die Seetüchtigkeit dieser Kampfmaschinen war gering – vor allem dann, wenn sie lange im Einsatz waren und sich die Balken mit Wasser vollgesogen hatten. So suchte jeder Flottenkommandant die schützende Nähe der Küste, wo er seine Männer verproviantieren und die Schiffe zum Austrocknen an Land ziehen konnte; längere Fahrten über das offene Wasser wagte er nur, wenn ihm die Stadt Begleitschiffe unterstellt hatte, auf denen die umfangreichen Versorgungsgüter verladen waren.

Der ungeheure technische und finanzielle Aufwand, der nötig war, um Flotten bauen und bemannen zu können – 100 Trieren bedeuteten 17.000 Ruderer –, gab dem Seekrieg sein spezifisches Gepräge. Dem Gegner in einer großen und verlustreichen Seeschlacht den Garaus zu machen, war die eine, und meist zu teure Seite des Krieges. Die andere zeigt sich in schnellen Überfällen auf die feindlichen Kriegshäfen, um die Werften und Holzlager zu zerstören, und in langfristig geplanten Störungen der Nachschubwege, auf denen Schiffsbauholz herangeschafft wurde; jedermann im 5. Jahrhundert wußte z. B., daß die Athener Holz von Thrakien bis Unteritalien kauften, um ihre Flottenstärke zu halten, und daher besonders empfindlich auf jedes Kriegsschiff reagierten, das auch nur in die Nähe dieser Routen kam.

In einer Welt, in der seit den ersten Kolonisationsfahrten die wichtigsten und reichsten Siedlungen an den Küsten lagen, mußte im Kampf um Macht und Reichtum die Beherrschung der Seewege entscheiden. Thukydides (1, 3-15) hat denn auch die Geschichte der griechischen Poleis bis zu den Perserkriegen als eine Geschichte des Kampfes um die Seeherrschaft gegliedert, denn „einen Landkrieg, durch den ein Staat zur Macht gelangt wäre, gab es nicht; alle Kriege, wenn sie ausbrachen, waren Grenzhändel der einzelnen" (1, 15). In der Tat: Läßt man Sparta beiseite, traten nur diejenigen griechischen Städte in das helle Licht der Geschichte, denen es gelungen war, auf dem Meer bestimmte Einflußzonen abzustecken und für längere Zeit zu behaupten. Und nur sie erfuhren in ihrer Geschichte, daß Eigenständigkeit und Freiheit Werte waren, für deren Erhalt sich der Einsatz aller Bürger lohnte. Herodot (5, 83) wußte noch, daß Aigina lange von Epidauros abhängig war und sogar auf die Gerichtshoheit hatte verzichten müssen; frei wurde die Insel – so Herodot –, als ihre Bürger Kriegsschiffe bauten, und nun, „weil sie das Meer beherrschten“, ihrerseits in Epidauros die Äcker verheerten, die Kultbilder verschleppten und in ihrer Heimat aufstellten.

Im Westen des Mittelmeeres, für die Griechen hinter Sizilien zunächst ein Gebiet von vager Ausdehnung, hatten die Phoiniker und die Karthager bereits die Handelsstraßen auf dem Meer bis zu den Säulen des Herakles abgesteckt, als die ersten griechischen Schiffe dort auftauchten. Diplomaten aus Karthago waren an allen wichtigen Küstenstrichen gelandet und hatten vertraglich abgesichert, was vorher die Kampfgeschwader zu kontrollieren gelernt hatten (die beiden ersten Verträge, die Karthago mit Rom im 5. und 4. Jahrhundert schließen sollte, bezeugen die Einzelheiten: Polybios 3, 22-24). Damit war im Westen ein Kampfplatz abgesteckt, auf dem bis in die Mitte des dritten Jahrhunderts Griechen aus Syrakus, aus Messana und Rhegion und aus den phokäischen Kolonien mit den Karthagern und den mit diesen verbündeten Etruskern um die Beherrschung der westlichen Handelswege rangen. In der Adria behauptete Korinth mit seinen Kolonien die Kontrolle über die See, die kleinasiatischen Städte, allen voran Milet, konzentrierten sich auf die Zufahrtsstraßen ins Schwarze Meer, und die kleineren Seemächte wie Aigina und andere Inselstaaten in der Ägäis versuchten wenigstens, den näheren und weiteren Umkreis zu kontrollieren.

Herodot (3, 122) nennt Polykrates von Samos den ersten, der sich zum Herrn des Meeres machen wollte, und er fügte auch den Grund hinzu, warum dies dauerhaft nicht gelang: Der ungeheure Bedarf an Geld trieb den Tyrannen in die Arme des persischen Satrapen Oroites, der ihn verriet und im Angesicht seiner Heimat Samos kreuzigen ließ, ohne daß sich dort eine Hand zur Rache rührte. Die Lehre war unüberhörbar für jeden Griechen: Nur Geld und der Opfer- und Wagemut ihrer Bürger verschafften einer Stadt einen Platz auf dem Meer.

5. Die Herstellung und Bewahrung des Friedens

„Am verhaßtesten bist du mir von den Göttern, die den Olymp bewohnen, immer ist dir Streit lieb und Krieg und Schlachten“, schilt Zeus seinen Sohn, den Kriegsgott Ares (Ilias 5, 890 f.), und er meint es ernst. Was „den Göttern lieb“ ist, was am Ende des Streites der Menschen stehen muß, weiß Zeus: „Sie sollen miteinander Freundschaft halten, wie vorher, Reichtum und Friede soll zur Genüge vorhanden sein" (Odyssee 24, 484-486). Und: „Laßt ab vom schmerzhaften Krieg, ihr Leute von Ithaka", ruft die Göttin Athene den Verwandten der von Odysseus getöteten Freier zu, als sie sich, „dem Mentor gleichend an Gestalt und Stimme", aufmacht, Frieden statt Blutrache zwischen den verfeindeten Lagern auf der geschundenen Insel zu stiften (Odyssee 24, 531). Auch sie, die Göttin, folgt der Einsicht, daß das heroische Pathos der Krieger den Blick vor der furchtbaren Wirklichkeit des Krieges nicht verstellen kann: „Süß aber ist der Krieg für die, die ihn nicht kennen; doch wer ihn kennt, den schaudert's, wenn er naht, im Herzen über alle Maßen", schrieb Pindar am Beginn des 5. Jahrhunderts, und als es zu Ende ging, fügte Herodot hinzu, „niemand ist so töricht, Krieg dem Frieden vorzuziehen; denn im Frieden begraben die Söhne die Väter, im Krieg aber die Väter die Söhne" (1, 87,4).

Angesichts dieser Gewißheit und der ihr widersprechenden Alltäglichkeit des Krieges, der das Jahr einteilte, muß das Nachdenken über eine geordnete Wiederherstellung des friedlichen Zustandes früh eingesetzt haben. Gewiß nicht überall und schon gar nicht gleichzeitig, da die schiere Existenznot kein tauglicher Ratgeber für vertragliche Abmachungen sein kann. Wo es um den Besitz einer Wasserstelle oder um die Behauptung eines schmalen Streifens Weide- oder Fruchtlandes geht und die Existenz aller davon abhängt, kommt niemand auf die Idee, daß auch der fremde Stamm oder die benachbarte Stadt Rechte haben. Dies charakterisiert nicht zuletzt die griechischen Kolonisten, denen der Rückweg in die Heimat versperrt war und die alle Mittel gebrauchen mußten, um einen neu gewonnenen Platz auch zu behaupten. Ihnen mochte es manchmal gehen wie den Israeliten, die auf der Wanderung durch die Wüste mit den Amalekitern auf Leben und Tod zusammengestoßen waren und ihren in der Not geborenen Haß nie überwinden konnten: „Jahwe führt Krieg gegen Amalek von Geschlecht zu Geschlecht" (Mose 17,16).

Dort aber, wo die nackte Angst um das tägliche Leben nicht ständig umging, schlug die Stunde der Diplomatie – zumal nur wenige Mächtige, wie Sparta, das Vorrecht der Starken besaßen, zum selbstgewählten Zeitpunkt Krieg zu führen oder Frieden zu schließen. Alle anderen brauchten Glück und gute Diplomaten, um den Frieden zu möglichst günstigen Bedingungen auszuhandeln. Sicherheit boten allein vertragliche Abmachungen. Diese wurden in der

Regel nicht schriftlich, sondern in einem mündlichen Schwurakt geschlossen: Den Göttern allein traute man zu, daß sie als übergeordnete Instanz den Willen und die Macht hatten, alle Beteiligten zur Einhaltung der eingegangenen Verpflichtungen zu zwingen. Was Zeus, Athene und die anderen Götter zum Frieden beitrugen, waren die *spondaí*, die Trankopfer, mit denen ein Vertrag besiegelt wurde. Denn das Ausgießen des Weins, als Geste immer dazu bestimmt, den Schutz der Götter bei gefahrvollen Unternehmungen zu erlangen, bot nun, verbunden mit dem Eid der Vertragschließenden, allen die Gewähr, daß der Himmel selbst den Vertragsbrüchigen strafen würde.

Im Zentrum aller Bemühungen standen die Art und Weise der Kriegführung, die Suche nach Hilfe und Bundesgenossen und die Unterbrechung oder Beendigung der Kämpfe. Der Weg zu den Anfängen solcher Regelungen führt in das achte Jahrhundert und stößt dort auf Verbindungen, die die adligen Clans über die Grenzen ihrer Heimatstädte hinaus mit ihresgleichen eingingen. Diese hatten natürlich keine Rechtsexperten zur Hand, die bereits ein System von rechtlich stimmigen Regelungen für die zwischenstaatliche Begegnung zweier oder mehrerer Partner entworfen hätten. Aber es existierte eine Vielzahl von Regeln und Normen, die sich in jahrzehntelanger praktischer Übung herausgebildet und bewährt hatten. Dazu zählten Formen der Kriegserklärung, Vereinbarungen über Zweikämpfe, Abmachungen über die Bergung von Toten auf dem Schlachtfeld. Was immer besprochen und ausgehandelt wurde, es durfte das Licht der Öffentlichkeit nicht scheuen. Als Hektor den griechischen Heerführern einen Zweikampf zwischen Menelaos und Paris, den Kontrahenten um die Gunst der Helena, vorschlug, legte er die Modalitäten in Anwesenheit beider versammelten Heere vor (Homer, Ilias 3, 68-75). Nicht anders sah dreihundert Jahre später der Abschluß des Waffenstillstandes zwischen Athen und Sparta 423 aus. Der Grund ist hier wie dort derselbe: Dort, wo eine kunstvolle Rechtfertigung des Vertragsbrechers die Götter täuschen und ihn von ihren Strafen befreien mochte, sollte die öffentliche Meinung den Delinquenten aus der Gemeinschaft der Griechen ausschließen.

Ein ausgebildetes Völkerrecht verlangt jedoch mehr als Vereinbarungen zwischen Adelsfamilien. Die innerstaatliche Ordnung vor allem muß so beschaffen sein, daß einem weiteren Kreis von Staatsbürgern gesicherte Rechte zugestanden worden sind: Solange im eigenen Haus noch überwiegend willkürlich verfahren wurde, konnte sich in den griechischen Gemeinden der Gedanke nicht festigen, in einem fremden Gemeinwesen einen Partner zu sehen, dessen Ansprüche rechtlich anerkannt werden können. So waren es erst die selbstbewußt gewordenen Städte, die den entscheidenden Schritt tun konnten. Sie hatten gelernt, ihre Staatsgrenzen sorgsam zu hüten und die selbstherrlichen Beziehungen ihrer Eliten nach außen den Interessen der Gemeinde zu unterwerfen; so zwangen sie auch den zwischenstaatlichen Verkehr in das Korsett dauerhafter Rechtsformen.

Die wichtigste Verbindung von Städten im Krieg wurde seit dem frühen 6. Jahrhundert die Kampfgemeinschaft (*Symmachie*). Ihre rechtliche Form blieb lange unverändert: Der sie begründende Vertrag wurde zweiseitig formuliert, hielt die Gleichberechtigung der Partner fest und richtete sich in einem schon herrschenden oder drohenden Krieg gegen einen bekannten Feind. Ein Bündnis antwortete also auf einen unmittelbaren Angriff und konnte formal die Gleichrangigkeit der Partner festschreiben, auch wenn es dem schwächeren Vertragsgegner drückende Bedingungen auferlegte. Damit ist ein zentrales Problem beschrieben, das sich immer dann einstellte, wenn der Symmachie-Vertrag dazu dienen mußte, Abhängigkeitsverhältnisse dauerhaft festzulegen und inhaltlich zu bestimmen.

Bereits der erste, inschriftlich erhaltene Beistandspakt aus der Zeit Solons ringt um eine Lösung. Damals hatten sich die peloponnesischen Städte Elis und Heraia vertraglich verbunden und zu wechselseitiger Hilfe verpflichtet (StV II 110): „Abmachung zwischen den Eleiern und den Heraiern. Es soll von jetzt an Symmachie bestehen für hundert Jahre. Wenn etwas nottut, sei es Wort oder Tat, sollen beide in jedem Fall und besonders für den Krieg sich verbinden. Verbinden sie sich nicht, so sollen die, die gegen diese Verpflichtung verstoßen, dem Zeus von Olympia ein Talent Silber als Sakralbuße erstatten" (Übers.: Bickerman). Keine Frage: der Vertrag ist paritätisch aufgesetzt und enthält eine umfassende Beistandsformel, die beide Städte gleichermaßen band. Erst die historischen Umstände des Vertragsabschlusses zeigen, daß Heraia in einem militärischen Konflikt Elis unterlegen war und zum Bündnisabschluß gezwungen wurde. Nunmehr fallen auch innerhalb des Vertragstextes Formulierungen auf, die nur dem stärkeren Elis nützen können: So die fixierte Dauer des Vertrages, die den Schwächeren auf ewig an Elis fesseln sollte, und die Bindung der Sakralbuße an den Tempel des Zeus in Olympia, das zu dieser Zeit von Elis kontrolliert wurde.

Generelle Festlegungen einer umfassenden militärischen Zusammenarbeit über den konkreten Konfliktfall hinaus entwickelten sich, als die Großmachtpolitik einiger Städte, zu denen vor allem Athen und Sparta zählten, dauerhafte Abhängigkeiten anstrebte. Die allgemein gehaltene und an die Zeit der Vereinbarungen homerischer Helden erinnerende Klausel, „dieselben Freunde und Feinde haben", mit der die militärische Partnerschaft begründet wurde, sicherte nunmehr dem jeweils Bedrohten die sofortige und umfassende Hilfe seines Bundesgenossen, gleichgültig, von wem die Bedrohung ausging. Sie war damit am besten geeignet, den Großmächten Sparta und Athen als Kernformulierung ihrer Verträge zu dienen, mit denen sie ihre großen Bünde zusammenhielten (s. S. 137 ff.; 171 ff.).

In ihrem praktischen Vollzug hatte sie viele Gesichter. Sie konnte das direkte militärische Eingreifen ebenso wie die Verpflichtung bedeuten, keinen Sonderfrieden zu schließen oder den Feind nicht zu begünstigen. „Wir werden die Freunde und Feinde der Athener als unsere Freunde und Feinde betrachten, und wir werden die Feinde der Athener weder durch Subsidien noch auf andere Weise begünstigen", schworen die Bottiaier, die 432 von Athen abgefallen waren und 422 in das Bündnis zurückkehren mußten, um der Strafe des übermächtigen Athen zu entgehen (StV II 187). Und die Einwohner von Halieis, einem Fischerdorf zwischen Hermione und Argos, gelegen in Feindesland, schworen während des Peloponnesischen Krieges den Athenern, eine Besatzung in ihr Dorf aufzunehmen, solange der Krieg dauerte, und „nichts Schädliches" gegen die Athener zuzulassen (StV II 184). Sie taten dies in der resignierenden Einsicht, daß nichts und niemand und schon gar nicht Sparta ihre Fischerboote vor dem Zugriff der athenischen Trieren schützen konnte und es daher besser war, mit dem Teufel zu paktieren als seine Drangsalierungen zu ertragen.

Athen garantierte in diesem Vertrag die Sicherheit des Dorfes und seinen Besitzstand auch für die Zeit nach Kriegsende (Z. 12 ff.). Dies war neu und das Ergebnis einer politischen Entwicklung, in der das ausufernde Bündnissystem der Großmächte in der letzten Hälfte des 5. Jahrhunderts die kleinen Staaten zwang, den Schutz einer Großmacht zu suchen, um in ihrem Schatten – was immer es kosten mochte – die staatliche Autonomie zu wahren. Denn wenn die Großmacht von Schutz sprach, so war damit auch der Verzicht auf Übergriffe gegen den schwächeren Partner ausgesprochen. Die Großmächte beugten sich mit diesem Zugeständnis nicht zuletzt der für sie peinlichen Entwicklung der öffentlichen Meinung in Griechenland. Sie sprach, je länger der Krieg der Großen gegeneinander dauerte, immer lauter von der Autonomie jeder griechischen Stadt und erklärte diese zum eigentlichen Sinn und Ziel der Geschichte aller Griechen (vgl. S. 176 f.).

Die Verdichtung der zwischenstaatlichen Beziehungen während des Peloponnesischen Krieges und die schließliche Unfähigkeit des überforderten Siegers Sparta, die Verhältnisse in Griechenland und in der Ägäis neu zu ordnen, weiteten das Instrumentarium des Völkerrechts weiter aus. Insbesondere der Friede (*Eirene*) und seine vertragliche Herstellung erhielten jetzt neben der Symmachie einen eigenständigen Wert. Zusätzlich kamen multilaterale Verträge auf, die anstelle der früheren religiösen Bindungen der Vertragsgegner kollektive Sanktionsbestimmungen enthielten. Zu lange hatte man erfahren müssen, daß die Götter gegen kunstvolle Rechtfertigungen von Vertragsbrüchen machtlos waren; also mußte neben dem Fluch der Götter auch die Rache der Menschen den treffen, der die Eide brach. Im 4. Jahrhundert regelten dies vornehmlich die sogenannten „allgemeinen Friedensverträge“ (s. S. 226 f.), die die gängig gewordene Formel von der Autonomie der Städte aufgriffen und auf dieser Grundlage eine Friedensordnung für ganz Griechenland schaffen wollten – vergebens.

Es war dies auch das Jahrhundert, das eine weitere Form zwischenstaatlicher Beziehungen fand: die *Isopolitie.* Was damit im formalen Rechtssinn gemeint war, ergibt sich bereits aus vereinzelten Nachrichten über derartige Vereinbarungen aus dem 6. und 5. Jahrhundert. So berichtet Herodot (1, 54), der lydische König Kroisos sei über das Orakel des Apoll, er, Kroisos, werde ein großes Reich zerstören, so erfreut gewesen, daß er jedem Bürger Delphis zwei Statere Gold übersandt hätte; daraufhin sollen die dankbaren Delpher beschlossen haben, „jeder Lyder sollte Bürger von Delphi werden können für ewige Zeiten.“ Wer also die Isopolitie – sei es ein- oder wechselseitig – vereinbarte, der verpflichtete sich, jeden Bürger des Partnerstaates bei sich als Bürger aufzunehmen, sobald dieser es begehrte.

Praktisch wirksam wurden derartige Vereinbarungen nur selten; schon gar nicht bestand die Gefahr, daß ein gewaltiger Zustrom von Neubürgern einen Vertragspartner in Schwierigkeiten gebracht hätte. Der Sinn solcher Abmachungen war denn auch ein anderer: Es kam den Kontrahenten darauf an, in einer überaus unsicher und gewalttätig gewordenen Welt freundschaftliche Beziehungen mit anderen Städten herzustellen, da davon ausgegangen werden konnte, daß Staaten, deren Bürger potentiell jeweils auch dem anderen Staate angehörten, diesen nicht mit Krieg überziehen würden. Tatsächlich verschwand dieses Instrument der Friedenssicherung, als das Ziel obsolet geworden war: Ende des 2. Jahrhunderts hatte die Weltmacht aus dem Westen ihre schwere Hand auf die griechischen Städte gelegt und ihnen als allererstes verboten, was sie über Jahrhunderte hin so leidenschaftlich betrieben hatten: den Krieg.

IV. Der geistige Aufbruch

750 – 700	Als frühestes Zeugnis der griechischen Dichtung entsteht die „Ilias“ des Homer; etwa 30 Jahre später folgt die „Odyssee“; beide gehen auf eine lange mündliche Tradition zurück. Hesiod (um 700) schildert das bäuerliche Leben in „Werke und Tage“ und beschreibt in seiner „Theogonia“ die Entstehung der olympischen Götterwelt.
700 – 500	Die große Zeit der griechischen Lyrik. Am Anfang stehen Archilochos von Paros (um 650) und Semonides aus Samos (um 600), die in Iamben kritisch die eigene Zeit schildern. Elegien schreibt der Spartaner Tyrtaios (um 620), der im 2. Messenischen Krieg Kampf und Tod für die Heimat preist. Liebeslieder singt Sappho auf Lesbos (um 600), während ihr Landsmann Alkaios Trink- und Kampflieder verfaßt. Seit dem späten 7. Jahrhundert entsteht eine Sammlung von 33 Gedichten („Homerische Hymnen“), die der Verehrung einzelner Gottheiten dienten (bedeutsam: Demeter- und Apollohymnus); Thukydides schrieb sie Homer zu. Die Chorlyrik des Pindar (um 520 – um 446) beherrscht die Tradition der Mythen.
650 – 500	Bau großer Tempel in Stein nach der dorischen, in Kleinasien nach der ionischen Säulenordnung. Parallel dazu entsteht die Großplastik.

1. Erste Ordnung der Welt und des Lebens: Der Mythos

Erzählte Geschichten

Die Mythen herrschten in der griechischen Kultur auf fast einzigartige Weise: Sie zogen ein dichtes Netz von Geschichten über Dich-

tung und Bildkunst, Religion und Philosophie, Politik und Geschichte, und ihre Formeln prägten die Weltsicht des großen und kleinen Mannes. Hunderte von Namen und Schicksalen, in denen sich immer neu die Wege der Götter, Menschen, Fabelwesen und Tiere kreuzten, lebten in den klassischen Texten ebenso wie in den Dichtungen der hellenistischen Zeit und selbst in den frommen Schriften der frühchristlichen Kirchenväter. Sie sind in unzähligen Bruchstücken erhalten geblieben, und ihre mächtigste dichterische Gestaltung in der attischen Tragödie des 5. Jahrhunderts hat sie bis heute zum unverzichtbaren europäischen Bildungsgut erhoben, deren Inhalte ihre Faszination nie verloren haben und durch die Jahrhunderte auf vielfältige Weise immer wieder rezipiert wurden.
Das griechische Wort *mythos* heißt „Rede, Erzählung"; den kritischen Geistern des 5. Jahrhunderts wie Xenophanes (gest. um 470), die gegen die Tradition der Dichter zu Felde zogen (s. S. 114), diente es zur Bezeichnung alter Geschichten vornehmlich von Göttern, die niemand ernst nehmen sollte. Keine literarische Form band sie: Sie waren Erzählungen, die als Sagen, Legenden, Märchen oder Schwänke in Prosa, Gedichten und Liedern vorgetragen wurden und – immer wieder gehört und erzählt – modifiziert und weitergesponnen werden konnten. Anders als die Personen im Roman, die immer nur auf eine Handlung festgelegt sind, lebten die Gestalten der Mythen viele Leben und erlitten viele Tode. So z. B. die kretische Königstochter Ariadne, die mit dem fremden Helden Theseus geflohen und von diesem auf Naxos verlassen worden war: Dort erhängte sie sich oder floh schwanger nach Zypern, wo sie in den Wehen starb, oder Dionysos befreite sie, feierte mit ihr göttliche Hochzeit, ehe sie zum Himmel aufstieg, wo sie noch heute als Stern zu sehen ist, oder sie verwandelte sich in einen Stein auf dem Feld, als ihr Theseus im Kampf gegen Dionysos das todbringende Haupt der Medusa entgegenstreckte.
Die Mythen unterhielten und verzauberten – auch die Späteren, die ihren Wahrheitsgehalt zu wägen wußten:

„Fürwahr, es gibt der Wunderdinge viel;
Doch täuschen oft auch Fabeln
Mit Lügen ausgeschmückt
Der Menschen Seelen über Wahrheit selbst.
Die Charis, die den Sterblichen
Anmutig alles macht,

Gibt jenen Sagen Wert und macht Unglaubliches
Glaublich gar oft."
(Pindar, Erste Olympische Ode, geschr. 476, Übers.: Goethe).

Anfangs und vor allem dienten sie dazu, fremdartige Erscheinungen und Vorgänge zu erklären, indem sie diese in Geschichten hüllten. Verstand, Phantasie und Gefühl nahmen dramatische Ereignisse auf, die Grauen, Bewunderung und Vergnügen wachriefen. Dabei waren überall Götter und Heroen, Geister und Fabelwesen am Werk, während die Phantasie den Zuhörer in die dunklen Gefilde der Vorzeit, in die goldenen Paläste der Götter und in die Abgründe der menschlichen Seele führte. Die allzuhäufig mit dem Verstand nicht zu durchschauenden Bedingungen des Lebens begannen sich zu ordnen und erhielten ihren tieferen Sinn. So erläuterten die Mythen den Ursprung der Welt, sprachen von der Erschaffung von Göttern und Menschen, gaben der Furcht Gestalt, machten verständlich, warum Heiligtümer und Gräber, Feste und Rituale an einem ganz bestimmten Ort heimisch waren, begründeten Familien- und Stammesansprüche, legitimierten überkommene Herrschaftsformen, erklärten die Gründung und den Untergang von Städten. Mit einem Wort: Sie verknüpften die Gegenwart mit der Vergangenheit, banden das Unbekannte an das Bekannte und faßten in Worte und Geschichten, was der Erklärung bedurfte.

Täter und Leidende

Die meisten Mythen gehorchen mehr oder weniger feststehenden Handlungsfolgen. So tritt in immer neuen Gestalten der Held auf, der eine bestimmte Aufgabe zu lösen hat und ferne Welten durchstreifen und viele Abenteuer und Kämpfe bestehen muß, bevor er heimkehren kann. Herakles war der größte dieser Helden: Als Sohn der Alkmene, die Zeus in der Gestalt ihres Gatten geliebt hatte, von der eifersüchtigen Hera zeitlebens verfolgt, diente er auf Weisung des delphischen Apoll dem mykenischen König Eurystheus und vollbrachte Taten, deren Größe ihn schließlich an den Tisch der Unsterblichen führen sollte. Wie er fuhren Jason und Perseus in die fernsten Winkel der Welt, um Abenteuer zu bestehen: Jason, der das Schiff Argo baut und seine Gefährten auf der Suche nach dem goldenen Vließ in das ferne Sonnenland Aia führt, besteht mit Hilfe der Königstochter und Zauberin Medea alle Proben, die ihm der Herr des goldenen Vließes stellt; er stirbt nach Jahren glücklicher Ehe in den Flammen eines vergifteten Gewandes, das die verlassene Medea seiner neuen Gemahlin trügerisch zugesandt hatte. Perseus hingegen wird glücklich: Er gewinnt mit Hilfe verzauberter Flügelschuhe und einer Tarnkappe das Haupt der Medusa, das alle seine Gegner zu Stein werden läßt, befreit die Königstochter Andromeda, die einem Seeungeheuer geopfert werden soll, heiratet sie und wird König von Mykene.

Das Muster dieser Heldenerzählungen mit Suche, Probe und Kampf als Voraussetzung von Glück, Hochzeit und Herrschaft ließ wenig Raum für eine Predigt. Für viele dieser gewaltigen Streiter traf sogar zu, was Plutarch über sie schrieb: „Niemals benutzten sie ihre körperlichen Vorzüge, um Gutes zu tun oder anderen zu helfen, sondern sie gefielen sich in ihrer brutalen Eitelkeit und freuten sich, wenn sie ihre Kraft für wilde, bestialische Unternehmungen einsetzten, indem sie die, die ihnen in die Hände fielen, unterjochten, mißhandelten und umbrachten. Achtung, Aufrichtigkeit, Gerechtigkeit und Menschlichkeit waren für sie Tugenden, die von denen geachtet wurden, die nicht den Mut besaßen, Böses zu tun" (Theseus 6,4). Aber die Zeiten änderten sich und es betraten andere wie Theseus und Herakles die mythische Bühne. Sie bekämpften die Ungeheuer Plutarchs wie Wegelagerer, gründeten Städte und lehrten die Menschen bestimmte Künste. Alle jedoch wiesen sie durch ihre verschlungenen Lebenspfade den Weg, die Größe und Grenzen menschlichen Tuns – und sei es nur durch den Kontrast – verständlicher zu machen.

Blutige Familiendramen taten dies noch eindringlicher und erlaubten zudem, alle verbotenen Beziehungen von Vater, Mutter, Sohn und Tochter durchzuspielen. Inzest und Mord zerstören da die Familien: Der Sohn erschlägt den Vater, heiratet die Mutter und verflucht seine Söhne, die sich im Kampf gegenseitig töten – so das Schicksal des Hauses Oidipus –; oder: Der Vater opfert dem eigenen Ehrgeiz und dem Staat die eigene Tochter, die Mutter wendet sich einem neuen Manne zu und mordet den Vater, der Sohn rächt mit Hilfe seiner Schwester den Vater und tötet die Mutter – so das Schicksal des Hauses Agamemnon.

Auch der Zug der „Sieben" gegen Theben, zeitweilig so beliebt und bekannt wie der Kampf um Troja, beginnt mit einer Familientragödie und dem Untergang eines Geschlechts: Als er sich in seinem Palast zum Kampf rüstete, wußte einer der Sieben, der Seher Amphiaraos, daß er selbst und seine Gefährten bis auf einen die Heimat nie wiedersehen würden. Und er war sich sicher, daß nur der Verrat seiner bestochenen Gattin Eriphyle ihn in den Krieg und den sicheren Tod trieb. Also befahl er seinem kleinen Sohn Alkmaion, seinen Tod zu rächen, was dieser – erwachsen geworden – auch tat. Getrieben von den Rachegöttinnen, den Erinyen, floh er von Land zu Land, bis ihn Phegeus, der König des arkadischen Psophis, von der Blutschuld reinigte und ihm seine Tochter Arsinoë zur Frau gab. Wenig später peinigte eine Hungersnot Psophis, und so zog der Muttermörder aus, ein Land zu suchen, das die Sonne nicht beschienen hatte, als er seine Tat vollbrachte. Er fand es im Schwemmland eines Flusses und heiratete eine neue Frau: Kallirrhoë, die Tochter des Flußgottes. Und diese forderte von ihm das Halsband, das Hephaistos selbst geschmiedet und Kadmos seiner Braut Harmonia, der Tochter der Aphrodite, geschenkt hatte. Es war eben dies, mit dem Polyneikes, ein Nachfahre des Kadmos, Eriphyle bestochen hatte, um ihren Gatten Amphiaraos in den sicheren Tod zu schicken. Es sollte auch ihm zum Verhängnis werden: Als er es Phegeus, der es verwahrte, entwenden wollte, wurde er von dessen Söhnen getötet.

Andere Mythen erzählten von der Zeugung und Geburt von Göttern und Heroen. Ihre göttlichen Mütter brachten sie zumeist versteckt und in Höhlen zur Welt, um sie vor dem Haß und der Angst des Vaters, von seinen Nachkommen gestürzt zu werden, zu retten. So hielt die älteste aller Mütter, Gaia, die Göttin Erde, ihre Kinder vor den Augen des Vaters Uranos in ihren Höhlen verborgen, bis ihr Sohn Kronos mit der von der Mutter geschmiedeten Sichel dem Vater Gemächt und Macht raubte und seine Geschwister befreite. Aber auch diese Generation war durchaus nicht besser als der entmannte Unterdrücker: Auch Kronos stellte seinen Kindern nach und verschlang sie aus Furcht, an sie seine Macht zu verlieren; den Sohn Zeus jedoch, der Kronos stürzen sollte, gebar die Göttin Rhea heimlich in einer Höhle auf Kreta und schob dem Vater statt des Kindes einen Stein unter, den dieser hastig hinunterwürgte. Die Mythen begleiteten das gefahrvolle Schicksal des Neugeborenen, das versteckt bei Hirten und Tieren und genährt von einer Ziege aufwuchs, bevor seine große Stunde schlug. Ähnlich wie Zeus wuchs Dionysos, verfolgt von Hera, im fernen Nysa bei den Nymphen auf. Auch diese Mythen folgten einem weit verbreiteten Muster: Die jüdische Geschichte kennt die wunderbare Rettung des in einem Korb auf dem Nil treibenden kleinen Moses, die römische

Legende erzählt von den Zwillingen Romulus und Remus, die eine Wölfin rettete und säugte, Griechen berichten vom persischen Großkönig Kyros, er sei, ausgesetzt von seinem Großvater, heimlich von einer Hündin oder einer Kuh großgezogen worden. Was diese Geschichten beweisen wollten, ist klar: Die auf wunderbare Weise bestandenen Gefahren kündeten von der Berufung zu Ungewöhnlichem.

Dies bezeugen auch die Schicksale von Mädchen, die aus der Geborgenheit der Familie herausgerissen werden und, von einem Gott oder Heros übermannt, Götter oder Helden gebären. Bereits der Akt der Zeugung erscheint als phantasievoll ausgestaltete Ungeheuerlichkeit: Leda begegnet einem Schwan, Europa einem Stier, die in eine Stute verwandelte Demeter vereinigt sich mit dem stiergestaltigen Poseidon. Danaë, die Tochter des Königs von Argos, eingeschlossen in einem Turm, wird von Zeus in Gestalt eines goldenen Regens geschwängert, zusammen mit ihrem neugeborenen Sohn Perseus in eine Truhe gesperrt und ins Meer geworfen, das sie erst auf der fernen Insel Seriphos wieder freigibt. Oder die unglückliche thebanische Königstochter Antiope, die, nachdem Zeus sie in Satyrgestalt überfallen hatte, Zwillinge gebar und viele Jahre als Sklavin dienen mußte, bis ihre herangewachsenen Söhne ihre Peinigerin Dirke an die Hörner eines wilden Stieres banden und die Mutter befreiten.

Und da war Persephone, meist einfach „das Mädchen", *Kore*, genannt, deren Schicksal das alljährliche Kommen und Gehen der Jahreszeiten und Ernten erklärte. In der Homerischen Hymne an Demeter, geschrieben im späten 7. Jahrhundert, wird sie, die Tochter Demeters, von Hades, dem einsamen Gott der Unterwelt, geraubt. Die verzweifelte und schwer gekränkte Mutter eilt von Land zu Land, um ihre Tochter zu finden:

„Brennende Fackeln trug sie in Händen, in leidvoller Stimmung
Wies sie ambrosische Speise zurück, verschmähte des Nektars
Honigsüßes Getränke und badete niemals den Körper" (48 f.).

Die Ernten verkamen, die Aussaat fiel nutzlos in die Erde, und das Geschlecht der Menschen wäre umgekommen, hätte Zeus nicht einen Kompromiß gefunden: Den Winter verbrachte Persephone von nun an unter der Erde, den Sommer dagegen oben bei ihrer Mutter.

Der alljährliche Wachstumszyklus war damit hinreichend erklärt:

Persephone ist das Korn, das unter die Erde gebracht werden muß, damit aus dem scheinbaren Tod neue Frucht keimen kann; das Aufsprießen des Getreides ist die Rückkehr, ist die Wiederkehr des Lebens. Die Freude der Mutter, wenn sie ihre der Unterwelt entstiegene Tochter jährlich neu umarmte, entsprach der Freude der Menschen über das Frühjahr und die erwarteten großen Ernten. Zugleich mahnte der Ratschluß des Zeus, Persephone habe ihre Zeit zwischen dem Gatten und der Mutter zu teilen, an das Wechselspiel von Leben und Tod, dem kein Sterblicher entrinnen konnte. Auch dies prägte die Vorstellung von Demeter und ihrer Tochter, die das Leben geben und denen die Toten gehören: „Demétreioi" nannten die Athener die Toten und besäten die Gräber mit Getreide.

Und schließlich erklärte der Mythos Ort und Ritual der Mysterien in Eleusis, wo die trauernde Göttin die Nähe der Menschen gesucht und wo sie ihre Tochter wiedergefunden hatte: Die Mysten trugen wie Demeter Fackeln in den Händen, fasteten in ihrer Trauer und vollzogen alle Handlungen der Suche nach der verlorenen Tochter und des göttlichen Aufenthalts am Hof von Eleusis nach, bis mit der auferstehenden Kore die Hoffnung auf Erlösung erfüllt schien.

Es bleibt Helena, die schönste unter den Frauen und selbst eine Göttin. Sie war die Tochter der Leda oder der Nemesis, die Zeus durch alle Verwandlungen als Fisch, Landtier und Vogel verfolgt hatte. Von Theseus entführt und vergewaltigt, als sie fast noch ein Kind war, nahm Helena schließlich die Hand des spartanischen Königs Menelaos, nachdem alle berühmten Helden Griechenlands um sie geworben hatten. Ihr Schicksal wurde der Trojaner Paris: Er hatte einst als Hirt auf dem Berge Ida entscheiden müssen, welche Göttin die Schönste sei: Hera, Athena oder Aphrodite, und er gab den Preis Aphrodite, die ihm als Lohn die schönste Frau der Welt versprochen hatte, Helena. Nach Homer lebte sie in den zehn Jahren des ihretwegen entbrannten Krieges um Troja dort; der Dichter Stesichoros, dem Euripides in seinem 412 aufgeführten Drama *Helena* folgte, versetzte sie nach Ägypten, wo sie keusch und geborgen lebte, während Paris mit einem Phantom, geschaffen von den Göttern, schlief. Als Göttin verehrt wurde sie in Sparta und anderswo, und immer gab der Mythos die Antwort auf die Frage, warum gerade dort. So auch in Rhodos, wo ein Baumheiligtum der Helena durch eine jedermann einleuchtende Geschichte erklärt wurde: Helena sei, nach Menelaos' Tod aus Sparta vertrieben, hilfesuchend an den Hof der Königin von Rhodos geeilt; diese jedoch, Witwe eines vor Troja gefallenen Kriegers, habe ihre Dienerinnen als Rachegöttinnen (*Erinyen*) verkleidet, Helena im Bade ergreifen und an einen Baum hängen lassen. „Daher" – so schließt der Bericht des Pausanias (3, 19,9 f.) – „haben die Rhodier ein Heiligtum der Helena des Baumes."

Staat und Politik

Auch Staat und Politik waren durchzogen von Mythen, die Institutionen und Herrschaftsansprüche verständlich machten und legitimieren sollten. Es gab kein Adelsgeschlecht, das seine Vorfahren nicht auf einen Gott oder einen großen Heroen der Vorzeit zurückgeführt hätte, und jede Stadt war stolz auf einen eigenen Gründungsmythos, der über Jahrhunderte hinweg gepflegt und ausgestaltet wurde. Man tat dies auch dort, wo man – wie in den Kolonien des westlichen Mittelmeeres – im Grunde genau wußte, wie sich der tatsächliche Gründungsvorgang abgespielt hatte, und man schrieb Gründungsmythen auch für nichtgriechische Völker und Städte, die erst nach und nach in den griechischen Gesichtskreis traten. So wurden auch die trojanischen Urahnen der Römer von Griechen erfunden und auf ihre gefahrvolle Reise nach Italien geschickt, wo ihr Anführer Aeneas zum Stammvater Roms und des Geschlechts der Julier und – wunderbar genug – zum Ur- und Idealbild des Römers wurde.
Alle diese Mythen zeichnen sich dadurch aus, daß sie die Gründung der jeweiligen Stadt möglichst weit in die heroische Zeit zurückverlegen und ihnen damit ein höheres Alter bescheinigen, als sie tatsächlich hatten. Die Stadt erhielt damit ein Ansehen, das sie über andere erhob und das Zusammengehörigkeitsgefühl ihrer Bürger stärkte. Vor allem aber konnten die Mythen beweisen, daß man zu Recht den Platz behauptete oder forderte, den andere einem streitig machen wollten: Die ständigen und wechselvollen Kämpfe um größere oder kleinere Territorien hatten Besitz zu einem unsicheren Gut gemacht, so daß bestehende Ansprüche um so gerechtfertigter erschienen, je eindeutiger sie als uralt und bereits von einem großen Heroen verfochten vorgestellt werden konnten. Der spartanische Prinz und Abenteurer Dorieus etwa brach im Jahre 411 auf, um auf Sizilien nahe der Stadt Eryx eine Kolonie zu gründen, weil das Land einst sein Stammvater Herakles im Zweikampf mit dem eponymen Stadtgründer Eryx als Siegespreis gewonnen hatte.

Wie intensiv über solche mythologischen Legitimationen nachgedacht wurde, lehrt der immer wieder umgeschriebene Mythos von der Rückkehr der Herakliden auf die Peloponnes. Er führt zurück in die Zeit der Entstehung der dorischen Machtzentren und des großen Konflikts zwischen Sparta und Messenien (s. S. 128), indem er erzählt, wie die Nachfahren des Herakles, nachdem sie nach jahrzehntelangen Kämpfen auf die Peloponnes zurückkehren konnten, als die neuen Herren das gewonnene Land verlosten: Argos, Lakedaimon und Messenien. Damit war für die Griechen zunächst die Frage hinreichend beantwortet, was aus den alten, von Homer geschilderten Königshäusern des Agamemnon, Menelaos und Nestor geworden war, wer diese Herrscher ersetzt hatte, wie die neue Machtverteilung aussah und warum der Machtanspruch der neuen dorischen Herren, die ihr Geschlecht auf Herakles zurückführten, gerecht war. Nun weist die Überlieferung des Losvorganges eine besondere Variante aus: Einer der Herakliden, Kresphontes, habe bei der Verlosung betrogen und so Messenien unrechtmäßig in seine Hand gebracht. Dieser deutlich den Messeniern feindliche Zusatz entzog den Herren, die im 8. Jahrhundert in Messenien als Nachfolger des Kresphontes herrschten, die Legitimität ihres Herrschaftsanspruches und rechtfertigte den spartanischen Überfall auf Messenien als Wiedergutmachung eines an den spartanischen Herakliden begangenen Unrechts. Es blieben die Korinther, die – nach dem Untergang Messeniens – dritte Großmacht auf der Peloponnes. Sie bemächtigten sich des Herakliden Hippotes, den das delphische Orakel zur Sühne für die Ermordung eines Sehers für zehn Jahre in die Verbannung geschickt haben soll; dort habe er, so erzählten plötzlich die Korinther, mit einer ansonsten unbekannten Frau einen Sohn gezeugt, und dieser, mit Namen Aletes, habe das Geschlecht des Sisyphos aus der Stadt gejagt und die Herrschaft der Bakchiaden begründet, mit denen der Aufstieg Korinths begann. Nur: dieser Aletes, ein korinthischer Lokalheld, hatte ursprünglich nichts mit den Herakliden gemein. Als sich jedoch die anderen dorischen Machtzentren rüsteten, Herakles selbst und seine Nachfahren die Legalität ihrer Ansprüche bezeugen zu lassen, schlug auch die Stunde der korinthischen Sagenschreiber: Aletes wurde zum Nachfahren des Herakles, wobei die zehnjährige Verbannung des Hippotes Raum genug bot, dies hinreichend zu begründen.

Was den Städten recht, war ihren Lehrmeistern, den großen aristokratischen Familien, billig. Ihre Genealogien ordneten sie den Göttern und Heroen zu und verliehen ihrer Herrschaft so Glanz und Autorität. „Ihr seid des unbesiegten Herakles Geschlecht“, rief vielerorts der Anführer, wenn er seine adligen Genossen in den Kampf führte (Alkaios frg. 129); war der Sieg gewiß und wurde das Preislied angestimmt, begann es mit einer Hymne auf die mythischen Vorfahren, deren großen Taten der Enkel nachgeeifert hatte. Der Meister dieser Gesänge, Pindar, kleidete jedes Lob in mythische Reflexionen und Kommentare, und seine Lehren hüllten sich in Geschichten, wie die märchenhafte vom Kinde Achill, das schon im Alter von sechs Jahren Löwen erwürgte. Zumeist genügten bereits Andeutungen, um die Zuhörer in eine pralle Welt immer wieder beschworener mythisch-heroischer Vorbilder eintauchen zu lassen. So konnte sich Solon durch wenige Anspielungen als zweiter Odysseus, listig, überlegen und pragmatisch wie dieser, vorstellen. Oder er schlüpfte in die Rolle eines zweiten Stadtgründers, indem er die Mutter Erde, Gaia, zum Zeugen seiner Befreiungstat aufrief (F 24) und damit vielfältige Assoziationen an den Gründungsmythos Athens auslöste : So wie Gaia den Gründer der Stadt, Erechthonios, in ihrem Schoß heranwachsen ließ, wird sie jetzt Zeugnis ablegen für den zweiten Erechthonios: Solon. Nichts anderers taten die Demokraten Athens, als sie ihre Ordnung mit Theseus, dem heroischen König und Stadtgründer, verbanden, um durch den Beweis des hohen Alters der Demokratie ihre Gegner mundtot zu machen. Sie alle wußten, welchen Wert ihre Mitbürger der heroischen Vergangenheit beimaßen. So versteht man denn auch, daß Kleisthenes von Sikyon die Epen Homers aus der Stadt verbannte, da sie allzu laut den Ruhm der Helden von Argos priesen, mit dem Sikyon im Krieg lag (Herodot 5, 67).

2. Das Ziel des Lebens: Der Kampf um Ehre und Unsterblichkeit

Homer und die Welt des achten Jahrhunderts

So wie Zeus immer unbestritten der höchste der Götter blieb, war Homer der Vater der griechischen Dichtung, ja der Vater alles griechischen Denkens. Wer als Grieche die höchste Autorität anrief, zitierte keine heiligen Schriften, sondern Homer, und wer den

Nachkommen den Sinn des Lebens erklären wollte, las aus der Ilias oder der Odyssee. Mit diesen beiden Epen begann die literarische Überlieferung, und von dieser Stunde an blieb für rund drei Jahrhunderte Literatur Dichtung: Sie bot im Epos erzählende Dichtung, in den Texten Hesiods Alltagsgeschichte in poetischer Form und in Elegie, Hymnus und Lied das, was die neuzeitliche Poetik als „Lyrik" zu bezeichnen pflegt. Diese poetische Kultur beruhte, obwohl die Schrift als Hilfsmittel zur Verfügung stand, noch lange Zeit auf der mündlichen Überlieferung: Epen und Gedichte, Lieder und Dramen blieben durch ihre ständige Darbietung im Gedächtnis der Menschen.

Den Rahmen der Epen Homers steckte ein Kreis von Sagen, die den Überfall der Griechen des Festlandes auf das kleinasiatische Troja, die Zerstörung der Stadt und die Heimkehr der siegreichen Helden behandelten. Die Ilias singt vom Zorn des Helden Achill im zehnten Kriegsjahr und dem Tod seines Gegners, des Fürsten Hektor. Die Odyssee verfolgt die Abenteuer des Helden Odysseus, den es nach dem Untergang Trojas nach Westen verschlug, und der erst nach zehnjähriger Irrfahrt seine Heimat in Ithaka erreichte, wo eine ungestüme Schar von Freiern die Hand seiner Frau Penelope und mit ihr den Besitz des Odysseus begehrte. Berufsmäßige Sänger und die adligen Herren selbst rezitierten an ihren Höfen jene Geschichten aus einer heroischen Vergangenheit, so wie dies Achill getan hatte, als es für ihn nichts mehr zu kämpfen gab:

„[So] fanden sie ihn, wie er grade sein Herz an der künstlichen, schönen,
Klingenden Leier vergnügte, geschmückt mit silbernem Stege,
Die er gewonnen, nachdem er Eetions Feste vernichtet.
Damit erfreut' er sein Herz und besang die Taten der Männer."
(Ilias 9, 186-189; Übers.: H. Rupé).

Was immer sie hören sollten, die Zuhörer waren davon überzeugt, daß sich alles so und nicht anders abgespielt hatte. Die Geschichten, die ihr adliges Herz bewegten, sprachen von ihren Idealen und von ihrem Leben, und die Tränen, die sie dabei weinten, waren Ausdruck ihres Gefühls, das sie nicht mit jedermann teilen wollten.

Tatsächlich waren diese Geschichten Erfindungen. In ihnen mischten sich umlaufende Abenteuer- und Kriegergeschichten mit einer schwachen, substanzlosen Erinnerung an die mykenische Zeit, deren zerstörte Paläste noch bestaunt und als Requisiten für die Aus-

stattung der Szenerie und der Akteure benutzt werden konnten. Die Gesellschaft jedoch, in der diese Geschichten spielten, war die der eigenen Zeit, auch wenn sie in den Kostümen eines vergangenen Schauspiels auftrat und ihre Helden etwa mit Waffen aus Bronze und auf Streitwagen kämpften, obwohl das Eisen im 8. Jahrhundert längst im Gebrauch und der Streitwagen verpönt waren. Im Epos herrschten Könige und Adlige, die viel Land und Vieh besaßen und das Leben von Kriegshelden und Kaperfahrern führten. Den Mittelpunkt des sozialen Lebens bildete der Hof des adligen Großbauern, der zugleich Kriegsherr, Richter und Priester war und die Macht forderte, weil er reich, tapfer und Sohn eines Mannes war, der auch so gelebt und geherrscht hatte.
Das Volk blieb stumm. Im Gegensatz zu den großen Helden bildet es eine unbestimmte Masse, deren genauer Status (Rechtsstellung, soziale Gliederung) niemanden interessiert. Die Arbeit auf den Feldern wird häufig zusammen mit dem adligen Herren verrichtet; einige wenige Handwerker scheinen einen höheren Stand zu haben. Der Handel liegt in den Händen des Adels oder bleibt Ausländern (Phoinikern) überlassen. Die Meinung des kleinen Mannes ist nicht gefragt, und äußert er sich ungebeten, trifft ihn der Zorn der Fürsten: So lehrt es die Geschichte des armen Thersites, der in der Heeresversammlung, die über Fortführung oder Abbruch des Krieges gegen Troja entschied, die Heimkehr gefordert hatte und dafür von Odysseus erbärmlich verprügelt und dem Spott des ganzen Heeres preisgegeben worden war:

„Zum Nachbarn gewandt, sprach mancher die folgenden Worte:
Meiner Treu, unzählige Taten vollbrachte Odysseus,
Glänzte voran mit trefflichem Rat und erweckte die Kriegslust;
Jetzt aber tat er das Meisterstück vor allen Argeiern,
Daß er den lästernden Frechling so rasch zum Schweigen gebracht hat!"
(Ilias 2, 271-275).

Der Zorn des Achill

Die Ilias des Homer endet mit dem Begräbnis eines Mannes, des Königssohnes Hektor, um den geschlossen seine Familie, das Königshaus und die ganze Stadt Troja trauert. Als der Scheiterhaufen angezündet wird, brach der 51. Tag des Geschehens an, das Homer die Geschichte vom Zorn des Achill nannte, und man schrieb das zehnte Jahr jenes Krieges, der mit der Zerstörung Trojas enden sollte.

Ausgebrochen war dieser Krieg wegen einer schönen Frau. Helena, die Tochter des Zeus, war dem trojanischen Prinzen Paris in seine Heimat gefolgt, woraufhin ihr Gatte, der spartanische König Menelaos, zusammen mit seinem Bruder Agamemnon alle griechischen Helden zum Kampf gegen Troja aufbot. Aber nicht um diese Fabel ging es Homer. Er besang das tragische Geschick des Helden Achill, des Sohnes der Meeresgöttin Thetis, der einzig am Fuß verwundbar ist, und dem seine Mutter einst gesagt hatte, er habe zwischen zwei Schicksalen zu wählen: Entweder jung vor Troja zu sterben und dabei immerwährenden Ruhm zu gewinnen, oder aber zuhause ein langes, aber unrühmliches Leben zu genießen (Ilias 9, 410 f.). Dieser Mann, der bei der Wahl seines Lebensweges nur einen Augenblick gezögert hatte, verweigert im zehnten Kriegsjahr, durch den Anführer Agamemnon gedemütigt, die weitere Teilnahme am Kampf und schickt damit seinen Freund Patroklos und unzählige Helden in den Tod. Reue und der Wunsch nach Rache treiben ihn zurück in die Schlacht, wo er alle Gegner und schließlich auch Hektor niederwirft und im Augenblick des Triumphes den vor ihm Sterbenden höhnisch zuruft, er, Achill, sei ein besserer Mensch als alle anderen. Den dunklen Fleck auf seiner Ehre jedoch kann er nicht mehr tilgen.

In diese Geschichte hineinverwoben ist die Tragödie des Prinzen Hektor, der seine Heimat nicht vor dem Untergang bewahren kann und dessen geschändete Leiche der Sieger um die Mauern Trojas schleift. Um beide Helden entfaltet sich ein großes Spiel um Ehre und Verblendung, Freundes- und Gattenliebe, grausame Rache und Erbarmen. Handlung und Personen werden immer vielfältiger: Lange Kampfszenen (11.-18. Gesang) wechseln mit Schilderungen der Verhältnisse in Troja, Rückblenden führen weit in die Vorgeschichte des Krieges, neue Helden mit eigener Geschichte und eigener Würde treten auf: So Aias, der unverwundbare Riese, der nur durch sich selbst zu Fall gebracht werden konnte, oder Diomedes, der – selbst unsterblich – die Götter herausforderte, oder der listenreiche Odysseus, der das hölzerne Pferd erfand und Troja damit den Eroberern öffnete. Hineingerissen auch die Götter: Partei für die eine oder andere Seite ergreifend, stürzen auch sie sich in den Kampf und bangen und weinen um das Los ihrer Helden. Über allem Zeus, Gemahl der vom Trojaner Paris beleidigten Hera, lange gebunden an sein Thetis gegebenes Versprechen, die Trojaner zu begünstigen, bis die Demütigung ihres Sohnes Achill an Agamemnon gerächt sei.

Die Zuhörer, denen die längst geläufigen Geschichten vom Krieg um Troja plötzlich als Fabel vom Zorn des Achill vorgetragen wurden, müssen aufgehorcht haben: Hier sang einer nicht mehr in bekannter Reihenfolge von Entführung, Krieg, Zerstörung und Heimkehr, sondern vom sinnlosen und für viele verderblichen Zorn eines Helden. Ein seelischer Konflikt, heraufbeschworen durch eine schwere Demütigung, beherrschte jetzt den Krieg und stürzte den Hauptphelden in Schuld und Verstrickung, bis ihm der Tod des Freundes den Weg zurück zu seiner eigentlichen Bestimmung wies: dem Kampf. Alles dies, gepreßt in 51 Tage des letzten Kriegsjahres, verlangte Antworten auf die Frage, wie es zu diesem verfluchten Zorn hatte kommen können und und was er für alle jene mit sich brachte, die im weitesten Sinne davon betroffen waren.

Dabei war gerade das Lebensideal des Helden Achill immer klar gewesen: „stets der Beste zu sein und die anderen überragend“ (Ilias 11, 784). Das Kriegsziel wog demgegenüber nichts: Als die Gesandten Agamemnons nach den ersten schweren Niederlagen Achill bitten, auf das Schlachtfeld zurückzukehren, lehnt er ab:

„Nicht um der Trojer willen der lanzenschwingenden, kam ich
Mit hierher in den Streit; sie haben ja nichts mir verschuldet.
Niemals haben sie mir die Rosse geraubt noch die Rinder,
Nie in Phthias scholligen, männernährenden Fluren
Mir die Früchte verletzt, indem uns waldige Berge
Trennen im weiten Raum und des Meeres tönende Brandung.“
(Ilias 1, 153-157).

Seine Ehre war die Ehre Achills, und sie bedurfte ebensowenig wie seine Taten eines übergeordneten Ziels, um sich zu entfalten. Ein Mann wahrte und mehrte sie als großer Krieger: „Wann immer wir beratschlagten ..., lief er weit vor der Menge ... und tötete viele Männer in der grausigen Feldschlacht; alle möchte ich jetzt nicht nennen mit Namen, die er erschlagen ...“ (Odyssee 11,515–517). Als dies in der Unterwelt Odysseus dem besorgt nach seinem Sohn Neoptolemos forschenden Geist des Achill berichtete, glitt dieser stolz zurück in das Reich der Schatten: Sein Sohn war wie er.

Anders der große Gegenspieler Hektor – auch er ein Held und Krieger. Er erfüllte im Kampf seine Pflicht und wußte warum:

„Ein Zeichen nur gilt uns: das Vaterland zu retten.“ Denn:
„Nicht ruhmlos ist's, für das Vaterland kämpfend,
Unterzugehn; denn es bleiben gerettet ihm Gattin und Kinder,
Unversehrt auch Erbe und Haus, wenn dann die Achaier
Heimwärts ziehen mit den Schiffen zum lieben Lande der Väter.“
(Ilias 12, 243; 15, 496-499).

Der Gegensatz könnte nicht klarer sein: Hier der Verteidiger von Haus und Hof, der auch dann noch kämpft, als er weiß, daß Troja fallen wird, dort der halbgöttliche Held, der als gewaltiger Krieger persönlichen Ruhm über die Zeiten hinweg in einem Konflikt erringen will, dessen Ziele ihm gleichgültig sind. Hier der Sohn eines alten Vaters, einer alten Mutter, Bruder von Brüdern und Schwestern, Schwager, Gatte, Vater, dort der an niemanden gebundene Sohn der Meeresgöttin Thetis, dem an Kraft und Schönheit keiner gleichkam. Beiden gemeinsam ist das Streben nach Ehre, die der Kampfpreis für allerdings unterschiedliche Tugenden sein kann. Diese werden nicht individuell, sondern im gesellschaftlichen Leben bestimmt, und sie entfalten sich nur in der Öffentlichkeit: Vor aller Augen muß sich der Held bewähren, so wie Hektor, der den flehenden Bitten seiner Gattin Andromache, den Gegner hinter den sicheren Mauern der Stadt zu erwarten, nicht nachgeben kann:

„Mich auch kümmert das alles, mein Weib, allein ich verginge
Wohl in Scham vor den Troern und Frauen in Schleppengewändern,
Wenn ich hier wie ein Feiger entfernt vom Kampf mich hielte.
Das verbietet mein Herz, denn ich lernte, tapferen Mutes
Immer zu sein und unter den ersten der Troer zu kämpfen,
Schirmend zugleich des Vaters erhabenen Ruhm und den meinen!“
(Ilias 6, 441-446).

Dieser Mann, an dessen Leiche ganz Troja weinte, hatte keine Aussicht, den Krieg siegreich zu bestehen. Zwar schien ihm im Verlauf der Kämpfe endlich seine Stunde gekommen und der Sieg greifbar vor Augen, als er nach unaufhaltsamem Vormarsch die Brandfakkeln in die griechischen Schiffe warf. Als jedoch die Götter ihn und seine Stadt verließen, blieben ihm nur ein bitterer Tod und die furchtbare Erkenntnis, keinen der Seinen retten zu können. Die Gewißheit aber, als großer Krieger zu sterben, raubte ihm auch der nahe Tod nicht; bewaffnet nur noch mit seinem Schwert stürmte er gegen den übermächtigen Achill, „daß nicht kampflos in den Staub

ich sinke, noch ruhmlos, nein, erst Großes vollendend, wovon auch Künftige hören!" (22, 304 f.).
Das Epos schließt nicht zufällig mit dem Begräbnis des geschlagenen Mannes. Der Zorn des Achill, der selbst den endgültigen Sieg über Troja nicht erleben durfte, endet mit dem Tod Hektors und verwandelt sich in Mitleid, als der Vater Priamos im Zelt des Siegers niederfällt und um den Leichnam seines Sohnes fleht: „Denn ich dulde, was noch nie ein Mensch auf Erden erduldet, daß ich die Hände des Mannes, der die Söhne mir mordete, küßte." Achill, selbst laut das Schicksal seines Vaters und seines Freundes Patroklos beklagend, zog den knieenden Greis in die Höhe, „tief sich erbarmend des weißen Haupts und des weißen Kinnes":

„Komm und setze dich her auf den Sessel; wir wollen vor allem
Ruhen lassen, so traurig wir sind, im Herzen die Sorgen.
Gar nichts richten wir aus mit unserem schaurigen Jammer.
So bestimmten die Götter das Los für die kläglichen Menschen,
Immer in Sorge zu leben; allein sie selber sind sorglos."
(Ilias 24, 505-526; Übers.: Rupé).

Odysseus

Aristoteles (Poetik 1455b17-23) sah die Geschichte des Odysseus so: „Ein Mann irrt viele Jahre hindurch in der Fremde umher, weil ihn Poseidon verfolgt. Er ist allein. Zu Hause steht es so, daß von den Freiern seine Habe aufgezehrt und das Leben seines Sohnes bedroht wird. Nach stürmischer Fahrt erreicht er die Heimat, gibt sich einigen Personen zu erkennen und wagt den Kampf. Er wahrt sein Leben, die Feinde vernichtet er. Dies ist der Kern der Geschichte. Alles andere sind Episoden." Kein Wort von der Gattin, kein Gedanke an das Wiedersehen mit Penelope: Der Mord an den Freiern und damit – so ist hinzuzufügen – die Wiederherstellung des rechtmäßigen Königtums in Ithaka ist für Aristoteles das Ziel der epischen Handlung.
Aristoteles hat mit seiner Interpretation wenig Freunde finden können. Zu eindringlich scheinen den modernen Interpreten die Passagen, die die Rückkehr des Helden an seinen angestammten Hof verbinden mit der Heimkehr zu seiner Familie und seiner Ehefrau. Odysseus selbst drängt es, als er nach 23 Jahren wieder neben seiner Frau liegt, von den Leiden zu sprechen, „die er den Menschen getan, und von jenen, die selbst er erduldet" (Odyssee 23, 306 f.),

und Homer will singen von dem Mann, der auf der Heimfahrt vom Wege abirrte und verfolgt vom Zorn der Götter Poseidon und Helios „viel erduldete auf dem Meer mit traurigem Herzen, als um sein Leben er rang und die Heimkehr seiner Gefährten“ (1, 1-5). Es ist derselbe Mann, der vor den Phäaken weinte, als ihn die Erinnerungen übermannten, und von ihnen den Trost erhielt, sein Unglück werde den Nachgeborenen als Stoff für Geschichten dienen. Seine Geschichte beginnt Homer mit einer Schilderung der Zustände auf Ithaka. Dort hatten sich am Hofe des vermißten und von den meisten für tot gehaltenen Fürsten Freier eingenistet, die den königlichen Besitz verpraßten und die Hand der Königin begehrten. Als ihr Mann in den Krieg zog, hatte er ihr gesagt, was gesagt werden mußte: Nicht jeder kehre von Troja heim, und es sei dann an ihr, das Nötige zu tun:

„Denk im Hause wie jetzt an den Vater, denk an die Mutter.
Und wenn du siehst, daß unser Sohn zum Manne heranwächst,
Dann vermähle dich dem, den du wünschst, und geh aus dem Hause.“
(18, 259 f.).

Dieser Tag war nun gekommen und die Hochzeit festgesetzt. Da entschließt sich der herangewachsene Sohn Telemach, einen letzten Versuch zu wagen und Spuren zu finden, die auf das Schicksal des verlorenen Vaters hinweisen. Er macht sich auf den Weg nach Pylos und Sparta, um die alten Kampfgefährten zu befragen. Diese wissen von bestandenen Gefahren und von unendlichem Leid vieler zu erzählen, aber nur Menelaos erinnert sich an einen Satz des weissagenden Meeresgottes Proteus, der Hoffnung läßt: „der Sohn des Laertes – ihn sah ich auf einer Insel, Tränen vergießend, im Hause der Nymphe Kalypso . . .“ (4, 555 f.).
Die Szene wechselt: Odysseus, an der Insel der Kalypso im fernen Westen schiffbrüchig geworden, teilt mit der ihn liebenden Nymphe Leben und Lager, weigert sich aber seit sieben Jahren, Ambrosia und den roten Nektar zu kosten, die ihn unsterblich gemacht hätten. Der Held fordert von den Göttern die Heimkehr, doch erst als seine Erinnerungen an die Heimat zu verblassen drohen, erhören sie ihn. Auf einem selbst gebauten Floß bricht er auf, scheitert im Sturm und kann nur mit Hilfe der Nixe Leukothea, deren Schleier ihn über Wasser hält, halb ertrunken und nackt das Land der sagenumwobenen Phäaken erreichen, deren Schiffe pfeilschnell und ohne Steuermann jedes Ziel erreichen. Als er dort am Strand

niedersinkt, ist er am Ende und bar jeder Hoffnung. Drei Tage später wird er von dort wieder abfahren, erholt, gepflegt, bewundert von allen und geliebt von einer Frau, die er zurückläßt: Nausikaa, die Tochter des Königs Alkinoos. An dessen Hof hatte er seine Selbstachtung wiedergefunden, hatte endlich erzählen können, wer er war, welche großen Taten er vor Troja vollbracht und welche Not er nach dessen Fall erlitten:

„Ich bin Odysseus, der Sohn des Laertes. Es rühmen die Menschen
Meine Klugheit und List, und mein Ruhm steigt auf bis zum Himmel.
Von Ilios trug mich der Wind zu den Kikonen, nach Ismaros,
Und ich zerstörte die Stadt und tötete ihre Bewohner . . .“
(9, 20 f.; 59 f.).

Ein Schiff der Phäaken bringt ihn in wenigen Stunden nach Ithaka. Um dort das Schicksal des Agamemnon zu vermeiden, den dessen Frau und ihr Liebhaber am Tage seiner Rückkehr im Bade erschlagen hatten, kriecht Odysseus bei seinem alten Schweinehirten Eumaios unter, täuscht jedermann in der Verkleidung eines Bettlers und tötet schließlich die in der Halle des Herrenhauses eingeschlossenen Freier. Als diese Bluttat in Ithaka einen Bürgerkrieg auszulösen droht, empfiehlt Zeus Vertragsschluß, Frieden und allgemeine Amnestie: Seine Tochter Athena eilt herbei, das Gebot des Vaters auszuführen. Odysseus, „der sich nach Heimkehr sehnte und nach seiner Frau“ (1, 13), besteht die Probe, die die mißtrauische Penelope als letztes Zeichen verlangt: Er nennt die Konstruktion seines Ehebettes und widerlegt den letzten Zweifel an seiner Identität.
Diese Geschichte eines Kriegers und Abenteurers, der kraft seiner Erfindungsgabe alle Gefahren überstand und nach über zwanzig Jahren zurückkehrte vom Rande der Welt, hat viele Gesichter. Auf den ersten Blick ist sie die Geschichte eines listenreichen Helden, der mit anderen ausgezogen war, einen Räuber und Ehebrecher zu bestrafen, und nicht heimkehren konnte und wollte, weil ihn widrige Geschicke und die eigene Lust an immer neuen Erfahrungen daran hinderten. In diese Geschichte wurden eine Reihe ursprünglich eigenständiger Erzählungen eingelegt. Viele ihrer Gestalten und Schauplätze führen in die Märchenwelt der Zauberer und Ungeheuer: Der einäugige und menschenfressende Kyklop, den Odysseus als „Niemand“ übertölpelt, die Zauberin Kirke, die die Besucher ihrer Insel in Schweine verwandelt, Seeungeheuer wie Skylla und Charybdis, riesige Tintenfische, die Sirenen, deren Ge-

sang die Seefahrer in den Untergang lockt, die schwimmende Insel des Windgottes Äolos, die paradiesische Landschaft der fern im Westen liegenden Insel der Nymphe Kalypso, der Abstieg des Helden in die Unterwelt – alles dies waren Geschichten, die der Erinnerung nicht entschwinden wollten, weil sie der menschlichen Phantasie und Fabulierlust hinreißenden Stoff boten.

Aber da ist noch die Geschichte eines Seemannes und Spätheimkehrers: Ausgefahren, von Unwettern verschlagen, in der Fremde verarmt und heruntergekommen, mittellos und außerstande, die Heimfahrt zu betreiben, bleibt der Gatte und Vater länger und länger aus. Schließlich hält man ihn für verschollen oder gar tot. Also geraten die Dinge zuhause durcheinander: Freier umschwärmen die schöne Witwe und ihren Besitz, der Sohn, der seinen Vater nie gesehen, muß an seine eigene Zukunft denken. Schweren Herzens macht sich die verlassene Ehefrau daran, den Vermißten für tot zu erklären und eine neue Heirat einzugehen. Just in diesem letzten Moment kehrt der Verschollene doch noch heim und muß eine Reihe von Proben seiner Intelligenz, Kraft und Ausdauer bestehen, um endlich wirklich zu Hause sein zu können.

Und da ist noch mehr: Der Held bewegt sich zwischen den Polen der Welt, die die Erfahrungen der ersten Kolonistenzüge weit geöffnet hatten. Das gesamte Mittelmeer mit seinen Inseln und Völkern, Kriegen und Gefahren, Händlern und Seeräubern wird zum Schauplatz. Die Ägäis mit ihren Küsten und Inseln, im östlichen Mittelmeer Kreta, Zypern, Phoinikien, Ägypten und Libyen, im Westen Sizilien, Italien und die Straße von Gibraltar werden bis hin zu den Segelrouten und Fahrzeiten beschrieben. Dort zählten andere Tugenden als in der Ebene des Skamandros, wo die Helden, eingezwängt zwischen den Stadtmauern der Trojaner und den Schiffen der Griechen, ihr heroisches Schicksal erfüllten. Als Odysseus am Wendepunkt seiner Irrfahrten an der Küste der Phäaken strandet, besitzt er nichts mehr als den geschundenen, salzverkrusteten Leib. Trotzdem bleibt er, was er immer war: schlau, zäh, ausdauernd und „von allen Sterblichen der weitaus Beste in Plan und Wort." So sah ihn auch seine Schutzgöttin Athena, die den Heimgekehrten am Strand von Ithaka, verkleidet als junger Herr, empfängt und von dem mißtrauischen Helden gleich mit einer schaurigen Lügengeschichte getäuscht werden soll:

„Schlau müßte sein und diebisch, wer dich überholen wollte
In allen Listen – und träte selbst ein Gott an gegen dich!

Du Schlimmer, Buntes Sinnender, an Listen unersättlich
Hast also selbst im eigenen Land von Tricks nicht lassen wollen
und nicht von Schwindeleien, die von Grund auf dein sind! ...
Darum kann ich im Unglück niemals ganz dich verlassen,
Weil du besonnen stets bist und schnell im Geiste und weise."
(Odyssee 13, 291-295; 331 f.)

Das waren Tugenden, die Odysseus zum Symbol der Unzerstörbarkeit des Menschen machten, dem auch seine äußerste Gebrechlichkeit nichts anhaben kann. Von ihren dunklen Seiten – Haß und Rachsucht – wußte Homer nichts. Sie entdeckten erst die späteren Kritiker des Homer und die Dramatiker des 5. Jahrhunderts, die – wie Euripides in seiner *Hekuba* (um 425) oder Sophokles in seinem *Philoktet* (409) – den Lebenskünstler zum bedenkenlosen und kaltblütigen Intriganten machten. Sie nutzten dabei die Geschichte des Palamedes, der Odysseus wider seinen Willen in den Krieg nach Troja gelockt hatte: In dessen Zelt vergrub der Listenreiche, der seinen Haß lange und geschickt verborgen gehalten hatte, Gold, fälschte einen Brief des Priamos an ihn und bezichtigte ihn des Verrats; das ahnungslose Opfer wurde daraufhin verurteilt und gesteinigt.

Odysseus hat die Phantasie der Menschen nicht ruhen lassen. Homer verließ ihn in Ithaka und wollte über sein weiteres Schicksal nichts sagen. Für die Leser machte seine Heimkehr Sinn, solange er die Freier niederwarf und um seine Ehre als König von Ithaka kämpfte; nach Sieg und Freudentränen aber wieder die Banalität des Alltags, der Held als grau werdender Hausvater an der Seite der treuen Gemahlin – dieser Gedanke war zu ernüchternd, um ihn auf Dauer zu ertragen. Allein Platon war sich sicher, daß der Heimkehrer bei der Wahl eines zweiten Lebens, „im Angedenken der früheren Mühen von allem Ehrgeiz erholt", die bürgerliche Existenz und die Geborgenheit eines Lebens wählen würde, das keine Versuchungen zu Ausfahrt, Krieg und Abenteuer bereit hielt (Politeia 620c-d).

Anders die späteren Dichter. Sie schickten Odysseus erneut auf Reisen, wobei der Anlaß leicht zu finden war, da er in der Logik der homerischen Geschichte eines zu spät Heimgekehrten lag: Penelope hat dem Drängen der Freier nachgegeben und aus dem Hof des verschollenen Fürsten ein Bordell gemacht (so Lykophron), oder der tierischste der Götter, Pan, hatte sich die keusche Penelope zur Mutter auserkoren und lag neben ihr, als Odysseus heimkehrte.

Andere, wie Eugammon aus Kyrene, erzählten sein Leben als das eines Abenteurers zu Ende und machten aus seinem Tod eine Tragödie, indem sie die Geschichte vom Vater, der gegen seinen Sohn kämpft, erfanden: So habe Odysseus mit Kirke einen Sohn, Telegonos, gezeugt, der – wie es bei Homer Telemach getan hatte – sich auf die Suche nach dem Vater machte, den er nur aus Erzählungen kannte. Nach Ithaka verschlagen, das er plündernd durchzog, stieß er auf Odysseus, der den gewalttätigen Helden zum Kampfe forderte und ihm unterlag; seine Leiche brachte der reuige Sohn dahin, wo seine eigentliche Heimat war: auf die Insel der Märchenfee Kirke, Aiaia, von der Homer wußte, daß dort die Morgenröte ihre Wohnung und Tanzplätze habe und die Sonne ihren leuchtenden Aufgang (Odyssee 12, 3 f.).
Die christliche Tradition verbannte Odysseus in die Hölle. Sie konnte gar nicht anders: Der unstillbare Wunsch, alles zu erfahren und alles zu wissen, war Frevel, da er die Familie zerstörte und Gott herausforderte. So hörte Dante von ihm selbst seine Geschichte nach der Flucht aus Ithaka als Beichte eines Mannes, der keine Grenzen hatte anerkennen wollen:

„Da fesselte mich nichts mehr. Vaterglück
und Sohnesdankbarkeit und Gattenliebe,
wie sie Penelope um mich verdiente,
ward alles aufgezehrt in meiner Brust
vom heißen Drang, durch alle Länder hin
der Menschen Wert und Narrheit zu erfahren."

So fährt er hinaus aufs hohe Meer, passiert die Säulen des Herakles und wendet sich nach Süden, bis im fernen Dunst ein riesiger Berg auftaucht, den er jubelnd begrüßt, ohne zu wissen daß es der Berg des Fegefeuers ist. Hier jedoch, jenseits der Grenzen, die menschlichem Wissensdrang nach göttlichem Willen gesetzt sind, im Angesicht des Läuterungsberges, scheitert der unstillbare Trieb nach Wissen:

„Die Lust ward bald zunichte,
denn von dem fernen Lande kam ein Wirbel,
der faßte an der Spitze gleich das Schiff
und dreht es dreimal um im Strudelkreise,
beim vierten hob er's hinten auf – und köpflings,
wie fremde Macht es wollte, fuhr's hinab.
Dann schloß sich langsam über uns das Wasser."
(Dante, Inferno, 26, 85-142; Übers.: Karl Vossler).

Das Erbe der Helden

Homer beherrschte das Denken der Griechen – auch dort, wo man ihn bekämpfte wie Xenophanes, der den Mythos verwarf und beklagte, daß „Homer und Hesiod den Göttern all das zusprachen, was bei den Menschen verachtet und getadelt wird – Diebstahl, Ehebruch und Betrügerei" (frg. B 11/Diels). Tatsächlich aber bewirkten die Epen Homers eine geistige Revolution:

- Sie gaben den Griechen eine gemeinsame Geschichte, einen gemeinsamen Glauben und gemeinsame Wertvorstellungen und schufen damit das Bewußtsein von einer eigenen, griechischen Identität und gaben ihr festen Halt.
- Sie füllten mit Anschauung, was die Griechen von den anderen, den „Barbaren", trennte. Zwar zählten bei Homer selbst die Trojaner nicht zu den Barbaren (allenfalls ihre Bundesgenossen), und eine Definition des Begriffes sucht man bei ihm vergebens, da er – wie Thukydides bereits notierte (1,3) – auch den Komplementärbegriff *Hellenen* nicht kannte. Als aber die Erfahrungen der Kolonisation und vor allem der Konflikt mit den Persern eine scharfe Abgrenzung provozierte, diente der Krieg um Troja Literaten und Künstlern dazu, die Auseinandersetzungen mit den Nichtgriechen in Ost und West verständlich zu machen. Noch Alexander knüpfte daran an, als er seinen Eroberungszug gegen das Perserreich durch den Besuch von Troja und dem Grab seines Ahnherrn Achill einleitete und mit dem Opfer für Priamos verband. Selbst im fernen Westen wurden die Veneter an der Mündung des Po, die Etrusker und vor allem die Römer als die Nachkommen der Trojaner bezeichnet und damit der Geschichte der Griechen zugeordnet: Die Wirklichkeit erfährt im Mythos ihre historische Erklärung.
- Sie führten ihren Zuhörern vor Augen, daß Sieg oder Niederlage nicht über den Wert eines Menschen entscheiden. Die Taten der besiegten Trojaner werden nicht weniger gepriesen als die der siegreichen Achäer, und Hektor ist so groß wie Achill. Dieser Grundgedanke, daß dem Überwundenen wenigstens im Urteil des Feindes Gerechtigkeit widerfahren muß, blieb den Griechen: Herodot schrieb seine Geschichte, um „die großen und wunderbaren Taten der Griechen und der Barbaren" zu schildern (s. S. 254), und Aischylos brachte den Sieg von Salamis aus der Sicht der unterlegenen Perser auf die Bühne Athens (s. S. 164 f.).
- Sie begründeten eine Götterwelt, die nach dem Maß des Men-

schen gestaltet wurde, und zeigten eine Welt nach dem Tod, die erst die christliche Revolution beseitigen konnte (s. unten).

Am erstaunlichsten ist auf den ersten Blick das Weiterleben des Kriegerideals. Es kennzeichnete den Lebensinhalt des adligen Mannes und wurde bestimmt von dem festen Willen, durch große Taten Ehre vor den Zeitgenossen und der Nachwelt einzulegen. Groß zu sein und auf dem Weg zur Unsterblichkeit, hieß, überlegene Körper- und Geistesgaben bis zum äußersten zu nutzen, um sich auszuzeichnen. Wer dies tat, gewann ein zweites Leben im Bewußtsein der jeweils Gegenwärtigen. So hatte Helena das ihr und Paris auferlegte Schicksal verstanden: „damit wir noch künftig bei den späteren Menschen besungen werden" (Ilias 6, 357). Auch Hektor sah sich weiterleben, wenn ein Wanderer an der Küste Ilions den Grabhügel eines seiner Gegner sehen und sich erinnern würde: „Das ist das Grab eines vor Zeiten gefallenen Mannes, den der strahlende Hektor erschlug" (Ilias 7, 86).

Die Demokratien des 5. und 4. Jahrhunderts dachten nicht anders. Sie übertrugen den Ruhm des einzelnen auf das ganze Volk, dem die Fähigkeit zu heroischer Haltung versichert wurde. So pries Perikles die namenlosen Toten, die in den ersten Kämpfen des Peloponnesischen Krieges gefallen waren: „Im Kampfe hielten sie es für ehrenvoller, standzuhalten und den Tod zu erleiden, als zu weichen und das Leben zu retten. Damit entrannen sie den Vorwürfen der Menschen, erduldeten mit Leib und Leben die Hitze der Schlacht und wurden uns entrissen in einem kurzen Augenblick, auf dem Höhepunkt ihres Daseins, auf dem Gipfel des Ruhms, aber nicht der Furcht" (Thukydides 2, 42). Dies war die Sprache, die der Demokratie ziemte – aber sie gehorchte der alten Vorstellung, daß ein Mann, der in der Schlacht sein Bestes gibt, das Höchste getan habe, was von ihm verlangt werden könne.

Der Grund dafür ist leicht zu erkennen: Wo das nackte Überleben der Stadtstaaten letztlich vom Mut und der Stärke seiner Bürger abhing, und wo jedermann Städte hatte brennen und Menschen in die Sklaverei hatte gehen sehen, weil sie mächtigen Nachbarn unterlegen waren, kamen Zweifel an der Notwendigkeit kriegerischer Tugenden nicht auf. Diese wurden jedoch an Staat und Bürgerschaft gebunden: Der Trojaner Hektor, der für seine Stadt gekämpft und dessen Leben nur in der unauflöslichen Bindung an Troja und sein Schicksal Sinn erhalten hatte, wies der adligen Tugend des Kriegers den Weg in die demokratisch regierten Städte.

Dies gelang nicht immer. Männer, die wie Achill dachten und denen ihre persönliche Ehre mehr als alles andere galt, gab es genug. So schlossen sich in den Perserkriegen der verbannte König von Sparta, Demaratos, und der entthronte Tyrann von Athen, Hippias, den Persern an. Wenig später folgte ihnen Themistokles, der Sieger von Salamis, nachdem ihn die Athener verbannt und zum Tode verurteilt hatten. 414 lief Alkibiades zu den Spartanern über: Auch er war wie seine Vorgänger bereit, die Feinde gegen die Heimatstadt zu unterstützen. Herodot überliefert, wie Demaratos seinen Groll gegen Sparta dem erstaunten Perserkönig erklärte: „Du weißt sehr gut, wie wenig mein Herz jetzt für jene schlägt, die mir meine Ehre und die Rechte meiner Vorväter geraubt und aus mir einen heimatlosen Mann gemacht haben, der in der Verbannung leben muß" (7, 104,2). Und – nicht minder eindrucksvoll – Alkibiades in Sparta: „Das Athen, das ich liebe, ist nicht das, welches mir jetzt Unrecht getan hat, sondern jenes, in welchem ich früher einmal unangefochten meine Bürgerrechte besitzen durfte. Das Land, das ich angreife, scheint mir nicht mehr das meine zu sein; es ist eher so, daß ich ein Land zurückzuerobern versuche, welches aufgehört hat, das meine zu sein" (Thukydides 6,92,4). Der Maßstab des Urteils und das Motiv des Handelns sind hier wie dort die Gleichen: Die persönliche Ehre entschied über Treue und Verrat, Wert und Unwert einer staatlichen Ordnung. Die Einhegung des Krieges durch den Staat (s. S. 67) hatte Hektors Ideale zum Sieg verholfen; auslöschen konnte sie die Erinnerung an Achill nicht.

Die bildende Kunst

Die bildende Kunst folgte der epischen Dichtung. Es begann mit den Vasenmalern, die ähnliche Szenen wie Homer schilderten: Seeschlachten, Kämpfe, Schiffbrüche, Wagenrennen und Leichenverbrennungen (seit um 725). Auch für sie ist der Held, der gewaltige Taten vollbringt, die Idealfigur: So etwa Achill, der die Amazonenkönigin Penthesilea tötet, Herakles im Kampf mit dem nemeischen Löwen oder Theseus, der Andromeda befreit. Auch die Götter treten in mythischer Aktion auf: Geburt, Kampf und ihr Erscheinen als Götter bestimmten den Handlungsablauf etwa auf den Friesen und Giebeln der Tempel. Dort kämpften sie auch gegen die Giganten, die ihnen die Herrschaft streitig machen wollten. Diese Darstellungen erhielten unter dem Eindruck der Kriege gegen die Perser im Osten und gegen die Karthager im Westen einen neuen, zeitbezogenen Sinn: Es ist der Krieg gegen die Barbaren, transpor-

tiert in das Reich der Götter, der auf den Friesen der Tempelwände tobte. So wie die Griechen sich des Überfalls der Perser erwehren mußten, so kämpften die Götter einst gegen die Mächte der Finsternis. Beide hatten das gleiche Ziel: die bestehende Kultur zu schützen, zu bewahren. Noch die hellenistischen Herrscher verherrlichten mit dieser Analogie ihre Taten. So etwa die Könige von Pergamon, die durch Eumenes II. in die Wände des Athena und Zeus geweihten Altars den Sieg der Götter über die Giganten meißeln ließen und damit ihren Triumph über die keltischen Stämme Galatiens feierten (164-156; heute auf der Museumsinsel in Berlin).
Die Großplastik (seit um 650) schuf den stehenden, nackten Jüngling (Kuros), das stehende, bekleidete Mädchen (Kore) und das Sitzbild. Sie differenzierte nicht zwischen Götter- und Menschendarstellung: In der gleichen Gestalt erschienen die Götter, die Heroen, ein herausragender Sterblicher, der Bringer von Weihegeschenken und der große Tote. Damit war bereits für die Griechen die Deutung der vorgefundenen Statuen nur anhand des Aufstellungsortes oder mit Hilfe der auf der Basis angebrachten Inschrift oder durch beigegebene Attribute (z.B. die Leier des Apoll, der Adler des Zeus) möglich. In Stein geschlagen wurde immer ein Leitbild, das Schönheit und Kampf verkörperte.
Im Zentrum aller künstlerischen Bemühungen stand der Tempel. Er bezeugte die Verbundenheit mit dem jeweiligen Stadtgott ebenso wie Macht und Reichtum des Bauherrn. Seine Funktion war denkbar einfach: Er war der Wohnsitz, das Haus der verehrten Gottheit, das die Sterblichen nicht betraten. Somit konnten sich die Architekten ganz auf seine äußere Erscheinung konzentrieren, und diese wurde beherrscht durch die Säulenhalle (*Peripteros*), die um den Wohnraum des Gottes (*Cella*) gelegt wurde und eine rein ästhetische Funktion hat. Losgelöst von praktischen Zwecken verwandelt sie das Gotteshaus in einen allseitig plastischen Baukörper.

3. Die Not des Lebens: Herr und Knecht im Spiegel der Dichtung Hesiods

In eine ganz andere Welt führt die Dichtung Hesiods (um 700), obwohl sie, was Sprache und Versbildung angeht, der gleichen Tradition verpflichtet ist wie Homer: Wie Ilias und Odyssee kleiden sich die Gedichte Hesiods in epische Hexameter und benutzen denselben Wortschatz. Es entspricht dies der Neigung der gesamten antiken Literatur, einmal gefundene gültige Muster immer wieder nachzuahmen. Erst hundertfünfzig Jahre später hören wir von dem ersten Prosabuch, der *Theologia* des Pherekydes von Syros.

Hesiod ist der erste Dichter der Griechen, der als Person faßbar wird. Alles, was wir von ihm wissen, stammt von ihm selbst, aus seinen *Werken und Tagen* (*erga kai hemerai*). Seinen Vater, einen wenig erfolgreichen Kaufmann aus dem kleinasiatischen Kyme, hatte die Armut an den Fuß des Helikon, nach Askra in Böotien, verschlagen, einem Ort, „übel im Winter, im Sommer verwünscht, und angenehm niemals." Dort wuchs der Sohn als Hirte auf, dort hörte er die Musen singen, dort folgte er ihrem Ruf und wurde selbst zum Sänger und Verkünder von Wahrheiten (*Theogonie* 22-34). Aber auch als umherziehender Rhapsode blieb er Bauer, und das Hauptthema seiner *Werke und Tage* war das Leben auf dem Land. Statt kriegerische Heldentaten, statt Sport, Spiel, Festgelage und schönen Frauen nun die alltägliche Mühsal des Bauern, seiner Tagelöhner und seiner Ochsen und – über allem gelagert – die schleichende Angst vor Armut und Unheil.

Was ihm die Musen zuerst eingaben, war die *Theogonie*, eine Art Schöpfungsgeschichte. Sie fragte, wie alles kam, als sich zuerst das Chaos als gähnender Abgrund bildete, und wie alles weiterging, als Eros, der Gott der Liebe, Paarung möglich machte; so enststanden Himmel und Erde, deren Umarmung sechs göttliche Paare zeugte. Am Ende stand die Allmacht des Zeus, der alle Mächte des Bösen besiegte und sich mit *Eunomia* (die gute Ordnung), *Dike* (das Recht) und *Eirene* (der Frieden) vermählte: „Und diese hegen der hinfälligen Sterblichen Wirken" (903 f.).

Daß damit nicht das Paradies geschaffen war, sagten Hesiod die Musen, als sie ihm erneut „Stimme einhauchten" und ihn auf die Erde wiesen, wo die Werke und Tage der Menschen zu schildern waren. Das Gedicht, das daraus wurde, ist ein Lehrgedicht. Der Anlaß war nach eigener Aussage ein Streit mit seinem Bruder Perses um das väterliche Erbteil; den anhängigen Prozeß entschieden die Richter des benachbarten Thespiai zugunsten des Bruders, was ihnen Hesiod mit dem – bis heute kritiklos kolportierten – Vorwurf der Bestechlichkeit heimzahlte. Auch Perses soll seines Sieges nicht froh geworden sein: Verarmt habe er Hesiod mal mit einem neuen Prozeß gedroht, mal mit Bitten um Hilfe überhäuft. Wie immer die Wahrheit ausgesehen haben mag: Hesiod schrieb ein Gedicht, um seinen wenig geliebten Bruder zu einem arbeitssamen Leben anzuhalten und ihm die Achtung vor der wahren Gerechtigkeit zu lehren.

In beide Themen – Arbeit und Gerechtigkeit – führen direkte Unterweisungen oder Mythen ein, wie sie schon Homer erzählt hatte (vgl. z. B. Ilias 9, 502 ff.). Es folgt eine Art Bauernkalender (*Erga* 383-617): Die Sorgen um die richtigen Methoden der Bewirtschaftung, um die Ausrüstung – beim Pflügen einen Ochsen, einen vierzigjährigen Tagelöhner, zwei Pflüge für den Fall eines Mißgeschicks –, um die richtige Zeit für die Feldarbeit – man pflügt und sät, wenn die Kraniche ziehen – und um den Bestand des Hofes – „Laß dich von keinem Weib mit prunkenden Hüften betören" (373) – beherrschen den Tagesablauf. Die Bauern, die hier zu Wort kommen, wirtschaften am Rande des Ruins: „Arbeite, damit du nicht für Weib und Kind das Brot vom Nachbarn erbetteln mußt" (398 ff.).

Damit nicht genug. Der kleine Mann sieht sich bedrückt von adligen Richtern, die „die Geschenke verzehren", ohne als Gegenleistung gerechte Urteilssprüche zu fällen, und die mit ihrer Übermacht prahlen wie der Habicht, der die Nachtigall in seinen Fängen hält: „Törin, was schreist du denn so? Ein Stärkerer hält dich gefangen. Gehen mußt du, wohin ich will, trotz deinem Gesange" (207 f.). Wieviel von dieser Kritik an den adligen Herren privater Groll gegen die Richter im eigenen Verfahren ist, bleibt offen. Unüberhörbar ist jedoch die Forderung nach nachbarschaftlichem Zusammenhalt: „Schlechter Nachbar ein Kreuz, so sehr wie ein guter ein Segen" (342 ff.). Denn der gute ist der beste Helfer in der Not: „Sollte sich nämlich bei dir auf dem Hof einmal Schlimmes ereignen, kommen die Nachbarn im Hemd."

Die Stadt hingegen und ihr politisches Treiben, beherrscht von übermächtigen Adligen und eigensüchtigem Gewinnstreben, bleibt außerhalb des bäuerlichen Lebens, das mit den Nöten des Hofes genug zu schaffen hat.

Unüberhörbar ist die leidenschaftliche Mahnung zur Gerechtigkeit. Wie diese aber herstellen? Hesiod kennt nur den frommen Verweis auf die Götter und vor allem auf Zeus, der den Ungerechten heimsucht und den Gerechten mit Wohlstand segnet und ihm erspart, auf Schiffen ausfahren zu müssen (*Erga* 213-273). Sehr überzeugend konnte diese fast alttestamentarische Weissagung nicht sein, da jedermann wußte, daß das Leben andere Antworten gab, und der Halunke allzuhäufig reich in seinem Bett starb, während der Gerechte in Dreck und Armut verreckte. Spätere Dichter hatten keine Hemmungen, dies den Hütern der Gerechtigkeit auch mitzuteilen: „O lieber Zeus, ich staune: du bist über alle der Herrscher, du hast die Ehre allein, hast die gewaltige Macht, weißt von jeglichem Menschen den Sinn und kennst seine Triebe; König, dein Regiment hat über alles Gewalt. Wie denn wagt es dein Geist, Kronide, frevelnde Männer und den Gerechten genau gleich zu behandeln, o Zeus?" (Theognis 373-378).

Da half es auch nicht, wenn der Zorn der Götter über die individuelle Schuld dem ganzen Land angedroht wurde – auch dies deckte sich nicht mit der allgemeinen Lebenserfahrung. Spätere suchten den Ausweg in dem Gedanken, Zeus strafe die Nachkommen für die Sünden der Väter: „Einer büßt sie [die Strafe] sogleich, der andere später; und wer sich selber der Strafe entzieht, rächenden Göttern entgeht: Unerbittlich kommen die Moiren, und schuldlose Kinder oder die Enkel sogar büßen die frevelnde Tat" (Solon, Elegien 1, 29 ff.). Die Tragödie des 5. Jahrhunderts hat daraus Dramen furchtbaren Inhalts geschmiedet (s. S. 248 ff.); in der Zeit Hesiods blieb nur die vage Hoffnung, daß die Menschen eines Tages den Göttern zu Hilfe kämen und sich selbst Recht setzten. Sie taten es bekanntlich (s. S. 122 ff.).

4. Die Erkenntnis des Lebens: Wissenschaft und Philosophie

Für Aristoteles (Metaphysik 982) steht am Anfang der Philosophie das Sichverwundern. Es richtete sich zunächst „auf das Nächstliegende unter den unerklärlichen Erscheinungen", dann auf die Gestirne und die Entstehung des Weltalls. Die Suche danach, was die Dinge eigentlich sind (Wasser, Luft oder Feuer), und was ihren Wandel ordnet, konnte nach Aristoteles keinen praktischen Nutzen haben, so daß der, der nach solchen Erkenntnissen strebte, „das Wissen um des Wissens willen" liebte. Daß es solche Männer gab, bot die Möglichkeit, Wissenschaft als ein Teil der menschlichen Freiheit zu definieren: „So wie wir sagen, daß nur der Mensch frei ist, der um seiner selbst willen da ist und nicht um eines anderen willen, so ist auch diese Wissenschaft allein frei; denn sie allein trägt ihren Zweck in sich selbst."

Die Erfindung der mit so hohem Anspruch beladenen Wissenschaften hängt zusammen mit der wachsenden Bereitschaft, Gedanken und Empfindungen in Prosa auszudrücken und dabei überkommene mythische Erklärungen beiseite zu lassen. Prosatexte gab es zunächst nur als praktische Anweisungen und als staatliche Geset-

ze. Nun kam es darauf an, zu prüfen, ob so auch kompliziertere Zusammenhänge jenseits der vergleichsweise banalen Bedürfnisse von Politik und Handel ausgedrückt werden konnten.
In der ersten Hälfte des 6. Jahrhunderts war es soweit: Thales und sein Schüler Anaximandros mühten sich um eine natürliche Erklärung der Welt; sie schrieben Prosa und verwarfen den Mythos als Erklärungsmodell. Beide hatten als Bürger des kleinasiatischen Milet wahrscheinlich Mathematik und Astronomie sowie manches andere von den vorderasiatischen Kulturen gelernt und machten sich daran, dem Funktionieren von Welt und Natur (*physis*) auf die Spur zu kommen. „Anfang und Ursprung der seienden Dinge ist das *ápeiron*", das Unendliche, das Ewige und das Ungeschiedene, schrieb Anaximandros, und in diesem Urgrund allen Seins herrscht das Gleichgewicht aller Elemente, die sich in der endlichen Welt gegenseitig verdrängen und Grenzen setzen. Am Ende der Zeit kehren alle Dinge wieder an den Ursprung, in das *ápeiron*, zurück „nach der Notwendigkeit; denn sie zahlen einander Buße und Strafe für das Unrecht nach der Ordnung der Zeit" (frg. B 1 Diels). Dieser Gedanke ist ganz dem menschlichen Rechtsdenken verpflichtet, demzufolge Unrecht Sühne fordert und nur diese das Gleichgewicht wiederherstellt, ohne das Ordnung nicht denkbar ist.
Es folgten Anaximandros andere, und nahezu alle waren kleinasiatische Ioner: Darunter Pythagoras aus Samos (um 560-480), Heraklit aus Ephesos (ca. 550-480), Xenophanes aus Kolophon (ca. 570-475). Einen Namen hatten sie für sich und ihre Unternehmungen nicht; der später geläufige Begriff *Philosophie* ist eine Wortprägung Platons. Daß aber wichtig war, was sie trieben, bestritt keiner: Der Mensch war Teil der Natur und unterstand ihren Gesetzen, und der Mensch allein war in der Lage, die Abläufe in der Natur zu schildern.
Mit dieser Hinwendung zur Prosa war die mythische Darstellungsform nicht aus der Welt. Die Wahrheit über die Natur, das Sein und den Menschen ließ sich auch mythisch beschreiben. Als Parmenides aus dem unteritalischen Elea (um 500) der Frage nachhing, wie *Sein* zu denken ist, begann er mit einem Mythos: Begleitet von den Sonnentöchtern fährt er wie ein Halbgott in einem Wagen durch den Himmel, und als die Achsen seines Gefährts zu lodern beginnen, gelangt er an ein großes Himmelstor, dessen Schlüssel „die rächende Gerechtigkeit" hütet; jenseits davon begrüßt ihn eine Göttin und erläutert ihm das Wesen der Wirklichkeit und des Seins

(„einer wohlgerundeten Kugel ähnlich"): „So höre denn ..., welche Wege des Suchens allein zu denken sind. Der eine, daß (etwas) ist, und daß nicht sein unmöglich ist, ist der Weg der Überzeugung, denn die geht mit der Wahrheit. Der Andere: daß (etwas) nicht ist, und daß nicht zu sein richtig ist, der, zeige ich dir, ist ein Pfad, von dem keinerlei Kunde kommt" (frg. 2; Übers.: U. Hölscher).

Platon verband in seinem Dialog *Protagoras* beide Darstellungsformen: Der Sophist Protagoras aus Abdera macht sich dort anheischig, die Gerechtigkeit in einem Mythos und in einem Logos vorzustellen. Der Mythos, den er erzählt, und der von den Anfängen der menschlichen Gesellschaft spricht, zeigt die Befreiung des Menschen durch den Geist, berichtet von der Ausbildung von Recht und Gesetz und preist den Anteil, den beide am menschlichen Fortschritt hatten. Die anschließende rational-logische Begründung gab der Kernthese nicht mehr Gewicht als der Mythos: Gerechtigkeit und Besonnenheit, so schloß Protagoras, seien bürgerliche Tugenden, die keine Spezialisierung zuließen, so daß jeder im Raum der Politik Gehör finden dürfe, „in der Meinung, daß jeder an dieser Fähigkeit teilhaben müsse, wenn Städte überhaupt Bestand haben sollen" (323a).

Das Weiterbestehen des an mythische Formen gebundenen Denkens verdeutlicht das ohnehin Einsichtige: Das alte Weltverständnis ist nur schrittweise weiterentwickelt und nicht durch eine geistige Revolution gestürzt worden. Dies zeigen auch die Fragen, die sich die ersten Philosophen stellten. Die Suche nach dem Anfang (*arché*), die Erklärung der Dinge, die am Himmel geschehen (*meteóra*), die Gewißheit von Gesetzmäßigkeiten in der Natur (*physis*), die die Menschen nicht beeinflussen können – alles dies hatte auch die Zeit Homers und Hesiods bewegt. Das 6. Jahrhundert fand neue Antworten und neue Darstellungsformen, aber es stürzte kein Weltbild und ersetzte es durch ein neues. Am radikalsten traf die Kritik den anthropomorphen Götterhimmel Homers: Könnten sie zeichnen, „würden Pferde ihre Göttergestalten Pferden ähnlich, Rinder Rindern ähnlich malen", höhnte Xenophanes (B 15/6), und das Gebet des Frommen vor den Götterstatuen war für Heraklit so, „als ob einer mit Häusern Unterhaltung pflegen wollte" (frg. B 5 Diels).

Die Welt allerdings war mit den Fahrten der Kolonisten anders geworden. Sie galt es jetzt auch geographisch zu erkunden und kartographisch zu erfassen, nachdem Entdecker, Abenteurer und Landsucher immer genauere Kenntnisse über das Mittelmeer mit

nach Hause brachten und dort Hunderte an ihren Lippen hingen, um selbst den Sprung über das große Wasser mit gesichertem Wissen wagen zu können. Die Irrfahrten des Odysseus standen auf ihre Weise Pate: Auch sie weckten die Neugier, einen Plan, eine Geographie zu entwerfen, in die sich die Geschehnisse eintragen ließen. Um die Wende zum 5. Jahrhundert befaßte sich Hekataios aus Milet mit einer *Erdbeschreibung*, wobei er sich an den eigenen Erfahrungen und älterer Periplus-Literatur (*periplus*: Umsegelung) orientierte (s. S. 254 f.); die Erdkarte, die er dazu entwarf, war rd. 70 Jahre später für Herodot allerdings nur noch Quell hämischer Heiterkeit – auch dies ein Zeichen für das rapide Tempo, das die wissenschaftliche Erfassung aller Gegenstände im Verlauf des 5. Jahrhunderts anschlug: „Ich muß lachen, wenn ich sehe, wie sie ihre Erdkarten zeichnen, viele Leute schon, aber keiner mit rechtem Verstand bei der Ausführung, die den Okeanos auf ihrer Zeichnung rings um die Erde fließen lassen, kreisrund wie abgezirkelt, und einige machen Asien gleich groß wie Europa" (4, 36).
Alle Wissensgebiete des Lebens zu erfassen und systematisch zu gliedern, blieb dem fortgeschrittenen 5. Jahrhundert vorbehalten. Ethik, Physik, Mathematik, Musik, Medizin, Landwirtschaft und Strategie fanden jetzt erst ihre eigenen Spezialisten. Sie bildeten die Disziplinen vor, die sich später zu dem System der *artes liberales* zusammenschließen sollten.

5. Götter und Menschen

Gestalt und Anspruch der Götter

Die griechische Religion war eine polytheistische, d. h. die Gemeinschaft oder jeder einzelne verehrten viele Götter, deren Gesamtheit erst die göttliche Welt ausmachte. Jede Landschaft, jede Stadt und jeder Stamm hatte seine eigene, zäh festgehaltene Tradition. Trotzdem waren diese Götter nicht eifersüchtig, wie der christliche oder jüdische Gott, die keine anderen Götter neben sich dulden. Jeder griechische Gott hatte jedoch Anspruch auf Verehrung, und er pflegte dessen Mißachtung unnachsichtig zu verfolgen.
In die Vielzahl der vorgefundenen und von den Einwanderern mitgebrachten Götter brachten schon nach der Auffassung der Griechen zwei Autoritäten eine gewisse Ordnung: „Homer und Hesiod sind es, die den Griechen eine Genealogie der Götter geschaffen

haben, den Göttern ihre Beinamen gegeben, ihre Ehren und Zuständigkeiten eingeteilt und ihre Gestalt geprägt haben" (Herodot 2, 53). Hinzu traten die homerischen Hymnen (seit um 700), die je einen besonderen Gott anriefen und ihn vorstellten, indem sie seine Geschichte erzählten, von der Geburt bis zur göttlichen Erscheinung (die umfangreichsten Hymnen galten Dionysos, Demeter, Apoll und Aphrodite). In der Dramatik der erzählten Götterhandlungen wuchsen diese Götter zu Charakteren, zu Personen, die man zu kennen und zu verstehen glaubte; sie wurden unverwechselbar.

Die Götter Homers und Hesiods waren unsterblich. Sie geboten über die Elemente und die Menschen, und sie gingen, wohin es ihnen beliebte. Aber ihr Körperbau, ihre Haltung und ihr Gesicht waren den Menschen gleich, so daß man bei ihrer bildlichen Darstellung bestimmte ikonographische Tribute zu Hilfe nehmen mußte. Und vor allem: Sie dachten und handelten, liebten und haßten, stritten und fürchteten sich wie Menschen. Ihr Verhalten war daher nicht auszurechnen, und die Menschen taten gut daran, durch reichliche Opfergaben gleichsam ein geschäftliches Partnerverhältnis zu ihnen einzurichten. Wenn dies nichts half, so hatte nicht ein Naturereignis Leid und Tod über die Menschen gebracht, sondern ein vorstellbares Subjekt, das man namhaft machen und über dessen Motive man hadern oder wenigstens spekulieren konnte.

In allen Quellen erscheinen die olympischen Götter als übersichtliche Familiengemeinschaft, zusammengefaßt in der traditionell heiligen Zwölfzahl. Es gab eine um das zentrale Paar Hera und Zeus gruppierte Elterngeneration, zu der Poseidon und Demeter als Onkel und Tante zählten; Demeter sorgte gleich einer Witwe allein für ihre Tochter Persephone. In der Kindergeneration unterschieden sich die Töchter durch ihre Einstellung zur Sexualität: Aphrodite als Göttin der Liebe auf der einen, die überzeugten Jungfrauen Athena und Artemis auf der anderen Seite. Diesen Göttinnen stand je einer der göttlichen Söhne nahe: Apoll, der Zwillingsbruder der Artemis, wurde zum Ideal von Schönheit und Weisheit, Hephaistos, der hinkende und linkische Bruder der Athena, galt als Handwerker nicht viel. Ares, der Kriegsgott, war ein unberechenbarer Außenseiter, der mit Aphrodite intime Kontakte pflegte.

Die kultische Verehrung der Götter fand vor den Tempeln, den Wohnsitzen der Götter, statt. Dort, unter freiem Himmel, hob der Priester die Hände im Gebet, während er dem Tempel und dem Standbild des Gottes den Rücken und den Menschen sein Gesicht zukehrte. Auf Altären, die man umstand, wurden den Göttern Tiere geschlachtet, die anschließend von der Festgemeinde gemeinsam verzehrt wurden: Im Zentrum die kleine privilegierte Gruppe derer, die von den Eingeweiden kosten durften, dann der weitere Kreis derer, die zum Essen geladen waren und je nach Würde bedient wurden, und schließlich jenseits davon die breite Masse des Volkes. Der Tempel blieb Fassade, er öffnete sich nur selten den Gläubigen, die dann die Statue des Gottes bestaunen, den Innenraum aber nicht betreten durften. Ab und an wurde der Gott auch aus dem Tempel und in feierlicher Prozession über die Felder und durch die Stadt getragen. In den Tempel zurückgekehrt, blieb er sich selbst überlassen.

Es gab keine verbindliche Offenbarung in der Gestalt eines heiligen Buches, wie es später die Christen oder die Anhänger des Propheten Muhammad besitzen sollten. Es gab auch keine Priester (oder Mönche), die christlichen vergleichbar wären. Die Priester der Griechen amtierten als Staatsbeamte, die für den ordnungsgemäßen Vollzug der Kulte sorgten, aber nicht eigens dazu ausgebildet wurden oder heiligmäßig zu leben hatten. Sie waren Beamte, so wie andere von ihnen Generäle oder Schatzmeister, und die Regeln, denen sie Folge leisten mußten, waren Gesetze des Staates.

Dieser allein bestimmte auch, zu wem und in welchen Formen gebetet wurde, wenn man dies offiziell tat; eine die Städte übergreifende Autorität in religiösen Angelegenheiten hätte das Prinzip der Freiheit verletzt. Wohl aber gab es Heiligtümer, die alle Griechen gleichermaßen verehrten und zu denen man pilgerte: Dazu gehörten der Tempel des Apoll in Delphi und der des Zeus in Olympia. Bei der Priesterschaft von Delphi fragte man regelmäßig an, wenn es galt, Ziel und Ausstattung eines Kolonistenzuges festzusetzen, und in Olympia traf sich zu Ehren des Zeus alles, was im gesamten griechischen Raum Rang und Name hatte, um im sportlichen Wettkampf die Kräfte zu messen, Politik zu treiben und die Bedeutung der Familie, des Staates oder des Tyrannengeschlechts zur Schau zu stellen.

Tod und Jenseits

Von ihrer hohen Warte aus maßen die Götter dem menschlichen Leben einen eigenen Wert zu – allerdings nur solange es dauerte. Danach gab es nur eine einheitliche Schattenexistenz für alle. Geleitet von Hermes und aufgescheucht durch seinen Stab, „dem Schönen, Goldenen, mit dem er die Augen der Männer bezaubert“, flogen nach dem Tod die Seelen der Menschen hinab in die Unterwelt. Vorbei am Okeanos und dem „leukadischen Felsen", an den Toren der Sonne und dem Land der Träume gelangten sie zur Asphodelos-Wiese und in das Reich des Hades – so Homer (Odyssee 24, 1 ff.). Dieses Reich besaß nichts, was Hoffnung versprach, und sein Herrscher lebte in der ständigen Furcht, die Erde könnte aufbrechen und sichtbar werden, was gräßlich und den Menschen verhaßt war (Ilias 20, 61 ff.).

Dort, unter der Erde, überdauerten die Seelen, wenn die toten Körper der Ordnung gemäß bestattet worden waren. Als ungreifbare Schatten, „Häupter ohne Lebenskraft", war von ihren Stimmen nur ein Fledermausschrei zu hören und von ihrem Geist ein wirres Murmeln. Dorthin war Odysseus auf der Suche nach seinem Schicksal abgestiegen, dort hatte er den flatternden Seelen das Blut der mitgeschleppten Opfertiere zu trinken gegeben, damit ihnen für kurze Zeit die Erinnerung und der Geist zurückkehren konnten. Und was sie begriffen, war zuallererst der Gegensatz zwischen dem, was sie auf Erden einst waren und dem, was sie jetzt sind: „Lieber wäre ich auf der Erde ein Tagelöhner bei einem anderen, einem Armen, der nicht viel zum Leben hat, als Herrscher über alle dahingeschwundenen Toten", rief zornig der Schatten des Achill, als Odysseus ihn als den ersten aller Helden preisen wollte (11, 489 ff.). Der Geist des Agamemnon beginnt beim Anblick des Odysseus zu weinen und streckt seine Arme nach ihm aus, obwohl er doch keine Kraft hat, irgendetwas zu tun. Und als beide reden, kreisen ihre Gedanken nur um ihr vergangenes Leben und die Hoffnung, daß ihre Söhne noch leben und wie sie Ruhm gewinnen.

Die Phantasie der Menschen hat das Reich der Toten im Laufe der Zeit immer reicher ausgestattet und mit allerlei düsterem Volk besiedelt. Jenseits des Ozeans oder direkt unter der Erde markieren Flüsse seinen Eingang: Der Acheron bildet die Grenze, die ein alter und mürrischer Totenfährmann auf seinem Schiff überquert; sein Name ist Charon und sein Begleiter der Höllenhund Kerberos. Beides zusammen: die genaue Topographie des Jenseits und die Beschreibung der Seelen als kraftlose Schatten, reichten aus, um die Toten gründlich vom Bereich des Lebens zu trennen. Das düstere Land, in dem sie hausten, war ein Land ohne Wiederkehr, und wer seine Pforten durchschritt, vermochte niemandem mehr Schaden zuzufügen.

Dieses Land unter der Erde gab dem kurzen Leben einen besonderen Glanz und verlieh ihm einen Wert, der mit nichts vergleichbar war. Und das einzige Gegengewicht zu der Vernichtung, die der

Tod brachte, gewährte nur die Erinnerung der Menschen an vergangene, ruhmreiche Taten. Diese Gewißheit leitete die Helden Homers, deren heroisches Leben nach einem dramatischen Finale, einem besonderen Tod drängte, in dem die letzten und größten Taten vollbracht werden konnten. Diese Gewißheit leitete aber auch die Athener im 5. Jahrhundert, wenn sie den Haß der von ihnen Unterworfenen an dem Gedanken maßen, dadurch Ruhm und Ehre zu gewinnen: „Haß währt nicht lange, aber der Glanz von heute ist der Ruhm von morgen, im Gedächtnis der Menschen für ewige Zeit bewahrt. An euch Athenern liegt es, diesen künftigen Ruhm zu sichern und nichts zu tun, was unehrenhaft wäre" (Thukydides 2,64,5). Perikles, der dies seinen Landsleuten zurief, wußte genau, wovon er sprach: Seine Sätze fielen in die Tage, da die Pest in Athen gerade abklang, Tage, in denen es schwer war, die Bürger zu mahnen, daß Ehre und Ruhm für die Stadt hohe, alle anderen Güter überragende Werte seien.

Das Totenreich, das die epischen Dichter erforscht hatten, blieb nicht allgemeingültig. Die Spannung zwischen der Kürze eines von Freud und Leid geprägten Lebens und der immerwährenden jenseitigen Trostlosigkeit konnte nicht durchgehalten werden. Die Gleichgültigkeit insbesondere, mit der nach dem Tode jedermann, ob hoch oder niedrig, ob gut oder böse, das gleiche Schicksal zugeteilt bekam, forderte den ersten Widerspruch heraus. Bereits Homer und Hesiod ließen erkennen, daß ihnen der Gedanke an eine individuelle Verantwortlichkeit nicht fremd war. So gab es im homerischen Hades einen furchtbaren Abgrund, den Tartaros, „so weit unter der Erde, wie der Himmel über der Erde ist" (Ilias 8, 13; Hesiod, Theogonie 720 ff.). Dorthin stürzten die Feinde der Götter, die Titanen, und dort war Platz für weitere Opfer. So auch für die Büßer: Tantalos, der nach den Früchten greift, ohne sie je zu erreichen, Sisyphos, der den immer zurückrollenden Stein wieder und wieder nach oben zu stemmen versucht (Odyssee 11, 576 – 600). Von ihrer Schuld ist nicht die Rede, aber daß es für schlimme Vergehen unerhörte und ewige Strafen im Jenseits geben konnte, bewies allein die Existenz der ewigen Folter, unter der sie litten. Und schließlich gab es einige Auserwählte wie Menelaos, dem die Götter versprachen, ihn zum Elysium zu geleiten, dorthin, wo kein Schnee oder Regen fällt; es war nicht der Lohn für gute Taten, der ihm verkündet wurde, sondern „weil du Helena hast und Schwiegersohn des Zeus bist" (Odyssee 4, 561 ff.).

Von dieser Begründung bis hin zu der Hoffnung, daß der Gute und

Gerechte die Seligkeit schauen und der Böse seine Strafe finden muß, war es noch ein weiter Weg. Aber seine Topographie zeichnete sich ab: Der Tartaros und das Elysium werden an ein System jenseitiger Strafen und Belohnungen gebunden, und der Zugang zu ihnen führt über ein Totengericht, da eine willkürliche Verteilung von ewigem Glück und Unglück sinnlos ist. Die frühen Christen haben diese Topographie geerbt. Bei der Wahl zwischen einer einförmigen Totenwelt – etwa dem jüdischen Scheol entsprechend – und einer zweigeteilten Welt nach dem Tode – Hades und Elysium – entschieden sie sich für das dualistische Modell.
Paradoxerweise sperrten sich gegen die Ausbildung einer neuen Vorstellung von Tod und Jenseits die, die es am besten hätten wissen müssen: die Götter. Ihnen stand frei, zu tun, was ihnen paßte, und darum trugen sie auch keine Verantwortung, hatten keine Pflichten und folgten keiner erkennbaren Moral. Nach welchen Kriterien hätten sie die Menschen in gute und böse einteilen sollen? Zudem hatten sie mit dem Tod nichts zu schaffen, und das Haus des Hades war ihnen verhaßt. So gerne sie sich in das Leben der Sterblichen einmischten, so entschieden kehrten sie sich von ihnen ab, wenn es ans Sterben ging. So verließ Apollon Hektor, als dessen Schicksal entschieden ist, und Artemis wandte sich von dem sterbenden Hippolytos, obwohl er ihr so nah wie niemand sonst gestanden hatte und eben darum untergeht. Euripides hat beide kurz vor dem Tod des Hippolytos noch einmal zusammengeführt:

Hip.: „Siehst du, o Herrin, wie es um mich Armen steht?"
Art.: „Ich seh's, doch Tränen sind mir nicht erlaubt ...
Leb' wohl. Ich darf Verblichene nicht seh'n, das Aug' nicht trüben mit dem Aushauch Sterbender, und diesem bösen Ausgang seh ich jetzt dich nah."
Hip.: „Du gehst. Leb' wohl auch du, Glückselige. Von langer Freundschaft lösest du dich leicht." (Hippolytos 1437 ff.).

Wo beide – Götter und Tote – nichts miteinander zu schaffen haben, kann es keine alle Gläubigen überzeugende Vorstellung vom Leben nach dem Tode geben. Die Kriterien der Zumessung von Lohn und Strafe – z. B. anwendbar in einem himmlischen Gerichtsverfahren –, die Dauer von Strafen, die Beschaffenheit der Seele (kann sie überhaupt gezüchtigt werden?) und ihre Unsterblichkeit bedürfen für ihre genaue Bestimmung der göttlichen Autorität. So blieb das Land ohne Wiederkehr noch lange Zeit und für die Mehrheit der Menschen ein Reich trostloser Schatten. Das möglicherweise letzte Gedicht des Kaisers Hadrian, noch heute vor seiner Urne zu lesen, läßt keine Hoffnung:

„Seele, Du, schweifende, zärtliche,
Leibes Gefährtin und Gast,
Nun führt ins düstere Reich
fröstelnder Schatten dein Weg,
Und nie scherzest du fürder wie einst."
(Übers.: F. Jaffé).

V. Tyrannen und Gesetzgeber: Die Griechen auf dem Weg zu einer neuen politischen Ordnung (7./6. Jahrhundert)

um 720	Sparta dringt nach der Inbesitznahme Lakoniens in Messenien ein und erobert die nördliche Pamisos-Ebene mit der Festung Ithome.
um 650-620	Die Messenier versuchen vergeblich, die spartanische Herrschaft abzuschütteln. Im Verlauf des Aufstandes wird ganz Messenien unterworfen; das eroberte Gebiet wird in Landlose aufgeteilt und die Bevölkerung zu Hörigen (Heloten) gemacht.
um 650-550	Die Zeit der großen Gesetzgeber: Lykurg in Sparta, Drakon und Solon in Athen.
594	Die solonischen Gesetze: Schuldenerlaß; Abstufung der politischen Rechte nach dem Vermögen (timokratisches Prinzip).
um 650-467	Die Herrschaft von Tyrannen in vielen Städten des Mutterlandes, Kleinasiens, der ägäischen Inseln, Siziliens.
508/7	Die Reformen des Kleisthenes in Athen: Das Ende der sozialen Bindungen des Volkes an den Adel.

1. Der Kampf um die staatliche Ordnung als Rechtsordnung

Die Kolonisation hatte die Probleme in der Heimat entschärfen, aber nicht lösen können. Nach wie vor forderten die Armen die Neuverteilung des Landes und die Streichung der Schulden, und der Ruf nach politischer Mitsprache derer, die als Hopliten für die Stadt ihre Haut zu Markte trugen, tönte zunehmend lauter. Der Adel selbst war sich nicht einig. Gestützt auf ihre wachsende wirtschaftliche und soziale Macht verschärften die aristokratischen Familien in den großen Städten die Kämpfe um die Macht: Einige nutzten die inneren Wirren, um sich zu Tyrannen aufzuschwingen, andere traten als Gesetzgeber auf, um die Probleme mit Hilfe gesetzlich verordneter Regelungen zu lösen.

Der erste dieser Gesetzgeber amtierte in der ersten Hälfte des 7. Jahrhunderts in Sparta, und sein Beispiel machte Schule. Seine Identität hat ein Wust von Legenden begraben; selbst sein Name, Lykurgos, bleibt unsicher. Das Wesentliche seiner Leistung liegt auch nicht so sehr in der Verfassung, die er Sparta gab, sondern in dem einfachen Tatbestand, daß er die anstehenden Probleme mit Hilfe von Gesetzen regelte, d. h. die neue soziale und politische Ordnung mit einer Autorität versah, die über allen sozialen Schichten und streitenden Parteien stand. Seinem Beispiel folgten viele. Wir kennen vor allem die Athener Drakon und Solon (s. unten), Zaleukos aus Lokroi in Unteritalien und Charondas aus Katane (heute: Catania) auf Sizilien. Die Probleme waren in jedem Fall die gleichen: es ging um die Kodifizierung des Rechts und eine abgestufte Zuweisung politischer Rechte an die Bürgerschaft, zu der auch der Adel gehörte.

Ursprünglich betrachteten die Griechen die rechtlich geregelte Lebensordnung als göttliche Stiftung. Der Gesetzgeber wurde daher auch nur als Gesetzesvermittler verstanden, wie Lykurg, der der frommen Überlieferung zufolge seine Ordnung vom Gott Apoll in Delphi empfangen hatte. Zu vergleichen ist dies etwa mit der alttestamentlichen Tradition, die Gott am Berge Sinai zu Moses sprechen ließ und alle Rechtsnormen nur als Forderungen Gottes an das Volk Israel anerkannte. Hier wie dort wurde eine über mehrere Generationen hinweg entwickelte Rechtsordnung auf einen göttlichen Akt der Gesetzgebung zurückgeführt.

Der Inhalt der Gesetzgebung beschränkte sich häufig auf die Aufzeichnung und die systematische Erfassung des Rechts (Kodifikation), das gewohnheitsrechtlich bereits seit längerem galt. Trotzdem taten die griechischen Gesetzgeber etwas Neues und ungemein Wichtiges: Sie faßten nur die Rechtssätze schriftlich, die ihren Gerechtigkeitsvorstellungen und denen ihrer Zeit noch entsprachen. Insofern reformierten sie das Recht und die in ihm verkörperte soziale Lebensordnung.

Und vor allem: Sie nahmen mit ihrer praktischen Tätigkeit Abschied von dem Gedanken, daß das Recht auf einer unverbrüchlichen, von den Göttern gestifteten Ordnung beruhen müsse. Stattdessen entwickelten sie die Vorstellung von einer autonomen gesetzlichen Ordnung, die von Bürgern geschaffen wird und deren

Zwecken zu dienen hat. Dem entsprach, daß im Straf- und Privatrecht die Rechtsfindung mittels irrationaler Entscheidungsverfahren (z. B. Gottesurteile) nach und nach aufgegeben und durch die Anwendung von Gesetzen abgelöst wurde. Am Ende der Entwicklung stand das Verständnis vom Recht als der einzig legitimen Grundlage des Verfassungsstaates: Für Aristoteles bedeutete Staat (*politeia*) die Herrschaft der Gesetze. Die Römer haben diesen Grundgedanken übernommen, ausgebildet und an die späteren europäischen Rechtsordnungen weitergegeben.

Die Urheber dieser Entwicklung hatten derartige Konsequenzen nicht vor Augen. Sie wollten das alte Recht zur Geltung bringen und Konflikte lösen. Ob sich ihre mit wenigen Strichen skizzierten staatlichen Ordnungen durchsetzen und bewähren würden, hing von der Einsicht der streitenden Parteien ab. Nur wenn diese bereit waren, ihre Auseinandersetzungen im nunmehr vorgegebenen Rahmen auszutragen, wiesen sie einen Weg in die Zukunft. „Wenn eine Verfassung Bestand haben soll, so müssen alle Teile des Staates wollen, daß sie existiere und dauere", notierte trocken Aristoteles (Politik 1270 b 21 f.). Insofern formulierten die Verfassungen der Frühzeit mehr die Ziele einer künftigen staatlichen Ordnung, als daß sie diese schufen.

Nach den ersten Bewährungsproben hatte sich der zukunftsweisende Kerngedanke allerdings schnell und allerorten durchgesetzt: Es galt, die Regierungsgewalt in die Hände der Bürger zu legen. Spätere Generationen definierten den Bürger denn auch als Teilhaber an der Regierung: „Der Staatsbürger schlechthin läßt sich durch nichts anderes genauer bestimmen als dadurch, daß er am Richten und an der Regierung teilnimmt" (Aristoteles, Politik 1275 a 22 f.). Dies tat er durch die unbegrenzte Mitgliedschaft in der Volksversammlung und durch die zeitlich befristete Wahrnehmung eines politischen Amtes.

Unterschiedliche Antworten fanden die einzelnen Verfassungen auf die Frage, ob alle oder nur bestimmte, nach den Auswahlkriterien des Besitzes und der Leistung für den Staat ausgesuchte Bürger an der Regierungsgewalt teilhaben sollten. In Athen wiesen die Perserkriege und die durch sie beförderten Flottenbauprogramme der Verfassung den Weg zur Teilhabe auch der grundbesitzlosen Schichten an der politischen Macht (s. S. 182). In Sparta hingegen, wo seit der Eroberung Messeniens die Bürger von der Rente des ihnen zugewiesenen Landstücks und seiner Heloten lebten, blieb das Bürgerrecht an den Besitz von Grund und Boden gebunden, so daß selbst eine Differenzierung der politischen Mitwirkungsrechte nach dem Zensus, wozu sich viele andere Stadtstaaten – und auch Rom – entschieden, nicht möglich war.

2. Sparta: Die Gleichheit der Krieger

Die Grundbedingungen der staatlichen und sozialen Ordnung

Die Geschichte der Stadt Sparta verlief in vielem anders als die der sonstigen griechischen Städte. Nicht, weil sie andere Probleme hatte: Auch Sparta litt wie jede andere Stadt früh unter der sozialen Not, hörte die Rufe nach neuem Land oder Neuverteilung des vorhandenen, kämpfte um das rechte Maß an politischen Rechten für seine Schwerbewaffneten und lernte wie die meisten seiner nahen und fernen Nachbarn, daß die politische Ordnung schriftlich zu fixieren war, um als Rechtsordnung die Zustimmung seiner Bürger zu finden. Aber es ging von Anfang an einen eigenen Weg, um seine Probleme zu lösen. Das Ergebnis war ein Staat, der Haß und Bewunderung herausforderte und dessen besondere Eigenschaften in historisch heller Zeit deutlich hervortraten:
(1) Die Spartaner behielten einige, durch ihr Alter geheiligte dorische Stammessitten bei, wie etwa die gemeinsamen Mahlzeiten aller grundbesitzenden und wehrfähigen Bürger und die Erziehung der Jugend im Stamm statt im Elternhaus (Vergleichbares kennen wir aus den dorischen Städten Kretas).
(2) Die Monarchie überlebte als politische Institution, obwohl sie in ihrer speziellen Form der Kollegialität und der latenten Feindschaft ihrer Königshäuser höchst ungewöhnlich war. Diese führten die Kriege und boten die bewaffneten Mannschaften auf, zu denen auch die Aufgebote der Perioikengemeinden gehörten, die die Könige als Heerführer anerkannten. Tyrannen wurden in Sparta nicht heimisch – sie hätten angesichts der königlichen Macht ihr Regiment nur um den Preis des völligen Umsturzes der bestehenden Ordnung einrichten können.
(3) Sparta war für Jahrhunderte von einer Anzahl nichtdorischer Gemeinden umgeben, die es besiegt hatte und auf Dauer als Unterworfene (*Heloten*) behandelte und ausbeutete. Diese Entscheidung, die Sparta in einen Rentnerstaat verwandelte, dessen Krieger von der Arbeit anderer lebten, traf die spartanische Aristokratie im Einvernehmen mit den beiden Königshäusern bereits im 8. Jahr-

Sparta und der Peloponnesische Bund

hundert. Einzigartig war diese Einrichtung nicht: Dererlei fand sich auch in Thessalien, auf Kreta, auf Sizilien und – höchstwahrscheinlich – in den meisten Kolonien an der Donaumündung und am Schwarzen Meer. Einzigartig war allerdings die Größenordnung: Nur Sparta herrschte über Unterworfene, deren Zahl die der freien Bevölkerung um ein Vielfaches übertraf.

(4) Dementsprechend waren der gesamte Staatsaufbau, die Außenpolitik und die gesellschaftliche Ordnung darauf ausgerichtet, gegenüber den Unterworfenen ständig kampfbereit zu sein und notfalls Hilfe gegen Aufstände auch von außen zu erhalten. Militärische Effektivität und ständige Präsenz bestimmten die Lebensführung, die Erziehung und das Ethos jedes Spartaners, der die Bewahrung dieser auf Unterdrückung aufgebauten Ordnung als seine höchste bürgerliche Pflicht zu verstehen lernte: „Keinem stand es frei zu leben, wie er wollte, sondern sie lebten in der Stadt

wie in einem Feldlager nach strengen Vorschriften für all ihr Verhalten und ihre Beschäftigung in der Öffentlichkeit, und überhaupt glaubten sie nicht sich, sondern dem Vaterlande zu gehören" (Plutarch, Lykurgos 24,1).

Spartas Weg zum Kriegerstaat

Am Anfang der spartanischen Geschichte stehen dorische Kriegerverbände, die sich zu gemeinsamer Wanderung und Landnahme zusammengeschlossen hatten. Sie waren seit dem ausgehenden 10. Jahrhundert, aus der Argolis kommend – meist wohl in Gruppen von nur wenigen hundert Personen –, in das fruchtbare Eurotastal eingesickert. An der Besetzung des ganzen Tals hinderte sie für lange Zeit das vordorische Amyklai, so daß der Kriegerverband bestehen blieb und sich über Generationen hinweg – gewiß unterbrochen von Phasen friedlichen Einvernehmens – vergeblich mühte, die widerspenstige Stadt zur Aufgabe zu zwingen. An seiner Spitze behaupteten sich zwei Heerkönige, die die ursprünglich angelegten vier Dörfer zur Siedlung Sparta zusammenfaßten. Unter ihrer Führung gelang es schließlich, den Widerstand Amyklais zu brechen, dessen Bewohner in Sparta heimisch wurden; das Tor zur Eroberung der südlichen Eurotasebene war damit aufgestoßen. Hier fanden die Sieger, was sie am meisten begehrten: fruchtbares Land, das sie als erbliche Landlose unter sich aufteilten.

Damit war der künftige Weg Spartas zur Lösung auftretender sozialer Probleme vorgezeichnet: Nicht die Fortsetzung der Wanderung oder Kolonisationsfahrten – Sparta sollte nur eine Kolonie, das unteritalische Tarent, gründen –, sondern Krieg und Unterwerfung verschafften neues Land. Als die Eurotasebene erobert wurde, bildeten sich innerhalb der unterworfenen Bevölkerung zwei Gruppen: Die Heloten, die als Zwangsarbeiter die Rücken krümmten und die Felder der neuen Herren bestellten, und die Perioiken (=Umwohner), die ihre persönliche Freiheit und ihre eigene Gemeindefreiheit behielten und im Heer dienten.

Als die Bevölkerung wuchs und das Land in Lakonien knapp wurde, überschritt um 720 der spartanische Heerbann den Taygetos und fiel in Messenien ein, das – vor allem im Westen – zu den dichtest besiedelten und reichsten Landschaften Griechenlands gehörte. Nach schweren Kämpfen fiel die Festung Ithome, und in weiten Teilen des eroberten Landes verwandelten sich die freien Bauern in Hörige:

„So wie die Esel, vom Joch mächtiger Lasten gedrückt,
Tragen auch sie, gebückt von traurigem Zwange, die Hälfte
Sämtlicher Früchte des Landes in seine Scheuern dem Herrn." (Tyrtaios frg. 5).

Die Messenier wehrten sich, wann immer sich eine Gelegenheit dazu bot. Um 650 standen sie nahezu geschlossen gegen ihre Herren auf und verwickelten sie 17 Jahre lang in einen Kampf um Sein oder Nichtsein. Als er verloren war, verließen viele das Land, das bis zum Jahr 370, als der Thebaner Epaminondas die in der griechischen Welt verstreuten Messenier zurückrief (s. S. 227), die spartanische Besetzung ertrug.

Die Tatkräftigsten suchten in Unteritalien und Sizilien eine neue Zukunft. Dort wurden sie vor allem in Metapont und in Rhegion aufgenommen; einer ihrer Nachkommen, Anaxilaos, stürzte 494 die oligarchische Herrschaft der tausend Besitzenden in Rhegion und warf sich zum Tyrannen der Stadt auf. Die in der Heimat Gebliebenen wurden helotisiert, ihr Land an die spartanischen Hopliten verteilt; die Küstenstädte verödeten oder wurden, wenn sie dem Aufstand ferngeblieben waren, wie Asine und Methone als Periökenpoleis eingerichtet. Über Messenien fiel der Schatten eines allgegenwärtigen Terrors, dessen Erfindungsreichtum der nüchterne Thukydides kommentarlos in folgender Episode festhielt: „Auch weil ihnen die Mißgunst und die Menge der Heloten Sorgen machten (das Verhältnis der Spartaner zu den Heloten war immer schon von der Absicherung gegen sie bestimmt), unternahmen sie auch das Folgende: sie verkündeten, daß jeder Helote, der der Meinung war, sich in vergangenen Kriegen höchste Verdienste erworben zu haben, seine Ansprüche geltend machen sollte. Und nach deren Prüfung könnte er dann mit der Freiheit belohnt werden. Tatsächlich handelte es sich um ein Experiment, weil diejenigen, die sich stolz für die Würdigsten hielten, zugleich auch diejenigen waren, die am leichtesten einen Aufruhr anzetteln konnten. Rund zweitausend gehörten zu den Auserwählten, sie wurden bekränzt und zogen von Tempel zu Tempel, so als wären sie freigelassen worden. Kurze Zeit später ließen die Spartaner sie verschwinden, und niemand weiß, auf welche Weise jeder von ihnen zu Tode gebracht wurde" (4, 80,3-4).

Hoffnung auf Besserung innerhalb des Systems gab es – auch dies zeigt der Bericht des Thukydides – nur für wenige und erst dann, als Sparta seit dem Beginn des fünften Jahrhunderts in auswärtige

Kriege verwickelt wurde. In ihnen vermehrte sich die Zahl der Heloten, die ihren Herren als Burschen und Ordonanzen in den Krieg folgten und für sie zum Schwert griffen, wenn Not am Mann war. Der als Gegenleistung erwartete Lohn – die Freiheit – konnte ihnen auf Dauer nicht verweigert werden: Das eherne Gesetz des antiken Stadtstaates, wonach kriegerische Leistung die Freiheit und das Bürgerrecht begründete, durfte und wollte auch Sparta nicht auf Dauer brechen. So gab es den Heloten, die im Sommer 421 mit den siegreichen Truppen des Brasidas aus Thrakien zurückkehrten, die Freiheit und das Recht, zu wohnen, wo sie wollten; wenig später wurden sie mit anderen Freigelassenen an der Grenze zu Elis ansässig – offenkundig, um als Militärkolonisten dem streitbaren Nachbarn die Lust an Grenzhändeln zu nehmen (Thukydides 5, 34,1). Der Status der freigelassenen Heloten verbirgt sich hinter ihrer Bezeichnung: *Neodamodeis*. Gemeint kann damit nur die Mitgliedschaft in der Bürgerschaft sein – wieweit und worin gegenüber den Vollbürgern zurückgesetzt, ist nicht auszumachen. Ihre militärische Bedeutung für den Staat, der in den Kriegen seit 430 seine Kräfte mehr und mehr überdehnte, wuchs ständig: Als 396 König Agesilaos im Krieg gegen Persien (s. S. 225 f.) den Oberbefehl auf dem kleinasiatischen Kriegsschauplatz übernahm, folgten ihm 30 Spartiaten, 2000 Neodamoden und 6000 Bündner. Sie blieben jedoch ungeliebte Kinder der militärischen Not Spartas, und ihr Kampfwert war dementsprechend gering: Ein Hilfegesuch des Polydamos von Pharsalos an Sparta (374) enthielt den lapidaren (und bezeichnenden) Wunsch, man möge ihm keinesfalls nur Neodamoden schicken, lieber verzichte er auf jede Hilfe (Xenophon, Hellenika 6, 1,15).

Der Preis der Unterwerfung Messeniens

Die endgültige Niederwerfung Messeniens verdoppelte das Ackerland Spartas. Nun erhielt jeder Spartaner soviel Land und hörige Bauern, daß er mit seiner Familie künftig als jederzeit zu Krieg und Kampf bereiter Rentier leben konnte. Der Ertrag reichte zudem, um die Beiträge für die gemeinsame Lebensführung der Männer aufzubringen. Denn nur wer seinen Platz in deren Tischgemeinschaften (*Syssitien*) einnahm, gehörte zum Kreis der Spartiaten, die sich stolz die Gleichen (*Homoioi*) nannten, sich die Haare lang wachsen ließen und nach der späteren Legende kalt badeten, grobes Brot aßen und schwarze Suppe schlürften (Plutarch, Alkibiades

23,2). In diesen Männerbünden, die die Familie als Zentrum von Liebe und Autorität weitgehend ersetzten, lebten uralte Formen des Gemeinschaftslebens weiter: Je etwa 15 Männer bildeten eine Speisegemeinschaft, ergänzten ihren Kreis durch Kooptation, vertrieben sich gemeinsam die Zeit und übernahmen die Erziehung der Heranwachsenden. In diesen Zirkeln regierte die Kameradschaft ebenso wie die Konkurrenz: Der Reichere spendierte der gemeinsamen Tafel besondere Leckerbissen und ließ sich dafür feiern, der Tapfere forderte Gefolgschaft und Unterordnung. Niemand jedoch war von diesem Gemeinschaftsleben ausgenommen, und der dort herrschende Geist war geprägt von den Tugenden des Krieges.

Sparta war nach der Verteilung des messenischen Landes an seine Hopliten gerüstet, für die Zukunft alle Energien darauf zu richten, diesem Zustand Dauer zu verleihen. Handel zu treiben war nun auch nicht mehr nötig; das wenige, was man von jenseits der Grenzen brauchte, lieferten ausländische Kauffahrer. Alle Spartaner waren und blieben Bauern. Nur bestellten sie ihr Land nicht selbst, sondern dies tat eine versklavte Bevölkerung unter ihrer Aufsicht. Deren Zahl kann nur annähernd geschätzt werden; sie überstieg in jedem Fall die Zahl der Spartaner um ein Vielfaches.

Jedoch: Der Sieg forderte einen hohen Preis. Er verwandelte Sparta in ein bewaffnetes Heerlager und seine Bürger in Krieger. Diese verrichteten ihr Handwerk als Polizisten und Berufssoldaten, da ihre Aufgabe in der Zähmung und Bewachung der Heloten ebenso wie in der Führung auswärtiger Kriege bestand. In den Eroberungszügen des 6. Jahrhunderts und in den Perserkriegen wurde der spartanische Soldat und Offizier geboren, dem auf den Schlachtfeldern Griechenlands der Mythos der Unbesiegbarkeit vorauseilte. Lange Jahrzehnte zurecht: Die Professionalität der Kriegführung, begründet in der Ausbildung, körperlichen Verfassung und Disziplin, machte den spartanischen Soldaten besser als jeden anderen.

Es geschah dies alles nicht mit einem Mal. Aber es geschah so gründlich, daß die soziale, politische und ideologische Ordnung des spartanischen Staates seit dem 6. Jahrhundert in Griechenland als einzigartig galt. Von Kind an zur militärischen Tüchtigkeit erzogen, lebten die Spartiaten auf Kosten ihrer Heloten und waren jederzeit bereit, gegen diese oder einen feindlichen Ausländer loszuschlagen. Ihr Ethos und ihr soziales Ansehen lebten von Krieg und Todesverachtung. Formuliert hatte es bereits in den Nöten des messenischen Aufstandes ihr Dichter Tyrtaios, den eine spätere Legende nicht zufällig zum Feldherrn machte:

„Wenn aber einer entrann dem Rachen des grausamen Todes
Und im Lanzengefecht strahlende Siege errang,
Wird er von allen geehrt, von Jungen wie auch von den Alten;
Freude erfährt er zuhauf, bis ihn der Hades empfängt.
Kommt dann das Alter,
so glänzt er im Kreise der Bürger, und keiner
Weigert die Achtung ihm oder mißgönnt ihm sein Recht.
Alle machen ihm Platz, die Jungen, die Altersgenossen,
Selbst die Betagtesten stehn vor dem sich Nahenden auf."
(frg. 9, 35 ff.; Übers. Franyó).

Berauscht von solchen und anderen grimmigen Sentenzen und getrieben von der ständigen Furcht, es könnte der Tag kommen, an dem alle militärische Wachsamkeit und Professionalität vergeblich sein würde, vergaßen die Herren Spartas mehr und mehr die Künste und die Wissenschaften. Die Musen hatten sich den erzieherischen Idealen zu unterwerfen, die von Gemeinschaft, Unterordnung, Kampf und Tod sprachen. Auch dies geschah nicht von heute auf morgen:

Noch Pindar sang von Sparta wie von anderen griechischen Städten auch,
„Wo der Ratschlag der Alten,
junger Männer Lanzenkraft vortrefflich sind und
Reigen, Kunst der Musen und Freude des Fests." (frg. 166/Werner).

Es blieb nicht so. Als sich Thukydides die ferne Zukunft Griechenlands vorstellte und die Nachfahren auf die Ruinen Athens und Spartas blicken ließ, kündete nichts mehr von der einstigen Größe der Stadt, der doch zwei Fünftel der Peloponnes gehört und die den Rest beherrscht hatte: „Wenn Sparta verödete und nur die Tempel und Grundmauern der Bauten blieben, würden gewiß die Späteren nach langer Zeit an der vielgerühmten Macht der Stadt gründlich zweifeln." (1,10,2). Und doch hatte einst in ihren Mauern der Dichter Alkman gelebt, der verzaubert die Leukippiden-Mädchen besungen hatte, die wie Fohlen am Eurotas entlangliefen, und der die Demut, die das Alter und die Einsamkeit schaffen, in unvergängliche Verse gießen konnte:

„Nicht mehr ihr Mädchen, die ihr so erregend und süß euer Lied singt,
Wollen die Füße mich tragen. O daß ich ein Eisvogel wäre,
Der überm Schaum der sich wälzenden See auf den Schwingen der Weibchen

Furchtlosen Herzens sich wiegt, der geheiligte, meerdunkle Vogel.“ (frg. 94; Übers. Hausmann; die weiblichen Eisvögel trugen nach griechischer Vorstellung die alternden männlichen).

Die weitgehende Konzentration der bürgerlichen Pflichten der Männer auf die ständige Bereitschaft zum Kampf wirkte sich nachhaltig auf die gesellschaftliche Stellung der spartanischen Frauen aus. Die antiken Autoren sprachen einhellig von der großen Freizügigkeit, die sie genossen und die eine Folge der langen Abwesenheit der Männer gewesen sei; Aristoteles tadelte gar die „Weiberherrschaft“ in Sparta. Tatsächlich gab es auch während der Anwesenheit des Ehemannes wenig Gemeinsames, da dieser bis zu seinem dreißigsten Lebensjahr weiterhin bei seiner militärischen Einheit lebte und seine junge Frau nur nachts und heimlich besuchte. Außereheliche Beziehungen der Frauen waren denn auch keineswegs geächtet, und die Frage nach der ehelichen Geburt der Kinder wurde erst gar nicht gestellt. Platon und Aristoteles beklagten sich, daß das Leben der Spartanerin nicht wie das der Männer organisiert gewesen sei und daher den Weg in die „Zügellosigkeit“ wies, was wiederum den Verfall Spartas mitbewirkt habe (Platon,Gesetze 637c; Aristoteles, Politik 1269b 13 ff.). Die Tugend der Frauen wird also mit der Stärke des Staates verknüpft – ein Einfall, den später besonders die Römer pflegen sollten.

Weniger um die Moral besorgte Athener priesen mit dem Dichter Ibykos die spartanischen „Frauen, die ihre Schenkel zur Schau stellen“ (frg. 65); vor Augen hatten sie das Kleid der Spartanerin, den dorischen Peplos, dessen geschlitzter Rock den Oberschenkel freiließ.

Besonders auffällig war, daß die Frauen und Mädchen der Spartiaten an der öffentlichen Erziehung teilnahmen, wobei die sportlichen Übungen durch Tanz und Gesang ergänzt wurden. „Ich turne regelmäßig und mit den Füßen tret‘ ich mir fleißig den Hintern“, antwortete die Spartanerin Lampito der Athenerin Lysistrate, als diese in der gleichnamigen Komödie des Aristophanes den kräftigen Körper ihrer Freundin pries (83). Vergleichbares gab es in den anderen griechischen Städten nicht; dort konzentrierte sich das Leben der Frauen auf das Haus und den Haushalt (s. S. 206 f.).

Nicht minder bedeutsam war die vermögensrechtliche Stellung der Spartanerin: Aristoteles notierte mißbilligend, daß zu seiner Zeit zwei Fünftel des spartanischen Landes Frauen gehörten. Und schließlich blieb es weitgehend den Frauen überlassen, sich um die erfolgreiche Bewirtschaftung des Haushaltes und des Vermögens zu sorgen.

Die Perioiken, die wie die Spartaner Lakedaimonier waren und in ihren Dörfern nach ihren Regeln lebten, blieben auch in schwierigen Zeiten an der Seite Spartas. Ihre militärischen Aufgebote kämpften in der spartanischen Phalanx und waren eine unverzichtbare Stütze der spartanischen Großmachtstellung. In der Regel besaßen sie keine Heloten, sondern sorgten selbst für ihren Lebensunterhalt. Sie betrieben Handel und Gewerbe und dachten an den Frieden, den ihnen die spartanischen Waffen für viele Jahrhunderte sicherten; der Verzicht auf alle politischen Rechte innerhalb der Polis Sparta wog dagegen leicht.

Die staatliche Ordnung

Spartas Verfassungsgeschichte beginnt mit der ältesten und zugleich umstrittensten Urkunde des frühen Griechenland, die sogenannte „Große Rhetra" (*rhetra* = Übereinkunft, Konstitution, Gesetz). Sie hat Plutarch höchstwahrscheinlich in einer von Aristoteles verfaßten und später verlorengegangenen Geschichte der spartanischen Verfassung gefunden und in seiner Lebensbeschreibung des legendenhaften Staatsgründers Lykurg bewahrt. Der erhaltene Text spricht von einem delphischen Orakelspruch an Lykurg; auch den Griechen galt wie anderen Völkern die vorhandene Lebensordnung (*nomos*) als göttliche Stiftung und der Gesetzgeber dementsprechend nur als Gesetzesvermittler. Die an die Könige Spartas erteilten Weisungen waren umfassend: Sie sollten dem Zeus Syllanios und der Athena Syllania ein Heiligtum bauen, Phylen und Oben einrichten, einen Rat der Dreißig (*Gerusie*) unter Einschluß der Könige konstituieren, von Zeit zu Zeit die Volksversammlung (*Apella*) einberufen und ihr Anträge zur Abstimmung vorlegen. Ein späterer Zusatz soll folgende Regelung getroffen haben: „Wenn aber das Volk ein krumme Entscheidung trifft, sollen die Ältesten und die Fürsten es abtreten lassen", d. h. sie sollen auf diese Weise die Versammlung auflösen (Plutarch, Lykurg 6,2).
Apollo selbst wies also die Könige an, bestimmte Einrichtungen zu schaffen – ein Heiligtum, Phylen und Oben, den Rat – und für die richtige Beteiligung der einzelnen Verfassungsorgane Sorge zu tragen. Dazu gehörte, daß die Gerusie „krumme" Entscheidungen der Apella kassieren konnte – was praktisch bedeutete, daß Beschlüsse für null und nichtig erklärt wurden, die nach der Auffassung der Ratsmehrheit dem Staate nicht nützlich waren. Von einer solchen, göttlichem Gebot folgenden Ordnung sprechen auch die Verse

des Tyrtaios (frg. 3a), die – wie später die Elegien Solons – die politischen Nöte der Zeit beschworen und den Boden für Reformen vorbereiteten:

„Herrschen sollen im Rat die Könige, gottbegnadet,
Denen am Herzen die Stadt Sparta, die ewige, liegt,
Herrschen die würdigen Greise, mit ihnen die Bürger des Volkes,
Wahrend das gültige Recht, wie es der Satzung entspricht;
Sollen Geziemendes reden und alles Gerechte erwirken,
Nie unredlichen Rat geben der heimischen Stadt,
Und die Versammlung soll durch den Sieg der Stimmen entscheiden." (Übers.: Franyó).

Beide Quellen sprechen also von einer Verteilung der Macht. Sie gewährte der königlichen Gewalt, die ohnehin über die Exekutive verfügte und nach freier Entscheidung Krieg führen konnte (Herodot 6,56,1), das alleinige Recht zur Initiative und die Leitung von Rat und Volksversammlung. Deren Kompetenz ist nicht beschrieben; festgelegt wird nur, daß sie regelmäßig einberufen werden muß. Dies genügt jedoch bereits, um zu verstehen, daß von jetzt an der Kampf um die politische Macht in Sparta dieselbe Zielrichtung hatte wie anderswo in Griechenland auch: Es ging um die künftige Durchsetzung des Anspruchs der Volksversammlung, alle wesentlichen, Staat und Gesellschaft betreffenden Entscheidungen an ihre Zustimmung zu binden; in Sparta lief dies darauf hinaus, die Macht der durch das Herkommen und ihre militärischen Erfolge legitimierten Königshäuser mehr und mehr einzuschränken. Auch der historische Kontext läßt keinen anderen Schluß zu: In der Apella saßen die Männer, die ihre Waffen nach Messenien getragen und die Aufstände der Unterworfenen in schweren Kämpfen niedergeworfen hatten. Sie forderten neben der Verteilung von Land nun das, was alle Hopliten in den griechischen Städten forderten: Die Teilhabe an der politischen Macht.

Diesem Ziel diente auch der neu konstituierte Rat aus dreißig Mitgliedern, in dem auch die Könige Sitz und Stimme hatten. Er ersetzte einen bereits vorhandenen Adelsrat, ohne daß wir erfahren, nach welchen Kriterien die neuen Mitglieder ausgesucht wurden – die Möglichkeit, daß sie aus dem Kreis aller Bürger gewählt wurden, ist nicht auszuschließen. Die Tatsache der Neukonstituierung allein und die Aussage des Tyrtaios sprechen jedoch bereits von einer Institution, die sich von der Teilhabe an der Macht nicht abdrängen lassen wollte. Um sie ganz in Besitz zu nehmen – wie dies in Rom der Senat tun sollte –, fehlte ihr jedoch die Kraft; allein die Bestimmung, daß die Ratsmitglieder bei ihrer Bestellung das sechzigste Lebensjahr überschritten haben mußten, machte jede personelle Kontinuität zunichte, ohne die der Griff nach der Macht kraftlos bleibt.

Schließlich wurde auch die Bürgerschaft – der Damos der Spartiaten – neu konstituiert. Was im einzelnen mit der Einteilung in Phylen und Oben gemeint war, ist schwer auszumachen. In dieser frühen Zeit beruhte jeder politische und gesellschaftliche Zusammenschluß auf dem personalen Prinzip, das später durch lokale Ordnungsprinzipien ersetzt wurde. Wiederum spricht die Neuordnung für sich genommen von Verschiebungen der politischen Gewichte zugunsten des Damos.

Um ihm die Macht zu geben und die Apella zum Zentrum aller staatlichen Entscheidungen zu machen, mußte jedoch das Recht der Könige fallen, allein die politische Initiative ergreifen zu können. Irgendwann im 6. Jahrhundert war es soweit: Die fünf Ephoren („Aufseher"), die seit langem jährlich von der Volksversammlung gewählt worden waren und dem Jahr seinen Namen gaben – mehr wissen wir von ihnen nicht –, verdrängten die Könige von den Schalthebeln der Macht, indem sie die Leitung von Rat und Volksversammlung übernahmen. Als letzten Schritt unterwarfen sie schließlich die ureigenste königliche Machtdomäne, die Führung des Krieges, ihrer Kontrolle. Damit waren die Könige mißtrauisch beäugte Beamte des Staates geworden, die im monatlichen Ritual der Begegnung mit den Ephoren den neuen Herren des Staates zu huldigen hatten:

„Alle erheben sich beim Eintreffen eines Königs von ihrem Sitz, nur die Ephoren nicht, wenn sie auf ihrem Amtsstuhl sitzen. Und die Ephoren und die Könige schwören sich jeden Monat gegenseitig einen Eid, die Ephoren für die Stadt, die Könige für sich selbst. Der Eid des Königs besagte, daß er seine Herrschaft nach den bestehenden Gesetzen der Stadt ausüben werde; der Eid der Stadt besagte, daß sie, solange jener seinen Eid hielte, das Königtum unangetastet lassen werden." (Xenophon, Staat der Lakedaimonier 15,6-7).

Die Könige haben ihre von den Herakliden verliehene Macht nicht kampflos preisgegen. Gegen Ende des 6. und zu Beginn des 5. Jahrhunderts haben Könige wie Kleomenes, der in Athen die Tyrannis stürzte (Herodot 5,64) und 494 den Erbfeind Argos bei Sepeia schlug, und Leotichydas, der 479 bei Mykale Heer und Flotte der

Perser vernichtete, das Blatt zu wenden versucht. Sie endeten schmählich: Kleomenes, in die Verbannung gejagt, starb unter mysteriösen Umständen, als er versuchte, mit Hilfe des arkadischen Heerbannes die Herrschaft wiederzugewinnen; Leotychidas, in Sparta der passiven Bestechung angeklagt, ging 476 nach Tegea ins Exil. Selbst der Sieger von Plataä, Pausanias, der als Vormund des unmündigen Königs Pleistarchos regierte, entkam der Inquisition der Ephoren nicht: Auf dem Höhepunkt seiner militärischen Erfolge vor Byzanz enthoben sie ihn seines Kommandos und klagten ihn der Konspiration mit den Persern an. Freigesprochen ereilte ihn Jahre später sein Schicksal, als ihn die Ephoren aus dem kleinasiatischen Kolonai, wo er sich zum Herrn der Stadt gemacht hatte, nach Sparta zurücklockten. Dort verhungerte 467/66 der Sieger über die Perser im Tempel der Athena, wohin er geflüchtet war, als er sich der Anklage wegen staatsfeindlicher Umtriebe mit den Heloten und hochverräterischer Beziehungen zu den Persern nicht mehr zu erwehren wußte.

Jetzt endlich waren die Ephoren und die von ihnen geleitete Apella die uneingeschränkten Herren des Staates. Hegel hat sich ihrer angesichts des Wohlfahrtausschusses der Französischen Revolution erinnert: „Ihre Gewalt wurde tyrannisch, der ähnlich, welche Robespierre und seine Anhänger eine Zeitlang in Frankreich ausgeübt haben" (*Vorlesungen über die Philosophie der Geschichte*, hg. Moldenhauer, S. 319). Plutarch hatte nahezu 2000 Jahre früher vergleichbare Assoziationen, als er berichtete, die Spartaner hätten der Furcht (Phobos) einen Tempel in der Nähe des Speisehauses der Ephoren errichtet, „als sie diese Obrigkeit so aufbauten, daß sie der Monarchie ganz nahe steht" (Kleomenes 9,2).

Aristoteles nannte die spartanische Ordnung eine Demokratie. Er hat gewiß recht, wenn man darunter versteht, daß die Volksversammlung der Träger der letzten Entscheidungsgewalt ist. Dies war sie in Sparta, auch wenn sie die Ausübung der Macht den Ephoren überließ. Denn diese wurden jährlich gewählt und waren zur Rechenschaftslegung verpflichtet. Anders als in Athen jedoch war der Wille der Bürgerschaft nicht allgegenwärtig. Das dafür zu hinterlegende Pfand – die Schwächung und Zersplitterung der exekutiven Gewalt, wie sie die Athener praktizierten (s. S. 189) – war Sparta nicht bereit zu erbringen: Ein Staat, der wie dieser seine Herrschaft nach innen wie nach außen durch die ständige Bereitschaft zum Kampf behaupten muß, konnte ohne eine jederzeit handlungsfähige und starke Regierung nicht bestehen.

Der Erfolg gab den Spartanern lange Zeit recht. Die Griechen bewunderten nahezu einstimmig die Stabilität der spartanischen Ordnung, die weder Tyrannen noch Bürgerkriege duldete: „Sparta, das nach seiner Gründung durch die noch jetzt dort ansässigen Dorier von allen Städten, die wir kennen, die längste Zeit von Aufständen erschüttert wurde, kam doch am frühesten zu Gesetz und Ordnung (eunomia) und war immer tyrannenfrei; denn es mögen gut vierhundert Jahre sein bis zum Ende dieses Krieges [404], daß die Spartaner dieselbe Verfassung haben; und das gab ihnen die Stärke, auch in den anderen Staaten einzugreifen“ (Thukydides 1,18,1).

Symmachie und Hegemonie: Die Herrschaft Spartas über die Peloponnes

Nach der endgültigen Niederwerfung Messeniens schien es, als sei der Landhunger der Spartiaten unersättlich. Dem mächtigen Argos entrissen sie die Fruchtebenen der Thyreatis und der Kynuria an der Südostküste, während ihre Flotten die Insel Kythera besetzten; die eroberten Landstriche verteilten sie wie gewohnt unter sich. Über die Fortsetzung der Expansionspolitik entschieden jedoch die Ereignisse im Norden der Peloponnes. Irgendwann um 550, so berichtet Herodot (1,66), zogen die Spartaner gegen Tegea und sie führten, ihres Sieges gewiß, die Ketten mit sich, in die sie die Besiegten zwingen wollten. Denn ein Spruch des delphischen Apoll hatte ihnen zwar die Eroberung Arkadiens verwehrt, jedoch hinzugefügt, „trete Tegea dir ab zum Tanze mit stampfenden Füßen /Und die herrliche Flur, das Land mit der Leine zu messen.“ Es kam anders als das trügerische Orakel verhieß: In den Bergen und Wäldern der „eichelfressenden“ Arkader, deren unbeugsame Wildheit Homer den Telemach schildern ließ, konnten die spartanischen Hopliten ihre Phalangen nicht entfalten. Sie unterlagen und trugen nun selber die mitgeführten Ketten und „maßen mit der Leine die Flur der Tegeaten, wenn sie deren Felder bestellten“ (Herodot 1,66,4).

Der Drang nach Eroberung und Versklavung war damit vor den Toren Arkadiens gebrochen worden. In den autonomen Welten der von Bergen umringten Hochtäler, zu denen nur abschüssige und gewundene Pfade führten, war der Weg zum Ruhm bitter und der materielle Gewinn bescheiden. Die Spartaner waren an Grenzen gestoßen, die nur mit äußerster Anstrengung zu überwinden gewesen wären. Dazu jedoch war der Staat, der seine messenische Beute genoß und sie sorgsam zu hüten gedachte, nicht bereit. Es blieb ihm das Völkerrecht und sein wichtigstes Instrument, das Bündnis, um zwar nicht zu weiterem Landgewinn, wohl aber zur Ausdehnung des eigenen Machteinflusses zu kommen.

Noch Aristoteles (frg. 592) hörte von einer alten Stele, die am Ufer des Alpheios stand und von der Pflicht der letztlich doch besiegten Tegeaten sprach, alle Messenier aus dem Lande zu treiben, nicht einen von ihnen in die eigene Bürgerschaft aufzunehmen und keinen Tegeaten zu verfolgen, der in seiner Heimatstadt für Sparta sprach. Weitere Nachrichten fehlen, aber das Wenige läßt erkennen, daß Sparta nach schweren Kämpfen in Arkadien dazu übergegangen war, durch den Abschluß von Bündnissen mit den Städten und Stämmen der nördlichen Peloponnes seine messenischen Eroberungen zu sichern und seine militärische Vormachtstellung auszubauen. Symmachos, Bundesgenosse, heißt wörtlich Kampfgefährte, und möglichst viele davon auf der Peloponnes zu gewinnen, wurde das Ziel der spartanischen Außenpolitik für den Rest des 6. Jahrhunderts. An seinem Ende gehörten dazu die Korinther, Tegeaten und weitere arkadische Gemeinden, sowie Sikyon und vielleicht auch Elis; Achaia und Argos blieben außerhalb – Argos dazu in lauernder Feindschaft und jederzeit bereit, den Fehdehandschuh aufzunehmen, um den Verlust der Kynuria zu rächen.

Das Formular der Verträge, die Sparta einzeln mit seinen neuen Symmachoi – häufig nach einem vorangegangenen Krieg – schloß, ist nicht erhalten. Die überlieferten Bruchstücke einiger dieser Verträge lassen jedoch unschwer das Grundmuster erkennen, das die spartanischen Diplomaten ihren Verhandlungen mit den peloponnesischen Städten zugrundelegten: Zentral war die Verpflichtung zum wechselseitigen militärischen Beistand im Falle eines Angriffs; von Fall zu Fall verboten Sonderklauseln wie im Vertrag mit Tegea, Flüchtlingen aus dem spartanischen Hoheitsgebiet Aufnahme oder Unterstützung zu gewähren. In ihrer Gesamtheit bildeten die nur an Sparta vertraglich gebundenen Peloponnesier einen militärischen Verband, der gemeinhin als „Peloponnesischer Bund“ bezeichnet wird, obwohl er keine Bundessatzung kannte.

Die Ausdehnung der spartanischen Macht, auch wenn sie mit den Instrumenten des Völkerrechts befördert wurde, verlangte eine überzeugende Legitimation. Die Spartaner gruben tief, um das Urteil der Geschichte für sich sprechen zu lassen: In Tegea fanden sie unter einer Schmiede den Leichnam des Orestes und überführten ihn als Schutzpatron ihrer peloponnesischen Herrschaftsansprüche nach Sparta (Herodot 1,67 f.). Dieser unglückliche Sohn des mythischen Agamemnon zeugte nun von der fernen Herrschaft des Königs Menelaos und seines Bruders Agamemnon, der als König von Mykene alle Achaier in den Kampf vor Troia geführt und seinen Anspruch auf die Führungsrolle auf der Peloponnes über seinen Sohn Orestes an Sparta vererbt hatte. Mythische Legitimationen dieser Art waren den Spartanern keineswegs fremd. So hatte bereits die Sage von den Herakliden in den Jahren der Eroberung Messeniens eine besondere Variante erhalten: Bei der Aufteilung der Peloponnes unter die Urenkel des Herakles soll Temenos Argos, Aristodemos Lakonien und Kresphontes Messenien erhalten haben; der letzte – so lautete der spartanische Zusatz zur Geschichte – habe jedoch bei der Verlosung Messenien durch Betrug in seine Hand gebracht, so daß der Krieg Spartas gegen seine Nachfahren als ein Akt später Gerechtigkeit erscheinen mußte.

Im 6. Jahrhundert haben das politische und militärische Übergewicht Spartas und die Beschränkung der außenpolitischen Ziele auf die Peloponnes die Frage, wer über Krieg oder Frieden zu entscheiden habe, von selbst beantwortet: Sparta. Dies wurde erst anstößig, als der ehrgeizige König Kleomenes am Ende des 6. Jahrhunderts versuchte, das Bündnissystem über den Isthmos von Korinth hinaus auszudehnen. Sein wichtigstes Ziel war Athen. 510 fiel der spartanische Heerbann in Attika unter der Losung ein, die auf allgemeinen Beifall rechnen konnte: Es gelte, so verkündeten Spartas Herolde, Athen von der Tyrannis des Peisistratos zu befreien und der Stadt eine wohlgeordnete Verfassung (eunomia) zu geben.

Der König erreichte, was er propagierte, nicht jedoch, was er eigentlich wollte: Zwar warfen die spartanischen Truppen die Peisistratiden aus der Stadt, jedoch zeigten die Erben der politischen Macht keine Neigung, dem spartanischen Drängen nachzugeben und mit Sparta einen Bündnisvertrag abzuschließen. Als die Neuordnung der inneren Verhältnisse die Athener in erbittert ausgetragene Querelen stürzte (s. S. 152), bot sich Kleomenes ein willkommener Anlaß zur erneuten militärischen Intervention. Diesmal jedoch begehrten die peloponnesischen Bundesgenossen auf. Allen voran Korinth, das kurz vor der Schlacht, die vor Eleusis drohte, seine Truppen zurückzog; die Stadt war nicht gewillt, gegen das befreundete Athen zu kämpfen, weil Spartas König die neue Ordnung des Kleisthenes als in Rechtsregeln gegossene Unordnung interpretierte.

So sah sich Sparta 505 genötigt, die Repräsentanten der Verbündeten zu einem Kongreß zu laden, auf dem über das weitere Vorgehen gegen Athen gesprochen werden sollte (Herodot 5,91 ff.). Der Vorschlag, den vertriebenen Tyrannen Hippias mit einem gemeinsamen Heer nach Athen zurückzuführen, fand keine Anhänger: In einer ordentlich durchgeführten Abstimmung votierten die Bundesgenossen einstimmig gegen den Kriegszug.

Das Ergebnis aller hochfliegenden Pläne von der Ausweitung des Peloponnesischen Bundes war letztlich die Einführung einer zweiten Rechtsquelle des Bundes. Neben den Bestimmungen der Einzelverträge zählten jetzt auch die Mehrheitsbeschlüsse der Bundesversammlung, von denen später Thukydides (5,30,1) sagte, daß sie alle Mitglieder des Bundes in die Pflicht nahmen, wenn kein sakralrechtliches Hindernis im Wege stand. Dies war als Ergebnis auf dem Kongreß des Jahres 505 weder angestrebt worden noch vorhersehbar, da nur eine Entscheidung im Einzelfall und nicht die Verabschiedung einer Bundessatzung auf der Tagesordnung stand. Gleichwohl entschied der Präzedenzfall. Er gab den Bundesgenossen künftig das Recht, über Krieg und Frieden auf einer Bundesversammlung nach der Entscheidung der spartanischen Apella ein gewichtiges Wort mitzureden (s. S. 215 zum Ausbruch des Peloponnesischen Krieges).

Der unbestrittene Führer (*Hegemon*) des Bundes war und blieb natürlich Sparta. Seine Könige führten das Kommando über das gemeinsame Aufgebot, seine Schatzmeister zogen die Kriegskosten ein, seine Organe setzten die Kriegsziele fest und seine Offiziere verteilten die bewegliche Beute. Und vor allem: Sparta eignete sich die Städte an, die von den vereinten Kräften der Verbündeten erobert worden waren. Ende des 5. und im frühen 4. Jahrhundert verpflichteten die erhaltenen Verträge die Bundesgenossen, den Spartanern Heeresfolge zu leisten, „wohin auch immer sie führen würden." Wir wissen nicht, wann diese Pflicht zur unbedingten Heeresfolge, die die Pflicht zur Hilfe im Verteidigungsfall erweiterte, zum erstenmal durchgesetzt wurde. Sicher ist jedoch, daß sie der klarste Ausdruck des Hegemonieanspruches ist, den Sparta von Anfang an mit seiner Bundesgenossenpolitik durchzusetzen gedachte.

Der Bund blieb auf die Peloponnes beschränkt. Dies gab ihm sein besonderes Profil, auch wenn Argos eigensinnig und erfolgreich seine Selbständigkeit behauptete. Außenstehende wie Herodot und Thukydides sprachen denn auch vereinfachend von „die Peloponnesier", wenn sie Sparta und seine Symmachoi agieren sahen. Der offizielle Name dieser Wehrgemeinschaft lautete nach Thukydides:

„die Lakedaimonier und die Bundesgenossen" (1,91,4 u.ö.), wobei der Begriff „Lakedaimon" den Staat einschließlich seiner Perioiken benannte. Jenseits der Peloponnes hat es seit dem Sieg über die Perser auch andere Symmachoi Spartas gegeben. Sie hatten jedoch in der Versammlung der Verbündeten weder Sitz noch Stimme und waren von einer Kampfgemeinschaft ausgeschlossen, deren geographische Beschränkung die einzelnen Mitglieder in besonderer Weise zu einer Interessengemeinschaft verschmolzen hatte.
Zu Beginn des Peloponnesischen Krieges kommandierten die spartanischen Könige etwa 40.000 Hopliten, zu denen die Seestreitkräfte der verbündeten Seestädte hinzukamen. Niemand in Griechenland zweifelte vor dem Tag von Leuktra 371, daß diese Streitmacht jeder Herausforderung gewachsen war. Nicht zuletzt diese Gewißheit hatte dem griechischen Widerstand gegen die persische Invasion den Mut zum Durchhalten gegeben, als nach der Eroberung Athens im Frühherbst 480 der Krieg verloren schien (s. S. 164). Sie band auch die Bundesgenossen widerspruchslos an die Vormacht, solange diese keine Neigung zeigte, die innere Autonomie, also die Verfassung, Verwaltung, Rechtspflege und Religion seiner Symmachoi anzutasten. Selbst außenpolitischen Alleingängen seiner Bündner sah Sparta gelassen zu, wenn sie den Zusammenhalt des Bundes nicht gefährdeten. Es gehörte zur Weisheit derer, die sich die „Gleichen" nannten und innerhalb ihrer Staatsgrenzen ein System brutaler Ungleichheit aufrecht erhielten, daß sie von ihren Bundesgenossen niemals mehr als Männer und Waffen forderten. Dafür gewährten sie Sicherheit, gegebenenfalls Schutz und die Freiheit, so zu leben, wie man wollte. Erst der Sieg über Athen 404 und die damit zugefallene Vormachtstellung über Griechenland und die Küsten der Ägäis sollten ein spartanisches Herrschaftssystem gebären, das die Autonomie der Bundesgenossen nach den Mustern untergrub, mit der der geschlagene Gegner seinen Seebund beherrscht und seinen Untergang selbst heraufbeschworen hatte (s. S. 225).

3. Solon

Das Menetekel des Bürgerkrieges

Um 630 hatte ein gewisser Kylon, Sieger in Olympia und Schwiegersohn des Tyrannen Theagenes von Megara, in Athen versucht, sich zum Herren der Stadt aufzuschwingen; er scheiterte, als sich unter der Führung der Familie der Alkmeoniden der Adel gegen ihn stellte und ihn samt seinem Anhang tötete (Herodot 5,71). Der Schock dieser auf dem Markt ausgetragenen blutigen Fehde, die weitere Kämpfe zwischen den Familien der Getöteten und den Tätern ausgelöst haben muß, und die schwelenden sozialen Gegensätze führten um 624 unter Drakon zur Kodifizierung wenigstens von Teilen des bestehenden Rechts und insbesondere zur Einführung des Gerichtszwanges bei vorsätzlicher Tötung. Das bedeutete, daß erst dann zur Selbsthilfe gegriffen werden konnte, wenn zuvor ein Gericht das Recht dazu ausdrücklich bestätigt hatte. Eine neue politische Ordnung war durch diese schriftliche Fixierung bestimmter Rechtsregelungen nicht geschaffen worden. Aber jetzt konnte auch in Athen jeder nachlesen, was dort etwa über die Aufgaben des Richters oder die Macht der Amtspersonen gesagt oder nicht gesagt wurde, und jeder durfte sich die Möglichkeit von Verbesserungen vorstellen und mit anderen diskutieren.

Die soziale Not konnte so allerdings nicht kuriert werden. Der Druck der stetig wachsenden Bevölkerung und die damit unvermeidlich verbundene Aufsplitterung der Höfe mußten ein Land, das noch nicht an der Kolonisation teilgenommen hatte, an den Rand des Klassenkampfes drängen. Wie dramatisch sich die Not und mit ihr der Hunger ausgebreitet haben muß, zeigt das von Solon verfügte Verbot, Lebensmittel auszuführen (F 65 Ruschenbusch). Die späteren Quellen – allen voran Aristoteles (Staat der Athener 2,5) und die späte Solon-Biographie des Plutarch – nannten zwei vordringliche Probleme: Zum einen die ausufernde Verschuldung vieler Bauern, denen der Verkauf als Sklave durch den Gläubiger drohte, und die Bindung einer großen Zahl kleiner Bauern an einen reicheren Grundherrn. Sichtbares Zeichen dieser Bindung waren die „Horoi", Grenz- und Hypothekensteine, die eine Verfügung über den Boden ohne Zustimmung des Gläubigers verhinderten. Die auf derart gebrandmarkten Feldern lebenden Grundbesitzer wurden als „Hektemoroi" bezeichnet, ein Ausdruck, mit dem sich außer der allgemeinen Feststellung, daß er etwas mit der Versklavung des Bodens zu tun hat, wenig anfangen läßt; optimistischere Interpreten glauben zu wissen, daß die Hektemoroi ihren Gläubigern ein Sechstel der jährlichen Ernte abzuliefern hatten. Wie immer: Der neue Herr dieser ehemals freien Bürger hat sein Zugriffsrecht auf den säumigen Schuldner um den Preis bestimmter Leistungen ausgesetzt. Er war offenbar sicher, daß der zu erzielende Erlös aus der Arbeit des versklavten Bauern größer war als der Preis, den der ausländische Sklavenhändler hätte bieten können.

Zu Beginn des 6. Jahrhunderts geriet der Staat zwischen die Mühlsteine dieses sozialen Konflikts: Auf der einen Seite standen die verelendeten Bauern, deren Führer wirtschaftlich ebenfalls bedrängte Adelsfamilien gewesen sein müssen, auf der anderen Seite die Schar der meist adligen Reichen, die „auf der Jagd nach Reichtum" (Solon frg. 1,9 ff.) alle Kniffe des Bauernlegens studiert hatten und ihr Geld in Landbesitz investieren wollten. Unter ihnen müssen viele Gläubiger gewesen sein, die jetzt, bedroht von aufbegehrenden Schuldnern, die Angst um die Sicherheit ihrer gewährten Darlehen umtrieb. Sie hatten Geld auch dann noch verliehen, wenn offenkundig war, daß den unter seiner Schuldenlast schier zusammenbrechenden Bauern nur noch ein Wunder retten konnte. Daran allerdings war der Gläubiger nicht interessiert: Denn kam es erst dahin, daß der Bauer mit seiner Person für seine Schulden haften mußte, so war auch der Weg zu seinem Hof geebnet: Drohungen und Gewalt zwangen den nunmehr zum Sklaven gewordenen Mann, sein Land doch noch zu verkaufen oder den übermächtigen Gläubiger zum Erben einzusetzen.

Als Parolen umliefen, die eine radikale Bodenreform mit dem Ziel predigten, allen Höfen die gleiche Größe zu geben (Solon frg. 24,5), obsiegte die Einsicht. Die tief verfeindeten Parteien einigten sich auf den Versuch, einen Schlichter und Schiedsrichter *(Aisymnet)* zu beauftragen, der den offenen Bürgerkrieg verhindern sollte. Die großen Familien werden sich dabei bewußt geworden sein, daß ihr öffentliches Ansehen immer auch davon abhing, andere an ihrem Wohlstand teilhaben zu lassen und ihnen Fürsorge zu schulden. Gewiß: die gesellschaftliche Distanz der Vornehmen zu den sozial Untergeordneten war und blieb unüberbrückbar und die Moral, der sie gehorchten, war eine Moral der sozialen Exklusivität. Diese jedoch verlangte mehr und mehr den bleibenden, engen Zusammenhang mit der Stadt, bedurfte der öffentlichen Gemeinschaft, forderte den Beifall aller. Was wog demgegenüber der vielleicht mögliche militärische Sieg über die eigenen Bürger, die Hunger und Verzweiflung in Wölfe verwandelt hatten?

Den Athenern war das Schicksal gnädig. 594 taten sie, was andere Städte ihnen vorgemacht hatten, und wählten Solon zum Archon mit besonderen, diktatorischen Vollmachten. Sie fanden einen ungewöhnlichen Mann, der überzeugt war, den besten Weg zu kennen, und der die Tyrannen haßte. Er war kein Unbekannter: Von ihm wußte man, daß er aus einem verarmten Adelsgeschlecht stammte, jedoch als Handelsherr neues Vermögen erworben hatte. Aus seinen Gedichten (Elegien), in denen er die Not der Stadt und ihrer Bauern für jedermann eingängig beschrieben hatte, wußte man weiter, daß er in der Habgier und der Ungerechtigkeit der adligen Herren die Wurzeln des Übels sah: „Wir werden euch nicht gehorchen, und die Dinge werden für euch nicht unverändert bestehen bleiben", hatte er ihnen gedroht. Aber man wußte auch, daß dieser Adlige nicht den revolutionären Umsturz oder den Bürgerkrieg, sondern den Ausgleich und die Verständigung wollte.

Die Grundidee vom Staat: Die Herrschaft des Gesetzes

Den Weg dorthin wies ihm das Gesetz. Von der Grundidee her ein konservativer Weg, den bereits der Bauer Hesiod und adlige Dichter gepriesen hatten. Wie sie sang auch Solon:

„Mir gibt das Herz den Befehl, die Athener so zu belehren:
Gilt kein Gesetz, wird viel Übel dem Staate zuteil.
Gilt das Gesetz, – es fügt zu schöner Ordnung das Ganze;
Die aber Unrecht tun, legt es in Fesseln zugleich" (frg. 3,30 ff.).

Nur das Gesetz also konnte die Eunomie, die gute Ordnung des Staates, wiederherstellen. In einem Rechenschaftsbericht, der zugleich ein großes politisches Manifest sein wollte, schwur Solon den Bürgern Athens, daß seine Aufgabe darin bestanden habe, Gesetze (thesmoí) zu geben, die für den kleinen wie für den vornehmen Mann zu gelten haben; denn hätte er auf die verfeindeten Parteien und ihre Führer gehört, hätte er gar den Parolen „des verhetzten Gesindels" nachgegeben, so wäre die Stadt im Chaos versunken:

„Denn durch meine Macht
Hab ich Gewalt zugleich und Recht in eins gefügt,
Und redlich hab ich ausgeführt, was ich versprach.
Gesetze schrieb für Edle ich und Niedere,
Bestimmte jedem so das Recht, das ihm gebührt. ...
Hätte damals ich getan,
Was unsere Gegner wünschten, oder hätte ich
Getan, was unsere Freunde sich von mir erhofft -
Verwaist, geprellt um manchen Mann wär' diese Stadt!"
(Solon frg. 24 D, 15 ff.; Übers.: Franyó).

Der Kampf zwischen Unterdrückung und Rebellion wird übersetzt in die Auseinandersetzung um die richtigen Gesetze. Dort, wo der Ruf nach Gerechtigkeit und Rache die direkte Aktion verlangte, setzten die Gesetze das gerade Gegenteil: Die zu lösenden Probleme werden dem geschriebenen und allgemeingültigen Gesetz unterworfen, das interpretierbar ist und korrigiert werden kann, wenn die gesellschaftlichen Konflikte dies fordern. Deren Gestalt wird damit auch für die Zukunft beherrschbar, nachdem der Entscheidungskampf zwischen arm und reich zunächst vermieden wurde. Das konnte nicht jedem gefallen, schon gar nicht denen, die nach der revolutionären Veränderung gerufen hatten, und die in den erlassenen Gesetzen nur Reste ihrer Parolen wiedererkannten.
Solon wußte dies. „Ich aber stellte zwischen beide Lager mich" (25,8) – diese stolz verteidigte Position wollte nur den sozialen und politischen Kompromiß, den Ausgleich, erzwungen durch das Gesetz und nicht durch den politischen Kampf der Bürger. Diese hatten nun zu wählen: Entweder sie beugten sich dem Gesetz oder das Knie vor einem Tyrannen, der drohend am Ende fortgesetzter politischer Gewalttat stehen mußte. Als es 561/0 dahin kam, als Peisistratos nach der alleinigen Macht griff, blieb dem greisen Gesetzgeber, den seine Gegner für verrückt erklärt hatten, nur noch die Verachtung für seine Landsleute. Sie hatten nicht verstanden, daß er für sie sein Bestes gegeben hatte. So stürzten sie blind in die Arme des Tyrannen, den die Fehden der Adelsfamilien schließlich gebaren:

„Wenn ein erbärmliches Los euch traf durch eigene Verfehlung,
rechnet die eigene Schuld nicht den Unsterblichen zu.
Habt ihr doch selbst diese Leute geholt, habt ihnen geholfen,
Dafür ward euer Lohn bitteres Sklavengeschick. ...
So zerstören die Großen den Staat, so fällt in die Knechtschaft
Der Tyrannengewalt in seiner Torheit das Volk" (F 8 ff.).

Als es soweit war, hatte sich vieles durch Solon verändert. Die für die Vision vom sozialen Frieden wichtigsten Gesetze, ohne die die Eunomie keinen Bestand haben konnte, werden die ersten gewesen sein, die auf Tafeln geschrieben und öffentlich aufgestellt wurden. Sie verboten den Zugriff auf die Person des Darlehnsschuldners und strichen alle bestehenden Darlehnsschulden; in der leidenschaftlichen Sprache Solons: Die Grenzsteine (horoi), die Zeichen der Schuldenlast, wurden aus dem Boden gerissen. In der Konsequenz dieser Maßnahme lag, daß nun athenische Gesandte in die

Nachbarstädte eilten, um die verkauften Opfer, die mit ihrer Person für die Schulden hatten haften müssen, auf Staatskosten wieder zurückzuholen. Und nicht minder konsequent war, daß der hemmungslose Erwerb von Land unterbunden und Ausländern das Bürgerrecht in Aussicht gestellt wurde, wenn sie „zur Ausübung eines Handwerks" nach Athen übersiedeln wollten: Ein aufblühendes Gewerbe sollte den verarmten Bauern, die Haus und Hof bereits verloren hatten, neue Arbeitsplätze schaffen. Damit waren die bestehenden Eigentumsverhältnisse nicht angetastet worden („an dem reichen Heimatland/ gleichen Anteil den Gemeinen und den Edlen gab ich nie"; 23,20 f.). Wohl aber gab es Hoffnung für viele, die den Schritt ins offene Elend noch nicht hatten vollziehen müssen. Ihre bürgerliche Existenz jedenfalls war gesichert: Ihre persönliche Freiheit war zum unverlierbaren Bestandteil ihres Bürgerrechts geworden.

Auf dem Feld der Politik war Solon weit entfernt von dem Glauben, jeder Bürger, ob arm oder reich, sei zur Teilnahme am politischen Geschäft berufen. Die Herrschaft des Demos, gegründet auf die Forderung nach Gleichheit, lag außerhalb seiner Vorstellung und wäre ihm auch höchst zuwider gewesen: „Einfluß gab ich dem Volke soviel wie gerade genug ist,/Wollte nicht schmälern noch auch mehren ihn über Gebühr" (frg. 5,1 f.). Wohl aber fielen die Privilegien der Geburt: Die politischen Rechte wurden nun nach dem Vermögen abgestuft. Künftig entschied das timokratische Prinzip in Griechenland wie später in Rom über das Maß an politischer Mitsprache. Dies setzte zu seiner Einführung voraus, daß ein Verfahren der Einkommensschätzung (römisch: *Census*) entwickelt wurde. Das Vorrecht des ererbten Adels war damit durch das Vorrecht des ererbten oder erworbenen Reichtums ersetzt worden.

In der praktischen Durchführung bedeutete dies, daß die Bevölkerung in vier Klassen geteilt wurde. Auch dies ein Kompromiß: Die vorhandene soziale (und möglicherweise bereits institutionalisierte) Ordnung kannte nur drei Klassen: Die Habenichtse, das mittlere und reiche Bauerntum – in der solonischen Ordnung die „Zeugiten" – und den Adel, die „Hippeis", also die, die zu Pferd in den Krieg zogen. Ihnen voran stellte Solon die Klasse der „Fünfhundertscheffler", die über 500 Scheffel Ertrag nachweisen konnten. Es war dies ein Zugeständnis und eine Verbeugung vor den großen grundbesitzenden Familien, denen mit der Annullierung der Schulden und der Reform der politischen Ordnung ein großes Opfer abgetrotzt worden war. Ihre vornehme Rolle sollte für alle sichtbar unterstrichen werden, und nur aus ihren Reihen durften die obersten Staatsbeamten, die Archonten gewählt werden. Trotzdem: Die Zeit ihrer alleinigen Herrschaft über den Staat neigte sich dem Ende zu. In der Volksversammlung, die alle Beamten wählte, stimmten nun alle Bürger mit einen Mindestvermögen von mehr als 200 Scheffeln Ertrag, und das waren alle, die mit eigener Ausrüstung als Schwerbewaffnete in den Kampf zogen. Der Krieg hatte sie geadelt, und die Politik vollzog das daraus folgende Gesetz der Mitsprache in allen zentralen Angelegenheiten des Staates.

Wer jetzt Macht im Staate ausüben und in seinen Diensten Ruhm ernten wollte, mußte zur höchsten Steuerklasse drängen. Dorthin strebten nun auch viele, die als Handelsherren oder Besitzer von Manufakturbetrieben ihr Geld gemacht hatten. Es blieben jedoch die alten Formen der sozialen Bindungen, die den Herrschaftsanspruch des Adels sicherten, in dessen Reihen sich Emporkömmlinge lange schwer taten. Erst Kleisthenes beseitigte die sich daraus ergebenden Abhängigkeiten (s. S. 152).

Das auf das Gesetz gestellte Gemeinwesen kam ohne den Willen seiner Bürger nicht aus, alle Angelegenheiten des Staates zu ihren eigenen zu machen. Dies wollte gelernt sein – von denen, die bisher staatliche Behörden nur als Instrumente der Unterdrückung erfahren hatten, ebenso wie von denen, die den Staat als ihre Beute betrachtet und „weder des Tempels Besitz, noch das Vermögen des Staates" geschont hatten (frg. 3,12). Jetzt sollten die Organe des Staates erkennbar für den Schutz jedes einzelnen da sein. Dazu bedurfte es der Gewißheit, auch für den Schwachen, dem Unrecht geschah, wirkungsvoll und jederzeit eintreten zu können. Die Möglichkeit dazu schuf die Popularklage im öffentlichen und privaten Strafrecht. Dieses Gesetz rief jeden, auch wenn er am Streit anderer völlig unbeteiligt war, dazu auf, Klage zu erheben, wenn der Verletzte nicht imstande war, sein Recht selbst zu suchen. In einer Gesellschaft, in der bis dahin nur der Geschädigte das Recht hatte, die staatliche Verfolgung bestimmter Delikte einzuleiten, mußte dies das Bewußtsein von der Funktion des Rechtswesens umstürzen. Denn es waren die Schwachen, z. B. die Waisen, die Witwen, die Erbtöchter, die Schuldner, die rechtlich oder faktisch auf Hilfe angewiesen waren, da sie sich selbst Recht nicht zu verschaffen wußten; für sie trat jetzt jeder Bürger ein und erstattete Anzeige beim zuständigen Beamten ausschließlich im Interesse des Verletzten. Das Gesetz lehrte unausgesprochen Verantwortung, lehrte zu begreifen, daß das Recht für alle Geltung haben muß, und lehrte

Gerechtigkeit zu verstehen als die Durchsetzung der Gesetze, für die alle verantwortlich waren.

Eine dauerhafte Befriedung des sozialen Konflikts hat Solon nicht erreicht. Wie sollte er auch, da er an das Grundübel der Überbevölkerung nicht herankam. Erst im 5. Jahrhundert gab es auf dieses Problem vorübergehende Antworten: Die Gründung von Kolonien, die Flotte, die Tausenden in den Werften und auf den Ruderbänken auf Kosten aller Seebundsmitglieder Arbeit und Brot gab, und schließlich die Pest und der Krieg verdeckten für einige Jahrzehnte, daß es gegen zu viele Menschen in einem von der Natur nicht gesegneten Land nur einen Ausweg gab: die Auswanderung oder die Eroberung.

Es blieb zu Solons Zeiten auch das Mißtrauen der Bauern, die sich in schwierigen Zeiten lieber hinter dem Hoftor verschanzten, als sich auf dem öffentlichen Markt, wo der große Herr Respekt und Schweigen gebot, das Maul zu verbrennen. Zudem lernten sie jetzt eine Schattenseite der Schuldenstreichung und der Abschaffung der Schuldknechtschaft kennen, die zunächst niemand bedacht hatte: Die Darlehnsangebote verschwanden vom Markt, da niemand Sicherheiten von einem in Not geratenen Bauern erwarten konnte. So gingen weiterhin viele ins offene Elend und hofften auf einen neuen Erlöser, und nur die wendigsten unter ihnen nutzen die Chancen, die Handel und Gewerbe, die dank den Förderungsgesetzen Solons aufblühten, boten.

Auch viele der vornehmen Herren dachten nach der ersten Euphorie über den vermiedenen Bürgerkrieg gerne an alte Zeiten. Vor allem waren sie nicht gewillt, den Kampf um die Macht im Staate mit den gewohnten Mitteln von Fehde und Gewalt aufzugeben. So kam, was Solon immer gefürchtet hatte. Bereits wenige Jahre, nachdem er freiwillig Athen verlassen hatte, brachen neue, heftige Auseinandersetzungen aus. Sie führten schließlich zur Herrschaft von Tyrannen, vor deren Machtgier Solon seine Mitbürger lange und eindringlich gewarnt hatte. Eine spätere Legende erzählt, Solon habe sich, als seine Mitbürger dem Peisistratos eine Leibwache zubilligten, bewaffnet vor seinem Haus aufgestellt und geschrien, alle mögen seinem Beispiel folgen und der Stadt nach besten Kräften helfen (Aristoteles, Staat der Athener 14,2). Seine Rufe verhallten ungehört. Der Jubel um den neuen Tyrannen, der sie erstickte, hat dem greisen Mann wohl nur die alte aristokratische Lehre bestätigt, „Große Taten – noch nie waren sie allen genehm“ (frg. 5,11). Aber vielleicht hat er geahnt, daß seine Tat seiner Heimatstadt am

Ende doch den Weg in die Zukunft wies – ungeachtet aller tyrannischer Zwischenspiele. Denn drei Dinge waren unumkehrbar geworden:

- Die Gewißheit, daß allein das Gesetz die Grundlage der Staats- und Gesellschaftsordnung sein dürfe und die Achtung vor dem Gesetz allen Bürgern gemeinsam sei: „Ein Gesetz muß das Volk ebenso tapfer verteidigen wie seine Stadtmauern", schrieb Jahrzehnte später Heraklit (frg. 114 Capelle).
- Das Bewußtsein, daß jeder Bürger für seinen Staat verantwortlich sei und diese Verantwortung im Raum der Politik an der ihm zugemessenen Stelle auch tragen müsse.
- Der Siegeszug des Staates, dem mit dem Gesetz das Mittel an die Hand gegeben war, seine Bürger immer enger an sich zu binden. Dabei blieb prinzipiell kein Bezirk des Lebens vom Zugriff des Gesetzes ausgespart; Solon hat familienrechtliche Angelegenheiten mit derselben Leidenschaft dem Gesetz unterworfen wie Fragen der Kultausübung oder Einschränkungen des privaten Aufwandes, und die späteren Generationen sind ihm dabei gefolgt. Freiheit sollte sich niemals als Freiheit vom Gesetz, vom Zugriff des Staates auf bestimmte Lebensbereiche verstehen. Im Gegenteil: Sie herrschte im allgemeinen Verständnis nur dort, wo das Gesetz regierte.

4. Die Tyrannen

Dieselbe Not, dieselben adligen Machtkämpfe, die Gesetzgeber gebaren, schufen auch Tyrannen. Nur die letzteren aber behielten die Macht, solange sie nur konnten. Denn der Staat war die Beute, die sie in schweren Fehden ihren adligen Standesgenossen abgetrotzt hatten und der sie um des eigenen Ruhmes willen Glanz verleihen wollten: „Hätte ich die Macht besessen, hätte Schätze mir gerafft,/ Wär' Athens Tyrann gewesen nur für einen kurzen Tag:/ Willig ließ ich mich häuten, ließe morden mein Geschlecht"; dies war für Solon das Glaubensbekenntnis all derer, die „beutelüstern, voller Hoffnung auf Gewinn" nach der Alleinherrschaft griffen (frg. 23,5 ff.; 13).

So rissen seit der Mitte des 7. Jahrhunderts in vielen Städten des Mutterlandes, Kleinasiens, der ägäischen Inseln und – seit der Mitte des 6. Jahrhunderts – auch Siziliens Aristokraten die Alleinherrschaft an sich. Sie wurden „Tyrannen" (sing.: *tyrannos*) ge-

nannt, was ursprünglich nicht negativ verstanden wurde. Das Wort, das anfangs nichts anderes bedeutet haben mochte als „König“, drückte aus, daß sich ein Adliger ohne Ermächtigung durch die bestehenden staatlichen Institutionen die Macht im Staate genommen hatte und gewillt war, sie auf Dauer und notfalls mit Gewalt zu behalten. Der Tyrann unterschied sich damit von einem König, den Tradition, Erbfolge, Wahl oder die Götter legitimierten.
Aristoteles hat in seiner Staatstheorie die bis heute wirksame Vorstellung entwickelt, der Tyrann habe während und nach seiner Machtergreifung als Führer der Volksmassen – vergleichbar etwa einem Diktator modernen Zuschnitts – die Herrschaft der Aristokraten bekämpft und damit letztlich der Demokratie den Weg gebahnt. Dieser Gedanke ist eine unhistorische Konstruktion. Sie beruhte auf der unzulässigen Verallgemeinerung der Geschichte Athens, in der auf die Herrschaft der Peisistratiden die Ordnung des Kleisthenes folgte, dem in der antiken Tradition eine Schlüsselrolle bei der Begründung der Demokratie zugeschrieben wurde (Aristoteles, Staat der Athener 22).
Tatsächlich war die Tyrannis die äußerste Steigerung aristokratischer Macht. Zu erkennen ist dies an der sozialen Herkunft der Tyrannen, ihrer Lebensführung und der Art und Weise ihrer Machtausübung. In der Regel großen aristokratischen Familien entstammend, entfalteten die Tyrannen einen Lebensstil, der gekennzeichnet war durch adlige Prachtentfaltung und weitverzweigte Beziehungen zu ihresgleichen, mit denen sie weit über die Grenzen ihrer Stadt hinaus gesellschaftliche und politische Kontakte knüpften. Ihre Macht sicherten sie wie andere aristokratische Familien auch – nur effektiver und umfassender – durch bewaffnete Gefolgschaften (Söldner, abhängige Bauern, abhängige kleinere aristokratische Familien), die Mehrung ihres Reichtums und durch persönliche Beziehungen zu anderen Tyrannen und aristokratischen Familien in der ganzen griechischen Welt. Die Hochzeiten ihrer Töchter und Söhne wurden zu glanzvollen Festen, zu denen von nah und fern herbeieilte, was Rang und Namen besaß, und auf denen es zu bestaunen gab, was Macht und Reichtum bedeuten konnten.
Überregional bedeutsame Tyrannenherrschaften wurden in Korinth (seit 650; um 600: Herrschaft des Periander), in Sikyon (650-550), auf Samos (um 530: Polykrates), in Athen (561/60-510: Peisistratos und seine Söhne) und in Syrakus (490-467: Gelon und Hieron) begründet. Die zeitliche Erstreckung dieser Herrschaftsform auf nahezu 200 Jahre verdeutlicht bereits, daß ihre Voraussetzun-

gen vielfältig und an keine bestimmte Entwicklungsphase der Poleis gebunden waren. Innere Konflikte (z. B. der Tyrann als Vorkämpfer des in seinen tradierten Rechten bedrohten Adels oder als Sachwalter der um ihre Existenz bangenden Bauern), äußere Bedrohungen, die nur durch die Bündelung aller Kräfte in einer Hand zu meistern waren (z. B. die Abwehr des karthagischen Angriffs auf den griechischen Teil Siziliens), oder Eroberungszüge bereits etablierter Tyrannen (z. B. die Adria-Politik der korinthischen Herren) hatten mächtigen Aristokraten die Alleinherrschaft verschafft.

Jeder von ihnen suchte nach der Ergreifung der Macht den eigenen Vorteil, den daran gebundenen Ruhm, die Mehrung von Reichtum und Ansehen. Dies hat viele nicht gehindert, gute Regenten zu werden. Dies gilt insbesondere für Peisistratos. Unter seiner langen Herrschaft schwächte sich die soziale Abhängigkeit der Bauern von ihren adligen Nachbarn spürbar ab. Er und andere stützten den bedrohten Bauernstand, zentralisierten die Rechtsprechung, traten als große Bauherren von Tempeln, Häfen und Wasserleitungen auf, führten Steuern ein und förderten die zentralen Kulte ihrer Städte. Sie entwickelten dabei die Fähigkeit zur systematischen Planung und zur Zusammenfassung aller Kräfte in einem Ausmaß, das den griechischen Städten bis dahin unbekannt war. Beides trug zur inneren Befriedung und zum wirtschaftlichen Aufschwung wesentlich bei. Nicht von ungefähr erschien im Rückblick vielen Athenern die Tyrannis des Peisistratos als goldenes Zeitalter.

Insgesamt jedoch stieß die Tyrannis als Herrschaftsform auf Haß und Ablehnung. Das 5. Jahrhundert hat sie nahezu durchgängig als Willkürherrschaft geächtet, und das 4. sprach von der Korruption der Macht und von Männern, die die alten Bräuche schändeten, Frauen vergewaltigten und Menschen ohne ein ordentliches Gerichtsverfahren hinrichteten. Natürlich war dies nur ein Zerrbild der Wirklichkeit, aber als solches gut geeignet, die eigenen Gedanken über den guten Staat vor dunkler Folie besser leuchten zu lassen. Tatsächlich hatten es die Tyrannen nicht verstanden, ihre Herrschaft rechtlich zu umhüllen, und es ist sehr die Frage, ob solche Versuche überhaupt möglich waren. Deswegen fielen sie zumeist in der zweiten Generation. Zu heftig war der Widerstand der von der Macht verdrängten adligen Familien, und zu unbeugsam artikulierte sich der Freiheitswille der übrigen Bevölkerung, die die Willkür des tyrannischen Regiments nach der Beseitigung einer akuten Bedrohung ebenso ablehnte wie den Bruch mit der Tradition, in die sich der Tyrann nicht einordnen konnte. Die Stärkung des Freiheitswillens in den Bürgerschaften war ein wichtiges Ergebnis der Tyrannis, die die Griechen rückblickend als eine vorübergehende Aufhebung der gesetzlich geregelten Staatsordnung verstanden.

5. Die Reform des Kleisthenes in Athen

Der Anlaß und die Gegenstände der Reform von 508/7

511/10 vertrieben die Athener unter tatkräftiger Mithilfe der Spartaner ihren letzten Tyrannen, Hippias. Wenig später gerieten zwei adlige Dynasten aneinander, beide unterstützt durch Adelsgefolgschaften. Der eine, Isagoras, setzte sich durch und wurde für das Jahr 508/7 zum Archon gewählt; der andere, Kleisthenes, Führer des lange verbannten Geschlechts der Alkmeoniden, wandte sich daraufhin an das Volk, das er mit Reformvorschlägen auf seine Seite zog. Für eine Neuordnung sprach vor allem die antiquierte Militärordnung, die ungeeignet war, alle zu rekrutieren, die als Schwerbewaffnete (Hopliten) für die Stadt kämpfen konnten. Kleisthenes löste dieses Problem; darüber hinaus änderte er grundlegend die Bedingungen, unter denen politisches Handeln in Athen künftig möglich war. Er tat dies nicht als Führer einer demokratischen Partei – es gab weder diese noch überhaupt ausformulierte, politische Programme –, sondern als Oberhaupt seiner Familie, die unter der alten Ordnung nie den ersten Platz im Staate hatte erobern können. Also galt es – bei aller Einsicht in das dem Staate nützliche –, vor allem den Widersachern seines Geschlechts die Machtbasis zu entziehen.

Wie Kleisthenes dabei vorging, hat bereits in der Antike den Gedanken genährt, er sei der eigentliche Urheber der Demokratie in Athen gewesen. Aristoteles hat sich auf ihn berufen, als er schrieb, eine Demokratie könne nur so eingerichtet werden, „daß soweit möglich alle mit allen vermischt und die früheren Verbindungen zerrissen werden.“ Der letzte Halbsatz definiert präzise, worauf die Maßnahmen des Alkmeoniden hinausliefen.

Zunächst teilte er Attika in drei territoriale Zonen: das Stadtgebiet, den Küstenbereich und das Binnenland. Innerhalb dieser Zonen bildeten Demen (insgesamt 139) die kleinste organisatorische Einheit. Diese waren kleine lokale Siedlungseinheiten (Dorf oder Stadtbezirk) Attikas, die nun eine eigene Verwaltung (Magistrate,

Priesterschaft, Versammlung der ansässigen Bürger) erhielten und künftig als unterste Instanz der staatlichen Ordnung Athens arbeiteten. Sie wurden zuständig für die Pflege der örtlichen Kulte und Feste, führten die Bürgerlisten und beteiligten sich an der Aushebung der Wehrpflichtigen. In einem zweiten Schritt wurden die Bürger der Demen auf dreißig Trittyen („Drittel") so verteilt, daß jede Trittye die ungefähr gleiche Zahl erwachsener Männer auswies. Die Trittyen waren vor allem Rechengrößen und dienten der Durchmischung der Bevölkerungsteile: Jeweils aus einer Trittye der Stadt, der Küstenzone und des Inlandes wurde – in einem dritten Schritt – eine Phyle gebildet, insgesamt zehn. Die einzelnen Phylen repräsentierten also kein geschlossenes Siedlungsgebiet mehr; sie vereinigten vielmehr in sich Gemeinden der verschiedenen Landesteile.
Die Beamten wurden künftig nach Phylen gewählt, ebenso der neue Rat (boulé) der 500, in den jede Phyle 50 Vertreter entsandte. Die Wehrverfassung paßte sich dieser Ordnung an: Jede Phyle stellte eine eigene Hoplitenabteilung (zunächst wohl 1000 Mann) mit je einem Strategen an der Spitze. Unverändert blieben die Aufgaben des Archontats, um das sich weiterhin nur Angehörige der höchsten Gesellschaftsschicht bewerben durften: neun jährlich gewählte Archonten leiteten die Staatsgeschäfte (im einzelnen: der leitende Archon, der auch dem Jahr den Namen gab, der oberste Feldherr, der Verwalter der wichtigsten religiösen Angelegenheiten und sechs Richter). Auch der Areopag amtierte wie bisher, überwachte die Magistrate und übte seine gewohnte richterliche Tätigkeit aus.

Die Bedeutung der Reform: Neue Formen der politischen Entscheidung

Vor Kleisthenes waren alle Athener (einschließlich der kleinen Adelsfamilien) auf die eine oder andere Weise Gefolgsleute der adligen Geschlechter. Keiner von ihnen konnte Bürger oder Angehöriger einer Kultgemeinschaft werden, ohne Mitglied einer Phratrie zu sein, die von adligen Geschlechtern kontrolliert wurde. Jetzt wurde das wirre Mosaik der alten Ordnung ersetzt durch eine einzige, vertikal gegliederte Hierarchie von Verwaltungseinheiten. Ganz unten, für das engste örtliche Leben, rangierten die Demen als neue Institution der Selbstverwaltung; jeder Stadtteil, aber auch das kleinste Dorf in Attika hatte eine. Sie und die in den beiden folgenden Ebenen gezielt durchgeführte Mischung des athenischen Volkes in den neu gegründeten Phylen zerstörten die alten Abhängigkeiten. Die Adligen verloren ihre festen und lokal überschaubaren Gefolgschaften. Wer von ihnen jetzt noch im politischen Spiel mithalten wollte, mußte sich von Fall zu Fall seine Anhänger neu suchen.

Damit stürzte Kleisthenes die Grundlagen der bisherigen politischen Ordnung, die die Herrschaft der überkommenen Adelsfamilien festgeschrieben hatte. Seine Motive waren die Stärkung des Staates und die Schaffung von Entscheidungsformen, die seiner Familie den lang ersehnten Weg zur Macht öffnen sollten – was auch für einige Jahre gelang. Gleichzeitig barg diese neue Ordnung jedoch Möglichkeiten der Demokratisierung der gesamten Staatsordnung. Diese zeigten sich allerdings erst, als im Krieg gegen die Perser bis dahin unbekannte Probleme zu lösen waren.

Die territoriale Gliederung Attikas

Demen	Trittyen		Phylen
139 lokale Selbstverwaltungseinheiten So auf die Trittyen verteilt, daß jede etwa die gleiche Zahl erwachsener Männer hatte. →	10 städtische 10 aus dem Binnenland 10 aus der Küstenzone	Rechengröße zur Durchmischung der Bürgerschaft; je 1 Trittye aus den drei Zonen bilden eine neue Phyle. →	10 Phylen – wählen je 50 Mitglieder des Rates; – die Beamten; eine neue Phyle. – stellen je eine Hoplitenabteilung mit 1 Strategen.

Die Bedingungen, unter denen künftig Politik in Athen getrieben wurde, gaben den vorhandenen staatlichen Institutionen und insbesondere der Volksversammlung eine neue Bedeutung. Da die alten Gefolgschaften gesprengt waren, mußten die Adligen ihre Kämpfe um die Macht vornehmlich dort austragen. Damit konzentrierte sich das politische Leben nunmehr auf die Stadt Athen, und da die neuen Phylen nicht mehr an bestimmte attische Landschaften gebunden waren, verkümmerten deren lokale Probleme.

Die Mehrheit der Athener stand hinter den Reformen. Sie brachte ihnen politische Mitspracherechte in den Demen und verlieh ihrer

Stimme in der Volksversammlung Gewicht. Dies entsprach ihrem nach dem Sturz der Tyrannen gewachsenen Selbstvertrauen. Die politische Leitidee der neuen Ordnung spiegelte sich in dem Gedanken von der hergestellten „Isonomie“ (ísos: gleich, némein: verteilen). Gemeint war mit diesem wenig präzisen Wort die Gleichheit derer in der Volksversammlung, die gemeinsam mit den Aristokraten als Hopliten für die Stadt in den Kampf zogen.

Der Begriff, der in der politischen Literatur seit Herodot häufig und nicht ohne Pathos gebraucht wurde, entstand wahrscheinlich, als der Adel unter dem Druck tyrannischer Machtansprüche zu begreifen begann, was ihm jenseits aller Machtkämpfe immer eigen war: Der Anspruch auf politische Gleichheit unter den sozial Gleichen. So pries ein zeitgenössisches Trinklied die Tyrannenmörder Harmodios und Aristogeiton, weil sie Athen „isonom“ (nicht etwa: frei) gemacht hätten (Scolia anonyma 10-13 D). Einmal in der Welt, erfaßte „Isonomie“ auch die Gleichheit der Schwerbewaffneten und rühmte – als sich diese Vorstellung bewährt hatte – dieses Prinzip bis hinein in alle Lebensbereiche. So lehrte der Arzt Alkmaion im unteritalischen Kroton, daß auch der Körper nur bei strikter Wahrung der Isonomie gesund bleiben könne: „Gesundheitsbewahrend sei die Gleichberechtigung (isonomia) der Kräfte ... Die Alleinherrschaft (monarchia) hingegen sei krankheitserregend“ (frg. 24,4 D).

Die soziale und politische Wirklichkeit allerdings folgte noch lange ihrer eigenen Gesetzmäßigkeit: Der Adel behielt seine wirtschaftliche Überlegenheit, sein soziales Prestige und seine politische Führungsrolle. Denn diese gründete sich auf immer noch unantastbaren Voraussetzungen: Reichtum, Bildung, Erfahrung, Beziehungen und die ständige Verfügbarkeit für alle staatlichen Aufgaben.

VI. Der Konflikt mit Persien und der Aufstieg Athens zur Weltmacht

500-494	Der Aufstand kleinasiatischer Griechenstädte unter Führung Milets gegen die persische Vorherrschaft scheitert. Die griechische Geschichte gerät für Jahrhunderte in den Sog der Außenpolitik.
490-479	Unter Führung von Athen und Sparta wehrt eine griechische Koalition den Versuch Persiens ab, Griechenland zu erobern; 490 Schlacht von Marathon, 480 Schlacht von Salamis, 479 Schlacht von Plataä.
478/77	Bündnis Athens mit Städten in der Ägäis zur Fortsetzung des Perserkrieges (Seebund); in den folgenden Jahrzehnten Ausbau des Bundes zum Herrschaftsinstrument Athens.
um 465	Athen erstickt gewaltsam die ersten Versuche (Naxos und Thasos), den Seebund zu verlassen.

1. Das Ende der Isolation der griechischen Welt

Der Orient kehrt sich nach Westen

Am Ende des 7. Jahrhunderts vollzog sich in den Ländern des Euphrats ein Drama, das die Welt des Alten Orients binnen weniger Jahre veränderte und dessen Auswirkungen zwei Menschenalter später die Küsten des östlichen Mittelmeeres erreichten: Das assyrische Großreich, das seit Jahrhunderten die Vormacht in Asien gewesen war, erlag den verbündeten iranischen Medern und Babyloniern; 606 fiel der letzte assyrische König bei dem vergeblichen Versuch, wenigstens das nordmesopotamische Charan zu halten. Die Meder trugen ihre siegreichen Waffen nach Westen und erreichten 585 den Halys und damit die Grenzen des lydischen Reiches. Ihre Herrschaft hatte keinen Bestand. Um 550 erhob sich der König der Persis, Kyros, der zweite seines Namens aus dem Geschlecht der Achaimeniden, gegen seinen medischen Lehnsherrn Astyages und nahm die Haupstadt Ekbatana ein. Fast über Nacht hatte der Sieger damit eine Macht zusammengeballt, die von den Bergen

Armeniens bis an die Ränder der Wüsten Gedrosiens reichte. Sie kehrte der Achaimenide, dem Krieg und Eroberung zum einzigen Lebensziel geworden war, nach Westen, gegen das lydische Reich des Kroisos, der sich berufen sah, als Verbündeter der Meder in die Kämpfe einzugreifen. 547 fiel Sardes in die Hände der persischen Armeen, die ihren Siegeszug an die kleinasiatische Küste fortsetzten, wo sie die dortigen Griechenstädte sowie Karer und Lykier dem Spruchrecht ihres Königs unterwarfen. Wenige Jahre später, nach einem großen Kriegszug in den Nordosten gegen Baktrien und Sogdien, ergab sich fast kampflos auch die babylonische Dynastie, und der triumphierende Sieger zog 539 als erwählter Sohn des babylonischen Gottes Marduk in Babylon ein. Dieser ergriff die Hände des Siegers, sprach seinen Namen als Erwählten aus und „berief ihn zur Herrschaft über das All" (so die Ehreninschrift der babylonischen Priesterschaft für Kyros). Der so Erhöhte stürzte sich auf die Länder des alten Chaldäerreiches und kämpfte sich bis zur Grenze Ägyptens vor.

Als Kyros 529 im Kampf gegen die Massageten in der aralischen Steppe, weit im Norden, den Tod des Kriegers in der Schlacht fand, waren die Grenzen eines riesigen Herrschaftsraumes abgesteckt. Er umfaßte von der kleinasiatischen und syrischen Küste über Armenien und das iranische Hochland nordwärts bis zum Oxus (Amudarja) und ostwärts bis zum Indus eine gewaltige, in dieser Dimension nie gekannte Ländermasse, über die ein von Gott dazu berufener König als universaler Monarch, als *König der Könige* herrschte. Daran konnten auch die Jahre innerer Machtkämpfe nach dem Tod des Nachfolgers Kambyses (522), die die zentralen und östlichen Provinzen erschütterten, nichts mehr ändern. Der lange Kriegszug des Königs in Ägypten und Nubien hatte den Magier Gaumata, einen Angehörigen der medischen Priesterkaste, ermutigt, selbst den Griff nach der Krone zu wagen. Er wurde niedergeworfen von einem jungen Mann aus der Seitenlinie des Königshauses, Dareios, der die Geschichte seines Triumphes über seine Widersacher in den Felsen von Behistun (Bagistana) in Wort und Bild einschlagen ließ: Über dem siegreichen König, dessen Fuß den Körper des besiegten Gaumata in den Staub tritt, thront der Reichsgott Ahuramazda mit dem Ring der Weltherrschaft, thront der Gott, vom dem der König bekannte: „Nach dem Willen Ahuramazdas wurde ich König, Ahuramazda verlieh mir das Königtum" (R.G. Kent, Old Persian, 2. Aufl. 1953, S. 116 ff.). Dies war kein Mann, der seinen universalen Herrschaftsanspruch durch Aufstände in Frage stellen ließ – mochten sie auch noch so fern sein und auf der Landkarte eines Weltreiches unbedeutend erscheinen.

In den ionischen Städten am westlichen Rand ihres Reiches beobachteten die Perser mit gemischten Gefühlen die innenpolitischen Querelen, in die sich die kleinasiatischen Griechen mit derselben selbstzerstörerischen Lust stürzten wie ihre Landsleute jenseits des Meeres. Hier wie dort kämpften Oligarchen gegen Demokraten, hier wie dort war der jeweils Unterlegene bereit, auswärtige Mächte in den Streit hineinzuziehen, wenn so das Blatt noch zu wenden war. Die Satrapen des Großkönigs mußten sich für eine Generallinie entscheiden, und das konnte nur heißen, daß sie die oligarchischen Regime und die Tyrannen stützten, die als Vasallen die persischen Interessen weit eher zu wahren versprachen als eine demokratische Regierung. Einer von ihnen, Aristagoras von Milet, machte sich im Jahre 500 daran, mit Hilfe des Satrapen von Lydien Naxos zu gewinnen, das soeben bei einem demokratischen Umsturz die Oligarchen vertrieben hatte. Als der Versuch fehlschlug und sich daraufhin in Milet die Opposition kräftig rührte, riskierte der bedrängte Tyrann alles, um an der Macht zu bleiben: Er verbündete sich mit den Demokraten und wagte den Aufstand gegen die Perser.

Zu Hilfe kam ihm der Drang nach politischer Selbstbestimmung, den auch die kleinasiatischen Griechen nicht gegen die Vorteile einer noblen Fremdherrschaft aufrechnen wollten. So war es nicht schwer, in einigen ionischen Städten Bundesgenossen zu finden, denen sich nach ersten Erfolgen und einem siegreichen Schlag gegen die lydische Hauptstadt Sardes auch Städte des Hellespont, Kariens, Lykiens und des fernen Kypros (Zypern) anschlossen. Das so herausgeforderte Imperium schlug zurück: Milet wurde im fünften Jahr des Krieges eingeschlossen, und eine phoinikische Kriegsflotte forderte die Flotte der vereinigten Ioner zum Kampf. Der Aufstand brach zusammen und endete 494 mit der militärischen Katastrophe. In Milet blieb kein Stein auf dem anderen; die überlebende Bevölkerung wurde deportiert. Der persische Sieger stellte die alten Verhältnisse wieder her und zwang die ionischen Städte, Verträge miteinander abzuschließen: „Streitigkeiten sollten künftig auf gütlichem Wege beigelegt werden, und die gegenseitigen Plünderungen sollten aufhören“ (Herodot 6, 42).

Diese Geschichte eines gescheiterten Abfalls trug alle Züge einer tragischen Episode. Sie wäre es wohl auch geblieben, wenn da nicht die 25 Schiffe gewesen wären, mit denen Athen und das euböische

Eretria den Aufständischen zu Hilfe gekommen waren. Diese Herausforderung nahm der Großkönig an. Seine Hoffnung, in Griechenland auf wenig Widerstand zu stoßen, war gut begründet: Die oligarchischen Kreise, vor allem in Mittelgriechenland, waren perserfreundlich, und der Adel Thessaliens, der den ersten Stoß einer von Norden einfallenden Invasionsarmee auffangen mußte, gewiß nicht gewillt, sich bedingungslos für die Städte im Süden zu schlagen. Am persischen Hof hatte sich zudem eine Schar griechischer Emigranten versammelt, die sich vom Großkönig die triumphale Rückkehr in die Heimat versprach und alles getan haben wird, die persischen Erwartungen auf einen leichten Sieg nach Kräften zu nähren.

491 erschienen die Gesandten des Königs der Könige in Griechenland und forderten von allen Städten Erde und Wasser als Zeichen der Unterwerfung. Viele kamen dieser Aufforderung nach; einige rechneten sich Vorteile bei den Streitigkeiten im eigenen Hause aus (so erwartete der aus Athen vertriebene Tyrann Hippias seine Rückkehr), andere erhofften das Ende der innergriechischen Kleinkriege, die meisten fürchteten den Kampf gegen einen übermächtigen Gegner. Sie konnten in der milesischen Tragödie nur bestätigt finden, was Hekataios aus Milet (s. S. 115) seinen Landsleuten vorgehalten hatte, als sie seinen Rat begehrten: „Er riet ab, mit dem Perserkönig Krieg anzufangen. Er nannte alle Volksstämme, über die Dareios gebot, und erklärte ihnen die Größe der persischen Heeresmacht. Als das nichts half, riet er ihnen, sich dann wenigstens zu Herren des Meeres zu machen; er sähe nicht ab, wie das Unternehmen anders Erfolg haben könnte“ (Herodot 5,36,2). In Athen und Sparta fanden solche Erkenntnisse keinen Widerhall. Dort wurden die Sendboten aus Persien getötet, denn die Unterwerfung wäre nutzlos gewesen: Athen mußte eine harte Bestrafung fürchten, und Sparta wußte, daß, was immer die Perser vorhaben mochten, die Anerkennung der spartanischen Herrschaft über den Peloponnesischen Bund nicht dazugehören konnte.

Als die ersten Schiffe der persischen Flotte ihre Heimathäfen verließen und Kurs nach Westen nahmen, war die seit dem 8. Jahrhundert währende Zeit der äußeren Isolation der Griechen zu Ende (s. S. 33). Von nun an sollte ihre Geschichte bis zu ihrer Eingliederung in das Weltreich der Römer von Konflikten mit der sie umgebenden Welt bestimmt werden.

Griechenland zur Zeit der Perserkriege

Der persische Vergeltungszug gegen Eretria und Athen

Im Visier des persischen Zorns lagen Eretria und Athen. 490 überquerte eine persische Flotte mit Reiterei und Landungstruppen an Bord die Ägäis, unterwarf die Kykladen, eroberte und zerstörte das allein gelassene Eretria und landete schließlich in der Bucht von Marathon. Dem Kriegszug angeschlossen hatte sich der greise Hippias, 510 aus Athen vertriebener Tyrann, der noch immer zahlreiche Anhänger in seiner Heimatstadt besaß und auf eine Erhebung zu seinen Gunsten rechnete.

Dazu kam es nicht. Die große Mehrheit der athenischen Bürger war selbst angesichts des persischen Aufmarsches nicht gewillt, die politischen Einrichtungen des Kleisthenes den Versprechungen einer sicheren, aber unmündigen Existenz unter einem Tyrannen zu opfern. Ihr Führer wurde der Philaide Miltiades, ein Neffe des älteren Miltiades, der – wie andere große Aristokraten auch – unter Peisistratos Athen verlassen und auf der thrakischen Chersones (heute: Gallipoli) ein eigenes Fürstentum gegründet hatte. Nach dem Scheitern des ionischen Aufstandes war seine Familie nach Athen zurückgekehrt, reich beladen mit den in Thrakien gesammelten Schätzen und entschlossen, keine Kompromisse mit den Persern zuzulassen. 490 zum Strategen gewählt, erzwang der jüngere Miltiades den Beschluß der Volksversammlung, nicht der Festigkeit der Stadtmauern, sondern der Kampfkraft der Hopliten zu trauen und die persischen Landungstruppen in offener Feldschlacht zu stellen.

So marschierten die Hopliten Athens mit dem Mut der Verzweiflung nach Marathon, wo sie an der Straße nach Athen biwakierten, um die in der Ebene gelandeten persischen Truppen am Vormarsch zu hindern. Als ihnen die Stadt Plataiai jeden verfügbaren Mann zu Hilfe schickte und die Perser Anstalten machten, ihre Landungstruppen zu einem direkten Vorstoß auf Athen umzugruppieren, griffen die Schwerbewaffneten an. Weder durch Reiter oder Bogenschützen gedeckt, keuchten sie in die Ebene von Marathon und warfen sich auf den Feind. Die Perser, so notierte Herodot, „hielten es für ein ganz tolles selbstmörderisches Beginnen, als sie die kleine Schar heranstürmen sahen. ... Aber während die Barbaren solche Gedanken hegten, kamen schon die Haufen der Athener heran“ (6, 122). Nach langem, heftigem Kampf unterlagen die Flügel der persischen Schlachtordnung, und wer noch konnte, floh auf die Schiffe. Der Tag gehörte den Athenern. Eine in Gewaltmärschen herangeführte spartanische Kampfgruppe kam zu spät; ihr Eintreffen beseitigte jedoch jeden Zweifel: Auch Sparta war wie Athen entschlossen, die politische Selbständigkeit der Griechen zu verteidigen. Der athenische Sieg – für das persische Großreich eine Schlappe am Rande der Welt – veränderte das bestehende Ungleichgewicht der Kräfte nicht. Er machte jedoch für den persischen Hof das griechische Problem plötzlich zur wichtigsten Aufgabe, die der Großkönig Dareios nun mit aller Energie zu lösen gedachte. Der verletzte Stolz eines den Göttern nahen Monarchen begann, Weltgeschichte zu schreiben. Seine Antwort auf Marathon waren gewaltige Rüstungen; „drei Jahre erdröhnte von ihnen Asien", schrieb Herodot. Der Tod, der Dareios 485 ereilte, verschaffte den Griechen eine Atempause, nicht mehr. Der Sohn und Nachfolger Xerxes setzte die Anstrengungen seines Vaters fort. Nichts wurde jetzt mehr dem Zufall überlassen: Große, in Thrakien und Makedonien angelegte Versorgungsdepots sollten einen kombinierten Angriff vom Lande und zur See ermöglichen.

2. Die Behauptung der Selbständigkeit

Politische Frontstellungen und militärische Rüstungen der achtziger Jahre

Eine nationale Bewegung zum Erhalt der Freiheit – vergleichbar etwa den Befreiungskriegen zu Beginn des 19. Jahrhunderts – gab es in den griechischen Städten nicht. Im Gegenteil: Die Zahl derer, die ihren Frieden mit den Persern zu machen gedachten, war unverändert hoch, und die allzulange gegeneinander ausgetragenen Erbfeindschaften und Nachbarschaftsfehden verdrängten den Gedanken an einen Zusammenschluß. Insbesondere die einflußreichen Priester des delphischen Apoll ließen jedermann wissen, daß Widerstand gegen die persische Großmacht sinnlos sei. Die Angst vor den riesigen Heeren des Großkönigs, durch allerorten kursierende Gerüchte ins Maßlose gesteigert, ging um, und die Hoffnung fand willige Ohren, daß man nur die Oberhoheit des Großkönigs anerkennen müsse, um weiter wie bisher leben zu können.
Trotz dieser weit verbreiteten Mutlosigkeit war die Situation eine ganz andere als 490. In Sparta und Athen hatte man nach wie vor keine Wahl: Hier drohten der Verlust der Vorherrschaft über den Peloponnesischen Bund, dort die Wiederaufrichtung der Tyrannis und die Rache für Marathon. Beide Städte waren daher zum Wider-

stand entschlossen, und ihr Vorbild verfehlte seine Wirkung auf kleinere Staaten nicht. Die Rüstungen begannen nun auch in Griechenland auf Hochtouren zu laufen. Sparta konnte nahezu die gesamte militärische Kraft der Peloponnes mobilisieren, darunter das mächtige Korinth mit seinen abhängigen Städten im Westen Griechenlands.

In Athen setzte Themistokles, der seit 493 Seerüstungen gefordert hatte, 483/82 den Bau einer Flotte durch. Dabei kam ihm zu Hilfe, daß schon in den neunziger Jahren die Mehrzahl der Athener entschlossen war, dem Konkurrenten auf der seemächtigen Nachbarinsel Aigina den Garaus zu machen. Dies ging nicht ohne Kriegsschiffe, so daß bei der entscheidenden Abstimmung der eine an das nahegelegene Aigina, der andere an den fernen Großkönig gedacht haben wird; zusammengezählt ergab das eine Mehrheit. Die Gelder für die Flotte flossen aus den Erträgen der Silberminen von Laureion an der Südküste Attikas und dem erhöhten Steueraufkommen der Vermögenden. Binnen zwei Jahren bauten die Werften über 100 Kriegsschiffe, und zwar Linienschiffe des neuen Typs, sogenannte Trieren, die auf jeder Seite von drei Reihen Ruderern getrieben wurden. Auf den Ruderbänken saßen – pro Triere etwa 175 Mann – die Angehörigen der unteren Bevölkerungsschichten, die Theten, die bis dahin vom Wehrdienst freigestellt waren.

Über den Ausgang des Krieges entschied jedoch – wie zumeist – die Politik. Es gelang den Spartanern, die zum Widerstand entschlossenen Städte zu einem Kampfbund zusammenzuschließen (Herodot 7, 145 ff.). Im Herbst 481 trafen sich ihre Abgesandten in Sparta und schlossen einen Vertrag mit dem Ziel, dem Angreifer gemeinsam entgegenzutreten. Die Vertragsbestimmungen regelten, daß alle zwischen den Mitgliedsstaaten anhängigen Streitigkeiten ruhen sollten – dies galt vornehmlich dem Konflikt zwischen Athen und Aigina – und Sparta als Führer im Kampf (Hegemon) anzuerkennen sei; alle schworen, „Sparta zu folgen, wohin immer es führe." Gesandte eilten nach Argos, Korkyra, Syrakus und Kreta und forderten (vergeblich) den vertraglichen Anschluß an den Bund. Im Frühjahr 480 konstituierte sich in Korinth ein Bundesrat der verbündeten Städte, der die militärischen Operationen lenken sollte; er übertrug seine Kompetenzen auf dem Höhepunkt des Krieges den Ratsversammlungen der Strategen, also der militärischen Gewalt. Sparta hatte mit seiner diplomatischen Tat nachdrücklich unter Beweis gestellt, was von seiner Elite immer behauptet worden war: die erste Macht in Griechenland zu sein. Es war der von Sparta begründete politische Zusammenschluß, zu dem sich die Städte der Peloponnes (außer Argos), Athen, Chalkis, Eretria und Aigina sowie die mittelgriechischen Platäer, Phoker und Thespier entschlossen, der dem griechischen Widerstand seine militärische Kraft und den dringend nötigen moralischen Rückhalt lieh. Dieser war stark genug, die Allianz trotz schwerer Niederlagen zu Beginn des Krieges am Leben zu halten.

Der Tag von Salamis

Griechenland besitzt gegen einen Angriff von Norden drei natürliche Verteidigungslinien: Das Tempe-Tal im Norden Thessaliens, den Thermopylen-Paß zwischen Thessalien und Mittelgriechenland und endlich den Isthmus, der die Peloponnes mit Mittelgriechenland verbindet. Als die Perser im Frühjahr 480 zu Wasser und zu Lande anrückten, gaben die Verbündeten die erste Linie kampflos preis, obwohl dies den zur Verteidigung entschlossenen thessalischen Adel zwang, die Front zu wechseln (Herodot 7,174). Der Versuch, die zweite unter dem Kommando des Spartanerkönigs Leonidas zu halten, endete mit einer schweren Niederlage, während die parallel zur Landarmee operierende persische Flotte vor Euboia die griechischen Schiffe nach Süden abdrängte. Mittelgriechenland war verloren, ebenso Attika. Athen wurde evakuiert; Frauen, Kinder und Greise fanden auf den benachbarten Inseln und an der peloponnesischen Küste Zuflucht. Der Heerbann des Bundes bezog Stellungen am Isthmos, der letzten Verteidigungslinie, die überhaupt noch zu halten war. Die Schiffe sammelten sich vor der attischen Küste, in der Meerenge zwischen Salamis und dem Festland. In den dortigen engen Gewässern konnte die persische Flotte bei einem Angriff ihre Überzahl nicht zur vollen Geltung bringen.
Trotzdem entschloß sich Xerxes zum Handeln. Man schrieb Ende September, und wenn eine Invasion auf der Peloponnes vor dem Einbruch des Winters gewagt werden sollte, mußte die noch intakte griechische Flotte ausgeschaltet werden. Der Angriff mißlang. Ohne Spielraum für taktische Manöver, auf engem Raum früh in verheerende Nahkämpfe verwickelt, unterlagen die phönikischen und persischen Seeleute den Athenern, die im Angesicht ihrer evakuierten und verwüsteten Heimat um alles oder nichts kämpften. Aischylos hat acht Jahre nach der Schlacht ihre Rufe im Gefecht in Verse gegossen: „Söhne der Hellenen, auf,/ Befreiet unser Vaterland, be-

freiet auch/ Die Kinder, Frauen, und der Heimatgötter Sitz,/ Der Ahnen Gräber; jetzt um alles geht der Kampf!" (Die Perser, 402 ff.). Als die Nacht einbrach, blickte auch der Sieger tief erschüttert auf sein Werk: „Mit Toten füllten Küsten, Klippen füllten sich./ Wild flieht, wie's kommt, ein jedes Schiff und rudert los,/ Soviel noch übrig war von unsrer Heeresmacht./ Die – wie beim Thunfisch- oder anderer Fische Fang – / Mit Ruderstücken, Splittern von der Schiffe Wrack/ Schlugen und spießten sie, und Weheruf zugleich/ Und Jammerschrei umfing die salzge Meeresflut,/ Bis dann die Nacht, der dunklen, Aug ein Ende schuf" (aaO. 420 ff.).

Der Rückzug des Xerxes nach Kleinasien war bereits das Eingeständnis der Niederlage, auch wenn im folgenden Sommer das persische Landheer Attika erneut verheeren konnte. In Böotien schließlich fiel die Entscheidung: Bei Plataiai verlor der persische Feldherr Mardonios Schlacht und Leben; die Reste seines Heeres räumten Griechenland. Die Sieger zogen nach Theben und zwangen die dortigen Perserfreunde zur Aufgabe; ihre Führer wurden als Verräter an der griechischen Sache öffentlich hingerichtet. Der schwerbewaffnete Hoplit hatte nach Marathon ein zweitesmal seine Überlegenheit über den persischen Bogenschützen bewiesen. Der nach Asien geflohene Xerxes tritt auf der Bühne des Aischylos daher als waffenloser Soldat auf, der vor seinen Feinden lediglich den leeren Köcher retten konnte.

Die frommen Zeitgenossen konnten die Ereignisse nur als die Strafe der Götter für die Hybris des Xerxes deuten. So erscheint bei Aischylos der Geist des großen Dareios, um sein Volk zu belehren, „daß übers Maß ein Mensch nicht heben soll den Sinn. . . . Wenn solche Schuld ihr schaut und Strafe solcher Schuld, gedenkt Athens und Griechenlands, daß keiner je, mißachtend seines Daseins gottgesandtes Los, Fremdes begehrend, fortgießt eignes großes Glück. Denn Zeus, Zuchtmeister über allzu unbezähmt hochmütigen Sinn, waltet des Rechts, ein strenger Wart" (aaO. 820 ff.).

Dem Sieger aber blieb der Ruhm, ganz so, wie er den Helden Homers gehörte, die vor Troja um Ruhm und Ehre gekämpft hatten. So feierte Aischylos die gefallenen Männer, die den persischen Vormarsch in Thessalien nicht hatten aufhalten können: „Auch diese Männer, standhaft im Speerregen, hat das finstere Schicksal vernichtet, da sie ihr an Schafen reiches Land verteidigten; obwohl sie tot sind, lebt ihr Ruhm weiter, der ihre Gebeine bewahrt und in den Staub des Ossa gehüllt hat." (frg. 248).

3. Die historische Bedeutung der Perserkriege

Sein oder Nichtsein?

Das 19. hat unter dem Eindruck der Griechenbegeisterung des 18. Jahrhunderts der griechischen Kultur eine zeitlose und allgemein verpflichtende Bedeutung zugeschrieben. Dementsprechend verstanden seine Historiker den Krieg der griechischen Städte gegen die Perser als Existenzkampf des Griechentums, dessen politische und geistige Schaffenskraft auf dem Spiel gestanden habe. Der Engländer John Stuart Mill (1806-1873) sollte auf die griffige Formel bringen, was die historische Betrachtung bestimmte: „Die Schlacht von Marathon ist selbst als ein Ereignis der englischen Geschichte wichtiger als die Schlacht bei Hastings" (mit der 1066 die normannische Herrschaft über England begann). Damit war dem Gedanken Anschauung verliehen, daß die griechischen Abwehrkriege gegen das persische Großreich auch um die geistige Zukunft Europas geführt worden waren.

Das 20. Jahrhundert urteilte, dem Zuschnitt seiner Historiker durchaus entsprechend, vorsichtiger oder brach ganz mit dieser Vorstellung. Kaum jemand wollte noch an die zeitlose Größe der Griechen und ihrer Geschichte glauben, niemand mehr wollte in den persischen Großkönigen orientalische Despoten erkennen. Deren Siegesmeldungen dampfen in der Tat nicht von Blut, wie noch die der assyrischen Könige, deren Keilinschriften im Tone trockener Protokolle von Mauern eroberter Städte berichten, die der siegreiche König mit Menschenhäuten überzogen hatte. Eroberer jedoch waren auch die Perserkönige, und der Kriegszug nach Griechenland lag in der Konsequenz ihres universalen Herrschaftsanspruches, von dem ihr Titel „König des Alls, König der vier Weltgegenden" zeugt. Auch der Idee nach kannten sie keine geographischen Grenzen ihrer Herrschaft, und ihre Forderung an die Griechen, Erde und Wasser als äußere Zeichen der Unterwerfung auszuhändigen, entsprach ihrem Herrschaftsverständnis. Tatsächlich aber haben sie niemals versucht, die Kultur und Gesittung ihrer Untertanen auszulöschen.

Diese Könige waren natürlich Fremdherrscher, und an Übergriffen ihrer Statthalter, an Korruption, Erpressung und Ausbeutung der Untertanen wird es gewiß nicht gefehlt haben. Aber sie waren klug genug, sich auf die wesentlichen Vorteile ihrer Herrschaft zu be-

schränken: Tribut und Heeresfolge. Ansonsten lebten die Babylonier weiterhin nach babylonischem, die Ägypter nach ägyptischem Recht; dieses hatte Dareios selbst neu aufzeichnen und 503 in ägyptischer Volkssprache und in aramäisch kodifizieren lassen. Innerhalb des Reiches gab es keine Grenzen, die unüberwindlich gewesen wären. So kehrte das Volk der Juden nach langer babylonischer Gefangenschaft nach Palästina und Jerusalem zurück und baute den Tempel Salomons wieder auf. Die an den Ufern des Euphrat Zurückgebliebenen erinnerten sich dankbar ihres Befreiers, in dem sie den Abgesandten Jahwes erkannten: „So spricht Jahwe zu Kyros: ‚Mein Hirte!' und all mein Vorhaben soll er vollführen und zu Jerusalem sagen: ‚Werde gebaut!', und zum Tempel: ‚Werde gegründet!'" (Jesaja 44, 26 ff.). Der Gedanke an den von Gott berufenen König hatte in den Ländern des Alten Orients weitverzweigte Wurzeln, wie man sieht.
Was die Herrschaft der Perser bedeutet hätte, wußte man also in Griechenland: Die jährliche Zahlung von Tributen, der Verzicht auf eigene außenpolitische Aktivitäten und allgemeine Bekundungen der Loyalität. Dies hätte nicht das Ende der griechischen Geschichte bedeutet und schon gar nicht das Ende der griechischen Zivilisation. Viele Städte und Stämme bedachten das und waren – wie die Böoter und Thessaler – durchaus bereit, auch unter persischem Dach Wege in die Zukunft zu suchen.
Trotz allem: die erfolgreiche Abwehr des persischen Angriffs veränderte die Welt. Ihre universalhistorische Bedeutung liegt in seinem ersten und wichtigsten Ergebnis offen zutage: der Größe Athens. Diese Stadt hätte gewiß auch unter einem persischen Herrn weiter existiert – zunächst unter einem Tyrannen, dann als gemäßigte Oligarchie, und weiter geschunden von seinen sozialen Problemen. So aber fand sie im Widerstand zu einer Entfaltung ihrer Kräfte, die ihr im 5. Jahrhundert eine zentrale Stelle innerhalb des Griechentums einräumen sollte. Die radikale Demokratie, die attische Tragödie, die Geschichtsschreibung, die prachtvolle Baukunst auf der Akropolis, die stilbildende Kraft der Klassik überhaupt ebenso wie die politische Rationalität, die in der Person des Themistokles ihren reinsten Ausdruck gefunden hat, waren samt und sonders Epiphänomene des Sieges von Salamis. Nichts davon hätte es in einem Athen geben können, das – militärisch gedemütigt – von den Persern nur als eine Stadt unter vielen geduldet worden wäre.
Gemeinsam und pathetisch feierten die Griechen den Sieg als Be-

hauptung ihrer Freiheit. Sie erhielt als Teil der griechischen Ordnung nun klare Konturen und wurde zum wesentlichen Bestandteil eines weitreichenden Überlegenheitsgefühls. „Hydarnes" – ließ Herodot zwei spartanische Herolde das Angebot zurückweisen, als Vasallen des Großkönigs reich und mächtig zu werden – „Hydarnes, dein Rat an uns geht nicht von der gleichen Erfahrung aus ... Du verstehst das eine: Sklave zu sein; von der Freiheit aber hast du noch nicht erfahren, ob sie süß ist oder nicht. Hättest du sie gekostet, du würdest uns raten, nicht nur mit der Lanze, sondern auch mit Beilen um sie zu kämpfen" (7, 135,3).

Der Aufstieg Athens

Die Perserkriege verwandelten mehr oder minder alle griechischen Städte. In Athen jedoch bewirkten sie eine Revolution. Binnen fünf Jahren wuchs die Stadt zur Weltmacht, obwohl sie in den vorangegangenen Jahrhunderten relativ unbedeutend gewesen war. An der Kolonisation hatte sie kaum teilgenommen, und als Sparta im 6. Jahrhundert die Städte der Peloponnes in ein Bündnissystem zwang und die Korinther die Adria zu ihrem Meer machten, holten sich die Athener im Kampf um die nahegelegenen Inseln Salamis und Aigina schwere Niederlagen. Die einzige Erfahrung mit der Welt jenseits der Grenzen Attikas verdankten sie Peisistratos. Er hatte sie an den Hellespont geführt, wo Sigeion gewonnen und in langen Kämpfen gegen die Mytilenäer behauptet wurde. Seine Intervention in der Ägäis, wo er seinen Freund Lygdamis zum Tyrannen von Naxos machte und Einfluß auf das diesseits und jenseits des Meeres bedeutsame Apolloheiligtum auf Delos gewann, blieb zwar Episode, aber sie hatte den Horizont so manchen Atheners weit über das Meer hin ausgedehnt.

Am Anfang der kurzen Wegstrecke zur Weltmacht stand die Entscheidung für den Flottenbau, mit dem drei Jahre vor Salamis begonnen wurde. Es folgte die Schlacht selbst, deren Ausgang athenische Politiker und Trieren entschieden. Ein Jahr später gelang die Gründung des Seebundes, in dem Athen die Führung des weiteren Kampfes gegen das persische Reich entschlossen an sich riß und den es bald in ein Herrschaftssystem umformte, das weitreichenden imperialen Zielen dienen konnte. Binnen fünf Jahren sah sich eine Bürgerschaft, die in ihrer bisherigen Geschichte nur selten über die engere Nachbarschaft hinausgeblickt hatte, mit der Politik des gesamten östlichen Mittelmeerraumes konfrontiert. Dort wurde sie zu Entscheidungen herausgefordert, die das Gesicht der ganzen griechischen Staatenwelt verändern mußten.

Parallel dazu ergaben sich einschneidende Umwälzungen der inneren Ordnung der Stadt. Die wichtigste wurde die 462/61 vollzogene Entmachtung des alten Adelsrates auf dem Areopag (vgl. S. 182 f.). Dieser Rat, dessen aristokratische Mitglieder die kompliziert gewordene Welt noch am besten kannten, verlor mit der Macht auch die Autorität seines Votums, dem das Volk lange und widerspruchslos gefolgt war. Künftig war es die Bürgerschaft allein, die über das Schicksal des Gemeinwesens entschied. In ihm sollten Beamte und Rat (boulé) möglichst schwach sein, damit die Volksversammlung als Träger des Willens aller Bürger stark sei.

Wie diese Stadt und ihre Bevölkerung im 5. Jahrhundert von außen gesehen wurde, legte der Athener Thukydides einem korinthischen Gesandten in den Mund: „Die Athener sind Neuerer, leidenschaftlich, Pläne auszudenken und Beschlossenes wirklich auszuführen . . .; sie sind Draufgänger über ihre Macht, waghalsig über jede Vernunft. Wer sagen wollte, sie seien geschaffen, selbst keine Ruhe zu haben und den anderen Menschen auch keine zu lassen, der spräche recht“ (1,70). In der Tat: Eine berstende Vitalität erfüllte die Athener für den Rest des Jahrhunderts. Ihr Selbstvertrauen ließ auch das schier Unmögliche machbar erscheinen. Lokale Grenzen waren dabei nur hinderlich. Ihre Kampfschiffe durchpflügten ein Jahrzehnt nach Salamis das gesamte östliche Mittelmeer, und ihre Hopliten kämpften selbst in Ägypten, wo ein präzise zu beschreibender Nutzen jenseits des reinen Eroberungswillens nicht mehr erkennbar war. Perikles rührte an elementare Gefühle, als er seinen Mitbürgern zurief, „unsere Abenteuerlust hat uns den Zutritt zu jeglichem Meer und zu jeglichem Lande verschafft, und überall haben wir unsterbliche Andenken an das Gute, das wir unseren Freunden erweisen, und die Leiden zurückgelassen, die wir unseren Feinden zufügen“ (Thukydides 2,41). Dieser unwiderstehliche Drang, über alle Grenzen hinauszugehen, machte die Stadt zur drohenden Gefahr für die Freiheit der Griechen, die nach Salamis reinen Herzens die Athener mit Pindar gefeiert hatten: „O du salbenglänzendes, veilchenbekränztes, im Sange gepriesenes, Schutzwehr von Hellas, weitgerühmtes Athen; vom Gotte erfüllte Stadt!“ (frg. 76).

4. Athens Weg zur Großmacht

Die Entscheidung zum Angriffskrieg gegen Persien

Am Morgen nach der Schlacht von Plataiai stand Sparta im Zenit seiner Macht. Unter seiner Führung war der gemeinsame Abwehrkampf gegen die Perser gewonnen worden, und der Mythos von der Unbesiegbarkeit des spartanischen Heerbanns war gefestigter denn je. Trotzdem: Eine Fortsetzung des Krieges mit dem Ziel, den Gegner in Kleinasien herauszufordern, erschien unnütz und drohte die eigene Machtstellung auf der Peloponnes zu gefährden. Das dort im Laufe des 6. Jahrhunderts geschmiedete Bündnissystem diente dem Erhalt des machtpolitischen Status quo und sollte insbesondere die Heloten von Aufständen abschrecken; mit diesen Zielen war eine überseeische Kriegspolitik nicht zu vereinbaren. So erklärten im Spätsommer 479 auf der letzten gemeinsamen Konferenz der verbündeten Griechen in Samos spartanische Gesandte, daß die gesteckten Ziele nunmehr erreicht seien; den weiterhin bedrohten ionischen Griechen sollten neue Siedlungsplätze auf mutterländischem Boden angeboten werden. Der Widerspruch der Betroffenen kam sofort und heftig: Auch ihre Freiheit müsse für immer und in ihrer angestammten Heimat gesichert werden, und dies verlange die Fortsetzung des Krieges.

Es wurde die Stunde der Athener. Ihre Häuser und Tempel waren von den persischen Besatzungstruppen zerstört, ihre Felder verwüstet worden; viele lebten noch in den Evakuierungsgebieten. Das Selbstvertrauen jedoch und das hohe Ansehen, das ihnen der Sieg von Salamis verliehen hatte, wog alle Verluste auf. Nun, da Sparta den Angriff auf die persischen Besitzungen in Übersee ablehnte, setzte Athen sein neu gewonnenes Überlegenheitsgefühl und seine junge Flotte für eine groß angelegte Bündnispolitik ein. Unter seiner Führung vereinigte sich eine Vielzahl von Städten der Ägäis, der Meerengen und Kleinasiens, „um durch Verwüstung der Länder des Großkönigs Rache für die eigenen Leiden zu nehmen" – so die offizielle Verlautbarung (Thukydides 1,96).

Sparta zog sich zurück, beobachtete aber mit wachsendem Mißtrauen und in Sorge um die mühsam erworbene Vormachtstellung die ehrgeizigen Pläne der Athener. Der Argwohn wurde offenkundig, als 478 spartanische Gesandte gegen die Befestigung Athens durch eine starke Mauer protestierten. Sparta erkannte hellsichtig, daß die junge, aufstrebende Seemacht mit dieser Ummauerung den

Schritt zur eigenständigen Großmacht in Griechenland zu vollziehen gedachte. Der Protest blieb denn auch wirkungslos.

Die Gründung des Seebundes und der Angriff auf das Perserreich

Als auf griechischem Boden noch gekämpft wurde, segelte die erste Flotteneinheit der Griechen bereits nach Kleinasien und wurde dort mit offenen Armen empfangen. Als es gelang, die Reste der persischen Flotte beim Vorgebirge Mykale, nördlich von Milet, zu vernichten, erhoben sich alle Städte Ioniens und des Hellespont und forderten ihre Aufnahme in den in Sparta geschmiedeten Kampfbund gegen die Perser. Alle Einwände der zögernden Spartaner halfen angesichts der sich verselbständigenden Dynamik des Krieges nichts: Die Athener, längst begierig, den Krieg nicht ruhen zu lassen, setzten die Aufnahme der zum Beitritt Entschlossenen durch und schufen sich damit eine eigene Klientel innerhalb des Bündnisses. Diese suchte einen immer engeren Anschluß an die Athener, nachdem niemand mehr zweifeln konnte, daß Sparta das Kriegsziel als erreicht ansah und seinen Truppen früher oder später den Befehl zum Rückzug geben wollte. Als es soweit war, hatte Athen freie Hand und nutzte die Gelegenheit zur Gründung eines neuen Bundes, der auf seine Interessen zugeschnitten war.

Das Bündnis, das Athen als Anwalt ihrer Interessen mit den Städten der Ägäis zur Fortsetzung des Krieges schloß, umfaßte alle, die vormals von Persien abhängig gewesen waren. Die Bündner verpflichteten sich, Schiffe, Soldaten oder Geld für den Krieg zur Verfügung zu stellen; eine gemeinsame Bundesversammlung (*Synhedrion*), in der jeder eine Stimme hatte, tagte auf Delos, wo auch – bis 454 – die Bundeskasse deponiert wurde. Ihre Verwaltung oblag athenischen Schatzmeistern, und athenische Strategen führten die Bundestruppen – ein deutliches Zeichen für die Anerkennung der Führungsrolle (*Hegemonie*) der Athener.

Mit diesem Seebund war das Instrument zur bedingungslosen Offensive geschmiedet. Nahezu zwanzig Jahre lang stand jetzt die athenische Politik ganz im Banne der Außen- und Kriegspolitik. Die dort errungenen Erfolge und der Ruhm, den sie gewährten, beherrschten Denken und Handeln der Athener. Ihre Kriegsschiffe befreiten die noch unter persischer Herrschaft stehenden Städte Kleinasiens, das lange ebenbürtige Aigina beugte sich und wurde Mitglied des Bundes, und als Persien Mitte der sechziger Jahre an der kleinasiatischen Südküste zur Gegenoffensive rüstete, überfiel eine athenische Flotte unter Kimon am Eurymedon in Pamphylien Heer- und Schiffslager und vernichtete beide.

Später mußten auch bittere Niederlagen verkraftet werden. In den fünfziger Jahren schlug der Versuch fehl, in Ägypten Fuß zu fassen; nach Thukydides gingen rund 250 Trieren des Bundes verloren, viele tausend Männer bezahlten den Griff nach dem reichsten Land der damaligen Welt mit ihrem Leben. Die Bundeskasse wurde aus Furcht vor einem persischen Zugriff eilends nach Athen geschafft. 449 konnte bei Salamis (Hafenstadt auf Zypern) zwar noch einmal eine persische Flotte zerstört werden, die Insel Kypros (Zypern) selbst war nicht zu halten. In diesem Krieg starb auch der Philaide Kimon, Sohn des Miltiades und einer thrakischen Prinzessin und der mächtigste Fürsprecher einer agressiven Kriegspolitik gegen Persien. Seit 478 war er als ein gewaltiger Kriegsherr auf allen Kriegsschauplätzen zu finden gewesen, auf denen gegen die Perser gekämpft wurde. Sein Tod markierte den Wendepunkt des nunmehr jahrzehntelangen Krieges.

Die neuen demokratischen Herren Athens – angeführt von Perikles – setzten neue Prioritäten. Das Verhältnis zu Sparta hatte sich kontinuierlich verschlechtert und verlangte die Rückkehr der Politik nach Griechenland. Der Krieg gegen die persische Weltmacht schlief ein. Die Quellen sprechen für das Jahr 448 von einem Vergleich, dem sogenannten *Kalliasfrieden*: Athen soll demnach die Versuche aufgegeben haben, Persien zur Gänze von den Küsten des Mittelmeeres zu vertreiben; im Gegenzug soll der Großkönig die Freiheit der kleinasiatischen Griechen anerkannt und sich verpflichtet haben, künftig keine Kriegsschiffe in die Ägäis einlaufen zu lassen. Daß dies in irgendeiner Form schriftlich paraphiert wurde, ist ganz unwahrscheinlich: Die Athener hätten damit ihrem Seebund, dessen Ziel allein der Krieg gegen Persien war, selbst die Rechtsgrundlage entzogen, und der persische Großkönig hätte vor aller Augen eingestanden, daß sein universaler Herrschaftsanspruch zur leeren Worthülse verkommen war. Beides war nicht möglich. Der Krieg jedoch erhielt angesichts sich wandelnder Interessen ein anderes Gesicht: Statt spektakulärer Flottenexpeditionen mit Hunderten von Schiffen und Seesoldaten nun kleine Gefechte, kaum der Erwähnung wert, Drohgebärden, lauernde Vorsicht und die latente Bereitschaft zum Krieg, wenn der Moment günstig schien.

Insgesamt 50 Jahre lang herrschte Athen über ein Reich, das nahezu alle griechischen Städte der Ägäis und ihrer Küsten, den Hellespont

(Dardanellen), den Bosporus, Teile des Schwarzmeergebietes und die Südküste Kleinasiens bis zum Golf von Antalya umfaßte. Einige der beherrschten Städte, z. B. Chios, Lesbos und Aigina, waren zu der Zeit, als der Seebund geschlossen wurde, nicht unbedeutender gewesen als Athen selbst.

5. Der Charakter der Herrschaft Athens über den Seebund

Die Entwicklung des Herrschaftssystems

Viele Zeitgenossen und die spartanische Kriegspropaganda zu Beginn des großen Peloponnesischen Krieges haben die Herrschaft der Athener als Unterdrückung ihrer Bundesgenossen beschrieben. Selbst die Athener sprachen von „Herrschaft“ (*arché*) und von „Untertanen“, wenn die Rede auf den Seebund kam, und Perikles nannte den Sachverhalt unverhohlen eine Tyrannis über die Bündner. Dies war sie gewiß, wenn man darunter nicht mehr versteht als die Beherrschung eines Staates durch einen anderen. Zwei Faktoren waren im wesentlichen dafür verantwortlich, daß sich der anfangs freiwillige Zusammenschluß griechischer Städte zur Fortsetzung des persischen Krieges in ein Herrschaftsinstrument Athens zur Mehrung seiner Macht verwandelte: zum einen die Dauer des sich über Jahrzehnte hinziehenden Krieges, zum anderen die früh einsetzenden Abfallbewegungen bedeutender Mitglieder des Seebundes. Gerade sie ertrugen die Arroganz und Härte nicht, mit der die Athener die Bündner ständig an ihre Verpflichtungen erinnerten (Thukydides 1, 99).

Die antiken Quellen berichten, Athens Flotte habe sich ständig vergrößert, da die Bündner, des Kriegführens müde, auf die Ausrüstung eigener Schiffe verzichtet und diese Aufgabe durch die Zahlung eines Tributs den Athenern überlassen hätten. Ferner habe Athen abgefallenen Bündnern ihre noch vorhandenen Kriegsflotten entzogen und mit den Geldern, die fortan die Pflicht zur Stellung von Schiffen ersetzten, den Bau der eigenen Flotte vorangetrieben. Bezogen auf die Verwandlung des Bundes in ein Herrschaftssystem ergibt dies ein klares Bild: Die Leidenschaft, mit der Athen den Krieg betrieb, die wachsende Unlust der Bundesgenossen, daran teilzunehmen, und schließlich die Art und Weise, in der abgefallene Bündner bestraft wurden, bewirkten eine kontinuierliche Steigerung des militärischen Machtpotentials Athens. Dies wurde nach außen und innerhalb des Bundes eingesetzt und ließ die Stadt zur Großmacht aufsteigen.

Der Wille, das gewonnene Machtpotential auch zur Beherrschung der vormals gleichberechtigten Bundesgenossen einzusetzen, entwickelte sich bereits in den siebziger Jahren. Er war die Antwort auf die Entscheidung kriegsmüder Städte, den Seebund wieder zu verlassen: Naxos fiel zuerst ab, Thasos revoltierte 465, Aigina kämpfte vergeblich 457, Samos wurde 439 und Mytilene auf Lesbos 427 blutig niedergeworfen. Die Athener rechtfertigten die Härte, mit der sie diese und andere abgefallene Städte straften, mit dem Hinweis auf den von allen beschworenen Gründungsvertrag: Dieser war auf unbegrenzte Zeit abgeschlossen worden, so daß ein eigenmächtiger Austritt automatisch Abfall hieß und als solcher geahndet werden konnte.

Das Los der niedergeworfenen Aufständischen war hart. Sie mußten alle Schiffe ausliefern, Kriegsentschädigungen und Tribute zahlen, die Mauern ihrer Städte niederreißen, Land für Kolonisten aus Attika abtreten und ihre Verfassungen nach der demokratischen Ordnung Athens ausrichten. Ihre Rechtsstellung gegenüber Athen wurde neu bestimmt: An die Stelle des früheren völkerrechtlichen Vertrages traten athenische Dekrete, deren Beachtung beschworen werden mußte und die in der Sache die künftige Innen- und Außenpolitik auf Athen ausrichteten. Die offiziellen, in Stein geschlagenen Dokumente Athens beschrieben bündig den künftigen Status dieser Staaten: „Städte, über die die Athener die Gewalt haben."

Trotzdem hat der Seebund seine rechtliche Gestalt nicht grundlegend gewandelt. Nach wie vor galten für die treu gebliebenen Mitglieder des 478 geschlossenen Bundes dessen Vereinbarungen. Seine neue Qualität ergab sich aus den veränderten Machtverhältnissen. Athen war durch den langen Krieg gegen Persien zur Großmacht aufgestiegen, und dieser Tatbestand gab den überkommenen Regelungen einen neuen Sinn: Die ursprünglich freiwilligen Beiträge der Bundesgenossen wurden zu Tributen, über die Athen selbstherrlich und nach Gutdünken verfügte, und die athenische Flotte, die zunächst nur ein Teil einer gemeinsamen Streitmacht war, wuchs zu einem Instrument der Herrschaft und der imperialen Expansion heran.

Die Interessen der Mitglieder des Seebundes

Die Kritik der Zeitgenossen an der Umwandlung des Seebundes in eine Herrschaft Athens hat dort keine Gegenwehr ausgelöst. Niemand sah sich ernsthaft herausgefordert, die Vorteile des Bundes für seine Mitglieder zu formulieren oder gar propagandistisch aufzubereiten. Allein auf dem 448 einberufenen panhellenischen Kongreß sprach Perikles vom Wiederaufbau der von den Persern zerstörten Tempel und von der Sicherheit und dem Frieden der Meere. Ein politisches Programm wurde daraus nicht.

Dabei gab es keine Zweifel an der Richtigkeit dieser Aussage. Die Städte der Ägäis hatten sich vertraglich an Athen gebunden, um vor einem erneuten Zugriff der Perser sicher zu sein; sie wurden nicht enttäuscht. Auch gegen andere Bedrohungen schützte die Stadt. So gründeten z. B. athenische Kolonisten 447 auf der Chersones eine Kolonie, der es unter dem Beifall der umliegenden Städte binnen kurzer Zeit gelang, die jahrzehntealte Plage thrakischer Einfälle zu bannen. Für die Seeräuber, gegen die in der archaischen Zeit kein Kraut gewachsen schien (s. S. 69 ff.), brachen im ganzen östlichen Mittelmeer schlechte Zeiten an; athenische Flotten sagten ihnen den Kampf an und zerstörten ihre Schlupflöcher. Der Handel blühte auf. Von Südrußland bis in das Westmeer, von Thrakien nach Ägypten bildete sich ein verzweigtes und sicheres Verkehrsnetz aus. Die (wenn auch nicht vollständig durchgesetzte) Währungseinheit innerhalb des Bundes, die die attische Drachme zur Weltwährung machte, wirkte wie ein Magnet auf den Handel. Dessen Vorteile wogen für viele Bündner den Verlust des Hoheitsrechts, eigene Münzen prägen zu können, mehr als auf. Die Geschäfte der Bündner gediehen, und ihr Wohlstand wuchs. Auch wenn die Athener den meisten Nutzen aus all dem zogen, so war es billig, ihnen dies vorzuwerfen: Ohne sie hätte man vielerorts nichts oder viel weniger gehabt.

Welche Widerstände konnte es also geben, und welche Ziele verfolgten sie? Welcher Mißstand wurde als so schwer empfunden, daß die Existenz des ganzen Herrschaftssystems an den Pranger geriet?

6. Der Ruf nach Freiheit und Autonomie

Zu Beginn und während des Peloponnesischen Krieges war – geschürt von der spartanischen Kriegspropaganda – der Ruf nach

Freiheit (*eleutheria*) und Autonomie (wörtlich: sich selbst die Gesetze geben) für die von Athen „versklavten" Griechen immer lauter geworden. Die Auflösung des Seebundes nach der Niederlage Athens 404 wirkte auf viele wie eine längst überfällige Befreiungstat. Jetzt wurde im öffentlichen Bewußtsein das Begriffspaar *Freiheit und Autonomie* zum untrennbaren Bestandteil einer Polis und durchzog wie ein roter Faden die künftige Geschichte der Griechen bis in die römische Kaiserzeit.
Einschneidende Folgen blieben nicht aus: Nunmehr waren die griechischen Städte bereit, für die in diese Begriffe eingeschmolzenen Wertvorstellungen energisch einzutreten. Künftig wurde von griechischer Seite kein Versuch mehr unternommen, den ägäischen Raum, dessen zivilisatorische Einigung durch den Seebund entscheidend gefördert worden war, politisch zusammenzufassen. Die Zersplitterung der griechischen Welt erwies sich in den folgenden Jahrhunderten als ein kalkulierbarer Faktor der Politik, auf den alle auswärtigen Eroberer von Alexander bis zu den Feldherrn der römischen Republik setzen konnten.
Das Streben nach Freiheit und Autonomie um nahezu jeden Preis hatte nicht von jeher das griechische Denken bestimmt. Der Begriff *Autonomie* entstand als politisch brisantes Schlagwort erst in der Abwehr dagegen, daß Athen als Vormacht den von ihm abhängigen Seebundstaaten Gesetze gab. Sein Inhalt hatte im 6. Jahrhundert nur für eine kleine Zahl von Städten Bedeutung, die – wie Athen und Sparta – groß und mächtig genug waren, um aus ihrer Geschichte den Schluß ziehen zu können, daß Eigenständigkeit ein hoher Wert sei. Es war kein Zufall, daß Sparta und Athen das Rückgrat des Widerstandes gegen die Perser bildeten: Nur sie – und wenige andere – hätten sich selbst aufgegeben, wenn sie dem persischen Begehren nach Unterwerfung entsprochen hätten. Für die meisten anderen Städte galt dies nicht. Die einen hatten immer auf die Stimme ihrer mächtigeren Nachbarn hören müssen, die anderen – wie die Arkader, Böoter, Ätoler oder Achäer – lebten, solange sie zurückdenken konnten, auf die eine oder andere Weise zusammengeschlossen in Bünden. Sie waren daher nicht grundlos geneigt, ihren Frieden mit den mächtigen Persern um den Preis der Übergabe von Erde und Wasser zu machen.
Dieser Zustand längst eingewöhnter Abhängigkeit galt auch für viele Städte des Seebundes, die auf sehr verschiedenen Stufen der politischen Entwicklung und des politischen Bewußtseins standen. Für die kleineren Städte in Karien, Pamphylien, Lykien, Thrakien,

am Schwarzen Meer und anderswo war es selbstverständlich, Athen als herrschende Vormacht anzuerkennen. Sie hatten Freiheit als politischen Wert nie real erfahren, und die Vorteile des Seebundes ließen das Gefühl, eine drückende Herrschaftslast zu tragen, gar nicht erst aufkommen. Anders sah die Welt für die großen Seestaaten wie Samos, Chios, Thasos, Naxos, Aigina oder Milet aus. Sie hatten eine eigene Geschichte, einen eigenen politischen Willen, spezifische wirtschaftliche Interessen, die denen Athens durchaus zuwiderlaufen konnten; kurz: Der politische und ökonomische Wert von Freiheit und Autonomie war bereits Teil ihres Lebens, als sie dem Seebund beitraten.

Dieser zerbrach an ihrem Widerstand, als Sparta, um den Krieg gegen Athen überhaupt mit Aussicht auf Erfolg führen zu können, sich zum Sachwalter ihrer Interessen aufschwang. Die Parole der Freiheit, die den Krieg begleitete, wurde erst nach seinem Ende zu einem behütenswerten Gut für alle Griechen.

VII. Die Demokratie der Athener

487/86	Änderung der Bestellung der Archonten (Losverfahren). Erste Anwendung des „Scherbengerichts" (*Ostrakismos*).
462/1	Die Reformen des Ephialtes und der Bruch mit Sparta. Beginn der Demokratisierung des gesamten öffentlichen Lebens.
448-406	Wiederaufbau der von den Persern zerstörten Tempel auf der Akropolis.
322	Die makedonische Vormacht beseitigt die Demokratie in Athen.

1. Dauer und Ausdehnung demokratischer Ordnungen

Staatsordnungen, die sich mit mehr oder minderem Recht Demokratien nannten, hat es in den griechischen Städten des Mutterlandes und der Kolonien von etwa 500 bis weit in das 2. Jahrhundert v. Chr. gegeben. Unter ihrem Einfluß führten kleinasiatische ebenso wie italische Städte demokratische Institutionen ein. Das beste Beispiel bietet das republikanische Rom, in dessen Verfassung bereits die griechischen Beobachter demokratische Züge entdeckten. Rom beweist allerdings auch, daß die äußerliche Entlehnung demokratischer Elemente nicht zwingend zu einer demokratischen Staatsordnung führen muß.

Mit der Festigung der römischen Herrschaft über die griechische Welt starben dort die Demokratien. Nur aus der literarischen Überlieferung konnte man noch etwas über sie erfahren; politische oder gesellschaftliche Institutionen, aus deren Anschauung hätte gelernt werden können, überlebten nicht. Der Begriff „Demokratie" verschwand aus dem öffentlichen Bewußtsein und führte für lange Zeit ein Schattendasein in der Gelehrtensprache; tatsächlich vorhandene Verfassungs- und Regierungsformen, auf die der Begriff anwendbar gewesen wäre, gab es vor der Amerikanischen und Französischen Revolution kaum. Dort, wo Vergleichbares existierte, verwandte man in der Diskussion den von Rom entlehnten Begriff *Republik*. Die heutige Wortbedeutung entstand erst am Ausgang des 18. Jahrhunderts. Die in dieser Zeit ausbrechenden revolutionären Umwälzungen hauchten dem Wort *Demokratie* wieder Leben

ein und machten es erneut zu einem leidenschaftlich umkämpften politischen Begriff, der ebenso Verfassungseinrichtungen wie bestimmte politische Gruppierungen bezeichnen konnte.
Die Demokratie der Athener begann nach ihrem eigenen stolzen Verständnis einmal mit Kleisthenes (so Herodot), ein andermal mit Solon (so Aristoteles) und für manche bereits mit Theseus, dem sagenhaften Stadtgründer. Solon bedeutete zwar das Ende des alten Adelsstaates, und die Phylenreform des Kleisthenes stürzte die überkommene politische Organisation gründlich um (s. S. 153); beides war jedoch nicht die Demokratie. Deren Beginn setzt die heutige Forschung in die Zeit, in der alle von den Athenern für wesentlich erachteten Elemente vorhanden waren. Dies führt in die Jahre kurz nach 461; wenig später ist denn auch der Begriff, der die neue Staatsform kennzeichnen sollte, zum erstenmal nachweisbar: Demokratie (*demokratía*), Herrschaft des Demos. Sie überdauerte die Katastrophe von 404 und endete 322 v. Chr., als der makedonische Reichsverweser Perdikkas die Stadt erneut zur bedingungslosen Kapitulation zwang. Der äußere Feind, nicht die innere Opposition stürzte die Demokratie.
Demokratische Reformen hat es seit dem 6. Jahrhundert in vielen anderen griechischen Städten auch gegeben. Aber keine Stadt hat die Idee der Demokratie so weit getrieben wie Athen. Etwas anderes wäre auch nicht möglich gewesen. Die Radikalität, mit der die Athener die demokratische Grundidee von der Gleichheit der Bürger in praktische Politik umsetzten, war untrennbar gebunden an die Flotte und die Geldquellen, die der Krieg und der Seebund boten. Die Geschichte der Demokratie ist daher die Geschichte Athens.

2. Die Stationen der historischen Entwicklung in Athen

Die Reformen bis zum Ende der achtziger Jahre des 5. Jahrhunderts

Aristoteles hat in seiner Schrift *Vom Staat der Athener* dessen Geschichte als einen Entwicklungsprozeß geschildert, der die Athener seit den Tagen Solons zielgerichtet zur Demokratie des Perikles geführt habe. Viele Forscher sind dieser Interpretation gefolgt, glaubten an einen „Sonderweg“ Athens und sprechen auch heute vom „Demokratisierungsprozeß“ Athens. Tatsächlich lassen sich nur Stationen der athenischen Geschichte feststellen, die in keinem zwingenden historischen Zusammenhang standen. Diesen stellt erst der historische Rückblick her: Kleisthenes’ Reformen waren nicht die logische Folge der Gesetzgebung Solons, sondern das Ergebnis einer bestimmten historischen Konstellation nach der Vertreibung der Peisistratiden; aber ihre besondere Gestalt war auch abhängig von der solonischen Ordnung, soweit sie die Jahrzehnte der Tyrannenherrschaft überdauert und die Vorstellungen von Politik über die Generationen hinweg geprägt hatte. In dieser Weise hat der Historiker die zentralen Ereignisse der athenischen Geschichte mit der Frage zu traktieren, ob und wieweit sie als Voraussetzungen für die seit 460 bestehende demokratische Ordnung gelesen werden müssen.

Am Anfang standen keine politische Theorie oder das Modell eines demokratischen Staates, die die Menschen in ihren Bann geschlagen und zu einem bestimmten Handeln angeleitet hätten. Die ersten Hinweise auf eine in Athen geführte Diskussion um die beste Verfassung führen in die Mitte des 5. Jahrhunderts, also in die Zeit der ausgebildeten Demokratie. Es gab auch keinen Kampf zwischen den etablierten Trägern der Macht und den von der Herrschaft ausgeschlossenen Klassen, die bewußt und organisiert für eine bessere Welt eingetreten wären. Soziale Konflikte und Veränderungen begleiteten alle Reformen, sie wurden jedoch in keinem Fall „von unten“ eingeleitet. Dies gilt insbesondere für die von Solon und Kleisthenes vorangetriebene Auflösung der gesellschaftlichen Bindungen des Volkes an die adligen Geschlechter; es gilt aber auch für die Reformen der achtziger Jahre, die – anders als die Solons und Kleisthenes’ – im Schatten der außenpolitischen Entwicklung stattfanden.

Seit 487/6 wurden die höchsten Staatsbeamten, die neun Archonten, aus 500 vorgewählten Kandidaten ausgelost; gleichzeitig ließ man die zweite Zensusklasse zur Bewerbung zu. Faktisch lief dies auf eine Entmachtung der Regierungsspitze hinaus, da ihre Besetzung der Beliebigkeit des Loses ausgeliefert wurde. Angesichts des schwelenden Konflikts mit den Persern fiel die heimatlos gewordene Macht den zehn Strategen zu, die seit Kleisthenes die Aufgebote der Phylen befehligten und auch künftig von der Volksversammlung gewählt wurden.

Im selben Jahr verbannte die Volksversammlung einen gewissen Hipparchos, einen Anhänger der Peisistratiden. Sie tat es durch ein

Scherbengericht (*ostrakismós*), das nach Aristoteles (Staat der Athener 22) bereits Kleisthenes eingeführt haben soll, wahrscheinlich jedoch erst im ersten Jahr seiner Anwendung Bestandteil der Verfassung wurde. Von diesem Tag an bis zum Jahr 417 befragte ihr Vorsitzender einmal im Jahr die Volksversammlung, ob eine Abstimmung mittels Scherben (*óstraka*) durchgeführt werden solle; bejahte das Volk, und kam es zur Abstimmung, mußte der Bürger, auf den die meisten Stimmen (besser: Scherben) entfielen, für zehn Jahre die Stadt verlassen, ohne sein Vermögen und seine Ehre einzubüßen (der Vorgang ist mit einem parlamentarischen Mißtrauensvotum ungefähr vergleichbar).
Seine Bewährungsprobe bestand dieses Verfahren der Konfliktsteuerung in den ersten Jahren nach seiner Erfindung. Dem Hipparchos folgten bis 483 vier weitere große Aristokraten, die als Mitglieder oder als Anhänger der Peisistratiden oder Alkmeoniden dem dumpfen Verdacht der Massen ausgeliefert wurden, sie wären Anhänger der Tyrannis und der Perser. Die hinter diesen Anwürfen stehenden Fehden innerhalb der politischen Elite sind im einzelnen nicht rekonstruierbar. Aristoteles sprach von einer Sicherheitsmaßnahme gegen die Tyrannis, gegen das Übermaß adliger Macht, gegründet auf weitreichenden politischen und sozialen Einfluß. Wahrscheinlich ist dies nicht. Vielmehr zeugt die Einführung eines derart ungeheuerlichen Vorganges in die Verfassung von wachsender Erbitterung in der politischen Auseinandersetzung und von einem leidenschaftlichen Willen, einer bestimmten politischen Entscheidung von großer Bedeutung die Bahn frei zu machen. Die Außenpolitik, die Aufrüstung zur See, die Persergefahr und der Name des Themistokles geben den Rahmen dieser Machtkämpfe. Jenseits der Tagespolitik jedoch wiesen die Scherben in den Händen der Bürger einen gangbaren Weg, politische Konflikte von größerer Bedeutung in der Stadt abzubrechen, wenn ihre endgültige Austragung Bürgerkrieg bedeutet oder verbitterte Besiegte auf Dauer geschaffen hätte. „Es gebe kein Heil für die Athener, wenn sie nicht Themistokles und ihn in den Abgrund stürzten", soll Aristides der Volksversammlung zugerufen haben, als er einen auch für ihn vernünftigen Antrag seines Kontrahenten zu Fall gebracht hatte, um diesen nicht allzu mächtig werden zu lassen (Plutarch, Aristides 3). Dahinter steht die Einsicht, daß die adligen Machtkämpfe sehr schnell in Konflikte ausarteten, in denen es um das politische Überleben der einen oder anderen Seite ging, was wiederum dazu führen mußte, das Wohl des Staates oder auch nur die Sinn-

fälligkeit eines Gesetzesvorschlags der politischen Überlebensstrategie unterzuordnen. Der Ostrakismos kürzte die Austragung der Gegensätze ab – und dies war für die Stabilität des Staates wichtiger als die Antwort auf die Frage, wer von den Kontrahenten gehen müsse.

Die Ausbildung der Demokratie im Schatten von Krieg und Expansion

483 fiel die lange umkämpfte Entscheidung zum Flottenbau (s. S. 163). Sie bedeutete sozialpolitisch, daß die frei geborenen Männer der Stadt, die sich die Ausrüstung eines Hopliten nicht leisten und daher nicht in der Phalanx kämpfen konnten, zu Tausenden die Ruderbänke der Trieren zu füllen begannen. In den Zensuslisten wurden sie seit Solon als *Theten* geführt. Diese armen und verachteten Teufel, denen gegenüber sich jeder Bauer wie ein Aristokrat vorkam, und die im Krieg nur die Kraft und Geschicklichkeit ihrer Arme einsetzen konnten, ruderten ihre Schiffe bei Salamis zum Sieg und machten in den folgenden zwei Jahrzehnten – nun mehr und mehr durch angeworbene, ausländische Ruderer verstärkt – Athen zur Herrin der Ägäis.
Seit den Zeiten, in denen der Bauer als Hoplit in der Schlachtreihe neben den Aristokraten getreten war (s. S. 73 ff.), hatte sich als Grundregel des politischen Handelns durchgesetzt, daß Militärdienst den Anspruch auf politische Mitsprache ausreichend begründe. Dies galt seit dem Tag von Salamis nun auch für die Theten, und jedes Kriegsjahr, das die Flotte Athens erfolgreich sah, machte jedermann offenkundiger, daß das auf den Ruderbänken geübte Kriegshandwerk dem eines Hopliten ebenbürtig war. Sicherheit, Macht und Reichtum der Stadt hingen von der Flotte und damit von den Theten ab. Sie gliederten sich daher in den Status des in der Volksversammlung abstimmenden Bürgers ein, ohne daß es darüber zum offenen Streit gekommen wäre. Dies veränderte – zunächst ohne spektakuläre Entscheidungen – die politische Landschaft und schuf Raum für Veränderungen, die in der alten Volksversammlung aus kleinen und großen Grundbesitzern, reichen und weniger reichen Händlern und Handwerkern nicht durchzusetzen gewesen wären.
462/61 war es soweit. Auf Antrag eines gewissen Ephialtes, der in den Jahren zuvor viele Mitglieder des Areopags wegen Korruption vor Gericht gezogen hatte, beschnitt die Volksversammlung die

Rechte des Areopags. Sie entzog ihm insbesondere die allgemeine Aufsicht über die Beamten, die bei Verdacht auf fehlerhaftes Verhalten belangt werden konnten, und legte sie in die Hände der Geschworenengerichte. Damit ging die Kontrolle der Exekutive auf die Masse der athenischen Bürger über. Gleichzeitig bewirkte diese Entscheidung auch eine Schwächung der Exekutive selbst, da sie nun endgültig von Gremien (Rat, Volksversammlung, Gerichte) abhängig wurde, in denen die große Masse der Athener das Sagen hatte.

Die Anlässe und Motive, die zu der Reform des Ephialtes und seines Erben Perikles geführt haben, sind nicht zweifelsfrei aufzuklären. Der einzige zusammenhängende Bericht des Aristoteles (Staat der Athener 25; 27) läßt zu viele Fragen jenseits der allgemeinen Feststellung offen, „Perikles lenkte das Staatsinteresse besonders auf die Seemacht, was zur Folge hatte, daß das Volk ermutigt wurde, auf allen Gebieten des Staatswesens die Dinge mehr selbst in die Hand zu nehmen." Dies immerhin weist auf die Spur der Außenpolitik. Deren Forderungen hatten seit dem Tag von Salamis weiter zugenommen, und sie verlangten mehr und mehr Entscheidungen, die nicht nur die agressive Kriegspolitik gegen Persien und den Ausbau des Seebundes, sondern auch das angespannte Verhältnis zu Sparta berührten.

Seit Salamis standen der Areopag und Kimon, Sohn des Miltiades und gefeierter Held das Angriffskrieges gegen Persien, für den Fortbestand der Freundschaft mit dem verbündeten Sparta, das man zugleich bewunderte und fürchtete. Für sie war es 462 Pflicht und Ehre, einem Hilfegesuch Spartas nachzukommen, das 464 ein schweres Erdbeben weitgehend zerstört hatte und das seitdem seiner aufständischen Heloten nicht Herr wurde. Sie hörten den spartanischen Gesandten, der „an den Altären sitzend bleich im Purpurkleid um Kriegsvolk flehte" (Aristophanes), und setzten (nach Plutarch, Kimon 16, 8 ff.) gegen erhebliche Widerstände des Ephialtes die Entsendung eines Hilfskorps durch. So führte Kimon 4000 Hopliten auf die Peloponnes und verstärkte dort den Belagerungsring um die messenische Festung Ithome. Das Unternehmen wurde zum Debakel: Die Spartaner, nach Thukydides (1, 102) beunruhigt über die Unternehmungslust der Athener und besorgt, diese könnten mit den Aufständischen eines Tages gemeinsame Sache machen, – vielleicht auch nur, weil sie zwischenzeitlich wieder Herr der Lage waren – schickten Kimon und seine Mannen wieder nach Hause.

Während der Abwesenheit Kimons und seiner Hopliten brachte Ephialtes seine Reform durch. Wenig später wurde der heimgekehrte Kimon verbannt und die Rücksendung seiner Truppen durch Sparta als ehrenrühriger Affront propagandistisch ausgeschlachtet. Athen kündigte das antipersische Bündnis mit Sparta und schloß neue Verträge mit Argos, dem Erbfeind Spartas, und den Thessalern. 460 begann die Stadt mit dem Bau der langen Mauern, die Athen mit seinem Hafen Piräus zu einer Festung verbanden; in der Ägäis wurde der Ausbau des Seebundes vorangetrieben.
Angesichts dieser Zusammenhänge lautet die entscheidende Frage: Hat Ephialtes ein innenpolitisches Programm zur Demokratisierung Athens verfolgt und die günstige außenpolitische Konstellation (die Abwesenheit Kimons und der 4000 Hopliten) genutzt, um seine Gesetze durchzubringen? Oder verfolgte Ephialtes ein außenpolitisches Programm, das auf die Expansion des Seebundes und den Konflikt mit Sparta zielte und das nur durchzusetzen war, wenn es gelang, die Macht des Areopags und der dort versammelten Spartafreunde zu brechen? Wahrscheinlicher ist das letztere, da seit Salamis Athen ganz im Banne der Außenpolitik und des Expansionskrieges gegen Persien stand und in den Jahren vor Ephialtes keine Versuche, demokratische Reformen einzuleiten, zu beobachten gewesen sind.

3. Die Institutionen und die Praxis der Demokratie

Die Aufnahme der Theten in den Kreis der politisch berechtigten Bürger und die Umformung der politischen Ordnung hin zur Demokratie sind nicht zu trennende Vorgänge. Jedem Athener war durchaus bewußt, daß vor allem die Theten die neue politische Ordnung trugen. Perikles hat als politischer Erbe des 461 ermordeten Ephialtes weitere Neuerungen eingeführt, die drei wesentliche Ziele hatten:
- die Beteiligung aller Bürger am politischen Leben,
- die Schwächung der exekutiven Gewalt,
- die absolute Geltung der Gesetze.

Der Souverän des Staates: die Volksversammlung (ekklesía)

Die Aufteilung der politischen Macht in den antiken Stadtstaaten in Beamte (Magistrate) – Rat (Senat) – Volksversammlung ist der modernen in Regierung – Parlament – Wählervolk grundsätzlich vergleichbar. Die Gerichte sind hier wie dort unabhängig. Anders ist die Gewichtung: Im Unterschied zum modernen Wähler, der alle vier oder fünf Jahre zur Wahlurne geht, hielten die Bürger Athens in der Volksversammlung tatsächlich und jederzeit alle Entscheidungen in ihren Händen.

Die Volksversammlung war im strengen Wortsinn der Souverän des Staates. Sie tagte regelmäßig und nicht nach Laune eines Beamten oder anderer Institutionen. Ihre Kompetenz erfaßte am Ende alle Bereiche des öffentlichen Lebens: die Wahlen, die Gesetzgebung, die Entscheidung über Krieg und Frieden, die Steuern, die Verleihung des Bürgerrechts, die Organisation der öffentlichen Kulte sowie soziale Maßnahmen für die Bevölkerung wie die Einfuhr von Getreide und die Vergabe öffentlicher Arbeiten. Abgestimmt wurde durch Handaufheben, was die Verantwortung jedes einzelnen – etwa im Unterschied zur Akklamation – für die gefällte Entscheidung öffentlich dokumentierte. Auch dies erzeugte zusammen mit den umfassenden Kompetenzen Selbstbewußtsein, das der kleine Mann, immer gewohnt, das Wort des Großen als Befehl zu hören, erst lernen mußte.

Zutritt zu den Abstimmungen hatte jeder freie und mündige athenische Mann, der in einer Deme (s. S. 152 f.) eingetragen war und den Nachweis erbrachte, daß Vater und Mutter Athener waren. Die Demokratie hatte damit ihren zentralen Punkt erreicht, der für alle ihre Gegner zum ersten Stein des Anstoßes wurde: Es zählte die Zahl und nicht die Leistung und es galt das Wort des Armen, da er die Mehrheit besaß.

In der politischen Realität war das keineswegs immer so. Der Besuch der Volksversammlung kostete Zeit, die nicht jeder hatte. Der im Süden Attikas wohnende Bauer konnte nicht beliebig oft seine Hacke fallen lassen und den langen Weg in die Stadt antreten, und der Gemüsehändler, der seinen Stand auch nur für einen Tag schloß, riskierte, daß seine Kunden am nächsten Tag anderswohin gingen. Daß ein normales Arbeitsleben nicht zur politischen Betätigung einlud, wußte schon Hesiod: „Wenig Zeit bleibt nämlich zum Zanken und Reden am Marktplatz,/Wenn nicht daheim ein Vorrat fürs Jahr zum Leben bereitliegt,/Ernteertrag, wie die Erde ihn bringt, der Demeter Kornfrucht" (Erga 30-33).

Zudem interessierte sich nicht jeder für Politik, und nicht jeder Beratungsgegenstand fand angestrengt lauschende Zuhörer. Dies galt besonders in guten Zeiten und dann, wenn keine existentiellen

Entscheidungen anstanden. Für gewöhnlich besuchten die Volksversammlung die Bauern der näheren Umgebung, die stadtansässige Bevölkerung (darunter viele Alte und Arbeitslose) und aus entfernteren Gegenden alle die, denen der Gegenstand der Beratung am Herzen lag; so ist es z. B. verständlich, daß eine Debatte über den weiteren Ausbau der Flotte die in Piräus wohnenden Bürger in Scharen in die Stadt strömen ließ.

Zwei Grundsätze prägten die Willensbildung in der Ekklesie: Jeder Athener hatte das Recht, Anträge zu stellen, und jeder Antrag mußte im Rat der 500 vorberaten werden. Er gelangte also nur als Vorschlag des Rates vor die versammelte Bürgerschaft, die jedoch – anders als in Rom – das Recht besaß, den Vorschlag abzuändern oder mit Streichungen oder Zusätzen zu verabschieden. Die Initiative blieb also ganz bei der Bürgerschaft.

Dies verschaffte dem Redner, der ihren Willen in die richtigen Worte faßte, ein besonderes Gewicht. Seine Autorität speiste sich nicht aus einem Amt – dies brauchte er gar nicht –, sondern aus seiner Kompetenz (z. B. bei militärischen Entscheidungen) und aus der Gewalt der Rede, über die er verfügte. Ihre verführerische Kraft kannte (und liebte) jeder Athener. „Der Hörlust preisgegeben tut ihr, als säßest ihr im Theater, um Redekünstler zu genießen, und hättet nicht das Heil des Staates zu bedenken", rief Thukydides seinen Landsleuten zu, obwohl er in seinem Geschichtswerk selbst alles Wichtige in Reden kleidete. Ein anderer, der Redner Demades (380-319), berühmt wegen seiner Schlagfertigkeit, führte vor, wie man seinem Publikum die Langeweile und die Teilnahmslosigkeit austrieb: „Demades bat, eine Fabel erzählen zu dürfen . . . Einmal zogen Demeter, eine Schwalbe und ein Aal desselben Wegs. Als sie nun an einen Fluß kamen, flog die Schwalbe hinüber, und der Aal schwamm hindurch." Hiermit hörte er mit der Geschichte auf. Sie fragten: ‚Und was war mit Demeter?' Er antwortete: ‚Sie ist euch böse, weil ihr die Staatsbelange vernachlässigt, aber einer Fabel Äsops eure Aufmerksamkeit schenkt." (Schnur, Fabeln d. Antike, S. 83).

Der Rat (boulé) und die Beamten der Stadt

Im Zentrum der staatlichen Geschäftigkeit stand der von Kleisthenes geschaffene Rat (s. S. 152 f.). Seine jährlich neu bestellten 500 Mitglieder berieten nahezu täglich und erhielten eine Aufwandsentschädigung. Um angesichts seiner großen Mitgliederzahl geschäfts-

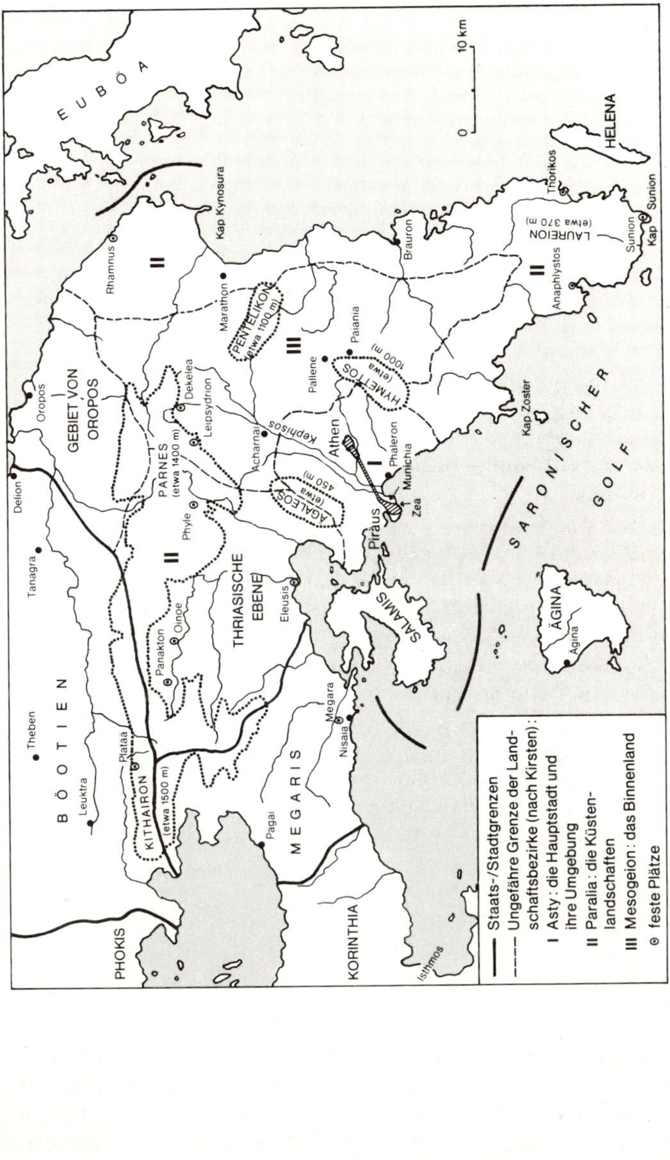

Attika im 5.–4. Jahrhundert

fähig zu sein, besaß der Rat einen fünfzigköpfigen Ausschuß (*Prytanie*), dessen täglich wechselnder Vorsitzender auch die Volksversammlung leitete. Zu ihrer Beratung konnte die Boulé weitere Ausschüsse einrichten.

Der Rat faßte zu allen Anträgen, die dem Volke zur Entscheidung vorgelegt werden sollten, einen Beschluß (*Probouleuma*; s.o.). Darüber hinaus beriet und beaufsichtigte er die Beamten, empfing auswärtige Gesandte und beschwor völkerrechtliche Verträge, nachdem die Bürgerschaft darüber entschieden hatte. Seine Funktion kann mit der einer modernen Regierung verglichen werden; anders als diese besaß er jedoch keine vom Willen der Volksversammlung unabhängige Macht.

Die Beamtenschaft des demokratischen Athen war ebenso zahlreich wie ohnmächtig. Sowohl ihre politische Funktion als auch ihre Bedeutung für die Handlungsfähigkeit des Staates wurde von folgenden Grundsätzen bestimmt:

- Die Bestellung der Beamten erfolgte (bis auf wenige Ausnahmen) durch das Los;
- ihre Kompetenzen verteilten sich auf eine Vielzahl von kurzfristig amtierenden Amtsträgern;
- alle unterlagen der Pflicht der ständigen Rechenschaftslegung.

Nach Aristoteles hatte die Demokratie ihre Beamtenschaft nach dem Prinzip gestaltet, daß ein ständiger Wechsel zwischen Regieren und Regiertwerden möglich sein müsse. In der politischen Praxis bedeutete dies, daß (wieder mit wenigen Ausnahmen) jeder Bürger jede Beamtenposition besetzen konnte. Um dies zu ermöglichen, wurde die Amtszeit auf maximal ein Jahr begrenzt, eine zweite Kandidatur auf dasselbe Amt ausgeschlossen und die Bestellung durch das Los verbindlich. Jeder freie Athener, der dies wollte, konnte sich dadurch mehrmals in seinem Leben an der Führung der Staatsgeschäfte beteiligen, unabhängig von seinem Vermögen und seiner Bildung.

Für bestimmte Positionen hielt man aus sachlichen Gründen an der Wahl fest, obwohl diese, da sie nach dem Besten suchte, in den Augen der meisten Athener aristokratisch und nicht demokratisch war. Es galt dies in erster Linie für die militärischen Kommandostellen. Auch der eifrigste Demokrat war nur dann bereit, im Krieg seine Haut zu Markte zu tragen, wenn seine Kommandeure ihr Handwerk verstanden; solche fand man nicht mit dem Los, sondern nur mit dem Stimmzettel. Andere Positionen durften nur mit Bewerbern besetzt werden, die Vermögen besaßen. Dies galt für die höchsten Finanzbeamten, die aus dem Kreis der Hochvermögenden gewählt wurden, da nur sie bei einem fehlerhaften Verhalten haftbar gemacht werden konnten. Die Kandidaten für das Strategenamt hingegen mußten Grundbesitz in Attika und in rechtmäßiger Ehe gezeugte Kinder nachweisen; Abenteurer und andere Randexistenzen sollten von diesem Amt ferngehalten werden, das – seiner Natur gemäß – ein hohes Maß an Eigenständigkeit verlangte.

Die Demokratie mißtraute gründlich ihren Amtsträgern. Sie bewies es nachdrücklich durch die Konsequenz, mit der sie die Aufgaben der Staatsverwaltung auf ein Heer von rund 700 Beamten mit kleinen und kleinsten Geschäftsbereichen übertrug. Und sie bewies es durch die Härte und Penetranz, mit der sie von ihren Beamten während und nach der Amtszeit Rechenschaft forderte; zehnmal im Jahr setzte allein die Volksversammlung die Amtsführung der Beamten auf die Tagesordnung und gab jedermann Gelegenheit, Beschwerden vorzutragen. Die Folge war, daß sich als Kandidat um eines der zahlreichen Ämter nur bewarb, wer von vornherein gewillt war, die bestehenden Gesetze buchstabengetreu zu erfüllen. Dies galt nicht immer für das Strategenamt. Es bot ehrgeizigen Männern in den Jahren des Krieges Gelegenheiten genug, ihre Unentbehrlichkeit für den Staat unter Beweis zu stellen. Die Demokratie hat dies nicht immer vermeiden können. Aber sie hat ihre Strategen mißtrauisch belauert und kontrolliert und rachsüchtig jede Eigenmächtigkeit verfolgt: Bereits der Verdacht auf Ungehorsam oder eine Niederlage bedeuteten Anklage, Tod oder Verbannung.

Die Geschworenengerichte (Dikasterien)

Durch Gerichte verfolgte Klagen gliederten sich – formal dem modernen Recht vergleichbar – in private und öffentliche. Das Kriterium, nach dem beide Bereiche unterschieden wurden, war jedoch nicht der Gegenstand der Klage, sondern die Berechtigung dazu: Privatklagen durften nur die unmittelbar Interessierten (bei Diebstahl z. B. der Geschädigte) anstrengen, eine öffentliche (die sogenannte Popularklage) hingegen jeder Athener. In jedem Fall wurde der Rechtsuchende an einen bestimmten Gerichtshof verwiesen, der für den anstehenden Fall zuständig war; insgesamt gab es zehn Gerichtshöfe, aufgeteilt nach den Prozeßgegenständen, über die sie entschieden (Mordprozesse z. B. fanden vor dem Areopag statt).

Dort, wo es noch andere Behörden und Beamten gab, die in Bagatellfällen Recht sprachen, konnten die Geschworenengerichte als Berufungsinstanz angerufen werden.
Die umfassende Zuständigkeit der Gerichtshöfe führte dazu, daß die richterliche Tätigkeit sehr viel Zeit kostete. Um trotzdem jedem Athener die Bewerbung um einen Sitz in den Gerichten zu ermöglichen, führte Perikles die Zahlung von Diäten ein, die den Lebensunterhalt einer Person deckten. Die Folge war nicht unerwünscht: In der Bewerberschlange um die Geschworenensitze standen vorne die Alten, die aus dem Erwerbsleben ausgeschieden waren, dahinter der kleine städtische Handwerker und der Tagelöhner, dicht gefolgt vom kleinen Bauern, der seinen Gemüsegarten und seine Schafherde schon einmal seiner Frau und den Kindern anvertrauen konnte. Mit deutlichem Abstand folgten die Händler und die Vornehmen, die anderes und (nach ihrer Einschätzung) besseres zu tun hatten. Zu Richtern bestellt wurden alle durch ein ausgeklügeltes System von Losungen unter den Bewerbern, die über dreißig Jahre alt und athenische Bürger sein mußten. Jahr für Jahr amtierten 6000 Athener als Richter; bei wichtigen Prozessen wurden 1500 oder mehr zu einem Gerichtshof zusammengerufen.
Während des Prozesses blieben die Richter völlig passiv. Sie besaßen ohnehin keine speziellen Sachkenntnisse. Nur die streitenden Parteien trugen vor und zitierten die anwendbaren Gesetze und Rechtsregeln. Danach stimmten – ohne Beratung – die Geschworenen geheim über schuldig oder nichtschuldig ab, wobei sich ihr Urteilsspruch nach dem Wortlaut des einschlägigen Gesetzes zu richten hatte.
Die historische Entwicklung der Geschworenengerichte ist nicht mehr rekonstruierbar. Hingegen sind die Aussagen der Quellen über die Bedeutung dieser Gerichtshöfe für die Demokratie eindeutig: „Wenn das Volk bei der Abstimmung im Gericht Herr ist über den Stimmstein, ist es Herr über die staatliche Ordnung", schrieb Aristoteles, und die zeitgenössischen Komödien des Aristophanes sprechen dieselbe Sprache. Wenn diese Einschätzung richtig ist, stellt sich sogleich die Frage nach dem Verhältnis der Gerichte zur Volksversammlung, dem Souverän des Staates. Oder anders: Was machte die Richter zu den eigentlichen Demokraten?
Zum einen ihre Masse: 6000 aus den Bewerbern erloste Laienrichter waren praktisch identisch mit der gesamten Bürgerschaft, soweit sie politisch aktiv war; dies entsprach dem athenischen Verständnis, wonach 6000 Personen die Masse des Volkes repräsentierten.

Zum anderen ihre Bestellung und ihre Kompetenzen: Zum Richter wurde man durch das Los, und die Materie, mit der man sich beschäftigte, griff tief in das politische Leben ein. So kamen die Beamten ihrer Rechenschaftspflicht in der Regel vor den Gerichten nach. Politische Anklagen reichten von dem Vorwurf des Landesverrates bis hin zur Verfassungsklage wegen rechtswidrig zustande gekommener Gesetze. Gerichtsurteile hingegen konnten von der Volksversammlung nicht aufgehoben werden. Und schließlich: der Richter war zugleich Bürger der Volksversammlung und wie dieser nicht verantwortlich für das, was er tat. Hier wie dort war der Bürger der Souverän.

4. Die Elite der Demokratie

Demokratische Politik im Schatten großer Namen

Alle Politiker des demokratischen Athen waren nur mit dem Segen der Volksversammlung handlungsfähig. Also mußten sie kompetent und große Redner sein. Darüber hinaus waren sie reiche Männer, da nur die Reichen Zeit und Geld hatten, um über viele Jahre hin Politik mit hohem Einsatz zu spielen. Die meisten von ihnen stammten aus wohlhabenden und vornehmen Familien, wie z. B. Miltiades, Themistokles, Kimon, Perikles, Thukydides oder Alkibiades. Emporkömmlinge gab es seit dem Ausbruch des großen Krieges gegen Sparta, aber auch sie waren reich, wie Kleon, der eine Gerberei besaß, oder Hyperbolos, der Lampen herstellte. Keiner von ihnen war einfacher Bürger und nach oben gekommen, weil er bestimmte Ämter durchlaufen hätte oder gar Mitglied einer politischen Gruppierung war. Alle verdankten vielmehr ihre überragende Stellung in der Demokratie ganz oder teilweise Qualifikationen, die ihnen in die Wiege gelegt bzw. dort versprochen wurden: Vermögen, ein großer Name, Beziehungen und besondere Erfahrungen und Fähigkeiten, die man wiederum nur als Besitzer eines großen Vermögens erwerben konnte.

Einer von ihnen war Perikles, dessen Stellung so überragend schien, daß Thukydides davon sprechen konnte, daß in Athen nur dem Namen nach eine Demokratie, in Wirklichkeit aber die Herrschaft eines Mannes bestanden habe. Dieser Großneffe des Kleisthenes, mütterlicherseits hochadliger Sproß der Alkmeoniden, war als Gefolgsmann des Ephialtes aufgestiegen. Er besaß als Geburtshelfer

der Demokratie und Initiator vieler volksfreundlicher Gesetze besonderes Ansehen in der Stadt. Das Volk wählte ihn viele Male und 443-429 ohne Unterbrechung zum Strategen. Es verehrte ihn wohl auch, obwohl (oder gerade weil) dieser Hocharistokrat, der seine Herkunft aus der höfisch-adligen Welt nie verleugnete, auf strenge Distanz hielt. Seine Macht beruhte nicht darauf, daß er so häufig zum Strategen gewählt wurde. Er erhielt dieses Amt vielmehr, weil er professioneller Politiker und beeindruckender Redner war und die daraus fließende Autorität durch Erfolge immer neu erwerben konnte. Sein Stern sank denn auch erst, als 430 die Pest in Athen ausbrach und sein Kriegsplan gegen Sparta gescheitert schien (s. S. 218).
Die Geschichte des Perikles macht deutlich, daß sich in den ersten Jahrzehnten der Demokratie die alten adligen Eliten dank ihrer Sachkompetenz und ihrer geschulten Rednergabe besonders hervortaten. Aristoteles notierte es dankbar und setzte die Wendemarke zum Schlechten mit dem Aufstieg des Kleon (Staat der Athener 28). Tatsächlich kam unter dem Druck des Krieges, dessen Lasten die breiten Massen trugen, ein anderer Typ von Politiker auf, den die Athener *Demagoge* (wörtlich: „Volksführer") nannten. Zu ihnen zählte Kleon (gefallen 422), vermögend, hochbegabt und ehrgeizig. Aristophanes hat ihn in seiner Komödie *Die Ritter* (424) als einen betrügerischen Sklaven karikiert, der nur darauf aus ist, sich auf Kosten seines Herrn, des Demos, die eigenen Taschen zu füllen. Nun ist die Karikatur immer nur ein Zerrspiegel der Wirklichkeit, und der wahre Kleon ist nicht minder gut als eifriger Demokrat und leidenschaftlicher Anwalt der Interessen Athens bezeugt. Er hatte in den erlauchten Kreisen des alten Adels allerdings keine Freunde – das hatten dort Aufsteiger nie (vgl. S. 50). Aristoteles machte dies voreilig zum Kriterium seines Urteils: „bei den Angesehenen stand er in keinem guten Ruf" (aaO. 28,1). Diese gut aristokratisch gedachte Mißbilligung besagt nicht viel; auch Themistokles war in den Augen des alten Adels halb und halb ein Emporkömmling, ein Mann der zweiten Garnitur gewesen (Herodot 7, 143,1). Sie bezeugt jedoch, daß die demokratische Ordnung bisher unbekannte adlige Familien und solche, die ihr Vermögen in Handel und Gewerbe erwarben, in die Politik hineinzog.
Neu an ihnen war der politische Stil, den sie pflegten. Thukydides (2,65) sagte es sehr deutlich, als er die nach Perikles führenden Politiker beschrieb: „Untereinander eher gleichen Ranges und nur bemüht, jeder der Erste zu werden, gingen sie sogar so weit, die Führung der Geschäfte den Launen des Volkes auszuliefern."

So hatte sich auch Kleon nach oben gekämpft, indem er den Launen und Feindbildern der durch die Wechselfälle des Krieges verunsicherten breiten Masse Wort und Stimme lieh. So setzte er 427 in einer maßlos erregten Volksversammlung den Beschluß durch, alle männlichen Bewohner des abgefallenen Mytilene (auf Lesbos) hinzurichten. Diese Entscheidung wurde anderntags abgemildert, und eine Triere, besetzt mit ausgesuchten Ruderern, fing das bereits mit dem Mordbefehl ausgelaufene Schiff ab; so starben auf Mytilene weniger als tausend Männer. Der Vorgang demonstriert jedoch, wie die Gefühle verunsicherter Massen im skrupellosen Kampf um die persönliche Macht zu mißbrauchen waren.

Ein Demagoge besonderen Zuschnitts war Alkibiades. Aufgewachsen im Hause des Perikles und beseelt von dem Willen, es diesem gleich zu tun, erschien er seit dem Ende der zwanziger Jahre im Mittelpunkt einer Reihe von großen Unternehmungen; insbesondere stiftete er die Athener zum Eroberungszug gegen Sizilien an, der ihn an die Spitze des Staates bringen sollte (s. S. 220). Sein politisches Glaubensbekenntnis hat Thukydides überliefert: Es sei ihm und seinesgleichen, so erklärte der geflohene Alkibiades in Sparta, immer darauf angekommen, die Größe und Freiheit Athens zu bewahren; die demokratische Staatsordnung sei für ihn und seine politischen Freunde eine notorische Torheit, die man nur deswegen nicht beseitigt hätte, weil Krieg war (6, 89).

Ein Mann, der so handelte und dachte, wäre in keine Ordnung einzubinden gewesen – wie immer sie aussehen mochte. Sein abenteuerliches Leben bewies den Zeitgenossen einmal mehr, wie groß der Spielraum immer noch war, den sich aristokratische Tüchtigkeit selbst schaffen konnte. Alkibiades war unter diesen Vorzeichen den Helden der Perserkriege sehr ähnlich. Der Sieger von Marathon, Miltiades, beschwor ein Jahr nach dem Sieg die Athener, den Krieg nach Paros zu bringen, denn dort locke reiche Beute; in Wirklichkeit, so berichtet Herodot (6, 132 f.), habe er sich an dem Parier Lysagoras rächen wollen, der ihn beim Großkönig verleumdet hatte. Dieser Wunsch wie die Gier nach Gold scheiterten an dem entschlossenen Widerstand der Parier, und Miltiades wurde in Athen als Betrüger vor Gericht gestellt. Aber der Kriegszug hatte stattgefunden und sein Führer den Namen Miltiades getragen.

Das Beispiel zeigt, wie schwer sich die Demokratie mit ihrer aristokratischen Erbschaft tat und wie unverzichtbar zugleich ihre Annahme war. Das Schicksal des Themistokles sagt nichts anderes: Als dieser leidenschaftliche Anwalt des gemeinsamen Widerstandes

gegen die Perser – noch 476 auf den Olympischen Spielen von allen Griechen hymnisch gefeiert – 471 zunächst verbannt, schließlich wegen Hochverrats zum Tode verurteilt wurde, floh er an den Hof des Perserkönigs und residierte als persischer Lehnsherr in Magnesia am Mäander. Ein antiker Biograph schrieb, Themistokles habe sich auf allen Gebieten von allen anderen unterscheiden wollen. Dies traf ins Herz. Kein Wunder, denn es war das über Jahrhunderte gehütete Glaubensbekenntnis aller Aristokraten, deren unbändiger Tatendrang die Grenzen ihrer Stadt immer wieder durchbrach, und dies nach Auffassung der kleinen Leute gewiß nicht zu ihrem Nutzen. So konnte die Komödie unter brüllender Zustimmung auch den Ausbruch des Großen Krieges gegen Sparta als Akt privater Rache auf die Bühne bringen: Wegen zwei entführter Huren Aspasiens, der milesischen Ehefrau des Perikles, habe dieser „im Zorn mit Blitz und Donner Hellas durcheinander geworfen" (Aristophanes, Acharner, 496 ff.; 425 v.Chr.).
Miltiades, Kimon, Perikles, Kleon und Alkibiades verkörpern nicht die landläufige Erscheinung eines Politikers im demokratischen Athen; da gab es viele Namenlose, die mit derselben Leidenschaft Politik trieben und sich der Demokratie mit Haut und Haaren verschrieben hatten. Von ihnen berichtet unsere auf die großen Täter fixierte Überlieferung nichts, und die Komödie verbog ihre Charaktere. Für die Zeitgenossen verband sich die Vorstellung von der Größe Athens immer mit den Taten Einzelner. Auch wenn sie vielleicht nur die Bandbreite der Möglichkeiten bezeugen, die das Zusammenspiel zwischen der Volksversammlung und ihren führenden Politikern eröffnen konnte, so sind es ihre Namen, die die Zeiten überdauerten. Und auch dies gehört zum Wesen der Demokratie der Athener.

Der Machtanspruch des Adels

Adlige Herren als zentrale Figuren auf einem demokratischen Spielbrett muten auf den ersten Blick seltsam an. Um dies richtig zu verstehen, wird man sich erinnern müssen, daß kein einmaliger revolutionärer Akt – vergleichbar dem Sturm auf die Bastille – die Unteren zum Sturm auf die Festungen der herkömmlichen Macht angespornt hat. Die Demokratie kam auf leisen Sohlen und im Schatten von Krieg und Expansion: Nur nach und nach fiel die Macht einer immer umfangreicheren Klasse zu, die zuletzt sämtliche Bürger umfaßte. Der Adel hatte also Zeit, sich auf eine Entwicklung einzustellen, in die seine führenden Geschlechter immer selbst, mal hemmend, mal fördernd, eingegriffen hatten. Was am Ende dabei herauskam, hat niemand wissen können, aber der Weg dorthin war durch Meilensteine gekennzeichnet, die das Signum großer Adelsfamilien trugen. Besonders dort, wo die Geschichte zu dramatischen Sprüngen neigte, tat sie es unter dem Primat von Außenpolitik und Krieg und rührte damit an die klassischen Domänen aristokratischer Betätigung, die andere auch mit den besten Vorsätzen gar nicht hätten übernehmen können. Ausdehnung der demokratischen Macht auf alle Bürger hieß denn auch zugleich Ausdehnung längst erprobter aristokratischer Spielregeln der Machtbegründung und der Machtausübung. Dazu zählten:

- die *Wahl* für die zentralen Staatsämter, dem Grundgedanken adligen Denkens entsprechend, das immer nach dem Besten Ausschau hielt (nicht zufällig von den radikalen Demokraten mit dem Losverfahren als dem eigentlich gleichmachenden Prinzip konfrontiert);
- der *Mehrheitsbeschluß*, der alle Stimmen als gleichwertig zählte und einen klar formulierten politischen Willen binnen kurzer Fristen zustande bringen konnte;
- das *Prinzip der Gleichheit* (*Isonomie*) als ursprünglich alle aristokratischen Familien einigende Idee, wenn es um die Abwehr tyrannischer Machtansprüche ging;
- die *öffentliche Zurschaustellung der Macht* innerhalb des Staates, nun allerdings an ein Publikum gerichtet, das nicht mehr aus wenigen Auserwählten, sondern aus der ganzen Bürgerschaft bestand;
- die *Bewahrung eines Tugendkataloges*, der den aristokratischen Werten von Kampf, Bewährung und Ehre auch dort verpflichtet blieb, wo der heroische Gedanke mit den sozialen Pflichten verbunden wurde (s. S. 106 ff.).

Gewiß: allen diesen Spielregeln verlieh die Demokratie einen neuen Sinn und weitete ihren Horizont. Und sie band sie konsequent an das Wohl des Staates, dessen Gesetze grenzenlosen Gehorsam forderten. Aber die Bindungen an die Tradition bildeten die tragfähige Brücke, über die der Adel seinen Weg zur Unterordnung unter eine Verfassung finden konnte, die sich betont als die Herrschaft des Demos ausgab, und dazu zählte der Adel gerade nicht. Vieles geriet dabei zur Gratwanderung, da der politische Umsturz zuviel Unvorhersehbares freigesetzt hatte. Oft war Vorsicht angezeigt, wollten viele Risiken richtig abgewogen sein. Aber es lohnte immer den

Versuch, eine gut aristokratische Absicherung in die Zukunft einzubauen, und natürlich kam es darauf an, die politische Macht, den Schlußstein im Gewölbe der neuen politischen Ordnung möglichst selbst zu setzen und zu behaupten. Die Chance dazu verlieh der Krieg, verlieh der eiserne Wille auch und gerade des kleinen Mannes, die materiellen und ideellen Gewinne des Seereiches zu steigern, wo immer sich eine Möglichkeit dazu bot.

Zwar waren die Gleichmacherei des Militärdienstes, zu dem jeder Bürger herangezogen werden konnte, und das Zusammenstehen in der Phalanx längst eingeübt. Zwar ruderten auf den Galeeren die Habenichtse und die Söldner mit wachsendem Selbstbewußtsein und steigenden Ansprüchen. Geblieben aber war der adlige Offizier, Kapitän und Feldherr. In Athen trug kein Gemeiner den Marschallstab im Tornister. Wo immer der Offizier in den Quellen auftritt, trägt er einen großen Namen oder ist Angehöriger eines vermögenden Hauses. Verwunderlich auf den ersten Blick. Denn gerade der ständige Krieg auf dem Meer hätte den Weg für viele Tüchtige frei machen können. Aber es standen eben doch nicht Allen alle Wege offen. Die Gleichheit der Bürger und das eherne Gesetz des Staates, das alle Bürger auch zu Soldaten machte, hatten die Milizarmee geschaffen. Dies aber bedeutete, daß jeder zwar das Waffenhandwerk einübte, aber nicht professionell, sondern nur soweit es nötig und angesichts der ständigen Sorge um die wirtschaftliche Existenz auch möglich war. In einem Krieg der komplizierten Techniken und der weit entfernten Schauplätze reüssierte nur der Berufssoldat. Dessen Zukunft begann erst mit der Söldnerarmee, und dort stieg denn auch der kleine Mann nach oben (s. S. 276 ff.).

So blieb also der Krieg die Domäne des Adels, der die Flotten und die Phalangen der Hopliten befehligte. Als 412 auf Samos der Putsch gegen die Demokratie in Athen geplant wurde, waren es bezeichnenderweise die Kapitäne der vor Samos ankernden Flotte, die ihn betrieben (Thukydides 8, 47). Nicht minder bezeichnend aber auch, was folgte: Als die Flottenmannschaften vom Sturz der Demokratie in Athen hörten, warfen sie sich auf die Schiffe und begehrten, gegen die Oligarchen in Athen geführt zu werden (8, 86). Die Lehre für ihre Kommandeure war unüberhörbar: Ihre Autorität endete dort, wo das Wohl der Demokratie auf dem Spiel stand.

Neben dem Krieg war es die Macht des Geldes, die den aristokratischen Anspruch auf die Führung im Staate unterstützte. Herrschaft in den Städten Griechenlands hatte für viele Menschenalter bedeutet, daß der Adel nicht nur regierte, sondern auch zahlte, und zwar alles, was für den Staat unerläßlich war, und vieles darüber hinaus. Aristoteles rühmte die noble Gesinnung des Kimon, der jedermann aus seinem Demos empfing und ihn unterstützte, wenn es not tat, und der sein Gut nicht einzäumen wollte, „so daß jeder von seinen Erzeugnissen nehmen konnte" (aaO. 27,3). Solche königlichen Gesten konnte die Demokratie nicht verbieten, aber sie räumte gründlich mit dem System auf, indem sie die Staatsfinanzen dem Gesetz und den staatlichen Behörden unterwarf und die Steuer an die Stelle der freiwilligen Leistung setzte.

In diesem Rahmen jedoch entfaltete die Leiturgie, die öffentliche Dienstleistung ihre die Massen beeindruckende Wirkung. Denn es waren die Vermögenden, die die Schiffe der Flotte ausrüsteten und unterhielten, und ihnen oblag die Finanzierung der religiösen Feste: sie suchten vornehmlich die Chöre für die Theateraufführungen zusammen und übten sie ein (vgl. S. 248 f.). Beide Aufgaben verschlangen Unsummen, und so mancher wird auf solche Weise sein Vermögen verschleudert haben. Aber was wog dies Risiko gegen den Beifall der Bürger, die zu Tausenden begeistert aus einer großen Inszenierung des Sophokles strömten und den reichen Mann feierten, der ihnen das alles bezahlt und ausgerichtet hatte? Und was konnte mehr zählen als ein Schiff, das sich im Kampf ausgezeichnet hatte und dessen Ruderer ihren Kapitän, der das Schiff umsorgt hatte, lauthals priesen? In solchen Augenblicken des Triumphs legitimierte sich soziale Macht und erhob berechtigten Anspruch auf die Führung des Gemeinwesens.

Diese war allerdings nur um den Preis einer Tugend zu bewahren, die dem Edelmann nur selten in den Sinn kam: des Dienens. Aischylos ließ um 460 einen höchst ungewöhnlichen König diese neue aristokratische Tugend auf der Bühne verkünden. Umringt von einer Schar, die seinen Schutz erfleht, antwortet er mit einem ganz unköniglichen Gedanken: „Ihr steht nicht als Bittende vor meiner Tür allein; die ganze Stadt läuft die Gefahr der Befleckung, die ganze Stadt muß euch Antwort geben." Als die Schutzflehenden solche Worte nicht wahr haben wollen – „aber du bist die Stadt!" –, wendet er sich ab: „Ich habe es schon gesagt. Wie mächtig ich auch bin, dies kann ich nicht ohne den Demos tun" (Hiketiden 365-401).

5. Der demokratische Gedanke

Die Ideale der Demokratie

Die Demokratie entstand nicht, weil es ein Modell für sie gab oder weil revolutionär gestimmte Massen politische Mitsprache und soziale Gerechtigkeit gefordert hätten. Ihr komplexer Entstehungsprozeß hat einen ganz anderen festen Kern: die Untrennbarkeit von Waffenfähigkeit und politischen Rechten. Der Odysseus des Homer verprügelte noch einen Mann des einfachen Volkes und schrie: „Halte dich still und warte auf Befehle von denen, die besser sind als du, der du kein Krieger bist, sondern ein Schwächling, der weder im Krieg noch im Rat mitzählt" (Ilias 2,242 ff.). Perikles sah sich Jahrhunderte später, als sich die Theten über die Ruder ihrer Trieren beugten, dem einfachen Athener gleichgestellt: „Jeder von uns ist fähig, Recht zu sprechen, jeder von uns ist bereit, (für Athen) zu kämpfen und zu sterben."

Die theoretische Durchdringung dieser Entwicklung setzte spät ein; angesichts der glänzenden Erfolge der Demokratie von der Abwehr der Perser bis hin zum Ausbau der Herrschaft über die Ägäis erübrigte sich das Nachdenken über den Wert der Demokratie im Vergleich zu anderen Lebensordnungen. Zudem fehlte dem athenischen Demokraten – im Unterschied zum modernen – die Überzeugung, eine für alle Menschen vorbildliche Staatsordnung geschaffen zu haben. So blieb der Entwurf einer Theorie, die das Phänomen „Demokratie" vergleichend erfassen sollte, den Staatsphilosophen des 4. Jahrhunderts vorbehalten. Von ihnen fand Aristoteles die klassische Formel, und er faßte sie im Ideal der Freiheit. Diese sei, so führte er aus, zum einen dadurch bestimmt, daß das Regieren und Regiertwerden reihum gehe und der Beschluß der Mehrheit gelte; zum anderen gebe sie jedem die Möglichkeit, innerhalb der gesetzlich geregelten Ordnung so zu leben, wie er will.

Dieses Verständnis vom Wesen der Demokratie ist dem modernen vergleichbar, auch wenn heute die Freiheit des Bürgers vor allem als Freiheit *vom* Staat verstanden wird. Die Vergleichbarkeit gilt mit Einschränkung auch für den zweiten Schlüsselbegriff: Gleichheit. Die Athener lasen daraus die Gleichheit vor dem Gesetz, die politische Gleichberechtigung aller Bürger und ihre Redefreiheit; davon ausgeschlossen waren (wie in der ganzen antiken Welt) die Frauen, Sklaven und Fremde. Die politische Gleichheit bezog sich auf die

Masse des Demos, dem Arme und Reiche ohne Unterschied des Standes und der Bildung gleichermaßen angehörten.
Demokratie hieß auch die Herrschaft der Mehrheit über eine Minderheit, wer auch immer sich darunter befand: „Das demokratische Recht ist nämlich die Gleichheit nach der Zahl, nicht nach dem Ansehen, und wo dies als Recht gilt, da muß die Menge die entscheidende Gewalt haben und muß das, was der Mehrheit gut dünkt, auch das Endziel und das Recht sein" (Aristoteles, Politik 1317b 1). Das Gegenargument der Widersacher lag auf der Hand: Die Demokratie sei dumm, da sie dem Verdienst, der Erfahrung und der besseren Einsicht keine zusätzliche Stimme gewähre. Dagegen stand die Gewißheit der Demokratie, daß das Gesetz den Staat ausmache und der Gehorsam vor ihm oberstes Gebot eines geordneten Staatswesens sein müsse: „Minder gute Gesetze, die felsenfest stehen, sind besser als vortreffliche, die aber nicht eingehalten werden. Schlichte und einfache Menschen regieren ihren Staat im allgemeinen besser als klügere und gebildete; denn die wollen immer klüger sein als die Gesetze" (Kleon nach Thukydides 3,37).

Die Stimme der Opposition

Die Quellen geben kein repräsentatives Bild von der öffentlichen Meinung im 5. Jahrhundert. Dort, wo sie sich in Pamphleten, Komödien, politischen und philosophischen Traktaten spiegelt, überwiegen die Stimmen der Gegner der Demokratie. Verwunderlich ist das nicht. Die Demokratie war eine junge Staatsordnung, und wer sich in der Vergangenheit auskannte, der hatte gelernt, daß die Eignung zum Regierungsamt aus der Bildung, aber auch aus der Unabhängigkeit erwächst, die nur ein gewisser Wohlstand gewähren kann. Zudem glaubte man aus Erfahrung zu wissen, daß in der Politik das Eingreifen des Volkes eher zum Exzeß als zum Kompromiß führt; die blindwütige Truppe, die den Demagogen folgte, als die gesamte männliche Bevölkerung von Mytilene den Henkern ausgeliefert werden sollte, mochte als Anschauungsmaterial dienen. Überhaupt die Demagogen. Aristoteles schrieb dem großen Fabeldichter Äsop den Satz zu, daß es sinnlos sei, einen Demagogen zum Tode zu verurteilen; ebensogut könne man den Versuch machen, einen Fuchs von seinen Flöhen zu befreien, da jeweils neue, noch nicht gesättigte auf ihre Chance warteten.
Der zentrale Vorwurf richtete sich gegen die Grundidee von der politischen Gleichheit: Diese orientiere sich an der Zahl, schön und

gut; wo aber blieben erprobte Prinzipien wie Leistung, Herkunft, Reichtum und Ansehen? Wer sie vergesse, schaffe Unrecht. Zudem erfordere das politische Geschäft Erfahrung, Bildung und Sachverstand – Eigenschaften, die die breiten Massen nicht besäßen, so daß ihnen die Urteilsfähigkeit abzusprechen sei: „Wie sollte sie's (die Menge) denn auch wissen, wo sie im Rechten weder unterwiesen ist noch es von selbst aus eigener Kraft je sah, sondern sie fällt über die Angelegenheiten her und stößt sie vor sich hin, ohne Verstand, einem Sturzbach im Unwetter gleich", rief der Gegner der Demokratie in der von Herodot überlieferten Auseinandersetzung um die beste Verfassung (3,81).

Weiter lehre die Geschichte, daß die Massen zügellos und egoistisch seien; dies zeige sich insbesondere in der Gier nach Bereicherung auf Kosten besitzender Bürger durch die Steuergesetzgebung sowie in der Einrichtung der Diäten, die für Ratsherrn, Richter und Beamte und (ab 403) auch für die Besucher der Volksversammlung gezahlt werden müßten. Schließlich fehle der Menge jede ethische Bindung: Es herrsche daher in der Demokratie nicht das Recht, wie die Demokraten behaupten, sondern die Laune der Massen in der Volksversammlung und in den Gerichtshöfen; dies könne durch Beispiele auffälliger Willkürjustiz leicht belegt werden.

Zum Gegenpol der so geschmähten Demokratie wurde Sparta. Dessen politische Ordnung ruhte für viele auf jahrhundertealten Gesetzen, denen es zu danken war, daß innerhalb der sozialen Rangordnung jeder seinen unverrückbaren Platz hatte. Die starre Bindung Spartas an die Tradition, die soldatische Lebensweise der Spartiaten und ihre Herrschaft über viele Tausend Heloten boten keinen Ansatz zur Kritik, da das Streben nach Macht nicht verwerflich war.

6. Die soziale und wirtschaftliche Ordnung

Die Bevölkerung Attikas

Zu einem nicht näher bestimmbaren Zeitpunkt wurde ganz Attika mit einer Fläche von rd. 2500 qkm zu einer einzigen Polis vereinigt. In ihr gab es keine Statusunterschiede zwischen den Bewohnern der Stadt Athen, den Bürgern von Marathon oder den Hirten des Pentelikon-Gebirges. Der Stadtstaat Athen besaß damit ein Territorium und eine Bevölkerungszahl, die von keiner anderen Polis auch nur annähernd erreicht wurde, Sparta mit seinem durch Eroberungen gewonnenen Territorium ausgenommen. Die ertragreichen Silberminen von Laureion im Südosten Attikas sicherten der Stadt zudem ein kontinuierliches Einkommen.

Jede moderne Wirtschafts- und Sozialgeschichte beherzigt den Grundsatz, daß die Anzahl der Menschen, über die ein Staatswesen verfügt, sowohl Ursache als auch Auswirkung des materiellen Fortschritts oder Niedergangs sein kann; statistische Untersuchungen sind daher heute in jedem Handbuch zu finden. Die antiken Historiker kannten dererlei nicht, und keiner von ihnen machte sich darüber Gedanken, welchen Nutzen über einen längeren Zeitraum hinweg gesammelte Daten und Zahlen haben könnten. So führte man in griechischen Städten zwar Listen der Wehr- und Steuerpflichtigen sowie der anerkannten Bürger; ein offiziell und kontinuierlich fortgeschriebenes Verzeichnis der Bürger über 17 Jahre, in das auch die Besitzlosen aufgenommen wurden, existierte jedoch nur in Rom.

Jeder Versuch, die Bevölkerungszahl Attikas zu bestimmen, basiert daher auf zufällig erhaltenen Zahlen, die nur grobe Schätzungen zulassen. Diese sagen, daß vor dem Ausbruch des Peloponnesischen Krieges in Attika zwischen 250.000 und 300.000 (maximal 200.000 erwachsene) Menschen gelebt haben. Davon waren etwa 80.000 Sklaven und 25.000 Metoiken (s.u.). Politische Rechte besaßen ca. 30-50.000 Männer. Für ganz Griechenland (ohne Kreta, Epirus und Makedonien) werden für diese Zeit 2.250 000 Einwohner, darunter 850.000 Sklaven, geschätzt (zum Vergleich: das Königreich Griechenland, dem antiken Gebiet an Flächeninhalt nahezu gleich, besaß 1882 2.065 000 Einwohner). Davon lebten rd. 700.000 auf der Peloponnes (so viel wie im 16. und 17. Jahrhundert).

Die Seegeltung Athens nach den Perserkriegen bot vielen neue Existenzmöglichkeiten; die Stadt und ihr Hafen Piräus wirkten wie ein Magnet auf die umwohnende Bevölkerung und die zuziehenden Fremden. So konzentrierten sich dort 30% aller Bürger, und der größte Teil der Metoiken und Sklaven arbeitete dort; in der Stadt ist also das Zahlenverhältnis zwischen Bürgern und Nichtbürgern mit 1:1 anzusetzen. Verheerende Auswirkungen hatten der Peloponnesische Krieg und die Niederlage: Am Ende des Jahrhunderts war die Bevölkerungszahl etwa halbiert und stieg im 4. Jahrhundert nur langsam wieder an.

Das Wirtschaftsleben und seine sozialen Auswirkungen

Attika blieb auch im 5. Jahrhundert ein Land, in dem der kleinbäuerliche Grundbesitz dominierte, und es bildete immer ein Gegengewicht zur aufstrebenden Weltstadt. Seine Bauern bewirtschafteten ihre Höfe, die weniger als 20 ha umfaßten, zumeist im Familienbetrieb, da der kärgliche Boden den Unterhalt für einen Sklaven oder den Lohn für einen Landarbeiter nicht hergab. In den Ebenen gab es größere Güter, auf denen auch mit Sklaven und Arbeitern gewirtschaftet wurde; sie verdrängten jedoch den kleinbäuerlichen Betrieb nicht. Diese Bauern zogen wie eh und je als Hopliten in den Krieg, und ihre Stimme in der Volksversammlung war – wenn es darauf ankam – immer noch die gewichtigste.

Die handwerklichen Berufe profitierten wie der Handel am meisten von der Seeherrschaft und expandierten spürbar. Das Gros der Erzeugnisse ging in den Export, wie die zahlreichen Funde attischer Produkte im gesamten Mittelmeerraum zeigen. Viele Betriebe spezialisierten sich schnell; in Athen und im Piräus konzentrierten sich in bestimmten Vierteln die Werkstätten der Töpfer, Waffenschmiede, Möbelhersteller und Gerber. Die Rüstung trug viel zum wirtschaftlichen Aufschwung bei: Vor allem der Flottenbau mit seinen Werften und Schiffshäusern wirkte wie ein Programm zur Arbeitsbeschaffung und sicherte einer Vielzahl von Zulieferungsbetrieben Vollbeschäftigung und Ausbaumöglichkeiten. Gespart wurde hier nicht: Für Rüstungsausgaben wurde die Kasse des Seebundes voll herangezogen.

Trotzdem blieben die handwerklichen Betriebe alle klein. Wer mehr als zwanzig Arbeiter beschäftigte, führte schon einen Großbetrieb. Die ganz Reichen besaßen mehrere kleinere und mittelgroße Werkstätten, keiner jedoch rüstete diese zu umfassenden Großbetrieben um; offenkundig überstieg dies die vorhandenen Fähigkeiten der Arbeitsorganisation und des Kapitaleinsatzes (s.u.).

Eine besondere Bedeutung kam den Marmorbrüchen des Landes und den Silberminen von Laureion zu, die zeitweilig bis zu 20.000 Arbeiter beschäftigten. Vergeben wurden die Gruben an kleine Pächter, die mit Sklaven und freien Lohnarbeitern wirtschafteten. Dies führte dazu, daß reiche Athener Hunderte von männlichen Sklaven kauften, die sie an die Grubenpächter kurz- oder langfristig vermieteten. Auf diese Weise konnte das Risiko bei der Erschließung neuer Vorkommen vermindert werden, da die Pächter den Kostenfaktor Arbeit flexibel halten konnten.

Beide Erwerbszweige – Handwerk und Bergbau – beschäftigten im großen Umfang Sklaven und Fremde. Auch auf den großen öffentlichen Baustellen der Stadt, den Festungsanlagen, den Schiffshäusern und den Tempeln auf der Akropolis, arbeiteten neben den Freien immer auch Sklaven und Metoiken, die als Spezialisten z.T. von weit her geholt wurden. Dies war weniger ausgeprägt im Handel, der nunmehr Weltgeltung erlangte. Er war Seehandel, wie in Griechenland überhaupt, da der Transport über Land angesichts der geographischen und politischen Zersplitterung jenseits der attischen Grenzen zu teuer und weitaus mehr gefürchtet war als der gefährliche Wasserweg. Die Quellen sprechen davon, daß Athen Sammelplatz für alle Produkte der Welt wurde. Die Handelskapitäne trieben also Umschlags- und Kommissionshandel ebenso wie Export- und Importgeschäfte. Ihre Schiffe nahmen Fracht aus den einheimischen landwirtschaftlichen (Öl und Wein) und handwerklichen Produkten auf und brachten zurück, was die Stadt brauchte (vor allem Getreide) oder was in andere Gebiete des Mittelmeeres verkauft werden konnte.

Das Geschäft machten in der Regel einzelne Schiffseigner; große Handelsgesellschaften, wie sie in Rom seit dem 2. Jahrhundert üblich wurden, gab es noch nicht. Dazu fehlte vor allem das Kapital, da es nur wenige Athener gab, die als Geldverleiher – den heutigen Banken vergleichbar – ihren Reichtum zu mehren gedachten. Wer reich war, suchte dies ohnehin nach Möglichkeit zu verbergen: Der Staat forderte von seinen vermögenden Bürgern häufig die Übernahme von Leistungen (Leiturgien) wie z. B. den Bau von Kriegsschiffen oder die Stellung von Festchören. In Notzeiten wurden auf diese Weise große Vermögen binnen weniger Jahre aufgezehrt.

Unter allen Erwerbsarten verhieß der Seehandel den höchsten Gewinn, eine Folge der Seemachtstellung Athens, das die Meere im Osten des Mittelmeerraumes sicher gemacht und neue Märkte erschlossen hatte (s. S. 175). Mit modernen Maßstäben (etwa: Gewinnung von Absatzmärkten, Marktstrategien, Investitionen u.ä.) gibt es hier jedoch nichts zu messen. Auch das seemächtige Athen hat die überkommenen Wirtschaftsformen nicht revolutioniert. Dies lag nicht zuletzt daran, daß sich kein dem modernen vergleichbarer Geschäftssinn entwickelte, der den Gelderwerb um seiner selbst willen zu schätzen gelernt hat. In diesem Punkt waren sich alle Athener, ob arm oder reich, einig: Der eigentliche Wert des Lebens war nur im Raum der Politik zu finden, und dort errungene Erfolge wogen wirtschaftliche Gewinne um ein Vielfaches auf.

Die ansässigen Fremden (Metoiken)

Die Metoiken (wörtlich: Mitbewohner) waren dauernd in Athen ansässige Fremde, deren Rechtsstatus klar umrissen war: Als persönlich Freie genossen sie Rechtschutz wie alle Bürger und gingen ihren Geschäften ohne Beschränkungen nach. Sie zahlten für das gewährte Wohnrecht und den Rechtsschutz eine geringe Kopfsteuer (*Metoikion*) und trugen alle öffentlichen Lasten einschließlich des Wehrdienstes wie alle anderen auch. Sie durften allerdings wie alle Fremden keinen Grundbesitz erwerben; ansonsten trennten sie weder soziale noch berufliche noch religiöse Schranken von den Bürgern der Stadt. Trotzdem kam es zu keiner nennenswerten Verschmelzung beider Gruppen: Zu eifersüchtig wachten die Bürger in der Volksversammlung über die Exklusivität ihrer Rechte. Viele der Metoiken waren auch nur in der Stadt seßhaft geworden, um ihr Glück zu machen und die Zukunft ihrer Kinder zu sichern. Ihren Fähigkeiten und ihrem Unternehmungsgeist, der sich auf Handel und Gewerbe konzentrierte, verdankte Athen viel.

Die Sklaven

Keine griechische Stadt hatte (von den Heloten Spartas abgesehen) so viele Sklaven wie Athen im 5. Jahrhundert. Viele wurden bereits als Sklaven geboren, andere kamen als Kriegsgefangene, die die siegreiche Flotte oder die Seeräuber aufgebracht hatten, wieder andere führten Sklavenhändler ins Land, die ihre Menschenware aus aller Herren Länder bezogen. Die meisten Sklaven waren keine Griechen, da diese in der Regel von ihren Angehörigen zurückgekauft wurden. Sie stammten vornehmlich aus dem barbarischen Hinterland der griechischen Kolonisationsgebiete: Illyrer, Thraker, Kleinasiaten und Bewohner des Schwarzmeergebietes, aber auch Syrer und Iraner waren unter ihnen. Und die meisten waren – anders als in der Frühzeit (s. S. 44 f.) – Männer, wie man sie für schwere Arbeiten benötigte. Sie leisteten Arbeiten aller Art als Handwerker, Bergarbeiter, Staatssklaven (Amtsdiener, Straßenarbeiter, Polizisten) oder Hausgehilfen. Nur in der Landwirtschaft waren sie wenig gefragt: Hier mühte sich der kleine Bauer meist allein mit seiner Familie und hörte mißtrauisch auf den schlechten Ruf, der den Sklaven vorausging.

Die Tüchtigen und Gebildeten unter ihnen stiegen im Handel auf; mancher war bald selbständig tätig und lieferte einen bestimmten

Prozentsatz vom Verdienst an seinen Herrn ab. Andere wurden als Lohnsklaven vermietet und arbeiteten zumeist in den Minen, den Steinbrüchen, auf Baustellen oder in Werkstätten neben Freien und Fremden. Ihr Los und ihre soziale Stellung hingen von der Tätigkeit ab, die verlangt wurde, und vom Charakter ihres Herrn. Ihre ökonomische Bedeutung ließ „die Sklaven üppig werden", notierte bitter ein Gegner der Demokratie um 430. Er dachte dabei an ihre rechtliche Situation, die sich verbesserte: Sie wurden als juristische Personen anerkannt, konnten etwa als Zeugen vor Gericht aussagen und selbständig Verträge schließen. So gab es unter ihnen, die teils als Sklaven geboren, teils aus ganz verschiedenen Ländern herbeigetrieben worden waren, auch keine Solidarität, und Revolten bedurften eines Anstoßes von außen.

Einige ihrer Herren hatten von den Sophisten gelernt, daß die Sklaverei ungerecht und naturwidrig sei (s. S. 242). Die meisten hielten sich an die Gedankengänge des Aristoteles, der unter Berufung auf die in der Natur bestehenden Herrschaftsverhältnisse die Sklaverei bereits dort begründet sah. „Von Natur aus sind Barbar und Sklave dasselbe", schrieb er weiter, so daß jeder Krieg gegen Barbaren gerecht sei, da er gegen die geführt werde, „welche durch die Natur zum Regiertwerden bestimmt sind" (Politik 1254a ff.). Daß Sklaven gefährlich werden konnten, wußte natürlich jeder. Der Philosoph Platon tadelte die hartgesottenen Sklavenbesitzer, denen er vorwarf, sie könnten nur deswegen im vollen Gefühl ihrer Sicherheit leben, weil sie wüßten, daß ihre Mitbürger ihnen im Notfall zur Hilfe kommen würden (Gesetze 776b–778a). Die Waffen also hielten die Sklaven im Joch.

Die Freilassung war selten, aber möglich. Es genügten die formlose und öffentlich bekundete Willenserklärung oder das Testament des Eigentümers. Der Freigelassene wurde – im Unterschied zur römischen Praxis – nicht Bürger, sondern Fremder, der in der Stadt leben durfte. Er blieb zumeist zu lebenslangen Dienstleistungen gegenüber seinem alten Herrn verpflichtet.

Die wirtschaftliche Bedeutung der Sklaverei für das demokratische Athen war hoch, dies beweisen bereits die Zahlen (s.o.). Selbst wenn es nur wenige Wirtschaftszweige waren, in denen Sklavenarbeit unersetzlich war, so räumte insgesamt die Arbeit ihrer Sklaven den Herren das Maß an Zeit ein, ohne die das von der demokratischen Ordnung geforderte Ausmaß an politischer Aktivität schwerlich möglich gewesen wäre.

7. Die Stellung der Frau in der athenischen Gesellschaft

Die Erforschung der Rolle der Frau in Gesellschaft und Politik der griechischen Stadtstaaten läßt noch keine zusammenfassenden Ergebnisse zu. Die lange geübte Beschäftigung mit den großen Frauengestalten des griechischen Epos, der Tragödie und der hellenistischen Königshäuser wurde bereits im 19. Jahrhundert erweitert um eine Kulturgeschichte der Frau. Seither sind die Äußerlichkeiten des täglichen Lebens besser bekannt: Wohnen, Ernährung, Kleidung, Geburt, Tod und Krankheit. Später folgten Untersuchungen vor allem zum Eherecht und zur Geschäftsfähigkeit der Frauen, deren familienrechtliche Stellung besser erkannt werden konnte.
Die heutige Forschung stellt neue, umfassendere Fragen: Untersucht werden die Arbeit von Frauen und ihr sozialer Rang, also die Bedeutung ihres häuslichen Einflusses bis hin in den Raum der Politik (z. B. über Heiratsbeziehungen), ihre Rolle im religiösen Kultvollzug und insgesamt das Ausmaß ihrer sozialen Beweglichkeit. Gedacht ist damit an weit mehr als die Aufarbeitung bisheriger Defizite. Es geht um eine neue Perspektive, die beide Geschlechter im Blickfeld hat und von hierher neue Erkenntnisse auch zur allgemeinen Geschichte gewinnen will.
Vor kaum lösbaren Schwierigkeiten stehen Untersuchungen, die die sozialen Unterschiede berücksichtigen wollen. Die Quellen differenzieren so nicht, und die Gelegenheiten, bei denen sie die Frauen der unteren Schichten zu Wort kommen lassen, sind zu selten, um allgemeine Rückschlüsse zuzulassen. Wenig Verlaß ist auf die Komödie, deren Spiegel die Dinge bis zur Unkenntlichkeit verzerrt. So war es in einer Gesellschaft, die jede politische und administrative Verantwortung den Männern zuwies, bereits komisch, wenn Frauen die Bühne betraten, die diese Ordnung auf den Kopf stellten. Aristophanes hatte solche Einfälle, als er in „Lysistrate“ und der „Weibervolksversammlung“ Frauen Pläne für den Umsturz schmieden ließ: Verschanzt auf der Akropolis verwehrten sie ihren lüsternen Männern, ihre Körper zu berühren, um so den Frieden zu erzwingen. Eine derart verkehrte Welt war zwerchfellerschütternd genug – da bedurfte es weiter keiner zusätzlichen komischen Einfälle.
Auch auf die Literaten ist wenig Verlaß. Sie sprachen gerne von den häuslichen Tugenden ihrer Frauen, die – zurückgezogen in ihren

Gemächern – ihren hausfraulichen Aufgaben nachgehen, die Kinder aufziehen und die edle Eigenschaft des Stillschweigens pflegen. Solche Behauptungen sind nicht wörtlich zu nehmen, da sie allzu häufig ein Wunschtraum und ein Gegenbild zu Spartas Frauen waren, die im Gymnasium wie Männer trainierten und ihre Schenkel zeigten. In der Tragödie treffen Frauen große Entscheidungen, übernehmen harte Pflichten und äußern ihre Meinung pointiert und vernehmbar. Es sind vor allem die Vasenbilder, die dieses Bild bestätigen und ein viel reicheres Frauenleben zeigen als das, was die Literaten so gerne als Ideal vorstellten. Die Darstellungen erzählen von einem breiten öffentlichen und kulturellen Betätigungsfeld, das kaum den alltäglichen Erfahrungen widersprochen haben dürfte.

Ein weiteres Problem kommt hinzu: Die Quellen sprechen vornehmlich von der Stellung der Frau in Athen. Sie lassen am deutlichsten die rechtliche Abhängigkeit von einem Vormund (meist der Vater oder Ehemann) erkennen: So konnte der Gatte nicht frei gewählt werden, und die Geschäfte, die Frauen tätigten, überwachte der Vormund. Erbberechtigt waren die Athenerinnen nicht; sie durften allenfalls als Erbtöchter das zu vererbende Familiengut an ihre Söhne weitergeben. Auf der anderen Seite waren sie persönlich frei, hatten einen rechtlichen und moralischen Anspruch auf Versorgung und genossen Klageschutz bei schlechter Behandlung. Das soziale Ansehen der Frau ist von ihrer rechtlichen Stellung her nicht ausreichend erfaßbar. Die lange gültige Vorstellung von der sozialen Bewegungslosigkeit der an das Haus gebundenen Frau ist heute aufgegeben. Ein Vergleich mit der orientalischen Haremswirtschaft scheint so weniger ergiebig als ein Blick auf die Stellung der Frauen in der europäischen frühen Neuzeit. In jedem Fall weit darüber hinaus weist die Bedeutung der Athenerin beim Vollzug der staatlichen Kulte. In bestimmten Priesterschaften und bei wichtigen Festen war ihre Rolle dominierend und unersetzbar (s. S. 247). Viele erinnerten sich zeit ihres Lebens und stolz an die verschiedenen priesterlichen Aufgaben, die sie schon im Mädchenalter erfüllt hatten: „Arrhephore war ich schon, als ich grad sieben Jahr;/Als ich zehn, mahlte für Athena ich das Korn;/Dient im Safrankleid als ‚Bärin' Artemis Brauronia;/Trug den Korb als schönes Mädchen unsrer Göttin/Bei den Panathenän/Sollt ich da der Stadt nicht dienen, wenn ich kann, mit gutem Rat?" (Aristophanes, Lysistrate 643 ff.). Eben so wird es auch gewesen sein – jenseits der Volksversammlung und der Schranken des Gerichts.

Nur dank der wichtigen sozialen und religiösen Position ihrer Frauen war es möglich, daß sich die Athener die Grundprobleme menschlicher Existenz anhand der Schicksale handelnder und leidender Frauen verständlich machten. Dies gilt z. B. für die Iphigenie des Euripides (aufgeführt 406), die sich den Erfordernissen der staatlichen, über die Familie hinausreichenden Moral beugt und sich um des Kriegserfolges der Griechen willen zum Opfertod bereit findet. Und dies gilt unter ganz anderen Vorzeichen für die Antigone des Sophokles (s. S. 250). Ihr bedeutet die Bindung an die Familie und das menschliche Recht auf Bestattung der Toten mehr als die staatlich gebotene Pflicht zur Solidarität der Bürger, die Aufrührer gegen die bestehende Ordnung zu strafen haben. Die beiden Pole, zwischen denen Rechte und Pflichten des Bürgers verankert waren, gewannen damit in Frauengestalten für alle Athener lebendige Anschauung.

8. Die Bautätigkeit

Das fünfte war auf dem Gebiet der Künste das Jahrhundert der Tragödiendichter, der Historiker (zu beiden S. 248 ff.) und der Baumeister. Das demokratische und herrschsüchtige Athen schmückte sich mit Bauten, die für Jahrtausende Menschen in ihren Bann schlagen sollten: „Was aber Athen am meisten zum Schmuck und zur Zierde gereichte, was den anderen Völkern die größte Bewunderung abnötigte und heute allein noch dafür Zeugnis ablegt, daß Griechenland einstiges Glück, daß der Ruhm seiner früheren Größe nicht leeres Gerede sei, das waren seine prachtvollen Tempel und öffentlichen Bauten" (Plutarch, Perikles 12). Ihr architektonisches Glanzstück wurde die Neugestaltung der Akropolis, die die Perser 480 niedergebrannt hatten, und deren Felsplateau seit Urzeiten die Mitte der attischen Ebene war. Auf ihm standen bereits die Paläste der mythischen Könige, und als diese den adligen Herren weichen mußten, trat an ihre Stelle der Tempel der neuen Herrin der Stadt, Pallas Athene.

Perikles leitete selbst die Baukommission, als 448, nach dem Ende des Krieges gegen die Perser, das Volk den Wiederaufbau der immer noch verwüstet daliegenden Burg beschloß. Sie wurde wie einst durch hohe Mauern als Raum der Götter gegen die Stadt abgegrenzt. Im Inneren war der ganze Bereich bevölkert mit Götter- und Menschenbildern und mit Weihgeschenken der verschiedensten

Art. Die Bauten und Bilder leuchteten in genau abgestimmten Farben. Im Zentrum der Anlage entstand der im dorischen Stil errichtete Parthenon (*Jungfrauengemach*), das Heiligtum der Stadtgöttin, die dort, verkörpert in einem 12 Meter hohen Kultbild des Pheidias, ihren Wohnsitz nahm. Der Grundstein wurde 447 gelegt, und bereits neun Jahre später, am Geburtsfest der Stadt, den großen Panathenäen (s. S. 247 f.), konnte der Bau der Stadtgöttin übergeben werden. Der Marmorbau widerstand 2000 Jahre allem, was ihm eine wechselvolle Geschichte zumutete. Erst bei der venezianischen Belagerung des türkischen Athen 1687 brachte ein verhängnisvoller Meisterschuß – so Francesco Morosini, der Admiral der Flotte Venedigs – Teile des Bauwerks zum Einsturz, das bis heute als Inbegriff der griechischen Baukunst gilt.

Den Burgberg schmückte man in den Jahrzehnten von 448-406 mit weiteren Bauwerken: 432 wurden der Torbau und die Propyläen mit weit ausgreifenden Flügeln vollendet. 421- 408 entstand das Erechtheion dort, wo die mythischen Könige Attikas begraben lagen und wo ältere vorgriechische Gottheiten fortlebten, wie Erechtheus, den Poseidon im Zorn erschlug und mit sich verschmolz. 406 schließlich wurde der Tempel der siegbringenden Athene (*Athena Nike*) fertiggestellt.

Auch in der Stadt herrschte eine rege Bautätigkeit: Die Agora erhielt Bauten für die Gerichtshöfe und die Boulé (das *Bouleuterion*); die Festungsbaumeister zogen acht Kilometer lange Mauern nach Westen, um die Stadt mit ihrem Hafen sicher zu verbinden; zwischen ihnen konnte die gesamte Bevölkerung Attikas im Kriegsfall Schutz finden. Auf dem südlichsten Kap (Sunion), das Attika in die Ägäis streckt, dort, wo es schon immer notwendig war, den Gott des Meeres durch Opfer zu besänftigen, erhielt Poseidon seinen Tempel.

VIII. Der Konflikt der Großmächte Athen und Sparta und das Ende der territorialen Einigungsversuche (435-338)

461-446	Athen verläßt das antipersische Bündnis mit Sparta; in den folgenden Jahren kommt es immer wieder zu militärischen Auseinandersetzungen, die 446 durch einen Friedensvertrag beendet werden.
431-404	Peloponnesischer Krieg. Die Auseinandersetzung um die Vormachtstellung in Griechenland und der Ägäis endet mit der Niederlage Athens.
415-413	Der Versuch Athens, Syrakus zu erobern und auf Sizilien Fuß zu fassen, scheitert. Persien beginnt, Sparta massiv mit Geldmitteln zu unterstützen.
406	In Sizilien beginnt die Auseinandersetzung mit Karthago um die Herrschaft auf der Insel, in deren Westteil ein geschlossener karthagischer Herrschaftsbereich entsteht.
387/6	Unter Beteiligung Persiens wird der Versuch unternommen, vertraglich den Frieden in Griechenland unter Wahrung der Autonomie der griechischen Städte herzustellen.
371	Sparta unterliegt Theben und verliert seine Vormachtstellung.
359-338	Makedonien steigt unter Philipp II. zur Großmacht auf und erlangt die Vorherrschaft über Griechenland.

1. Der Weg in den Krieg

Griechenland im Banne des Konflikts seiner Großmächte

Der Konflikt, der 462 zwischen Sparta und Athen ausgebrochen war (s. S. 183 f.), führte in den folgenden Jahren zu offenen militärischen Auseinandersetzungen, die zeitweise parallel zum Perserkrieg der Athener ausgetragen wurden. Auf dem Spiele standen Megara, Aigina und die Vorherrschaft in Mittelgriechenland und in

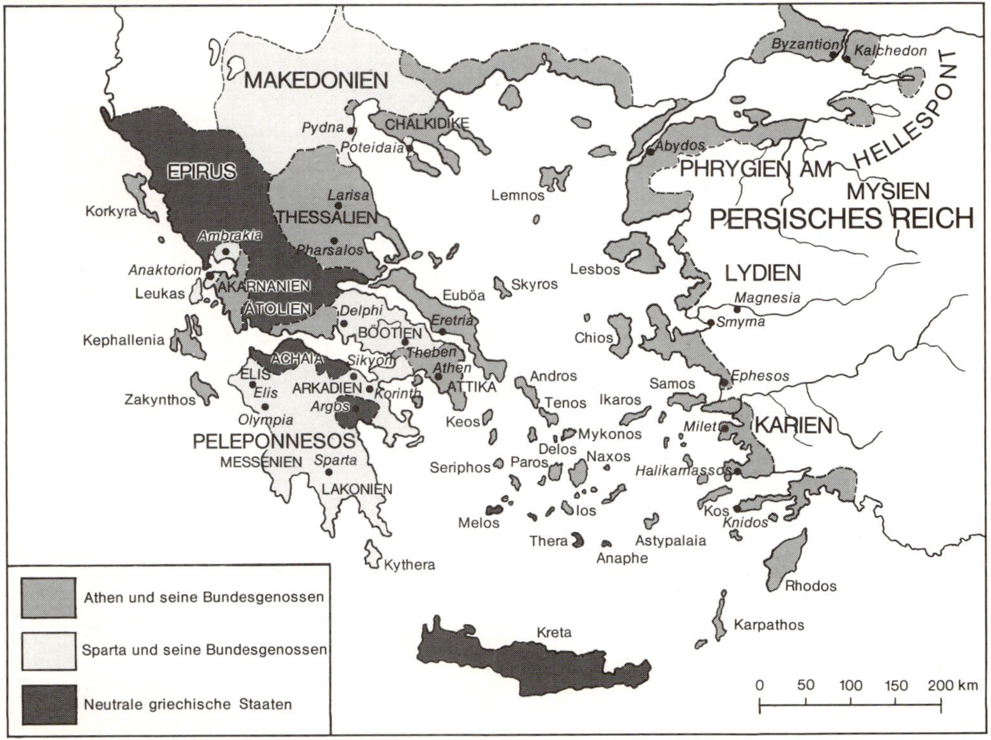

Athen und Sparta mit ihren Verbündeten

Böotien. 457 kapitulierte Aigina und wurde in den Seebund gepreßt; alle anderen Unternehmungen Athens stockten, als 454/3 die Nachricht von der verheerenden Niederlage des athenischen Expeditionskorps im Nildelta Griechenland erreichte. In diesen Kriegen um den beherrschenden Einfluß auf Mittelgriechenland wurde die Grundmaxime der spartanischen Außenpolitik deutlich: Sparta war unter keinen Umständen bereit, ein Übergreifen Athens auf die Peloponnes oder die nachhaltige Schädigung der Interessen seiner Bundesgenossen hinzunehmen.

Im Winter 446/5 kam es zu Friedensverhandlungen. Getreu seiner Maxime forderte Sparta als erstes die Räumung aller Stützpunkte, die Athen in den vorangegangenen Kriegsjahren auf der Peloponnes gewonnen hatte. Darüber hinaus machten beide Kontrahenten den energischen Versuch, die zwischen ihnen chronisch gewordenen Spannungen auszuräumen. Dementsprechend griff der Vertrag (StV II 156) alle Probleme auf, die künftige Konflikte provozieren konnten. Angesichts der Herrschaftsbereiche, die die Vertragsschließenden kontrollierten, mußte dies bedeuten, daß alle griechischen Städte auf die eine oder andere Weise von den vertraglichen Regelungen betroffen wurden. Die Geltungsdauer wurde auf dreißig Jahre festgelegt; eine ungewöhnlich lange Zeit, die aber unterstreicht, wie entschlossen man war, sich dem Bannkreis des Krieges zu entziehen. Die zentralen Einzelregelungen unterstreichen dies:

- Beide Kontrahenten verpflichteten sich, an bestehende Besitzstände nicht zu rühren. Eine Liste der jeweiligen Verbündeten grenzte die Herrschaftsbereiche voneinander ab und sollte als fester Bestandteil des Vertrages die Aufnahme und die Unterstützung der Bundesgenossen des anderen unterbinden.
- Den neutralen griechischen Staaten blieb es freigestellt, ob und welchem Bündnissystem sie sich anschließen wollten. Ihre Existenz wurde damit sicherer, da nunmehr eine zwangsweise Eingliederung in einen der beiden Bünde ausgeschlossen war.
- Über etwaige Streitigkeiten sollte ein Schiedsgericht entscheiden.

Der Vertrag legte also Einflußzonen auf der Basis des Status quo fest und gliederte die griechische Welt in zwei festgeschriebene Machtsphären einer- und den Bereich der neutralen Städte andererseits; nur diesen wurde Koalitionsfreiheit zugestanden. Damit war zum erstenmal im Rahmen eines zweiseitigen Vertrages der Versuch gemacht, eine Friedensordnung für ganz Griechenland zu schaffen. Sie konnte aufgrund ihrer Vertragsstruktur nur Bestand haben, wenn Sparta und Athen in der Lage waren, ihre jeweiligen

Bundesgenossen im Zaum zu halten; faktisch lief dies auf etwas hinaus, was den Griechen bis dahin zwar bekannt, aber den meisten höchst zuwider war: Den Verzicht auf eine eigene Außenpolitik. Die tyrannische Hand des demokratischen Athen mochte dies in der Ägäis durchsetzen können; ob es auch Sparta gelingen konnte, war angesichts der besonderen Struktur seines Bundes zweifelhaft.
Der Friede hielt knapp fünfzehn Jahre, in denen sich Sparta – wie nicht anders zu erwarten – mit dem Erreichten zufrieden gab, während Athen seinen Einfluß in den Gebieten um das Schwarze Meer (Getreidehandel) und an der thrakischen Küste ausdehnen konnte. Als der Friede zerbrach, sprach Thukydides davon, daß die Furcht vor der seit Salamis stetig wachsenden Macht Athens die Spartaner in den Krieg getrieben habe (s. S. 259).
Inwieweit jedoch hatte Sparta 432 noch freie Hand, über Krieg und Frieden zu entscheiden? Wo war die 446 erhoffte friedenssichernde Wirkung der Bündnissysteme geblieben? Allein deren Vorhandensein dämpfte die Kriegsgefahr – allerdings nur dann, wenn beide Vormächte ihre Bünde als den Endpunkt einer Entwicklung und nicht als Ausgangspunkt für die weitere Ausdehnung ihrer Hegemonie verstanden. War dies der Fall – und gar wie hier einseitig –, so nährten die Bünde den Krieg, da sie zusätzliche Abhängigkeiten schufen und damit den Machtbereich ihrer Hegemone vergrößerten. Die in Griechenland bislang häufigen, aber lokal geführten Kriege wurden nunmehr – wenn sie nicht sofort von Sparta oder Athen erstickt werden konnten – in die Bündnissysteme eingebunden und entwickelten sich damit fast zwangsläufig zu Großkriegen. Zudem wuchsen innerhalb und außerhalb der Bündnisse die Hoffnungen der kleinen Staaten, mit Hilfe des großen Bundesgenossen ansonsten nicht realisierbare Ziele verwirklichen zu können. Insbesondere Athen trat an den Grenzen seines Einflußbereiches mit fast schrankenloser Hilfsbereitschaft auf, um neue Bundesgenossen zu gewinnen und damit letztlich seine Macht auszuweiten. Damit wurde eine Mechanik der Expansion in Gang gesetzt, die keine natürlichen Grenzen kannte. Hier ist denn auch der Grund dafür zu suchen, warum die Ereignisse, die zum Krieg führten, und dieser selbst der Kontrolle der beiden Großmächte entglitten.

Die Krise der dreißiger Jahre

Die Krise, die zum Krieg führte, wurde durch einen Hilferuf an Athen ausgelöst. Sein Anlaß war ein lokaler Konflikt in der Adria:

In Epidamnos (heute: Durazzo), einer gemeinsam von Korinth und Korkyra gegründeten Kolonie an der illyrischen Küste, führten Parteienkämpfe zum Bürgerkrieg, in dessen Verlauf eine Partei in Korkyra, die andere in Korinth um Hilfe rief. Beide Hilfsgesuche wurden angenommen, beide, Korinth und Korkyra, verstrickten sich in einen Krieg, in dem, als es wirklich ernst wurde, das bis dahin neutrale Korkyra Gesandte nach Athen schickte und den Abschluß eines Defensivbündnisses anbot. Auf Vorschlag des Perikles griffen die Athener zu – trotz der energischen Proteste Korinths, das in dem Bündnis eine Verletzung des Vertrages von 446/5 sah, der die Unterstützung abtrünniger Bundesgenossen durch die jeweils andere Seite verbot. Athens Diplomaten lasen die entscheidenden Vertragspassagen anders: Korkyra sei eine neutrale Macht, und daher berechtigt, sich Athen anzuschließen; eine Bedrohung Korinths, die in der Tat den Vertrag verletzt hätte, schlösse die Symmachie mit Korkyra aus, da diese nur den gegenseitigen Schutz im Falle eines feindlichen Angriffs regele.

Korkyra schien in der Sicht des Perikles einen schweren Konflikt wert. Die Insel verfügte über eine der stärksten Flotten Griechenlands und kontrollierte den Handel in der Adria mit den Häfen der Poebene. Die Gelegenheit, mit Hilfe der Korkyräer in der Adria Fuß zu fassen und dort dem Erzrivalen Korinth Paroli bieten zu können, erschien zu verlockend, um sie vorübergehen zu lassen. Gelang es, dort dauerhaft Fuß zu fassen, war der Weg in den Westen weit offen. Im Spätsommer 433 standen sich zum erstenmal athenische und korinthische Trieren kampfbereit gegenüber.

Der Konflikt spitzte sich zu und weitete sich aus: An der thrakischen Küste, auf der Halbinsel Pallene der Chalkidike, lag die korinthische Kolonie Poteidaia, zugleich Mitglied des athenischen Seebundes. Ihre alten Verbindungen zu Korinth sollten jetzt gekappt werden: Athen verlangte als Zeichen der Loyalität ultimativ die Entlassung der Jahr für Jahr von Korinth entsandten Oberbeamten der Stadt, die Schleifung eines Teils der Festungsmauer und die Stellung von Geiseln (Thukydides 1, 56,2). Als diese Forderungen den Aufstand auslösten und mit Unterstützung Korinths Hilfstruppen in die Stadt geworfen wurden, schlossen athenische Hopliten Poteidaia ein (Frühjahr 432).

Der nächste Schlag Athens traf Megara. Die Stadt stand in den Konflikten um Korkyra und Poteidaia auf Seiten Korinths, und es ist denkbar, daß sie ihre pontischen Kolonien, darunter Byzanz, Chalkedon und Herakleia Pontica, animiert hat, dem bedrängten

Poteidaia auf die eine oder andere Weise zu helfen. Vielleicht sahen die Athener dies auch nur als drohende Gefahr; wie immer: Alle diese pontischen Städte waren Mitglieder des Seebundes, und dieser Status vertrug sich nach Auffassung der athenischen Politiker nicht mehr mit der Pflege alter Verbindungen zur Mutterstadt; just dies war ja auch der Anlaß des harten Vorgehens gegen Poteidaia. Diesmal sollte die Mutterstadt selbst zur Raison gebracht werden: Ein athenischer Volksbeschluß trieb die Megarer aus der Stadt und untersagte jeden Verkehr zwischen Megara und den Häfen des Seebundes – darunter fielen natürlich auch die pontischen Städte (Thukydides 1, 67,4). Als offizieller Grund wurde angegeben, Megara hätte aus Athen entlaufene Sklaven aufgenommen und heiliges Land ebenso wie strittige Grenzstreifen beackert.

In Korinth und Megara hatte man keine Wahl und tat das Nächstliegende: Gesandte eilten nach Sparta und verlangten den Krieg. Sparta zögerte. Die Rechtslage war nicht eindeutig, auch wenn die Verbündeten aus Korinth das Gegenteil behaupteten; zudem hatten die Athener angeboten, alle Streitigkeiten einem Schiedsgericht vorzulegen, ganz so, wie es der Vertrag von 446/5 vorsah. Und noch weit Wichtigeres war zu bedenken: „Wir haben weder im Staatsschatz Geld, noch können wir es leicht von den Bürgern erheben", beschwor der König Archidamos seine Landsleute und empfahl, das athenische Angebot zu prüfen. Es war jedoch längst zu spät: Das schwer bedrängte Korinth drohte, bei anhaltender spartanischer Passivität den Bund zu verlassen und sich mit Argos zu verbünden. Dieser Schritt hätte die Vormachtstellung Spartas auf der Peloponnes möglicherweise beendet. Im Sommer 432, auf dem Kongreß des Bundes, gab Sparta dem Drängen seiner Bundesgenossen nach und erklärte wenig später Athen den Krieg, das sich vergebens darauf berief, durch seine Aktivitäten den Frieden von 446 dem Buchstaben nach nicht gebrochen zu haben.

Viele Zeitgenossen äußerten die Überzeugung, der alternde Perikles habe den Krieg gesucht, den er über kurz oder lang für unvermeidlich hielt. Gewiß unternahm er nichts, um ihn zu vermeiden. Die aggressive Politik im Korkyra-Konflikt und gegen die Tochterstädte Korinths und Megaras war Ausdruck eines festen Willens, den Seebund auszudehnen und zu festigen, wann immer sich eine Gelegenheit dazu bot. Daß mit dieser Politik die letzte große Seemacht im griechischen Mutterland, Korinth, früher oder später zweitklassig werden mußte, schien nützlich. Zudem strotzte die Stadt vor Kraft: Warum also den Kampf um die alleinige Vormachtstellung in östlichen Mittelmeer nicht gleich austragen, jetzt, wo ein Konflikt ohnehin den Weg zum Krieg wies und Nachgeben die Aufsässigen innerhalb des Seebundes ermutigen mußte? Sparta seinerseits wollte der Herr in der Peloponnes bleiben. Also entschied es sich ausschließlich im Interesse seiner Bündner und schweren Herzens für den Krieg. Daß es behauptete, ihn für die Befreiung der Griechen von der Tyrannis Athens zu führen, war nichts weiter als Propaganda.

2. Der Krieg

Der Krieg um Bestand und Ausweitung des Seebundes der Athener (431–421)

„Kriege werden zum größten Teil mit dem Verstand und mit den finanziellen Mitteln gewonnen", erklärte Perikles (Thukydides 2,13), und jeder wußte, daß damit auch gemeint war, Athen könne angesichts seiner überlegenen Geld- und Hilfsmittel den Krieg nicht verlieren, wenn es diese richtig einsetze. In der Tat: Die Flotte war ausgebaut und einsatzbereit, und in der Kriegskasse auf der Burg lag ein Schatz von 6000 Talenten – eine für griechische Verhältnisse ganz ungeheure Summe. So sah der Kriegsplan vor, bei jedem Einfall des Gegners Attika nicht zu verteidigen, sondern die Bevölkerung hinter die Mauern der Stadt und des Piräus zu evakuieren; zugleich sollte die Flotte die Küsten der Peloponnes verheeren und Sparta von jedem Nachschub abschneiden. Nach einigen Jahren kostspieliger und vergeblicher Mühen würde sich, so hoffte man, Sparta zu einem Frieden bequemen müssen, der einer weiteren Ausdehnung des Seebundes die Bahn freimache.

Perikles beugte sich mit diesem Plan der Einsicht, daß der Krieg in den vorangegangenen Jahrzehnten sein Gesicht verändert hatte. Zwar kämpften immer noch Schwerbewaffnete, aufgestellt in Phalangen, auf dem Lande gegeneinander, und wie bei Salamis stießen auf See Trieren auf andere, technisch nicht minder gut gerüstete Schiffe. Aber der Krieg hatte begonnen, immer weitere Räume zu umfassen und die ständige Vermehrung der Schar seiner Diener zu fordern. Vom Schwarzen Meer bis nach Zypern und im Nildelta hatten athenische Flotten gegen Perser und abgefallene Bundesgenossen gekämpft und die einfache Lehre nach Hause gebracht, daß nur die Herren der See Ruhm, Macht und Reichtümer in bisher nicht bekannten Ausmaßen erringen konnten. „Ihr meint" – rief

Perikles in seiner letzten Rede den Athenern zu – „Ihr meint, ihr herrschtet nur über eure Verbündeten, ich aber will euch zeigen, daß von den zwei Reichen, die den Menschen zum Gebrauch verliehen sind, Erde und Meer, ihr über das eine völlig und alleine Gewalt habt, soweit ihr es jetzt befahrt und wenn ihr noch weiter wolltet“ (Thukydides 2, 62). Der Preis, der dafür zu zahlen war, wird nicht verschwiegen: „Euch drohen der Verlust eures Reiches und die Gefahren des Hasses, der euch aus der Herrschaft erwuchs. Aus der zurückzutreten steht euch nicht mehr frei, falls einer in der Angst dieser Stunde sogar so tugendhaft und friedfertig werden wollte; denn die Herrschaft, die ihr übt, ist jetzt schon Tyrannis; sie aufzurichten, mag ungerecht sein, sie aufzugeben ist gefährlich.“
Mit diesen Sätzen, die das politisches Testament des greisen Volksführers verkündeten, wurde auch die neue Dimension des Krieges hellsichtig erfaßt: Er konnte erstens nur zur See entschieden und zweitens nicht auf halbem Wege beendet werden, da er angesichts der tyrannischen Herrschaft Athens über viele Griechenstädte keinen Kompromiß mehr vertrug und die bedingungslose Kapitulation des Gegners gebieterisch forderte. Das unerhörte Ausmaß der Leiden, das er den Athenern zumutete, war unvermeidlich, da die Niederlage mit weit Schlimmerem drohte. Trost in der Not gaben die Gewißheit, im Falle des Sieges schier unvorstellbare Reichtümer zu gewinnen, und der Ruhm, errungen für viele Jahrhunderte: „Denkt . . ., daß bei der Nachwelt die Erinnerung lebendig bleiben wird, weil keine anderen Hellenen über so viele Hellenen geherrscht haben wie wir, so schwere Kriege bestanden mit einzelnen oder gegen alle zusammen, und weil die von uns bewohnte Stadt in einer solchen Fülle aller Dinge und Größe dastand“ (64).
Sparta hatte solche hochfliegenden Pläne nicht. Nun, nach Ausbruch des Krieges, war man jedoch entschlossen, ihn mit Nachdruck zu führen. Großräumige strategische Überlegungen schienen nicht angezeigt: Man wollte den Stier bei den Hörnern packen, und dazu schien es richtig, im Sommer mit dem gesamten Heerbann in Attika einzufallen, Getreidefelder, Baumkulturen und Dörfer niederzubrennen und im übrigen darauf zu hoffen, daß sich die Athener doch noch zu einer Feldschlacht provozieren lassen würden. Spätestens zur Erntezeit mußten die eingesetzten Truppen wieder auf die Peloponnes zurückgekehrt sein, da im Aufgebot der Bündner vornehmlich Bauern dienten, die sich um die eigene Ernte sorgten. Fünfmal, 431-427 und 425, fiel der spartanische Herrbann in Attika ein, hieb die Bäume ab, riß die Weinstöcke aus dem Bo-

den, steckte Scheunen und Höfe in Brand, während sich die attische Landbevölkerung mit ihren Herden und dem geretteten Hausrat in den Straßen Athens drängte und in Barackenlagern schlief. Jedesmal hofften die spartanischen Kommandeure vergebens, daß die Athener die Wut über den Ruin ihres Bauernstandes auf das Schlachtfeld treiben würde. Dann war endgültig klar, daß diese Invasionen nicht der richtige Weg waren, die Seemacht Athen in die Knie zu zwingen. Auch eine Seuche (möglicherweise die Pest), die 430 in der mit Flüchtlingen überfüllten Stadt ihren furchtbaren Tribut forderte, zerstörte den Willen zur Fortführung des Krieges nicht.

Im Grunde hatte sich der Krieg schnell festgefahren. Sparta versuchte vergeblich, die Überlegenheit seiner Hoplitentechnik auszuspielen und Athen hatte noch kein Konzept gefunden, die Flotte als kriegsentscheidende Waffe richtig einzusetzen. Daß es dabei nicht bleiben konnte, ergab sich fast von selbst. 425 setzten sich die Athener bei Pylos in Messenien fest, wobei es ihnen unter der Führung Kleons gelang, die Flotte Spartas und 300 Hopliten, die zum Teil den ersten Familien der Stadt angehörten, in die Hand zu bekommen. Im Gegenzug marschierte ein spartanisches Heer nach Thrakien und versuchte, die dortigen Bündner Athens zum Abfall zu zwingen; selbst Amphipolis, die Hauptstadt des athenischen Thrakiens, öffnete dem spartanischen Kommandeur Brasidas die Tore. Der Stratege Thukydides, der mit seinem Geschwader den Auftrag bekam, den Verlust der Stadt zu verhindern, scheiterte und ging für zwanzig Jahre in die Verbannung.

Beide Gegner hatten also gelernt: Die Einkreisungsstrategie Athens dehnte den Krieg räumlich aus, und der spartanische Einfall in Thrakien gehorchte dem erklärten Ziel, das athenische Bündnissystem zu sprengen. Der Krieg begann, sich seine eigenen Gesetze zu geben. Grenzen fand er nur noch in den Teilen der Welt, wo die Interessen der barbarischen Stämme überwogen oder die griechische Welt – wie z. B. auf Kreta – in archaischer Abgeschlossenheit vor sich hindämmerte.

421 kam noch einmal ein unsicherer Frieden (Frieden des Nikias) zustande, nachdem eine Reihe von Mißerfolgen in Athen die Friedenspartei unter Nikias an die Macht gebracht hatte und Kleon im fernen Thrakien gefallen war. Der Vertrag sollte den Besitzstand vor dem Krieg soweit wie möglich wiederherstellen: Amphipolis und die thrakischen Städte sollten von Sparta, Pylos und die Insel Kythera von Athen geräumt werden. Worauf es den Kontrahenten

ankam, war ebenso einfach wie undurchführbar: Zehn Jahre Krieg, geführt mit aller Erbitterung, ungeheuren Opfern und von Sparta als Freiheitskrieg propagiert, sollten aus der Geschichte gestrichen werden.
Dagegen sträubten sich zunächst die spartanischen Bundesgenossen, allen voran Korinth. Keines der Ziele, für die sich die Stadt zum Krieg gerüstet hatte, war erreicht worden, im Gegenteil: Athen blieb im Besitz der ursprünglichen Streitobjekte Korkyra und Poteidaia. Folglich weigerte sich Korinth zusammen mit Böotien, dem Vertrag beizutreten. Sparta nahm diese Entscheidung hin – was blieb ihm auch anderes übrig: Im Unterschied zu Athen führte es den von ihm gegründeten Bund als Hegemon, beherrschte ihn aber nicht, so daß die einzelnen Mitglieder ihre außenpolitische Handlungsfähigkeit weitgehend bewahrt hatten.
Dagegen wehrten sich auch Spartaner wie Klearidas, der als Kommandant der Entsatztruppen in Amphipolis nicht bereit war, die Stadt gegen den Willen ihrer Bewohner den Athenern auszuliefern.
Dagegen opponierte schließlich auch in Athen die alte Kriegspartei, deren Führer Alkibiades 420 zum Strategen gewählt wurde und ein Bündnis mit Argos zustande brachte, dem sich Mantineia und Elis, beide demokratisch regiert, anschlossen. Dieses und andere Bündnisse hatten keine Dauer: Auf der Peloponnes und im Felde war Sparta immer noch unbesiegbar, was seine Hopliten 418 unter den Mauern von Mantineia gegen Argos und seine Verbündeten nachdrücklich unterstrichen. Aber das schauderhafte Durcheinander bei der Durchsetzung des Nikias-Vertrages hatte die Grenzen Spartas gegenüber seinen Bundesgenossen schonungslos aufgedeckt und den Vertrag schnell zu einem wertlosen Schriftstück werden lassen. Es war nur eine Frage der Zeit, wann es zerrissen werden sollte.

Der Krieg um alles oder nichts (415-404)

In Athen waren die Wunden von Pest und Krieg vernarbt, und seine Seeherrschaft stand fester denn je, als ein Hilferuf des verbündeten Segesta auf Sizilien im Jahre 415 die Stadt erreichte. Dorthin hatte man bereits 427 eine stattliche Streitmacht entsandt, die das verbündete Leontinoi schützen und das sizilische Getreide von Sparta fernhalten sollte; Thukydides erkannte darin allerdings nur einen Vorwand für weiterreichende Ziele (3, 86,4). Man erinnerte sich nur ungern daran, daß man dort in drei Jahren Kleinkrieg wenig erreicht hatte, da die sizilischen Kampfhähne ihren Streit schließlich selbst schlichteten.

Die Situation des Jahres 435 wiederholte sich: Auch diesmal sagte Athen zu. Und diesmal wagte es den Griff zur Weltmacht. Zwischen 415 und 413 fuhren über 200 Kriegsschiffe, Hunderte von Lastschiffen, bemannt mit 30 000 Mann, sowie 3000 athenische und mehrere Tausend bundesgenössischer Hopliten in das westliche Mittelmeer und griffen in die Kämpfe ein, die sich auf das belagerte Syrakus konzentrierten.

Getrieben wurde der einfache Mann von der Gier nach unermeßlicher Beute und nach Land auf einer Insel, die ihm Alkibiades und andere Demagogen als märchenhaft reich geschildert hatten. Alle erhofften sich die Ausweitung der Macht ins westliche Mittelmeer, wo Reichtum, Ruhm und Ehre winkten: „Eine förmliche Sucht befiel alle gleicherweise, die Fahrt mitzumachen; die Älteren, weil sie die Hoffnung hegten, sie würden die niederwerfen, gegen die sie ausliefen, oder wenigstens würde eine solche Kriegsmacht unter keinen Umständen scheitern; die streitbare Jugend, weil sie es verlangte, die Fremde zu erschauen und zu erleben, und weil sie guter Hoffnung waren, heil davonzukommen; den gemeinen Mann aber, weil er erwartete, als Soldat zunächst einmal Geld zu verdienen, dann aber auch der Stadt neue Macht zu gewinnen, aus der auf ewig Sold käme“ (Thukydides 6,24). Plutarch (Alkibiades 17) malte sich die jungen Athener aus, die sich an den wundersamen Erzählungen der Alten vom Reichtum Siziliens gar nicht satthören konnten: „Ja viele saßen in den Ringschulen und auf den Ruhebänken der öffentlichen Anlagen und zeichneten die Umrisse von Sizilien oder die Lage von Afrika und Karthago in den Sand.“

So bestiegen denn an einem Sommertag des Jahres 415 Tausende tatendurstiger Männer die Schiffe. Seit Sonnenaufgang waren sie mit ihren Familien und unzähligen Schaulustigen zum Piräus gezogen, „mit Hoffnungen zugleich und Klagen, was sie alles erobern würden, ob sie sich je wiedersähen.“ Der prachtvolle Anblick der geschmückten und kampfbereiten Flotte machte auch jenen wieder Mut, die Eroberung und Tod im Glanz ihrer Waffen gespiegelt sahen – an einem Morgen, von dem sie nicht wußten, daß er der letzte glückliche ihres Lebens war. Als alle Schiffe beladen waren und die Ruderer auf ihren schmalen Bänken auf das erlösende Kommando warteten, gebot eine Trompete Stille. Ein Herold sprach für alle Schiffe die Gebete der Vorfahren und Soldaten, Offiziere und Heerführer hoben die goldenen und silbernen Becher zum Zeichen des Trankopfers, das die Götter gnädig stimmen sollte. „Und in den Ruf stimmte der ganze übrige Haufe vom Lande mit ein, die Bürger, und wer sonst dabei war und ihnen Gutes wünschte" – Thukydides, der nüchternste der Athener, konnte noch Jahre später seine innere Bewegung nicht verbergen, als er auf die Schar der Verlorenen zurückblickte, die in ihrem Übermut nach dem Auslaufen ein Wettrennen bis Aigina veranstaltete (6, 30-32). Hinter dieser lärmenden, allgemeinen Begeisterung für den Krieg verbarg sich das eherne Gesetz der auf die Beherrschung anderer Griechenstädte aufgebauten athenischen Demokratie: Die Theten drängten zum Krieg, da er ihnen politische Mitsprache, ein sicheres Auskommen und soziale Anerkennung gegeben hatte und noch weit mehr versprach; der Seebund war von seiner ersten Stunde an ein Kriegsbund, und er bedurfte der ständigen kriegerischen Bewährung, um nicht auseinanderzufallen. Und schließlich die Eliten der Demokratie: Die einen, die wie Nikias den Krieg gegen Syrakus als gefährliches Abenteuer ablehnten, wollten ihren Standpunkt nicht um den Preis des Machtverlustes durchhalten; die anderen, wie Alkibiades, glaubten an die Lehren des Perikles und hielten sich und Athen für unbezwingbar.

Das planvoll ins Werk gesetzte Unternehmen scheiterte, als Sparta begriff, daß unter den Mauern des schwer bedrängten Syrakus auch über das Schicksal des Peloponnesischen Bundes entschieden wurde. Unter der Führung des Gylippos sammelte sich an der Nordküste Siziliens eine Truppe von 3000 Mann, die in das bedrohte Syrakus einrückte. Jetzt strömte Hilfe aus allen Richtungen nach Sizilien: Korinth schickte Kampfschiffe und übernahm den Transport von peloponnesischen und böotischen Hopliten; Gela und weitere sizilische Städte erwachten aus ihrer Lethargie und griffen zu den Waffen. Im Frühjahr 413 fiel das Heer des Peloponnesischen Bundes wieder in Attika ein und errichtete auf den Höhen von Dekeleia, rund 20 Kilometer nördlich von Athen, ein befestigtes Lager, in dem nach dem Abzug des Hauptheeres eine starke Besatzung zurückblieb und die Bauern der umliegenden Dörfer drangsalierte. Im September kapitulierte auch die athenische Invasionsarmee auf der Flucht vor dem übermächtig gewordenen Gegner. Die Feldherrn wurden hingerichtet, und die überlebenden Hopliten und Flottenmannschaften starben zwischen den kahlen Steinwänden der Steinbrüche in Syrakus, nur notdürftig verpflegt und den Unbilden des Winters hilflos preisgegeben.

Die Athener hatten den Griff nach den Sternen mit der furchtbarsten Katastrophe bezahlt, die je ein griechisches Heer heimgesucht hat. Zehntausende hatten ihr Leben verloren, viele Tausend sollten

ihnen folgen, bevor der Krieg zu Ende war. „Dies war das wichtigste Ereignis des ganzen Krieges, meiner Meinung sogar der ganzen griechischen Geschichte, für die Sieger der größte Ruhm und für die Besiegten das größte Unglück. Auf der ganzen Linie besiegt und unter Leiden, von denen keines geringfügig war, waren sie buchstäblich vernichtet worden und hatten Fußvolk, Schiffe und überhaupt alles verloren, und von so vielen kehrten nur wenige nach Hause zurück“ – noch Jahre nach der Niederlage schwingt die Trauer in den Sätzen des Atheners Thukydides (7, 87,5 f.).
Auf die Nachricht von der Niederlage Athens sahen auch die Satrapen des persischen Großkönigs die Stunde gekommen, längst zerrissen geglaubte Fäden der griechischen Politik neu knüpfen zu können. 412 schloß der Satrap von Ionien in Sardes mit Sparta einen Vertrag, in dem er sich zu großzügigen Kriegsanleihen verpflichtete; im Gegenzug erkannten die Spartaner die Oberhoheit des persischen Großkönigs über die Griechenstädte in Kleinasien an. Gleichzeitig bauten die Spartaner in Attika ihr Lager in Dekeleia zur Festung aus; von dort aus konnten sie ganzjährig weite Gebiete Attikas kontrollieren. Die Versorgung Athens hing nun völlig von den Getreideschiffen ab, die die Dardanellen passierten.
Kriegsentscheidend wurden die unerschöpflichen Geldquellen des Perserkönigs. Sie ermöglichten Sparta den Bau immer neuer Kriegsflotten, die die Mitglieder des Seebundes zum Abfall bewegen und die Getreidezufuhr aus dem Schwarzmeergebiet in das bedrängte Athen an den Dardanellen abschneiden sollten. Die militärische Entscheidung fiel denn auch dort: 405 wurde bei Aigospotamoi die letzte athenische Flotte vernichtet. Ein Jahr später wurde Athen eingeschlossen, ausgehungert und zur Kapitulation gezwungen.

3. Bürgerkriege als Folge des Krieges der Großen

Die innere Ordnung der meisten griechischen Staaten ist immer labil gewesen. Zwei Gründe waren dafür verantwortlich:
- Viele Städte waren auf Grund ihrer geographischen Lage, ihrer wirtschaftlichen Schwäche und ihrer geringen Bevölkerungszahl zu schwach, um das ständige Hineinregieren stärkerer Nachbarn in ihre inneren Angelegenheiten verhindern zu können. Ihre äußere Abhängigkeit schlug auf ihre innere Ordnung durch.
- In den Städten standen sich in der Regel zwei streitende Parteien

gegenüber: die eine war demokratisch, die andere oligarchisch ausgerichtet.

Das Erstarken der hegemonialen Bünde Spartas und Athens und ihr Konflikt haben das Hineinregieren der Starken in die innere Welt der Schwachen verstärkt. So hat Athen seinen Bundesgenossen fast durchgehend die demokratische und Sparta den abhängigen Staaten die oligarchische Ordnung aufgezwungen. Dies ging immer Hand in Hand mit Vertreibungen und Enteignungen des politischen Gegners zugunsten der neu an die Macht gebrachten Partei. Der Krieg hat diese Entwicklung vorangetrieben und in vielen Städten den inneren politischen Zank in offenen Bürgerkrieg umschlagen lassen. Das Schicksal von Korkyra, das Athen im Konflikt mit Korinth um Hilfe gerufen hatte (s. S. 214), zeigt, daß diese Bürgerkriege bis zur physischen Vernichtung des politischen Gegners ausgetragen werden konnten.

Das Bündnis mit Athen war von der korkyräischen Oberschicht mißtrauisch verfolgt worden. Ihr alsbald unternommener Versuch, die völkerrechtliche Neutralität der Stadt mit legalen Mitteln wiederherzustellen, scheiterte jedoch. Daraufhin griff man zur Gewalt: Die Führer der demokratischen Partei wurden im Rathaus überfallen und umgebracht. Dies löste einen Volksaufstand aus, in dessen Verlauf die Sklaven bewaffnet und illyrische Söldner in die Stadt gerufen wurden; in schweren Kämpfen gingen der Markt und die umliegenden Häuser in Flammen auf. Bald zeigten sich auch die Kriegsschiffe der Großmächte am Horizont. Der athenische Geschwaderführer schickte einen Trupp messenischer Marineinfanterie in die Stadt, die den Demokraten den Sieg brachten. Thukydides beschrieb, was folgte:

„Die meisten [Aristokraten] gaben sich im Heiligtum gegenseitig den Tod, manche hängten sich dort an den Bäumen auf oder nahmen sich auf andere Weise das Leben. Sieben Tage brauchten die Korkyräer, um alle umzubringen, die sie für ihre politischen Gegner hielten. Die Schuld, die sie ihnen vorwarfen, lautete: Sturz der Demokratie. Es mußten aber auch manche um persönlicher Feindschaft willen oder als Gläubiger unter den Händen ihrer Schuldner sterben. In all seinen Gestalten trat der Tod auf: Der Vater brachte den Sohn um, von den Altären riß man sie und tötete sie auf den Stufen“ (3,81,4 f.).

Thukydides betont, daß dieser Vorgang typisch war für viele, die noch folgen sollten. Die inneren Konflikte gerieten mehr und mehr in den Sog des Krieges der Großmächte und verdichteten sich zu

Bürgerkriegen, in denen keine Partei ohne die Hilfe der auswärtigen Schutzmacht die Kraft hatte, den inneren Gegner zu überwinden. Am Ende einer tödlichen Spirale von Intervention, Verfolgung, Mord und militärischer Gewalt stand nicht selten die unerbittliche physische Vernichtung des Gegners.

4. Der Friede und das Scheitern des Siegers (404-371)

Die Aufgaben des Siegers und neue Kriege

Nach der Kapitulation Athens forderten Korinth, Theben und viele andere die Zerstörung der Stadt, die in der Stunde der vollständigen Niederlage für alle ihnen zugefügten Leiden büßen sollte: jetzt gelte es, „daß man die Athener in die Sklaverei verkaufen und ihr Gebiet als Weideland lassen solle wie die Krisäische Ebene", rieten die Thebaner (Isokrates 14, 31). Sie erinnerten damit an das furchtbare Schicksal der Stadt Krisa, die um 585 nach langer Belagerung die Waffen vor dem Heer der Amphiktyonen gestreckt hatte. Ihre Stadtmauern waren damals geschleift, die Einwohner versklavt worden und die Ebene, in der Krisa gebaut und zerstört worden war, hatte man als unbebautes Ackerland brach gelassen; sie galt vielen Jahrhunderten als „verdammt und verflucht" (Aischines 3,107). Vom Erdboden getilgt war damit eine Stadt, die die Bewohner des Umlands grausam und gewalttätig drangsaliert und die zum Heiligtum des Apoll nach Delphi ziehenden Pilger überfallen und ausgeraubt hatte. Diese Erinnerung kam keineswegs spontan: Sie muß lange vor der Kapitulation des als Unterdrücker und Rechtsbrecher allgemein verhaßten Athen in Umlauf gesetzt worden sein.

In diesem kritischen Augenblick retteten die Spartaner die Athener. Sie verwiesen auf den gemeinsamen Kampf gegen den persischen Angriff und gewährten der dezimierten und halb verhungerten Bevölkerung einen Vertrag, wie er den Umständen nach besser nicht sein konnte: Athen behielt seine Unabhängigkeit und den Besitz seines attischen Landgebietes; alle auswärtigen Besitzungen hingegen mußten (bis auf unbedeutende Ausnahmen) aufgegeben, die Kriegsschiffe ausgeliefert, die langen Mauern geschleift und die Verbannten zurückgerufen werden. Der Eintritt in den Peloponnesischen Bund band die künftige Außenpolitik an den Willen Spartas. In der Stadt selbst übernahmen mit Spartas Hilfe Oligarchen die Macht, deren Führungsgruppe der *Dreißig* eine brutale Säuberungswelle einleitete, die viele Demokraten dem Henker auslieferte oder ins Exil trieb.

Sparta hatte das über drei Jahrzehnte angestrebte Ziel erreicht: Das athenische Seereich war zerschlagen, und ganz Griechenland erkannte die neue Vormacht an. Es galt nun, eine neue Ordnung zu finden, die einerseits den Griechen die versprochene Autonomie nicht vorenthielt, andererseits den Herrschaftsanspruch Spartas dauerhaft sicherte. Es zeigte sich bald, daß diese Aufgabe die Kräfte Spartas überstieg. Weder gelang es, die im Krieg siegreiche Allianz zusammenzuhalten, noch konnten die befreiten Städte des ehemaligen Seebundes durch eine neue politische Vision - vergleichbar etwa dem Perserkrieg der Athener - an Sparta gebunden werden. Insbesondere war das vor und während des Krieges propagierte Ziel, die Freiheit und Autonomie aller Griechen, nicht damit erfüllt, daß man die von Athen geforderten Tribute und die aufgezwungenen Rechtsordnungen beseitigte. Auf die eigenen Taten kam es nicht minder an, und diese wiesen in eine andere Richtung. In allen Städten stürzte Sparta die Demokratie und legte die Regierung in die Hände der Vermögenden, die ihr Interesse am Erhalt der Macht auf Gedeih und Verderb an Sparta band. Auch die spartanischen Besatzungen, die während des Krieges in die wichtigsten Plätze gelegt worden waren, blieben; neue zogen nach Kriegsende in zahlreiche Städte des Mutterlandes, der Inseln und Kleinasiens. Der Komödiendichter Theopomp konnte sich daher des Beifalls vieler sicher sein, als er die Spartaner mit Wirtinnen verglich, die den Griechen den süßen Trank der Freiheit zwar versprochen, aber dann nur sauren Wein eingeschenkt hatten.

Auch die alten Verbündeten auf der Peloponnes murrten. Sie hatten die Last des Krieges mitgetragen und mußten nun zusehen, wie Sparta dessen Gewinn allein einstrich. Vor allem aber dachte der König der Perser nicht daran, seinem Verbündeten in Griechenland völlig freie Hand zu lassen. Sein Geld hatte Sparta zum Sieg verholfen, und es diente nun dazu, wechselnde Koalitionen zu unterstützen, die für ein rivalisierendes Gleichgewicht der griechischen Staaten sorgten. Auch gab es immer noch den alten Streit um die kleinasiatischen Griechenstädte. Sie preßte man zu Anfang des neuen Jahrhunderts wieder unter das persische Joch, obwohl Sparta dies in den Jahren 400-394 durch massive militärische Interventionen, die zuletzt der spartanische König Agesilaos selbst führte, zu verhindern suchte. Eine mit persischen Geldern in Griechenland aufgebaute zweite Front, getragen von Theben, Argos, Korinth, Athen und den mittelgriechischen Staaten, zwang zum Rückzug und verwickelte Sparta in einen neuen, fast zehn Jahre anhaltenden Krieg auf griechischem Boden.

Das Verlangen nach einem allgemeinen Frieden und das Ende der spartanischen Vormachtstellung

Vor dem Hintergrund der auch nach 404 tobenden Kriege in ganz Griechenland wurde der Ruf nach Frieden immer lauter. Im allgemeinen politischen Bewußtsein verband sich die alte Forderung nach Autonomie der Griechen mit dem Wunsch nach Frieden. Dieser sollte nun für alle gelten und von allen getragen werden, und alle sollten bereit sein, für ihn notfalls mit militärischen Mitteln einzutreten. Das völkerrechtliche Instrument wurde in einem Friedenspakt gefunden, der den programmatischen Namen *allgemeiner Friede* (*koiné eiréne*) trug und für ein halbes Jahrhundert alle Vertragsabschlüsse in Griechenland bestimmen sollte. Entsprechend seiner umfassenden Zielsetzung wurde er nicht zwischen zwei Kontrahenten abgeschlossen, sondern umfaßte alle Teilnehmer in gleicher Weise. Als sein Ziel wurden die Autonomie, die Freiheit aller Vertragsteilnehmer und der Friede für die Zukunft festgelegt.

Der erste dieser Friedenspakte kam auf Initiative des persischen Großkönigs (der sog. *Königsfriede*) 387/6 zustande. Zunächst schlossen Sparta und der Großkönig einen Friedensvertrag, der die persische Herrschaft über Kleinasien und Kypros (Zypern) anerkannte und die Autonomie der übrigen Griechenstädte festschrieb. In einem zweiten Schritt verkündete der Abgesandte des Großkönigs den in Sardes versammelten Griechen den erwirkten Frieden, als dessen Garant der Großkönig auftrat. In einem dritten Schritt wurden auf einem Friedenskongreß in Sparta die noch Zögernden zum Beitritt genötigt.

Der Friede litt unter zwei Schwächen: Die kleinasiatischen Griechen wurden den Persern ausgeliefert, was mit der Forderung nach der Freiheit aller Griechen unvereinbar war und blieb. Und: im Zeichen der verkündeten Autonomie lösten sich viele Bünde und Herrschaften auf, nicht jedoch die Vormachtstellung Spartas. Trotzdem war jetzt der Peloponnesische Krieg endgültig zu Ende. Der Friede festigte den Sieg Spartas, das die Hilfe Persiens letztlich nur um den Preis der kleinasiatischen Griechen sichern konnte.

Die Interessen Spartas geboten denn auch, überall als Garant des Königsfriedens aufzutreten und unter Berufung auf die Autonomie-Vereinbarung gegen jede Machtkonzentration vorzugehen. Dies gelang bis zu dem denkwürdigen Tag des Jahres 371, an dem der thebanische Heerbann bei Leuktra in Böotien unter seinem Führer Epaminondas das spartanische Aufgebot vernichtend schlug. Der Mythos von der Unbesiegbarkeit Spartas zerstob; zwei Jahre später stürzte seine Machtstellung auf der Peloponnes wie ein Kartenhaus zusammen. Im Herbst 370 erschien ein thebanisches Heer vor Sparta, das, solange Menschen zurückdenken konnten, keinen Feind mehr gesehen hatte. In Messenien rief der Sieger die Heloten zur Freiheit auf und gründete am Fuße des Ithome-Berges eine feste Hauptstadt: Nach 300jähriger Knechtschaft kehrte Messenien in den Kreis der freien griechischen Staaten zurück. Sparta hatte ein Drittel seines Gebietes eingebüßt, und, eingeengt zwischen Argos im Osten, Messenien im Westen und dem arkadischen Bund im Norden, erwies es sich als zu schwach, die Vorherrschaft auf der Peloponnes zurückzugewinnen.

Sein Platz in der griechischen Staatenwelt blieb verwaist: Weder Theben noch Athen hatten die Kraft, Spartas Aufgaben zu übernehmen. Auf der Peloponnes regierten nun wie anderswo der innere Umsturz und der Krieg – soweit darf man Isokrates trauen, der Archidamos, den künftigen König Spartas, das Los seiner Heimat beklagen ließ: „Keine Stadt ist mehr unversehrt, keine, die nicht Nachbarn hätte, die ihr Schlechtes zugefügt haben, so daß das Land verwüstet ist und die Gesetze ihre Gültigkeit verloren haben, unter denen sie als Glücklichste der Griechen gelebt haben ... Statt der Eintracht, die unter unserer Führung herrschte, sind sie zu einer derartigen Uneinigkeit gekommen, daß diejenigen, die Vermögen besitzen, ihren eigenen Besitz lieber ins Meer werfen würden, als den Bedürftigen zu Hilfe zu kommen“ (Isokrates, Archidamos 64 ff.). Gewiß übertrieben und von sentimentalen Erinnerungen an das verehrte Sparta durchtränkt, aber sachlich richtig. Auch diese chaotischen Verhältnisse, die der spartanische Abschied von der Macht gebar, ebneten dem Anspruch der neuen makedonischen Großmacht auf die Vormachtstellung den Weg (s. S. 282).

Das allgemeine Verlangen nach Frieden konnte nicht ungeschehen machen, daß seit den Tagen Homers der Krieg in Griechenland heimisch geworden war und hier seine besten Vorkämpfer gefunden hatte. Also galt es, ihn neu zu definieren und ihm neue Ziele zu setzen. Platon entsprach dem um sich greifenden Verständnis der

Zeit, als er seine Forderungen nach humaner Kriegführung unter den Griechen mit der Unterscheidung schloß, als „Kriege" (*pólemoi*) dürften überhaupt nur Feldzüge gegen Barbaren bezeichnet werden, Kämpfe unter Griechen hingegen als *stáseis*, innerer Aufruhr, Bürgerkrieg (Politeia 469 ff.). Dies bedeutete eine Ächtung der innergriechischen Kriege und war zugleich ein Aufruf, die kriegerischen Energien nach außen, aufs Barbarenland zu richten, dem man sich seit der erfolgreichen Abwehr des Perserangriffs militärisch und kulturell weit überlegen fühlte. Isokrates, der zum leidenschaftlichen Prediger eines Eroberungskrieges gegen Persien werden sollte, sprach von wilden Tieren, gegen die jeder Kampf gerecht und nötig sei, und Aristoteles redete von potentiellen Sklaven, die zu ihrem eigenen Nutzen einem Herren (*despótes*) zu gehorchen hätten. Die seit dem 5. Jahrhundert nicht aufzuhaltende Idee, alle Nichtgriechen seien unter dem Namen *Barbaren* richtig erfaßt, und an ihrer Unterlegenheit auf allen Gebieten könne niemand zweifeln, bläht sich zur Legitimationsformel für Kriege außerhalb der engen griechischen Welt. Sie ist in den Jahrzehnten vor und während der makedonischen Expansion vor allem Ausdruck der wachsenden Einsicht, den Krieg nicht zähmen zu können. So wies man ihm ein neues, gewaltiges Feld, das sein Fleisch gewordener Sohn Alexander mit Leben und Tod zu füllen begann.

Die inneren Ursachen des spartanischen Niedergangs

Der Sturz Spartas kam für die damalige Welt plötzlich und überraschend; für den Rückblickenden jedoch geschah er nicht aus heiterem Himmel. Er war die Konsequenz einer jahrzehntelangen Überdehnung der Kräfte und einer tief sitzenden sozialen Krise. Ihr sichtbarstes Zeichen war allen antiken Historikern aufgefallen: Der Schwund der Zahl der Vollbürger (Spartiaten, s. S. 125 ff.). Zählte man zur Zeit der Perserkriege noch 8000, so waren es um 420 noch die Hälfte, und im 4. Jahrhundert sank ihre Zahl auf 1500 ab.
Die Ursachen waren vielfältig, und sie reichten vom Geburtenrückgang über die Kriegsverluste bis hin zum sozialen Abstieg verschuldeter Spartiaten. Ausschlaggebend war jedoch, daß niemals der Versuch gemacht wurde, den in der Frühzeit begründeten Zusammenhang zwischen Vollbürgerrecht und Klarossystem, d. h. die Aufteilung des lakonischen und messenischen Landes unter die Spartiaten, zu reformieren. Bereits Aristoteles notierte, daß eine

Neuverteilung des Grundbesitzes unter Beteiligung der Perioiken eine Armee von 30 000 Hopliten und 1500 Reitern hätte schaffen können. Die damit verbundene Neufassung des Bürgerrechts stand jedoch niemals auf der Tagesordnung. Es wäre einem Zeitgenossen auch sehr schwergefallen, sich mit einem solchen Vorschlag verständlich zu machen – zu bedeutend waren die mit der Ordnung der Väter erzielten Erfolge, und zu einhellig tönte der Chor der Bewunderer spartanischer Lebensweise.

So wurde auch nicht kritisch vermerkt, daß von den Spartiaten, die nach außen betont als die *Gleichen* auftraten, einige in Olympia und anderswo Rennwagen laufen ließen, während andere nur mit Mühe die geforderten Beiträge für die *Syssitien*, die gemeinsamen Mahlzeiten (s. S. 125), aufbrachten. Die *Gleichen* waren sozial alles andere als gleich, und die Gründe dafür finden sich in der schleichenden Konzentration des Grundbesitzes (vor allem durch Vererbung) in den Händen weniger und in der Zersplitterung der sonst noch vorhandenen Güter, deren Besitzer sich über mehrere Generationen den Luxus einer stattlichen Zahl von zu versorgenden Söhnen (Erben) und Töchtern (Mitgift) geleistet hatten. Einige suchten dem drohenden Abstieg zu entgehen, indem sie als hochbezahlte Söldner im Ausland Dienst taten, andere wollten den Familienbesitz durch eine Begrenzung ihrer Kinderzahl retten, was auf Grund der hohen Kindersterblichkeit häufig mit dem Aussterben der ganzen Familie endete. Viele verloren ihre Bürgerrechte, als sie die Aufwendungen für die gemeinsamen Mahlzeiten nicht mehr zahlen konnten. Der Verlierer war in jedem Fall der Staat, da er die Schar seiner Vollbürger schwinden sah und mit ihr die politische und militärische Macht nach außen.

Als nach der Niederlage von Leuktra die Boten in Sparta den Tod von 350 der insgesamt 700 kämpfenden Spartiaten meldeten, untersagten die Ephoren sämtliche Trauerfeierlichkeiten, weil die Stadt gerade ein Fest mit vielen auswärtigen Gästen feierte. Sparta rüstete sich unauffällig für den Weg in die historische Bedeutungslosigkeit (Plutarch, Agesilaos 29).

5. Neue Versuche und Formen territorialer Machtbildung

Athen hatte am Ende des Großen Krieges nahezu die Hälfte seiner Bevölkerung eingebüßt; die andere Hälfte war halb verhungert, geschlagen mit der Tyrannei der *Dreißig* (s.o.) und genötigt, Tausende von zurückgekehrten Flüchtlingen wieder einzubürgern. Die Wirtschaft, seit Jahrzehnten auf die Märkte der Großmacht eingestellt, mußte umdenken, konnte aber nach wie vor sicher sein, daß Athen das wirtschaftliche Zentrum Griechenlands blieb. Intakt war die Landwirtschaft: Das kleine und mittlere Bauerntum hatte die Katastrophe überlebt und ging seiner Arbeit nach, unbedrängt von expandierenden Großgütern, die es in Attika nicht gab. Grundlegende soziale Veränderungen fanden nicht statt, und die Wertmaßstäbe des wirtschaftlichen und gesellschaftlichen Lebens blieben die alten.

Materiell und politisch erholte sich Athen schnell. Die Demokratie wurde bereits 403 wiederhergestellt und blieb stabil. Im Verlauf der neunziger Jahre konnte die Stadt sich der drückenden Bestimmungen des Friedens von 404 entledigen und die langen Mauern wieder aufbauen. Alte, im Krieg verschüttete Verbindungen in die Ägäis wurden neu geknüpft, attische Kriegsschiffe fuhren wieder durch den Hellespont und den Bosporus.

377 wurde der Seebund wieder errichtet. Allerdings nun unter Bedingungen, die der im Königsfrieden verankerten Autonomie der Griechenstädte Rechnung trugen. Verboten wurde unter den wachsamen Augen Spartas alles, was eine erneute Herrschaft Athens über seine Bundesgenossen befördern konnte: Die Einziehung von Tributen, die Einflußnahme auf die Verfassungen der Bündner, athenische Besatzungen oder Beamte, die Anlage von Kolonien und der Erwerb von Landbesitz durch Privatleute auf bundesgenössischem Gebiet. Es lag in der Tradition und in der Natur des Bundes, daß Athen in der Folgezeit versuchte, die alten Abhängigkeiten des 5. Jahrhunderts wieder zum Leben zu erwecken. Doch es fehlte die Kraft dazu, zumal in Thrakien und auf der Chalkidike Makedonien immer energischer eigene Interessen geltend machte. Als sich 357 Chios, Rhodos und Kos zum Abfall entschlossen und Verbündete entlang der ganzen kleinasiatischen Küste gewannen, zerfiel der Bund. Am Ende des Aufstandes 355 erstreckte sich die Macht Athens nur noch auf die Kykladen, Euboia und Teile der nördlichen Ägäis.

In der Stadt resignierte man: Der Blick zurück schien nun endgültig zu beweisen, daß imperiale Machtpolitik früher oder später ihre Träger selbst zugrunde richtet. In einer Politik des Friedens, die den Prinzipien der Gerechtigkeit folge, glaubten nun viele, den Ausweg suchen zu müssen: „Ohne Zweifel betrachtet man jene Staaten als die glücklichsten, welche die längste Zeit in Frieden verbringen. Und von allen Städten ist Athen am besten in der Lage, durch friedliche Politik einen Aufschwung zu nehmen ... Wenn einige Leute wollen, daß unsere Stadt die Leitung der Griechen wiederzugewinnen trachte, und meinen, daß das mehr durch kriegerische als durch friedliche Mittel erreicht werden könnte, so sollen sie zuerst an die Perserkriege denken und sich fragen, ob wir damals als Unterdrücker oder als Wohltäter der Griechen die Führung zur See erlangten; und weiterhin sollen sie sich daran erinnern, daß wir, als wir in den Ruf gekommen waren, wir würden unsere führende Stellung allzu brutal mißbrauchen, diese verloren, jedoch später, nachdem wir uns von ungerechten Prinzipien abgewandt hatten, von den Inselstaaten im Ägäischen Meer freiwillig wiederum den Oberbefehl zur See übertragen erhielten" (Xenophon, Staatseinkünfte 5,2; 5 f.).

Der Seebund als Vereinigung von Bundesgenossen unter einer führenden Macht war auf Dauer ebensowenig wie der ähnlich strukturierte Peloponnesische Bund dem Druck der Forderung nach Autonomie gewachsen. Es bildeten sich daher neue Formen der Machtkonzentration heraus:

- Die Zukunft gehörte vor allem den Staatenbünden (*koiná*), die meist landschaftlich zusammengehörige Stämme und Städte vereinigten. Sie wurden geführt von Bundesversammlungen, in denen alle Mitglieder vertreten waren und die umfängliche exekutive Befugnisse erhielten. Derartige Bünde wurden in Arkadien (370), Ätolien (366), Euboia (341) und Achaia (281) gegründet; sie sollten die Geschichte Griechenlands bis zur Unterwerfung durch Rom maßgeblich bestimmen.
- Es mehrten sich die Versuche, durch die Zusammenlegung mehrerer kleiner Orte zu einer großen Stadt (*Synoikismos*) die Chancen des politischen und militärischen Überlebens zu verbessern. So hatte bereits Theben während des Peloponnesischen Krieges die nördlich gelegenen kleinen Poleis, da sie unbefestigt waren, entvölkert und ihre Bewohner nach Theben verpflanzt; die alten Dörfer verödeten, aber Theben hatte seine Einwohnerschaft und damit die Schar seiner Krieger verdoppelt. 408/7 schlossen sich auf der Insel Rhodos die dortigen Städte zusammen und legten ohne Rücksicht auf das bergige Gelände an der Nordspitze eine neue Hauptstadt an, in die das Gros der Bevölkerung umgesiedelt wurde. Gebaut als geplante Stadt, d. h. mit rechtwinkelig sich schneidenden Straßen und drei künstlichen Häfen, reich an Men-

schen und Tatkraft, war sie bald in der Lage, mit Kriegsschiffen und Handelsflotten die große Handelsstraße am ägäischen Meer nach dem Osten zu kontrollieren. 369 war es die von dem Thebaner Epaminondas betriebene Gründung der arkadischen Stadt Megalopolis, die die Menschen von 39 Gemeinden aufnahm und zusammen mit der gleichzeitig für die messenischen Heloten gegründeten Polis Ithome Sparta in Schach hielt.

- In dieselbe Richtung wiesen die Verbindungen lange bestehender Städte zu einem Staat. So vereinigten sich zu Beginn des Jahrhunderts für einige Jahre Argos und Korinth, und auf der Chalkidike schlossen sich die dortigen Orte unter der Führung Olynths zu einem Staat zusammen.

Das Ziel aller dieser Zusammenschlüsse war, angesichts der zunehmenden politischen Zersplitterung und der wachsenden Kriegsgefahr die wirtschaftliche und militärische Überlebenschance der kleinen und mittleren Staaten zu wahren – auch auf Kosten der Autonomie, die dort, wo es um Sein oder Nichtsein ging, keinen Wert mehr besaß. Jetzt zeigte sich, daß der Verfall der einst mächtigen Bünde Spartas und Athens den Spielraum für nahezu endlose innergriechische Kriege ausgeweitet hatte. Nun blieben selbst die Heiligtümer nicht mehr verschont: 356 besetzten die umwohnenden Phoker Delphi und nutzten die Schätze des Apoll, um ein Söldnerheer von 10 000 Mann anzuwerben und damit Großmachtpolitik zu treiben.

Isokrates hat 380 eine Festrede anläßlich eines griechischen Nationalfeiertags verfaßt und die Zustände seiner Zeit angeklagt, die weit schlimmer seien als das, was der Seebund des Perikles und der Demokraten Athens den Griechen angetan habe: „Denn wer möchte sich nach einem solchen Zustand sehnen, wo Seeräuber das Meer beherrschen, vagabundierende Söldner die Städte überfallen und die Bürger statt gegen Auswärtige für ihr Land, in ihren Mauern gegeneinander kämpfen, wo mehr Städte mit Waffengewalt erobert worden sind, als je vor dem Frieden [von 386]?“ Der Zusammenschluß in Städtebünden erschien als der eine, schlechtere Ausweg aus dieser Krise; der andere, bessere hieß, die Waffen gegen das Land zu kehren, wo sich im Falle des Sieges – und wer wollte daran zweifeln? – alle Probleme in Nichts auflösen mußten: „So müßt ihr nun selber mit bedenken, welchen Wohlstand wir erringen würden, wenn wir den Krieg, der jetzt unter uns wütet, gegen die Asiaten führen und den Wohlstand Asiens nach Europa herüberholen würden . . .“ (Isokrates, Panegyrikos 115; 187). Visionen einer besseren

Welt auf Kosten anderer, Träume von ungeheurer Macht und legendärem Reichtum – wirkungsvoll schon immer, aber besonders dann, wenn alle anderen Auswege versperrt schienen.

6. Die Griechen im Westen des Mittelmeeres

Die Geschichte der Griechen in Sizilien und Unteritalien (der *Magna Graecia*) ist mit der Geschichte des Mutterlandes nie zu einer verwachsen. Es gab viele Verbindungen, und die sozialen, politischen und kulturellen Strukturen waren hier wie dort die gleichen. Aber die Griechen des Mutterlandes wandten ihr Gesicht nach dem Ende der Kolonisation zumeist nach Osten; in Sizilien und Unteritalien blickte man notgedrungen nach Süden (Karthago) und nach Norden (Italiker, Etrusker), denn dort lauerten Gefahren, die mit der Bedrohung des Mutterlandes durch die Perser vergleichbar waren. Die innere Geschichte von Syrakus, der wichtigsten griechischen Stadt auf der Insel, war denn auch nur bis zum Ende des 5. Jahrhunderts mit der Entwicklung einer griechischen Polis vergleichbar; seit 406 ging die Stadt eigene, verworrene Wege.
Die großen Jahrzehnte Siziliens waren im Verständnis der damaligen wie der heutigen Zeit die der Tyrannenherrschaften in Akragas, Gela, Rhegion, Himera und – alle anderen überstrahlend – Syrakus, wo die Deinomeniden Hof hielten wie Könige (485-466). Reicher als der frühere Adel regierten sie als gewalttätige Kriegsfürsten ebenso wie als freigiebige Förderer der Künste. Auch Pindar genoß neben vielen anderen Dichtern ihre Gastfreundschaft und war von der Atmosphäre königlicher Majestät tief berührt, die er auf Orthygia, der Burg der Tyrannen, kennenlernte. Ihr Los erschien ihm wahrhaft bewundernswert (1. Olymp. Ode 113 ff.):

„Einer ist groß in dieser, ein anderer in jener Art,
aber allen an der Spitze
stehen die Könige. Blicke nicht darüber hinaus!
Ich bete zum Himmel, du mögest erhaben schreiten
all diese Tage dein Leben lang."

Nun, so schritten sie nur für kurze Zeit. Auch sie verstanden es ebensowenig wie ihre Vorbilder im Mutterland, ihre Herrschaft in den Städten zu legalisieren, so daß sie dem Haß der Oberschichten und des Demos erlagen, als die Gefahr, die von Karthago ausging, gebannt schien und die angeworbenen Söldnerheere entlassen oder

Sizilien und Süditalien (Magna Graecia); 8.-3. Jahrhundert v. Chr.

angesiedelt wurden. Mit ihrem Ende veränderten sich die inneren und äußeren Lebensbedingungen auf der Insel:

- Die den Tyrannen folgende Demokratie blieb ein Zwischenspiel (466-405).
- Nach dem Scheitern des athenischen Angriffs auf Syrakus begannen die Auseinandersetzungen mit Karthago um die Beherrschung der ganzen Insel. Sie dauerten bis 241 und wurden von den Römern entschieden.
- Die Griechen in Unteritalien sahen sich einem kontinuierlich zunehmenden Druck der lukanischen und oskischen Bergvölker ausgesetzt, die nackte Not in die Küstenebenen trieb.

Die Zeit der Tyrannen endete in Kriegen und Revolutionen, von denen der zur Zeit des Augustus schreibende Historiker Diodor, unsere einzige Quelle, nur ein einförmiges Bild überliefert: Immer wieder seien es brutale Despoten gewesen, die verzweifelte Volksmassen in den Aufstand trieben. Nun erforderte der Übergang zur Demokratie mehr als den bewaffneten Kampf gegen einen Tyrannen, und die Griechen Siziliens hatten in ihrer eigenen Geschichte wenig Erfahrung mit dieser neuen Staatsordnung sammeln können. Es ist daher wahrscheinlich, daß sich die nach dem Sturz des letzten Tyrannen in Syrakus (466) überall ausbreitende Demokratie am athenischen Vorbild orientierte. Einzelheiten sind nur für Syrakus überliefert. Demnach war dort die Regierung nicht wesentlich anders geordnet als in Athen: Die Volksversammlung war der Souverän, für den der Rat die Vorarbeiten leistete.

Anders sah die soziale Grundlage und damit die Stabilität der Demokratie aus. Soziale Konflikte waren in Syrakus häufiger und ihre Ursachen schwer zu beseitigen: Auf der einen Seite stand die Macht der Großgrundbesitzer (die es in Athen nicht gab) und auf der anderen eine bunt gemischte Bevölkerung, die durch große Umsiedlungsaktionen der Tyrannen erst geschaffen worden war. Alkibiades traf den Nerv, als er 415 den Überfall auf die Insel mit Blick auf die inneren Verhältnisse befürwortete: „Denn ihre Städte sind von zusammengewürfelten Massen bevölkert. Veränderungen und Zulassungen neuer Bürger kommen da jederzeit vor. Folglich ist keiner bereit, sich zu verteidigen wie im angestammten Vaterland" (Thukydides 6, 17).

Das demokratische Zwischenspiel ging zu Ende, als die Karthager 406 mit ihrer bisher größten Armee im Süden an Land gingen und die ganze Insel in ihre Gewalt zu bringen suchten. In Syrakus stürzte sich daraufhin die verängstigte Volksmasse wieder in die Arme eines Tyrannen (Dionysios: 406-367), dem sie die Fähigkeit zur Zusammenfassung aller Kräfte und die Abwehr des Feindes zutraute, der bereits die Stadttore berannte. Trotz jahrzehntelanger Anstrengungen hat Dionysios letztendlich nicht verhindern können, daß die Griechen aus dem westlichen Teil Siziliens völlig verdrängt wurden und die Karthager dort einen geschlossenen Herrschaftssprengel (*Epikratie*) einrichteten. Große Städte im Süden, wie Selinunt und Akragas (heute: Agrigent), sanken zu dörflichen Siedlungen herab. Die Flüsse Halykos und Himeras markierten künftig eine Grenze, die niemand anerkennen wollte, aber jeder respektieren mußte.

Syrakus blieb bis 344 in der Hand von Tyrannen. Dann nahm die Mutterstadt Korinth die Dinge in die Hand: Ein Söldnerheer unter der Führung des Timoleon, eines Demokraten reinsten Wassers, landete in Sizilien und stürzte den letzten Tyrannen Dionysios II., der im Besitz seiner Schätze in Korinth den Rest seines Lebens als Rentner genoß. Timoleon hingegen machte sich als bevollmächtigter Stratege (*strategós autokrátor*) daran, seine der des Sisyphos vergleichbare Aufgabe zu bewältigen: Die Wiedereinführung der Demokratie in Syrakus und anderen sizilischen Städten und die Sicherung Ostsiziliens vor dem Zugriff der Karthager. Beides gelang ihm für zwei Jahrzehnte, wofür ihn die Bürger des dankbaren Syrakus als zweiten Gründer der Stadt über seinen Tod hinaus verehrten.

317 war alles vorbei. Erneut griff in Syrakus ein Tyrann, Agathokles, nach der Macht, die er 305 ganz im Stile der großen Generäle Alexanders mit dem Diadem des Monarchen zu legitimieren suchte. Erneut flammten die Kämpfe mit Karthago auf und weiteten sich bis nach Afrika und vor die Tore Karthagos aus. Entschieden wurde nichts: Karthagos Machtanspruch auf der Insel war durch eine lose Koalition griechischer Städte, die immer und zu Recht ängstlich auf ihre Autonomie bedacht waren, nicht zu brechen. Auch der Triumph der mit Timoleon zurückgekehrten Demokratie versank im Morast der endlosen Fehden demokratischer und oligarchischer Parteiführer, die allesamt zu schwach waren, die Probleme, welche die Stadt niederdrückten, zu lösen: Da waren zunächst die Verbannten, die nach jedem Umsturz kamen und gingen, da waren weiter die von den Tyrannen zwangsweise Umgesiedelten, die keine gesicherten Eigentumsverhältnisse zuließen, und da gab es vor allem die Söldner, Griechen ebenso wie Fremde, die mit Geld und Land versorgt werden wollten und immer präsent waren, wenn einer ihrer Führer nach der Alleinherrschaft griff. Gerade sie waren auf Dauer nicht in die Bürgergemeinde zu integrieren, so daß sie sich letztlich immer wieder an die Tyrannen hielten. Wege in die Zukunft waren in einer Welt nicht zu finden, die seit Alexander dabei war zu lernen, wie man die Rückkehr der Monarchen von Makedonien bis Ägypten ertragen und zugleich große Territorialstaaten in Italien und dem östlichen Mittelmeer schaffen konnte.

In Unteritalien wuchs der Druck der italischen Bergstämme, die aus der Enge ihrer kargen und unwirtlichen Bergtäler ausbrachen und in die von den Griechen besiedelten weiten und fruchtbaren Küstenebenen strömten. Die griechischen Städte schlossen Abwehrbündnisse, zogen Mauern, begruben zeitweise ihre eigenen Streitigkeiten und holten aus dem Mutterland Hilfe, von wem im-

mer sie zu haben und zu bezahlen war. Trotzdem gingen mehr und mehr Gebiete verloren, und in Städte mit einst glanzvollem Namen zogen Einwanderer aus den Bergen. Kyme (lat: Cumae), die älteste griechische Kolonie, wurde Opfer der Invasion und von den Oskern neu besiedelt. Im fruchtbaren Kampanien fiel Poseidonia Ende des 5. Jahrhunderts in die Hände der Lukaner und lebte unter dem Namen Paestum fort. Vor seinen großen Tempeln beteten, kurz nachdem sie fertiggestellt waren, lukanische Frauen und Männer, die dem verbliebenen griechischen Bevölkerungsrest einmal im Jahr erlaubten, dort ein griechisches Fest zu feiern.
Die endgültige Austragung des Konflikts blieb den Griechen wie den italischen Stämmen erspart: Die neue italische Großmacht aus dem Norden, Rom, löste das Problem auf ihre Weise.

7. Kreta, das vergessene Land

Die umwälzenden Ereignisse der Perserkriege, die Kämpfe um die Hegemonie über ganz Griechenland, die tiefgreifenden Veränderungen des Denkens – alles dies fand ohne die kretischen Städte statt, und die Kunde davon klang in ihren Mauern wie Nachrichten aus einer fernen Welt. Dabei war es früher ganz anders gewesen: Homer sprach von Schiffen und Helden, die am Krieg um Troja teilgenommen hatten (Ilias 2, 645 ff.), Odysseus stellte sich seinem ahnungslosen Schweinehirten Eumaios als kretischer Abenteurer vor (Odyssee 14, 199 ff.), die Theräer waren sich sicher, daß sie ein Kreter nach Kyrene geführt hatte (Herodot 4, 151), die Mythen und Gründungssagen wußten von kretischen Kolonistenzügen, und der archaische Apollonhymnus sang von der Entscheidung des Apoll, Kretern das pythische Heiligtum anzuvertrauen (387 ff.; 452 ff.). Im 6. Jahrhundert jedoch gab es nur noch dünne Rinnsale, die die Griechen der Insel mit dem Festland verbanden. Der belebende Handel mit den Phoinikern verschwand, und die maritimen Verkehrslinien führten jetzt an Kreta vorbei. Die Insel versank in einen archaischen Dämmerzustand, in dem die Dinge so blieben, wie sie waren. Die geographische Entfernung vom Mutterland erwies sich als zu groß und der Reichtum der Insel als zu gering, um das mutterländische Interesse an den Bewohnern der fernen Insel wachhalten zu können.
Die geographischen Gegebenheiten auf der Insel, beherrscht von den gewaltigen Rücken seiner drei Gebirge (s. S. 21 f.), ließen Sied-

lungen nur auf engstem Raum zu. So waren es allein die in den weiten Fruchtebenen angelegten Städte Knossos und Gortyn, die überregionale Bedeutung beanspruchen konnten. Die übrigen rund 60 Poleis drängten sich, zieht man die unbesiedelbaren Gebirgsmassive ab, auf einem Areal von durchschnittlich 100 km^2. Ihr städtisches Zentrum lag im Landesinneren: Die Bedrohung durch Seeräuber, zu denen man sich voller Stolz selbst zählte, ließ an der Küste nur die Anlage leicht aufzugebender Häfen und Kontore zu.

Dies war kein Ort, um eine Staatenbildung zuzulassen, die die ganze Insel erfassen konnte. Die Schwäche der Kleinstaaten führte sie in immer neuen Symmachien zusammen, sobald einer der ihren mächtig zu werden drohte. Sie alle wollten autark leben, so armselig die Lebensbedingungen auch immer sein mochten. Ähnliches (und vergleichbares) fand auf dem Festland in Arkadien, Akarnanien und Ätolien mit demselben Ergebnis statt: Zusammenschlüsse dienten der Abwehr der Großen, und sie zerfielen, sobald das gesteckte Ziel erreicht war. Konflikte untereinander um die wenigen Fruchtäcker und Weideflächen waren an der Tagesordnung; noch Polybios sprach im 2. Jahrhundert davon, daß Kreta eine Brutstätte unaufhörlicher Kriege sei (6, 46,9). Das Kriegerdasein wurde so zur selbstverständlichen Gewohnheit und bestimmte die gesamte Sozialordnung.

Diese war beherrscht vom Vorhandensein von Hörigen, die aus der Zeit der Eroberung der Insel stammten. Die einwandernden Dorier hatten die Insel nach Osten fortschreitend in Besitz genommen und die einheimische Bevölkerung, soweit sie nicht zu einem friedlichen Nachgeben bereit war, mit dem Schwert in die dauernde Hörigkeit gezwungen; als *Klaroten*, d. h. als in private Verfügungsgewalt Geratene, oder als *Mnoiten*, d. h. als Staatssklaven dienten sie ihren neuen Herren. Diese Aufteilung folgte dem Prinzip der Landverteilung: Nur ein Teil des speererworbenen Landes wurde als Privateigentum verteilt; ein gewichtiger Rest blieb Staatsland.

Diese besondere Form der Unfreiheit trug notwendig ein anderes Gesicht als die Sklaverei, die auf Kriegsgefangenschaft oder Schuldknechtschaft gründete. Zwar glich die Rechtsstellung prinzipiell der anderer Sklaven; aber anders als diese wirtschafteten die Klaroten auf eigenem Grund und Boden, den sie wie seit Urzeiten im Familienbetrieb beackerten. Sie ermöglichten den freien waffentragenden Bürgern in den Städten ein mehr oder minder sorgenfreies Rentnerdasein und gaben ihnen die Arme frei, die sie desto emsiger zu

Krieg und Piraterie rühren konnten. Von Aufständen sprechen die Quellen – ganz anders als bei den Heloten Spartas – nicht. Sie waren auf der waffenstarrenden Insel, wo kein auswärtiges Land Hilfe bringen konnte, ohnehin aussichtslos.
Trotz des Fleißes der Hörigen waren die landwirtschaftlich nutzbaren Flächen zu gering, um bei wachsender Bevölkerung soziale Krisen zu verhindern, wie sie auch in den griechischen Mutterstädten an der Tagesordnung waren. So ehrte Pindar einen Kreter namens Ergoteles, der, durch innere Kämpfe aus Knossos vertrieben, Bürger von Himera und Olympiasieger geworden war: „Sohn des Philanor, dem Hahn gleich, der im Stall nur kämpft, an dem Herde der Deinen wäre deines Laufens Ruhm ungefeiert längst schon entblättert, hätt' Aufruhr dich nicht von Mann gegen Mann aus der Heimat Knossos ehmals losgerissen" (Ol. Ode 12). So muß es vielen ergangen sein, die im vierten Jahrhundert ihre Dienste als Söldner auf allen Kriegsschauplätzen des Mittelmeeres in Scharen feilboten.
Die Staatstheoretiker des 4. Jahrhunderts, die einen Ausweg aus den politischen Krisen des Mutterlandes suchten, entdeckten Kreta neu, da die Verfassungen seiner Städte ebenso wie die Spartas auf dem Status der archaischen Zeit stehengeblieben waren. Der Traum, doch noch den Idealstaat finden zu können, wies immer wieder in die Vergangenheit, und diese war in Kreta in der Tat höchst lebendig. Aber es war und blieb eine Illusion: Der Staat der Krieger, die auf Kosten ihrer Hörigen gemeinsam schmausten und kämpften, war eine Erscheinung am Rande der Welt, in deren Zentrum sich die Monarchen zu einem Siegeszug rüsteten, der in der Eroberung der weltumspannenden römischen Republik mit Augustus seine triumphale Krönung erfuhr.

IX. Die Antwort des Denkens auf die Herausforderung der politischen Veränderungen des 5. und 4. Jahrhunderts

480-405	Die Blütezeit der tragischen Dichter (Aischylos, Sophokles, Euripides), der Sophisten und der Geschichtsschreiber.
um 425	Herodot schreibt „Historiai“ (Erkundungen) über die Auseinandersetzungen der Griechen mit den Persern.
um 400	Thukydides legt die Geschichte des Peloponnesischen Krieges vor.
399	Sokrates wird in Athen angeklagt, die Götter zu leugnen und die Jugend zu verführen.
427-388	Die Herrschaft des Aristophanes auf der Bühne der Komödie; erhalten blieben elf vollständige Stücke.
387	Platon gründet die Akademie in Athen und entwickelt seine Ideenlehre.
335	Aristoteles gründet in Athen eine eigene Schule und erforscht insbesondere die Grundlagen der Politik.

1. Der Mensch als Maß aller Dinge

Die Sophisten

Die Athener haben sich an den spekulativen Versuchen der Philosophen, dem Urgrund allen Seins auf die Spur zu kommen, nicht beteiligt, obwohl sie einigen großen Naturphilosophen wie Anaxagoras Gastrecht gewährten. Heimisch wurden bei ihnen die Sophisten. So nannte man herumziehende Gelehrte und Lehrer, die aus allen Teilen der griechischen Welt kamen und deren Wege im demokratischen und weltstädtischen Athen zusammentrafen, wo sie die besten und zahlungskräftigsten Schüler um sich sammeln konnten, Athener wie Ausländer: „Protagoras zieht sie mit sich in jeder Stadt, durch die er kommt, er verzaubert sie mit seiner Stimme wie Orpheus, und sie folgen ihm wie gebannt“ (Platon, Protagoras 314b-316a). Die einen mag er an die alten Rhapsoden aus der fernen Zeit des Homer erinnert haben, die anderen an Gestalten, die die spätere Legende vom Rattenfänger von Hameln unsterblich machte.

Dort, wo sie sich länger aufhielten, boten sie Unterricht in allen Disziplinen an, deren Beherrschung Erfolg im Leben und in der Politik versprach oder auch nur Plaisier und Unterhaltung. „Die Leute möchten gerne von den Genealogien der Heroen und Menschen, von der frühen Gründung von Städten hören“, wußte Hippias von Elis, also mußte man „diese Dinge aufs sorfältigste erforschen und lehren“ (Platon, Hippias 285d). Platon hat ihm diese vielseitige Geschäftigkeit übelgenommen und ihn zum Prototyp eines schwadronierenden und ein wenig betrügerischen Intriganten gemacht. Nun ist richtig, daß Hippias nichts „über den Staat“ oder „über die Wahrheit“ geschrieben hat, sondern wie viele andere seines Schlages die praktischen Dinge des Lebens dem großen theoretischen Entwurf vorzog und sich gar rühmte, seine Schuhe selbst nähen zu können (368c). Verdächtig macht ihn dies nur von der besonders hohen Warte des ex cathedra predigenden Philosophen aus.

Die bekanntesten unter den Sophisten waren Protagoras aus dem thrakischen Abdera (ca. 480-410) und Gorgias aus dem sizilischen Leontinoi (ca. 485-380). Ihre Spuren in der Geschichte sind markant, auch wenn ihre Lehren im wesentlichen nur durch ihre Nachwirkung und die Schriften Platons rekonstruiert werden können, der sie in mehreren seiner Dialoge auftreten ließ und ein sehr eigenwilliges Bild von ihnen hatte. An ihrer Bedeutung ändert die Tatsache nichts, daß ihr Ruf nicht immer der beste war – vor allem nicht unter den Schülern des Sokrates: „Die Sophisten reden, um zu betrügen; sie schreiben zu ihrem eigenen Gewinn und nützen niemandem etwas. Denn niemand von ihnen war oder ist weise, sondern es genügt einem jeden von ihnen, *Sophist* zu heißen, ein Wort, das wenigstens bei allen anständigen Menschen als Schimpfwort gilt“ (Xenophon, Buch von der Jagd 13,8).

Eine feststehende Lehrmeinung vertraten die Sophisten nicht: „Doch weiß ich nun gar nicht, angesichts der vielen Gestalten, in denen sich der Sophist gezeigt hat, wie man nun wahrhaft bestimmen und bezeichnen soll, was er tatsächlich ist“ (Platon, Der Sophist, 231b 9). Man versteht diese Verlegenheit Platons, da das erste auffallende Merkmal an den Sophisten ihre Vielseitigkeit ist – in diesem Punkt wie in anderen auch sind sie den großen Geistern der europäischen Aufklärung vergleichbar. Kritias etwa, eben der Oligarch, der nach 404 in Athen im Kampf für die Oligarchie starb, schrieb Dramen, Elegien, Reden, Dialoge, Aphorismen und über die Verfassungen ebenso wie über die Natur und die Liebe. Gemeinsam war ihnen, daß sie an eine vernünftige Ordnung der Welt glaubten und sich dementsprechend sicher waren, alles erkennen und alles tun zu können. Für viele mündete dies konsequent im Atheismus und in den Gedanken, daß die Götter die Erfindung eines klugen Menschen seien: „Irgendein geistreicher und erfahrener Mann erfand für die Menschen die Gottesfurcht, damit den Bösewichtern auch für das, was sie im Verborgenen täten, sagten oder dächten, ein Schreckgespenst vor Augen stehe" (Kritias frg. 25).

Gemeinsam war ihnen auch, daß sie nicht über die Struktur des Seins und die Erscheinungswelt der Natur (*physis*), sondern über den Menschen und die Ordnung der menschlichen Gesellschaft (*nómos*) nachdachten. Ausgangspunkt war die Beobachtung, daß die Natur eine andere Wirklichkeit zeigt als die, die sich die Menschen durch Verfassungen und Gesetze geben. So verwies die Natur auf die physiologische Gleichheit aller Menschen, während die soziale und politische Ordnung scharfe Trennungslinien zog. Diese Einrichtung war also ebenso wie andere Unterscheidungen zwischen den Menschen nicht natürlich; sie mußte daher die Konsequenz historischer Entwicklungen und Konventionen sein. Oder: Die Natur zeigte als Normalfall Lebensformen, in denen die Stärke allein den Ausschlag gab und der Machttrieb allgegenwärtig war; dagegen hatten die Menschen die Tyrannis der Gesetze errichtet und nach eigenen, willkürlichen Normen zwischen Recht und Unrecht unterschieden. Wollte man beides – Natur und Gesetz – miteinander versöhnen, mußte man nach der Auffassung der Sophisten dem in sozialen und politischen Konflikten jeweils Stärkeren auch das Recht zubilligen, seine Ansprüche durchzusetzen.

Was die Sophisten gerade in Athen, der „Hochburg der Weisheit" (Platon), begeisterte Anhänger finden ließ, waren die praktischen Fertigkeiten, die sie vermittelten. Insbesondere die Fähigkeit, den Gegner durch die Kunst (*téchne*) der Rede zu besiegen, wurde in einer politischen Welt begierig gelernt, in der die Volksversammlung unter großer öffentlicher Anteilnahme über alle Angelegenheiten von Bedeutung und über die politischen Karrieren entschied. Protagoras brachte auf den Nenner, worum es ging und was die große Wirkung der Sophisten ausmachte: Mein Unterricht „zielt auf die praktische Klugheit sowohl in den eigenen Angelegenheiten, damit einer sein Haus möglichst gut verwalten kann, als auch im öffentlichen Leben, damit einer möglichst fähig wird, in den Angelegenheiten der Stadt mitzuhandeln und mitzureden" (Platon, Protagoras 318e-19a).

Jedermann wußte, daß dies ein gefährlicher Weg war, wenn es nur noch um den Sieg im Streit der Argumente und nicht mehr um das eigentliche Ziel, die beste Ordnung des Staates, ging. Kallikles, ein Schüler des Gorgias, gab denn auch in einem heftigen Disput mit Sokrates zu, viele Redner in der Volksversammlung dächten keineswegs daran, „daß die Bürger durch ihre Reden möglichst gut werden"; vielfach wären sie nur darauf aus, „sich den Bürgern gefällig zu machen, und behandeln, ihres eigenen Vorteils wegen den gemeinsamen vernachlässigend, das versammelte Volk wie Kinder, indem sie ihm nur Vergnügen zu machen suchen" (Platon, Gorgias 502e). Damit war ein Kernproblem der demokratischen Ordnung getroffen, und als diese den unverzeihlichen Fehler machte, den Peloponnesischen Krieg zu verlieren, hatten die Kritiker leichtes Spiel, mit ihr auch ihre gewichtigsten Lehrmeister, die Sophisten, zu verdammen.

Die Verantwortung des Einzelnen: Sokrates

Der Widerstand gegen die Sophistik formierte sich also, als die von ihr vermittelte Kunst in den Verdacht geriet, alles Recht, alles Herkommen, die gesamte sittliche Ordnung auf den Kopf zu stellen. Ihre rein physikalische Naturerklärung, die ohne göttliche Schöpferkraft auskam, erschien als Gotteslästerung, und ihre auf den Vorteil und Erfolg des Individuums zielende Ethik sowie deren wichtigstes Instrument, die Manipulation der Menschen mit den Mitteln der Rhetorik, drohten in den Augen vieler das Rechtsbewußtsein und die darauf ruhende staatliche Ordnung aufzulösen. Platon hat die in seinen Dialogen auftretenden Sophisten in vielfachen Variationen das Grundthema vom Recht des Stärkeren vertreten lassen, das die Natur vorgegeben und das das individuelle Glück als das eigentliche Ziel eines kraftvollen Lebens bestimmt habe: „Luxus, Ungebundenheit und Freiheit, darin bestehen, wenn jemand die Fähigkeit hat, sich zu helfen, Tugend und Glück; das andere aber ist äußerer Putz, widernatürliche, von den Menschen aufgestellte Abmachungen und nutzloses Geschwätz" (Gorgias 491e-92c).

Der Komödiendichter Aristophanes hat in seinem 423 aufgeführten Stück *Die Wolken* Sokrates (469-399) als Prototyp eines verdor-

benen und gefährlichen Sophisten auf die Bühne gebracht. Dieser stürzt dort einen durch eine ehrgeizige Heirat zugrunde gerichteten Bourgeois ins Elend, der von ihm die Kunst lernen will, die Rechte seiner Gläubiger zu verdrehen, um den eigenen Ruin abzuwenden. Als dies an der Einfalt des Schülers scheitert, wird dessen Sohn verführt, der – nur allzu gelehrig – die erlernte Kunst gegen den Vater kehrt, diesen schließlich verprügelt und ihm auch noch beweist, daß er hierzu berechtigt sei. Als der rasende Vater daraufhin das Haus des Sokrates in Flammen aufgehen läßt, entlädt sich gewalttätig der Haß auf alles, was die überlieferte Ordnung zerstörte.
Mehr als zwei Jahrzehnte später, im Jahre 399, wurde der nunmehr siebzigjährige Sokrates vor Gericht angeklagt, die Götter zu leugnen und die Jugend zu verführen; Sokrates habe dabei die Fähigkeit gelehrt, „die schwächere Rede zur stärkeren" zu machen. Rechtsgrundlage der Anklage war ein in den ersten Jahren des Peloponnesischen Krieges verabschiedetes Gesetz, das jeden, der nicht an die Götter glaubte oder von überirdischen Dingen handelte, mit dem Tod bedrohte. Zum Zeitpunkt seines Erlasses zielte das Gesetz gegen den Philosophen Anaxagoras, der eine rationalistische Lehre von der Entstehung der Welt vertrat. Es traf Sokrates, der mehr als drei Jahrzehnte lang in Athen ohne Honorar junge Menschen unterrichtet hatte und so bekannt war, daß man dorthin reiste, nur um ihn zu sehen.
Sokrates hat seine Tätigkeit sehr persönlich und theologisch gerechtfertigt: Schon als Knabe glaubte er eine göttliche Stimme (*Dämonion*) gehört zu haben, die ihn durch sein ganzes Leben begleitete. Ihr folgte er und gab das vom Vater erlernte Handwerk eines Steinmetzen auf, um künftig tagaus, tagein auf dem Markt und in den Straßen Athens Menschen zu finden, mit denen sich Gespräche über beliebige Themen anknüpfen ließen. Viele liefen ihm zu, vor allem aus der jeunesse dorée, die ihm Zugang zu den besten Kreisen verschafften, in deren Häusern er als Gesellschafter ein- und ausging. Am Ende seines Lebens war er arm, was nicht immer so gewesen sein kann, da er, zeitlebens loyaler Bürger, im Heer als Hoplit diente. Naturwissenschaften lagen ihm nicht – dafür fehlte ihm die nötige Ausbildung; auch glaubte er mit einem gewissen Recht, daß eine intensive Beschäftigung mit ihnen den Glauben an die Götter gefährden müsse.
Das Auffallendste an der Lehrtätigkeit des Sokrates war das angewandte Mittel des Dialoges: Durch Fragen, die er, der wirklich oder scheinbar nichts Wissende, stellte, sollte der Gesprächspartner

selbst zum Wissen um die richtige Lebensform geführt werden. „Ein Leben ohne Selbsterforschung ist nicht wert, gelebt zu werden", verkündete der Greis seinen Richtern und erläuterte unter Hinweis auf seine Methode, er sei „nie irgendjemandes Lehrer gewesen." Was er statt dessen getan haben wollte, kleidete er in einen launigen Vergleich: Er sei die Stechfliege, die Athen wie einem großen und edlen Pferd beigegeben sei, das – träge geworden – zu seinem eigenen Besten angetrieben werden müsse.

Sokrates hat keine Zeile geschrieben, und kein Zeitgenosse hinterließ authentische Aufzeichnungen über diesen Sohn einer Hebamme und eines Steinmetzen, dessen Ehe mit Xanthippe unerschöpflicher Quell von Hohn und Spott war, und der schon zu Lebzeiten zur Legende wurde. Insbesondere ist nicht zu klären, wieviel sein Schüler Platon von ihm übernommen hat. Niemand kann genau sagen, was er lehrte und wie er wirklich gesprochen hat, obwohl neben Platon auch andere Schüler, wie Xenophon und Aischines, Dialoge schrieben, in denen er die Hauptrolle spielt. Die der ganzen Antike geläufige Vorstellung, er habe die Philosophie vom Himmel herab und ins Leben der Menschen hineingeholt, trifft jedoch den Kern: Sokrates sprach zu jedermann, den er in ein Gespräch verwickeln konnte, vom Menschen und seinen ethischen Pflichten. In diesem Punkt war er einer der Sophisten. Andererseits tadelte er, sie betrieben ohne Interesse an der Sache Wortklauberei, und spottete über ihre Überheblichkeit und ihren Wissensdünkel, den sie sich fürstlich vergolden ließen. Seine große Wirkung spiegelt sich in der Selbstverständlichkeit, mit der sich alle großen griechischen Philosophen nach ihm als seine Schüler bezeichneten, und in der Anteilnahme, mit der über die Zeiten hinweg Menschen sein Schicksal verfolgt haben.

Der Schuldspruch, den ein athenischer Gerichtshof mit 281 gegen 220 Richterstimmen gegen ihn fällte, ist nur vor dem Hintergrund der Katastrophe von 404 zu verstehen. Eine von fast 30 Jahren Krieg geschlagene Bürgerschaft sah in der Niederlage das Wirken rächender Götter, deren Existenz leichtfertige Philosophen geleugnet hätten. Als „Lehrer der Weisheit" hätten sie zudem die Jugend zur Mißachtung von Herkommen und Gottesverehrung verführt und seien verantwortlich für die Taten eines Alkibiades oder Kritias, der nach der Niederlage die Schreckensherrschaft der Oligarchen errichtet hatte. So ging Sokrates in den Tod, nicht weil der geistige Terror in das demokratische Athen Einzug gehalten hätte, sondern weil eine tief verunsicherte und gedemütigte Stadt glaubte,

Religion und Moral der Väter für das eigene Überleben schützen zu müssen.
Der Prozeß bewirkte das Gegenteil von dem, was sich die Ankläger erhofft hatten. Sokrates wurde zum Märtyrer, und eine über seinen Tod hinaus wachsende Schar von Verehrern pries ihn wie einen Heiligen. Den Grund, warum der Meister sterben mußte, fand der Schüler Platon in der Unwissenheit der Menschen und in ihrer Verachtung für die Philosophie. Am Ende seines Höhlengleichnisses (Politeia 7,515a-517a), wenn der von seinen Fesseln befreite Philosoph vom einsamen Flug in den Himmel der Erkenntnis des Wahren und Guten zurückkehrt in die Dunkelheit der Höhle und zu seinen früheren Leidensgenossen, ist sich Platon sicher, daß die dort Gebliebenen, wenn sie nur könnten, Hand an den Philosophen legen und ihn töten würden: „In der Höhle würde er [der Heimgekehrte] jene Schatten zu erkennen haben, im Wettbewerb mit den für immer Gefesselten ... Müßte er sich da nicht zum Gespött machen und sich nachsagen lassen, er käme von seinem Aufstieg mit verdorbenen Augen zurück und es könne sich nicht lohnen, sich an diesem Aufstieg zu versuchen? Wollte er nun Hand anlegen, andere zu befreien und hinaufzuführen, würden sie dann, sofern sie sich seiner bemächtigen und ihn umbringen könnten, ihn nicht wirklich töten?“ (Übers.: Blumenberg).
Das Schicksal des zur wahren Erkenntnis Fähigen, den in der Menge der Unwissenden nur Hohn und Gewalt erwarten, ist das Schicksal des Sokrates. Platon hat dem Gedanken von der gefahrvollen Einsamkeit des Philosophen – „wie ein Mensch, der unter die wilden Tiere gefallen ist“ (Staat 494a) – auch sonst gerne nachgesonnen. Die Wirklichkeit beschrieb er damit nicht, schon gar nicht die des demokratischen Athen, das auch im vierten Jahrhundert Heimat und nicht Ort der Verfolgung für viele Denker war. Die Mehrzahl der Athener wird es mit seinen Philosophen wohl so gehalten haben wie das thrakische Bauernmädchen, das in Gelächter ausbricht, als es den großen Thales in einen Brunnen fallen sieht, während er den Himmel und die Bewegung der Gestirne studiert; „sie meinte, er habe die Dinge am Himmel kennenlernen wollen, aber es sei ihm entgangen, was. . . unmittelbar zu seinen Füßen lag.“ Platon, der die Geschichte erzählt, fügt mit erhobenem Zeigefinger und völlig humorlos hinzu: „Jeder, der sein Leben der Philosophie widmet, ist solchem Spott ausgesetzt . . . Der ganze Pöbel wird mit dem Bauernmädchen über ihn lachen“ (Theaitetos 174a-d).
Trotzdem: Platons Deutung des Prozesses gegen Sokrates hat tiefen

Eindruck auf die Nachwelt gemacht. Dem jungen Hegel schien der Vergleich mit Jesus der einzig angemessene, und für viele andere gebührte Sokrates in der Reihe der großen Märtyrer der vornehmste Platz, da ihm keine göttliche Natur zu seiner Tat verhalf, als er die mögliche Flucht ablehnte und den todbringenden Schierlingsbecher leerte.

2. Die religiösen Feste und die Gemeinschaft der Bürger

Die Demokraten haben die religiösen Feste in Athen, das immer als fromme Stadt galt, vermehrt und prächtig ausgestattet. Die Aufwendungen bestritten die Stadt und die wohlhabenden Bürger, die etwa die Chöre der Tragödie samt ihrer Ausstattung finanzierten (*Choregie*). Die meisten Feste gipfelten nach Umzügen, Wettspielen, Musik und Tanz in großen Opfern für die Götter, wobei die geschlachteten Opfertiere der Festgemeinde ein großes Gelage bescherten. Für die Ärmeren war es zumeist die einzige Gelegenheit, einmal in den Genuß von Fleisch zu kommen. Gemeinsam mit den Bessergestellten und den Mächtigen, auf gleicher Ebene, standen sie um den Altar, ehrten die Unsterblichen, aßen zusammen und erfuhren miteinander in einer tief beeindruckenden Stimmung, daß sie alle Bürger einer Stadt waren.

Ein Teil der Feste vereinte ausschließlich die männlichen und erwachsenen Bürger und bekräftigte ihre exklusive, hervorgehobene Stellung gegenüber den Nichtbürgern, den Sklaven und auch gegenüber ihren Frauen. Andere Feste waren wiederum nur diesen zugänglich, wie etwa die Thesmophorien (nach Thesmophóros, Beiname der Göttin Demeter und ihrer Tochter Kore). Dieses in Griechenland weit verbreitete Fest wurde zur Zeit der Aussaat gefeiert. Um Demeter, die Göttin des Ackerbaus, zu ehren und die eigenständige Verantwortung der Frauen für die Fruchtbarkeit von Gemeinde und Ackerland zu demonstrieren, feierten sie drei Tage in der strengen Abgeschiedenheit eines Heiligtums und blieben unter sich.

Die bedeutendsten Feste fanden zu Ehren der zentralen Gottheiten statt: Die Panathenäen für die Stadtgöttin Athena und die großen Dionysien für Dionysos, den Gott der rauschhaften Ekstase. Beide Feste waren von den Peisistratiden gegen den Widerstand der lokalen, um die einzelnen Kultstätten konzentrierten Adelsherrschaften geschaffen worden, und beide verkörperten daher in besonderer

Weise die politische Einheit Attikas. Darüber hinaus gab es Anlässe genug, um Feste zu feiern. Im fernen Tarent soll es mehr Feste gegeben haben als das Jahr Tage hat, sagten die Leute bewundernd; dies war gewaltig übertrieben, aber daß dort und natürlich auch im reichen Athen mit Festlichkeiten nicht gegeizt wurde, ist gewiß. Sie boten auch eine gute Gelegenheit, Geld unter das Volk zu bringen, zunächst durch reiche Mäzene, dann durch den Staat selbst. 354 führte Eubulos, beauftragt mit der Sanierung des Staatshaushaltes, „Schaugelder" (*Theorika*) als staatliche Zahlung ein, die auch den Armen den Besuch der großen Theateraufführungen schmackhaft machen sollten. Das hat im vierten Jahrhundert, als die Gürtel enger geschnallt werden mußten, zu viel Streit geführt: „Wenn aber ein Fest", wetterte Demosthenes 349, „und jeder Vorwand gut genug sein soll dafür, daß man Gelder verteilt, ihr dann aber nicht von dem hören wollt, was man dafür tun soll, dann hütet euch, daß ihr nicht eines Tages für einen schlimmen Irrtum halten werdet, was ihr jetzt für eine richtige Entscheidung anseht" (Über die Organisation 1-3).

3. Die dramatische Dichtung und die Grundfragen des menschlichen Daseins

Die Tragödie

Die großen Dionysien wurden Ende März, zum Beginn der Schiffahrt in der Ägäis, gefeiert und waren für alle Welt offen. Zu ihnen gehörte, daß an den drei zentralen Tagen des Festes drei Dichter im Wettstreit gegeneinander je drei Tragödien und ein Satyrspiel aufführten. Tragödie, das hieß „Bocksgesang", und die Anfänge dieser Kunst finden sich in den Chorgesängen, mit denen Dionysos gepriesen wurde; ein Ziegenbock, der das Schicksal des Gottes verkörperte, wurde dabei zerrissen und dem besten Gesang als Preis zugesprochen. Hie und da trat aus dem Chor der Sänger ein Sprecher hervor, um das besungene heroische oder mythische Ereignis zu dramatisieren. Es war dies die Geburt der Tragödie, die die überkommene Form nicht sprengen, sondern nur weiterentwickeln konnte: Immer wurde der Chor beibehalten, und es traten nie mehr als fünf Darsteller auf.

Im 5. Jahrhundert entschied über den Sieg im Wettstreit der Dichter ein Richterkollegium, das durch ein kombiniertes Wahl-Los-

Verfahren gebildet wurde. Es zeichnete nicht nur den Dichter, sondern auch die Choregen (s. oben) und den Chor aus. Zu den Aufführungen, die tagsüber am südlichen Abhang der Akropolis stattfanden, kamen 10-14.000 Menschen zusammen. Ein Repertoire- bzw. Programmtheater war unbekannt: Die Dramen und die seit 486 in das Festprogramm aufgenommenen Komödien wurden von Haus aus für einen einmaligen Zweck geschaffen, d. h. sie waren allesamt Uraufführungen.

Die Athener müssen ihre Dichter bemerkenswert gut verstanden haben – was nicht nur an ihrer Intelligenz lag. Sie waren von Kindesbeinen an dazu erzogen worden: Nicht Fremdsprachen, Ökonomie oder Naturwissenschaften bestimmten den Stundenplan in der Schule, sondern Homer, Dichtung überhaupt und Musik. So war kein Tragiker gezwungen, sich mit Präliminarien aufzuhalten oder seine Zeit damit zu vergeuden, den dramatisch aufbereiteten Stoff zu explizieren; er wußte sich in allen wesentlichen Fragen einig mit seinem sachkundigen Publikum und konnte stets sein Bestes geben. Im Verlauf des 5. Jahrhunderts entstanden über tausend Tragödien. Davon schrieben rd. 300 jene attischen Dichter, deren Namen bis heute ihren Glanz nicht verloren haben: Aischylos (ca. 525-455), Sophokles (497-405) und Euripides (ca. 485-406); erhalten blieben sieben Stücke des Aischylos, sieben des Sophokles und 19 des Euripides, die das Hauptrepertoire der späteren Bühnenpraxis bildeten.

Den Stoff der Tragödien lieferten keine Erfindungen der dichterischen Phantasie, sondern Ereignisse der Vergangenheit. „Scheiben von Homers Mahl" nannte Aischylos seine Stücke, und er meinte damit alle bekannten Epen seiner Zeit (Athen. 8,347 E). Die Erinnerung war immer noch beherrscht von Helden und Heroen, so daß diese – von wenigen Ausnahmen wie den *Persern* des Aischylos abgesehen – auch die Bühne bevölkerten. Dort jedoch stieß sie der Dichter in Konflikte, in denen sie handelten, litten und starben wie Menschen. In ihrem tragisch geschürzten Schicksal spiegelte sich die Grundauffassung der Zeit von der menschlichen Existenz und verlieh der Gewißheit dramatische Anschauung, daß der Mensch in jedem Augenblick von dem unerforschbaren Willen der Götter abhängig sei und binnen kürzester Frist vom Gipfel des Ruhms in den Abgrund tiefster Schmach stürzen könne.

So das Schicksal des Oidipus, dessen Mythos jedem Athener von Jugend an vertraut war und den Sophokles in den ersten Jahren des Peloponnesischen Krieges auf die Bühne brachte. Diesem Thebaner war es bestimmt, seinen Vater zu töten und seine Mutter zu heiraten. Und er tat beides, ohne zu wissen, was er tat: Die Tötung des königlichen Vaters, den er nicht kannte, war kein Mord, sondern Notwehr, und die Hand der verwitweten Königin von Theben, die seine Mutter war, nahm der Unwissende als Lohn für die Befreiung von der Sphinx, die von Theben Menschenopfer verlangt hatte, bis einer ihr Rätsel löste. Als die Götter wegen des befleckten neuen Königs die Stadt mit der Pest schlugen, machte sich dieser im Auftrag des delphischen Apoll auf, den verborgenen Schuldigen zu finden. Auf der Suche muß er, Retter und König seiner Stadt, erkennen, daß er selbst der Schuldige und von den Göttern Verfluchte ist. „O Zeus, was gedenkst du mit mir zu tun?“ – dieser Schrei der Verzweiflung verhallt in der Stunde der furchtbaren Wahrheit ungehört. Geblendet von eigener Hand und vom eigenen Fluch aus der Stadt getrieben, bleibt dem Gestürzten nur die ungewisse Hoffnung auf die Gnade der Götter.

Ein zweites großes Thema gab die politische Entwicklung den Dramatikern vor. Die 461/60 vollzogene Entmachtung des Areopags (s. S. 183 f.) bedeutete einen radikalen Bruch mit der Vergangenheit. Damit war das künftige Verhältnis zwischen Staat und Bürger neu zu bestimmen: Wie weit durfte der Zugriff des Staates auf seine Bürger reichen, wo endete die Gehorsamspflicht gegenüber staatlichen Befehlen – insbesondere dort, wo göttliches mit dem von Menschen gesetzten Recht in Widerspruch geriet? Dieses Thema wurde anhand der Pflicht, seine Toten zu bestatten, in der *Antigone* des Sophokles auf die Bühne gebracht: Kreon, auch er ein gefeierter Held und Herr der Stadt Theben, verbietet die Bestattung des Polyneikes, der ein Verräter war und dafür den Tod fand; Antigone, die Schwester des Toten, verrät das Gesetz ihrer Stadt für eine barmherzige Geste gegenüber einem erschlagenen Mann, der Waffen gegen seine Heimat getragen hatte. Heimlich streut sie Erde über den Leichnam und folgt damit den Pflichten der Familie, die die ungeschriebenen Gesetze der Götter fordern, wenn der Mensch tot und damit unwiderruflich ohnmächtig und auf andere angewiesen ist – von Menschen festgelegtes Recht wiegt dagegen nicht schwer:

„Nicht Zeus war es, meine ich, der dieses Gebot erließ,
noch die Gerechtigkeit, die bei den Göttern wohnt
und den Menschen die Gesetze gab.
Und mich dünken auch deine Befehle nicht so stark,
daß irgendein Sterblicher sich hinwegsetzen dürfte

über die ungeschriebenen und unsterblichen Gesetze der Götter.
Ihr Leben ist nicht von heute und nicht von gestern,
sondern ewiglich, und niemand weiß, woher sie kommen.
Ich will nicht vor den Göttern dafür büßen,
jene übertreten zu haben aus Furcht vor eines Menschen Zorn"
(450-460; Übers.: Bowra).

Der tragische Konflikt zwischen dem Recht des Staates, den Landesverräter zu verfolgen, und dem göttlich sanktionierten Anspruch der Familie endet tödlich: Antigone stirbt, da die Gebote der Götter keine Kompromisse zulassen; Kreon wünscht sich den Tod, da ihn sein Beharren auf die Ansprüche des Staates zum gewalttätigen Tyrannen gemacht hat und seine Maßlosigkeit von den Göttern mit dem Tod aller ihm Nahestehenden bestraft wurde.

Die Komödie und ihre Helden

Auch die Komödie, die in dem Athener Aristophanes ihren genialen Hauptvertreter fand, war ein Kind des Dionysos und der ihm geschuldeten Verehrung; an den Lenaien des Jahres 486 soll der erste komische Wettstreit ausgefochten worden sein. Am Anfang stand ein Fruchtbarkeitsritus, zu dem eine ausgelassene Truppe gehörte, die mit phallischen Symbolen und aufreizenden Reden über die Äcker tobte, um das Wachsen der neuen Frucht anzuregen. Anders als bei der Tragödie, die der Erinnerung an den alljährlichen Tod des Gottes ihr Leben verdankte, war es diesmal seine alljährliche Wiedergeburt, die Pate stand.
Formal war die Komödie der Tragödie verwandt. Die Komposition der komischen Handlung lehnte sich an den Bau der Tragödien an, und hier wie dort standen sich Chor und Schauspieler gegenüber. Anders war der Gegenstand der Komödie. Ihren Stoff bildeten nicht die düsternen Geschichten der mythischen Vergangenheit, sondern die Nöte und Possen des gegenwärtigen, alltäglichen Lebens: Politiker, Philosophen und besonders der kleine Mann wurden ungeniert und zügellos verhöhnt. Das tägliche Leben floh auf der Bühne häufig in eine absurde Welt, in der die Menschen Flügel bekamen, auf Mistkäfern in den Himmel ritten, wo die Vögel redeten, der Demos als alter habgieriger Narr auftrat oder ein Chor von Greisen, vor lauter Geilheit schwindlig, um die Frauen tanzte, die die Akropolis besetzt und ihre Hände fest auf ihre Scham gepreßt hielten. Empfindlich durfte hier niemand sein: Es waren die derben

Scherze des Marktplatzes und nicht der Witz des Salons, die hier regierten.

Natürlich hatte auch die Komödie ihren Helden, der am Schluß des Stückes als Sieger triumphierte. In den *Acharnern*, dem *Frieden* und den *Vögeln* beispielsweise tritt er in verschiedenen Gestalten, doch mit einheitlichen Zügen auf: Mittvierziger, an harte Arbeit gewöhnt, etwas philisterhaft, schlau, trinkfest und voll Tatendrang im Bett oder Stroh, weiß er, was er will und wer seine Gegner sind: Die geleckten Affen des Adels und die ewig besserwisserischen Philosophen. Und er liebt den Frieden, da er den Krieg aus einer Reihe von Feldzügen kennt und weiß, daß dieser seinen bescheidenen, hart erarbeiteten Wohlstand gefährdet. So der Weinbauer Trygaios, der im Frühjahr 421 im *Frieden* die Bühne betritt: Fluchend über die Götter, die tatenlos zusehen, wie der endlose Krieg das attische Land und ganz Griechenland verheert, läßt er sich von einem Mistkäfer in den Himmel tragen, um nach dem Rechten zu sehen. Er findet im Olymp einen neuen Herrn, den Krieg (Pólemos), der in seinem Mörser die griechischen Städte zerstampft, während sich die Götter in einen fernen Winkel des Himmels zurückgezogen haben, voll Trauer über die Griechen, die vom Kampf nicht lassen wollen. Glücklicherweise ist der Krieg ein Tölpel: Seine beiden Mörser – gemeint sind Kleon und Brasidas, die gefallenen Hauptheldender letzten Kriegsjahre – sind zerbrochen, so daß es gelingen kann, die Friedensgöttin Eiréne aus der Höhle zu befreien, in die sie der Krieg gesperrt hatte. Alles dies ist vollgestopft mit Harlekinaden, allerlei Bewährungsproben des Hauptheldenden, Prügelszenen und vielem mehr, was den Handlungsstrang zur brüllenden Heiterkeit der Zuschauer immer wieder unterbricht.

Unüberhörbar bleiben die Lehren; es sind die eines Konservativen: Er kennt die Demokratie, aber er liebt sie nicht – so wie die beiden alten Athener, die, der Prozeßsucht und des Parteienhaders der Athener herzlich müde, in das Reich der Vögel auswandern, um mit ihren neuen gefiederten Freunden ein Zwischenreich zwischen Himmel und Erde, einen Wolkenstaat, zu gründen (*Die Vögel*, aufgeführt 414). Er versteht den attischen Bauern, der unter den Verwüstungen des Krieges anders leidet als die Theten der Stadt und des Piräus, die die Nutznießer der imperialen Triumphe sind. Und er mag die Sophisten und sonstigen Philosophen nicht, die alle Tugenden, die Athen zum Sieg über die Perser geführt haben, unter ihren rhetorischen Künsten begraben.

Alles dies, das hemmungslose Karikieren von Staat, Politik, Parteien und Bildung, überlebte die Katastrophe von 404 nicht. Eine von Krieg, Niederlagen und Hunger aufgestörte Gesellschaft ertrug die burleske Art nicht mehr, in der ihre sozialen Nöte und ihre staatlichen Einrichtungen auf der Bühne vorgeführt wurden. Man wollte die gewählten Beamten und die Generäle, denen man zu gehorchen hatte, nicht in der Rolle von Schwachköpfen, Schiebern und Dieben sehen, und erst recht nicht Götter, die sich vor Schreck in die Hosen machen (*Frösche* 479 ff.). Es ist dieselbe Grundstimmung, die Sokrates vor seine Richter, die Tragödie ins Repertoiretheater und die Komödiendichter zum biederen Lustspiel führten. Dort konnte jetzt der listige Sklave mit seinem etwas einfältigen Herren Spiele um Mitgift, Freilassung oder familiäre Intrigen treiben – auch das war komisch und lohnte das Zusehen, doch es konfrontierte nicht mehr mit den zentralen Konflikten um die richtige Ordnung des Staates, um die Grenzen philosophischen Nachdenkens oder den Sinn imperialer Flottenzüge.

4. Die Entdeckung der Geschichte

Die Entstehung der Historie: Herodot

Die dramatischen Veränderungen ihrer Welt seit dem Konflikt mit den Persern hatten die griechischen Kleinstaaten aus einem scheinbar geschichtslosen Zustand aufgeschreckt. Die Abwehr des persischen Angriffs, der Siegeszug einer neuen Staatsordnung in Athen, die Unterwerfung der Ägäis und ihrer Anrainerstaaten unter den Herrschaftsanspruch Athens und der 430 offen ausgebrochene Konflikt der Großmächte Athen und Sparta machten die Dynamik und die Unberechenbarkeit geschichtlicher Vorgänge schmerzhaft bewußt. So entstanden nicht zufällig im letzten Drittel des 5. Jahrhunderts die ersten großen Geschichtswerke, und sie eroberten gleich im ersten Versuch einen geistigen Rang, den spätere Jahrhunderte nur noch in Ausnahmefällen erreichen sollten.
Die Beschreibung vergangener Ereignisse haben auch andere Kulturen gekannt. Dort beschränkten sie sich jedoch – wie in Ägypten und Mesopotamien – auf die Aufzählung königlicher Dynastien und Berichte über deren Leistungen. Allein die israelitische Geschichtsschreibung versuchte, vornehmlich in der Geschichte Davids und Salomons, historische Fakten in übergeordnete Zusammenhänge zu stellen. Das Geschehen hatte seinen Mittelpunkt je-

doch nicht auf der irdischen Bühne; weder Könige noch Völker waren die eigentlich Handelnden, sondern Jahwe allein bestimmte die Abfolge der Ereignisse zum Heile Israels. Mit Herodot und Thukydides erreichte die Entwicklung des historischen Denkens eine neue Stufe: Beide rekonstruierten historische Abläufe aus einer Vielfalt von Ereignissen, handelnden Personen, deren Motiven und aus den Konflikten, die langfristige Machtverschiebungen hervorriefen. Dieser breit angelegten Ursachenforschung entsprach die Methode: Die genaue Kenntnis der Geographie, der fremden Völker, die Befragung von Zeugen ebenso wie die kritische Überprüfung von Quellenzeugnissen der verschiedensten Herkunft sollten das Dunkel der Vergangenheit durchdringen helfen.

Der „Vater der Geschichtsschreibung" und „zugleich Erzähler unzähliger unwahrer Geschichten" – so der Römer Cicero (de legibus 1,1,5) – wurde Herodot, geboren um 485 im kleinasiatischen Halikarnassos, politischer Flüchtling, Weltreisender und gefeierter Vortragsredner, Wahlathener und Bürger der italischen Kolonie Thurioi; er starb wenige Jahre nach Ausbruch des Peloponnesischen Krieges. Sein Werk nannte er *Darlegung seiner Erkundung* (*historíes apódexis*), und er schrieb es, um die großen Taten der Griechen und Barbaren der Vergessenheit zu entreißen und die Ursachen ihrer Auseinandersetzung zu entschlüsseln: „Dies ist die Darlegung der Erkundung des Herodot aus Halikarnaß, auf daß, was von Menschen geschehen, nicht mit der Zeit verblasse, noch Taten, groß und des Staunens wert, vorgewiesen von Hellenen wie von Barbaren, ihres Raumes verlustig gehen – manches andere und so auch die Ursache bzw. Schuld (*aitíe*), weshalb sie Krieg geführt miteinander" (1,1; Übers.: Marg). Das erste Motiv war auch das Homers: Odysseus, der vor den Phäaken weint, übermannt von der Erinnerung an die eigenen Leiden und die seiner verlorenen Gefährten, erhält den Trost, sein Unglück werde den Nachgeborenen im Gedächtnis bleiben und als Stoff für Geschichten dienen (Odyssee 8,522 ff.; 580; vgl. S. 102).

Das zweite Ziel – der Krieg gegen die Perser und seine Ursachen – verlangte anderes, als bei Homer zu finden war: Zum einen die Prosa, zum anderen Tatsachen statt Phantasien. Beide Forderungen hatte bereits Hekataios von Milet (s. S. 115) erhoben und in seiner *Erdbeschreibung* und seinen vier Büchern *Genealogien* erprobt: „Dieses schreibe ich, wie es mir wahr zu sein scheint; denn die Reden der Hellenen sind vielfältig und nach meinem Eindruck lächerlich" (FGrHist 1, frg. 1). Gemeint waren damit die umlaufenden Erzählungen zur Vorgeschichte Griechenlands und anderer, den Griechen vertrauter Länder, so wie sie die Dichter und Lokalhistoriker bisher berichtet hatten. Kritik daran hielten viele Zeitgenossen für unzulässig: Zwar beanspruchte die griechische Legende nicht die Autorität der Heiligen Schrift, aber man wandelte in ihren unzähligen Geschichten doch mit Ehrfurcht. Nicht minder aufregend war die Wahl der Prosa als Mittel der Darstellung: Bis dahin hatten die Dichter die Vergangenheit in Versen heraufbeschworen, und sie waren von der Gewißheit erfüllt, das Wissen vom Vergangenen sei von den Musen inspiriert. Nun trat an ihre Stelle ein wissenschaftliches Ideal: Sachlichkeit und die Fähigkeit, Beweise kritisch zu prüfen und Augenzeugen wie ein Ermittlungsrichter zu verhören.

So schob auch Herodot die in Mythen und Sagen überlieferten Konflikte der Griechen und Perser resolut beiseite, um mit dem Barbarenkönig zu beginnen, dessen Krieg gegen die Griechenstädte Kleinasiens sicher zu rekonstruieren war: dem Lyderkönig Kroisos (s. S. 157). Die Haupterzählung folgt anschließend von Kyros bis Xerxes, den Perserkönigen, die mit den Griechen Krieg führten; sie endet mit dem Beginn der griechischen Gegenoffensive, der die persische Flotte bei Mykale 479 zum Opfer fiel. Weitläufige Exkurse unterbrechen immer wieder die Darstellung und erzählen von den Völkern, die Ziele persischer Eroberungszüge wurden, von der Natur ihres Landes, ihren Sitten und ihrer Geschichte. Der Mann, der wie Hekataios auf seinen Reisen durch die Welt unendlich viel gelernt hatte, konnte sein Interesse an allem, was Menschen betraf, gar nicht unterdrücken.

Aber auch Unterhaltendes durfte in einem Werk nicht fehlen, das dem Leser neben Belehrung auch Vergnügen schaffen wollte. So etwa die Novelle vom Ring, den der Tyrann Polykrates ins Meer warf, um mit diesem Opfer den Neid der Götter auf sein übergroßes Glück zu versöhnen; ein Fisch verschlang, was vernichtet bleiben sollte, ein Fischer überbrachte dem König den gefangenen Fisch als Geschenk, die Köche stürzten mit dem dem Fischbauch entrissenen Ring herbei, und der erbleichende Tyrann mußte erkennen, daß es vor dem Schicksal kein Entrinnen gab (3, 40-45). Thukydides hat solche erzählenden Einschübe gerügt, da der Unterhaltung nicht der Vortritt vor der Belehrung gebühre.

Was den Historiker auszeichnet, ist seine Methode. Für Herodot bestand sie im direkten Augenschein und – nicht ganz so zuverlässig – in der Sammlung von Berichten vertrauenswürdiger Augenzeugen. In seinem Abriß der Geschichte Ägyptens liest sich das so: „Was ich bisher erzählt habe, beruht auf eigener Anschauung oder eigenem Urteil oder eigenen Erkundungen. Nunmehr will ich mitteilen, was ich von der ägyptischen Geschichte erfahren habe. Doch kommen auch weiterhin noch Dinge vor, die ich selbst gesehen habe" (2, 99,1). Sehen, Hören, Befragen: Dies zusammen ergibt das methodische Prinzip seiner historischen Forschungsarbeit.

Es blieb das Problem zu lösen, die auf diese Weise gewonnene Erkenntnis zu verarbeiten, was immer und zugleich auf eine Interpretation des zusammengetragenen Materials hinausläuft. Herodot tut dies sehr selbstbewußt. So werden etwa die gesammelten Berichte der Einheimischen über die ursprüngliche Versumpfung Unterägyptens folgendermaßen geordnet und gewichtet: „Mir schien dieser Bericht über das Land ganz richtig. Denn es ist klar und der Verständige sieht es, ohne daß man es ihm sagt, daß die Gebiete Ägyptens, die von den Hellenen besucht werden, neu gewonnen und ein Geschenk des Stromes [Nil] sind" (2, 5,1). Die Autopsie und das kritische Zuhören, wenn andere berichten, werden zu einer eigenen Interpretation verbunden. Die Beschreibung des Moirisees (heute: Birk el Karoun) sagt uns genau, wie Herodot dabei vorgeht (2, 149 f.): Er beginnt mit einer Schilderung des Sees und seiner Wasserquellen, so wie er sie gesehen hat. Es folgen Berichte verschiedener Anwohner, die etwas über den künstlichen unterirdischen Abfluß des Sees und den Abtransport der bei den Arbeiten ausgegrabenen Erde wissen. Diese Aussagen werden kritisch gewichtet und für glaubwürdig erklärt, nachdem ein Vergleich mit ähnlichen Erdbewegungen in der assyrischen Stadt Ninos ergeben hat, daß dererlei möglich war.

Derartige Einblicke in seine Arbeitsweise gestattet Thukydides seinen Lesern nicht. Für sein Werk erhob er den Anspruch, der „Tatsächlichkeit" nahe zu kommen, womit auch gemeint war, daß er ebensowenig wie sein ungeliebter Vorgänger auf das Mittel der Autopsie verzichten wollte (s.u.). Die Darstellung selbst gibt jedoch nicht preis, in welchen methodischen Schritten das recherchierte Material der eigenen Reflexion und Interpretation unterworfen wurde. Dinge, denen er keinen Glauben schenken konnte, ließ er einfach weg.

Einig waren sich beide, daß ihre Methode, die die eigene Anschauung und die Befragung von Zeugen der Interpretation schriftlicher Beweisstücke vorzog, nur einen Blick in die jüngstvergangene oder zeitgenössische Geschichte gestattete. Über Solon etwa wäre auf dem eingeschlagenen methodischen Weg nichts herauszufinden gewesen, da niemand mehr dazu befragt werden konnte. Erst die attischen Lokalhistoriker (*Atthidographen*; Mitte des 4. Jahrhunderts) und Aristoteles, auf die sich später Plutarch in seiner Biographie Solons berief, hatten gelernt, aus den erhaltenen Gedichten und Gesetzen Solons sowie aus den ältesten Teilen der athenischen Verfassung die Frühgeschichte Athens zu rekonstruieren.

Auch über die zentralen Gegenstände des historischen Interesses waren Herodot und Thukydides einer Meinung: Es waren die Veränderungen in der Geschichte, also Kriege, Revolutionen, Verfassungsbrüche, die den Historiker herausforderten. Und es mußte das Schicksal ganz Griechenlands und nicht nur einzelner Städte sein, um das es ging: Das Studium von Genealogien, Sitten, ausgewählten Ländern oder einzelnen Städtegründungen und Verfassungen – ein durchaus begehrter zeitgenössischer Themenkatalog – konnte ebensowenig die Aufgabe des Historikers sein wie das Schreiben von Lokalchroniken – auch sie gab es bereits.

Herodot suchte nach Gründen für das, was so und nicht anders eingetreten war. Und er wollte erklären: Die Ursachen des griechisch-persischen Konflikts und des schier unglaublichen Sieges der Griechen. Dabei galt es Distanz zu gewinnen zu der volkstümlichen und dem täglichen Leben vordergründig ablesbaren Erfahrung, daß die Götter oder die persönlichen Motive einzelner den Gang der Dinge bestimmten. Herodot – in vielen Episoden seines Werkes weit mehr Dichter als Analytiker – hat, anders als Thukydides, diese Distanz nicht immer gewollt und dem menschlichen Streben nach persönlichem Glück seinen Platz in der Geschichte gelassen. Dies durchaus an wichtigen Wegmarken der Entwicklung: Der Tyrann von Milet, Histiaios, etwa löst den Ionischen Aufstand aus, weil er am persischen Hof festgehalten wird und an dem Gedanken verzweifelt, „das Meer niemals wiederzusehen" (5, 35). Aber es gibt auch andere Einsichten, und sie wurden wegweisend. Dazu zählt, daß der Angriff des Xerxes auf Griechenland nicht nur der Rache für die Toten von Marathon galt, sondern dem Anspruch des Großkönigs auf die Weltherrschaft Genüge tun mußte (7, 5 ff.). Dazu zählt, daß Sparta die Perser ohne die athenischen Rüstungen für den Seekrieg nicht hätte abwehren können (7, 139). Und dazu zählt vor allem, daß der Grund für den Sieg der Griechen in ihrer freien Gesellschaftsordnung gefunden wurde, in der – anders als im despotisch regierten Persien – die Bürger gleichberechtigt den Gesetzen unterstanden, die sie sich selbst gaben.

Nationalgriechische Begeisterung mischte sich in diese Erkenntnis nicht. Sachlich und unvoreingenommen werden die Leistungen der Perser und anderer Barbarenvölker beschrieben, deren Lebensformen Herodot dem Leser ausführlich vorstellt. Wie die großen Tragödiendichter wußte auch er, daß dem Menschen das „Göttliche" als undurchschaubare Macht gegenüberstand und ihn jederzeit zum Spielball höherer Fügung machen konnte. In dieser Sicht war kein Platz für die Selbstgefälligkeit des Siegers. Sie ließ nur die Einsicht in die Unbeständigkeit menschlicher Leistungen zu: „Ich will die Geschichte der großen und der kleinen Städte erzählen. Denn viele Städte, die einst mächtig waren, sind klein geworden, und die zu meiner Zeit mächtig waren, sind früher klein gewesen. Ich weiß, daß menschliche Größe und Herrlichkeit nicht beständig sind; so will ich denn der Schicksale beider in gleicher Weise gedenken" (1, 5,4).

Die Geschichte als die Geschichte der Macht: Thukydides

Thukydides, großer Herr aus dem Geschlecht der Philaiden, Staatsmann und General, geboren um 460, Athener, ausgestattet mit reichen Besitzungen und Pachtungen in Thrakien, kommandierte 424 als Stratege jene Flotteneinheit, die vergeblich versuchte, Amphipolis auf der Chalkidike gegen ein spartanisches Expeditionskorps zu halten (s. S. 218). Ob seines Versagens verbannt, schrieb er die Geschichte des Peloponnesischen Krieges, den er bis in das Jahr 411 verfolgt hatte, als ihm wenige Jahre nach der athenischen Niederlage der Tod die Feder aus der Hand nahm; das achte Buch, das dem Kriegswinter 411/0 galt, bricht mitten im Satz ab. Eben dort nimmt der eine Generation jüngere Xenophon den Faden der Erzählung wieder auf: seine *Hellenika* schildern die folgenden Ereignisse bis weit über das Ende des großen Krieges hinaus, bis zu jener Schlacht von Mantineia (362), in der der Thebaner Epaminondas fiel.

Das Werk des Thukydides ist die Geschichte eines Krieges, der „bei weitem die gewaltigste Erschütterung für die Hellenen und einen Teil der Barbaren, ja sozusagen unter den Menschen überhaupt war" (1,1). Es geht um „große Dinge" und damit – wie bei Herodot – um „der Rede werte" Taten, die aus der Masse der weniger bedeutenden auszuwählen und zu verkünden allein der Historiker berufen ist. Das Ideal der kriegerischen Bewährung („allen voran der Beste zu sein und der Erste"; s. S. 98) und die Suche nach Ruhm und Unsterblichkeit, von denen Homer sang, sind auch die Themen des Thukydides.

Sein Werk beginnt mit einem Rechenschaftsbericht über die angewandte Methode und Gedanken zur Frühgeschichte Griechenlands (*Archäologie*), die nach den Phasen des Kampfes um die Seeherrschaft gegliedert wird (1, 1-23). Es folgen die Analyse der Anlässe und Ursachen des Krieges (1, 24-146) und die Schilderung der Kriegsereignisse in strikt chronologischer Reihung (ab 2,1). Der Krieg, so belehrte der Autor, hatte verschiedene zufällige Anlässe. Seine Ursache jedoch sei nur in einer unaufhaltsamen Kettenreaktion zu finden, die ausgelöst wurde, als Athen während der Abwehr der Perser zur Seemacht aufstieg und allmählich eine mächtige Rivalin Spartas wurde: „Den wahrsten Grund freilich, zugleich den in der Debatte am meisten verborgen gebliebenen, sehe ich im Wachstum Athens, das die erschreckten Spartaner zum Krieg zwang“ (1, 23).

Mit anderen Worten: Die Handelnden der Jahre 432/31 waren verstrickt in eine Situation, die sie nicht gesucht hatten, und sie wurden verantwortlich für eine Lage, die ihnen die Geschichte aufgenötigt hatte. Sie wurden schuldig, ohne daß ihre Taten sie schuldig sprachen. Denn die Macht, einmal begründet, folgt ihren eigenen Gesetzen, gegen die eine Berufung auf das Recht nichts verschlägt. Die Geschichte kann denn auch keine Geschichte von Schuld und Sühne sein: In ihr walten keine immanente Gerechtigkeit oder ein alttestamentarischer Gott, der dafür sorgt, daß – auch wenn es Generationen dauert – Unrecht bestraft und Verbrechen gesühnt werden. Herodot hat dies ganz anders gesehen, und der Unterschied könnte nicht größer sein. Für ihn war die Welt voller wirkungsmächtiger Götter, und ihr Neid ebenso wie ihr Zorn wiesen den Menschen den Weg zu Glück oder Unglück. Thukydides verbannte den Willen der Götter aus der Geschichte und setzte an ihre Stelle das Streben des Menschen nach Macht, Besitz und Geltung, Kräfte, gegen die andere nichts bewirken konnten, auch nicht rechtliche oder sittliche Bindungen: „Wir (Athener) glauben, daß bei den Göttern vermutlich, ganz sicher aber bei den Menschen, überall aus einem Zwange der Natur heraus das Mächtige über das gebietet, dessen es Herr wird. Dieses Gesetz haben wir nicht gegeben, auch nicht als erste angewandt; wir wenden nur das Vorgefundene an und hinterlassen es als ein künftiges für ewige Zeiten, wohl wissend, daß auch ihr und andere, wenn sie zu derselben Macht kommen sollten wie wir, wohl das gleiche tun würden“ (5,105; Übers.: Horneffer).

Der Krieg zerbrach denn auch gründlich die Werte, die Gesetz und Moral im Frieden geschaffen und die die Bürger zusammengeführt hatten. Er zerriß den dünnen Schleier, mit dem Recht und Ordnung die Herrschsucht des Individuums nur verhüllt hatten. Im Feuer der von den Großen geschürten Bürgerkriege übernahmen nun auch in den Städten die ungezügelte Machtgier und – ihr folgend – die Anarchie die Herrschaft: „Denn die führenden Männer in den Städten, auf beiden Seiten mit einer bestechenden Parole, sie seien Verfechter staatlicher Gleichberechtigung der Menge oder einer gemäßigten Herrschaft der Besten, machten das Gemeingut, dem sie angeblich dienten, zu ihrer Beute, und in ihrem Ringen, mit allen Mitteln einander zu überwältigen, vollbrachten sie ohne Scheu die furchtbarsten Dinge und überboten sich dann noch in der Rache" (3, 82).

Der Peloponnesische Krieg wurde für Thukydides so zu einem Drama, das mit lebendiger Anschauung auf die Weltbühne brachte, was es bedeutete, daß das Streben nach Macht der stärkste Trieb menschlichen Handelns war: Der Krieg gegen die Perser wies Athen den Weg zur Seemacht; als sie errungen war, verführte sie zur Expansion und Unterwerfung anderer; dies wiederum mobilisierte die noch unabhängigen Städte, damit sie nicht selbst zu Opfern wurden; auf diese Weise wuchs der Druck auf die Athener, um der eigenen Sicherheit willen jedes Aufbegehren innerhalb des ägäischen Herrschaftsraumes gewaltsam zu ersticken; am Ende hatte sich der „Retter Griechenlands" (Herodot), das auf seine Freiheit und Demokratie stolze Athen, in einen Tyrannen verwandelt, gegen den aus Furcht vor der Bedrohung auch seiner Existenz Sparta, die zweite Großmacht Griechenlands, zu den Waffen griff. Der Krieg schließlich trieb alle menschlichen Empfindungen und Fähigkeiten zu äußerster Anspannung und enthüllte, je länger er dauerte, daß Recht und Gesetz, Frömmigkeit und Moral der menschlichen Herrschsucht keine dauerhaften Fesseln anlegen konnten.

Thukydides schildert also den Machtkampf von Staaten, Parteien und Individuen; Geschichte ist identisch mit Politik und Krieg. Die dort wirksamen Ursachen und Zusammenhänge will er so wahrheitsgetreu berichten, daß sein Werk für künftige Generationen einen praktischen Nutzwert haben kann. Ein Lehrbuch der Politik soll es für alle sein, die mit ihm überzeugt sind, daß die menschliche Natur sich immer gleich bleibt und daher die Geschichte der Menschen immer wieder gleichartige oder ähnliche Situationen hervorbringen wird. Diese Konzentration des geschichtlichen Ablaufs auf

die Politik war eine Leistung, die auf keine Vorbilder zurückgreifen konnte und die – bezüglich ihrer Originalität und Wirkung – seinen Autor unsterblich gemacht hat.
Die Methode, über die er einleitend Rechenschaft gibt (1, 20 ff.), ist weitgehend die des Herodot, auch wenn sie fraglos weiterentwickelt wurde: Die eigene Anschauung und die kritisch geprüfte mündliche Überlieferung sind es, aus denen Thukydides das Bild des Krieges zusammengesetzt hat: „Ich habe es mir zum Grundsatz gemacht, nicht die erstbeste Geschichte, die mir begegnet, niederzuschreiben, und mich nicht einmal von meinen eigenen allgemeinen Eindrücken leiten zu lassen. Entweder war ich selber bei den von mir geschilderten Ereignissen anwesend, oder ich habe sie aus dem Mund von Augenzeugen gehört, deren Bericht ich möglichst gründlich überprüft habe. Oft war die Wahrheit nicht leicht zu finden: Verschiedene Augenzeugen haben von ein und demselben Ereignis verschiedene Berichte geliefert, entweder weil sie für die eine oder die andere Partei eingenommen, oder aber weil ihre Erinnerungen lückenhaft waren" (1,22; Übers.: Bowra).
Eine besondere Aufgabe übernahmen die fiktiven Reden. Sie sollten sich „möglichst eng an den Gesamtsinn des in Wirklichkeit Gesagten" halten und zugleich die Motive der politischen Führer und die Stimmungen der öffentlichen Meinung spiegeln. Man versteht diese Entscheidung des Thukydides nur angesichts der Leidenschaft, mit der die Griechen Reden genossen – wann und wo immer sie gehalten wurden. Als Odysseus in Troia die Herausgabe der Helena forderte, „stand er da, die Augen auf die Erde gerichtet, und bewegte den Stab nicht rückwärts und nicht vorwärts, sondern hielt ihn starr, einem linkischen Manne gleichend . . . Doch sobald er die Stimme, die gewaltige, aus der Brust entsandte und Worte, Schneeflocken gleichend, winterlichen, dann hätte es mit Odysseus kein anderer Sterblicher aufgenommen" (Ilias 3, 204 ff.). So war es natürlich erst recht in der Demokratie, wo in der Volksversammlung und vor Gericht ein großes Publikum unmittelbar zu einer meist unumkehrbaren Entscheidung aufgerufen werden mußte; da mochte es in dramatischen Augenblicken den Zuhörern eines Perikles tatsächlich scheinen, „daß die Überredung mit seinen Lippen verwachsen war, solch einen Zauber strahlte er aus. Und er war der einzige Redner, der in seinen Zuhörern einen Stachel zurückließ" (Eupolis, frg. 94). Eben dies wollte auch Thukydides; er war sich ganz sicher, daß sein Publikum den Stachel fühlte, wenn es die zentralen Gedanken der Handelnden, gesättigt mit der Analyse des

Historikers, in der Form von Reden und nicht durch ein Probleme wälzendes, nüchternes Traktat erfuhr. Auf Authentizität kam es dabei nicht an. Sie hätte die erstrebte Reflexion über die Probleme und Zustände, die der Krieg erst geschaffen hatte, nur zerstört.
Die historische Rückschau des Thukydides ist gewiß einseitig. Daß Menschen ihr Handeln immer und überall dem Nutzen und dem Machttrieb unterwerfen, ist eine Hypothese und ungeachtet aller historischen Erfahrung keine Gewißheit. Ihre unbedingte Anwendung auf die Geschichte hat in zahlreichen Einzelfällen der tatsächlichen historischen Wahrheit fraglos Gewalt angetan. Ebenso führte die immer wieder beschworene Zwangsläufigkeit historischer Abläufe dazu, die dort wirksamen Zufälligkeiten und kurzfristig ausbrechenden Konflikte gering zu achten. Trotzdem: Die Entdeckung der politischen Geschichte durch Thukydides bedeutete einen Erkenntnisfortschritt, der mit den Schriften des Florentiners Machiavelli (gestorben 1527) erst in der Neuzeit wieder erreicht werden sollte.

5. Die Philosophen des 4. Jahrhunderts und die Politik

Der philosophische Zugriff auf Natur und Politik

Seit der Mitte des 5. Jahrhunderts diskutierte nahezu jedermann die Vorzüge und Mängel der von Menschen erprobten politischen Ordnungen. Demokratie oder Oligarchie, die Herrschaft aller in der Volksversammlung und den Gerichten oder die Herrschaft nur der Besten, die Bezahlung für eine Amtstätigkeit (Diäten) oder die Qualifikation durch Vermögen, Autonomie aller Staaten oder territoriale Herrschaftssysteme – alles dies war Gegenstand von Gesprächen und Abhandlungen, deren Argumente wir kaum kennen, da sie meist mündlich vorgetragen wurden. Das änderte sich im 4. Jahrhundert: Nun machten sich die Philosophen – allen voran Platon und Aristoteles – daran, eine Analyse von Staat und Politik vorzunehmen und alle ihre Erscheinungsformen systematisch zu ordnen.
Zwei auffällige Voraussetzungen bestimmten ihre Bemühungen: Beide verurteilten die Demokratie, und beide hatten nicht die Absicht, mit den Ergebnissen ihrer Analysen die politische Wirklichkeit zu verändern. Sie schrieben Theorie (*theoría*) und keine Lehrstücke zum politischen Gebrauch. Es entsprach dies dem Grundzug

der antiken Philosophie, der Naturwissenschaft und der Spekulation: Eine Umsetzung der theoretisch gewonnenen Erkenntnisse in die Praxis lag außerhalb des Interesses, das befriedigt war, wenn Zweck, Funktion und Ursachen aller in der Natur existierenden Erscheinungen durchschaut wurden. So hat Aristoteles z. B. ein reiches Wissen über die Erträge von Pflanzen und die Aufzucht von Tieren gesammelt; weder er noch seine Leser verfielen jedoch auf den Gedanken, dieses Wissen im Ackerbau oder in der Viehzucht anzuwenden.

So gab es unter den Philosophen auch keine Sympathien für die Historiker. Diese steckten ihre Nase in die vergängliche Welt des Ehrgeizes und der Leidenschaft, von der die Philosophen die Menschen so gerne befreit sehen wollten. Ihre Vorliebe galt da schon eher den Dichtern, die „philosophischer und bedeutender" als die Historiker schrieben: „Denn die Dichtung redet eher vom Allgemeinen, die Geschichtsschreibung vom Besonderen. Das Allgemeine besteht darin, darzustellen, was für Dinge Menschen von bestimmter Art reden oder tun nach Angemessenheit oder Notwendigkeit, das Besondere aber, zu berichten, was Alkibiades tat oder erlebte" (Aristoteles, Poetik 1451a36 ff.).

Die Feindschaft gegen die Demokratie war in den intellektuellen Kreisen der Zeit vorherrschend. Platon und Aristoteles lehnten den sophistischen Satz vom Recht des Stärkeren strikt ab, den sie als den ersten Lehrsatz der Demokratie verdammten. Beides gehörte in ihren Augen untrennbar zusammen und mußte daher auch gemeinsam fallen. Dies hatte mit der Niederlage Athens 404 zu tun, die vielen als Beweis für die Untauglichkeit der demokratischen Staatsform genügte. Und es hing zusammen mit den verderblichen Folgen der Seeherrschaft, die die Bürger demoralisiere und die Schlechtesten unter ihnen an die Macht bringe: „Landherrschaft wird gepflegt durch Ordnung, Nüchternheit, Disziplin und ähnliches; die Herrschaft zur See wird durch diese nicht vermehrt, sondern durch die Gewerbe, die mit dem Schiffsbau zusammenhängen und durch die Männer, die ihren eigenen Besitz verloren haben und es gewohnt sind, ihren Unterhalt aus dem Besitz anderer zu beziehen" (Isokrates, Panathenaikos 115-116). Isokrates meinte es dann doch nicht so wörtlich und erklärte wenig später, für Athen sei die Herrschaft über die See ein notwendiges Übel, da nur so fremde Herren vermieden werden könnten.

Für diese nachgiebige Haltung des Politikers hatte Platon nichts übrig. In den *Gesetzen* (Buch 4) stellte er kategorisch fest, ein auf

Frieden bedachter Staat dürfe sich nicht einmal in Sichtweite des Meeres befinden. Denn das undurchsichtige Treiben in einem Hafen „erzeugt eine verschlagene und mißtrauische Seelenhaltung und macht die Bürger unzuverlässig und lieblos gegeneinander sowie auch gegen andere Menschen“ (705a). Auch hier ist der Grundgedanke die Summe der von Platon gemachten Erfahrungen. Er hatte in seiner frühen Jugend den Fall Athens miterlebt, und diese bittere Erfahrung verfolgte ihn sein Leben lang. Schuld am Untergang hatten alle, nicht nur die korrupten Demagogen, die auf Perikles folgten, sondern dieser selbst ebenso wie Themistokles oder Kimon: „Sie haben die Stadt mit Häfen und Werften und Mauern und Tributen angefüllt statt mit Rechtschaffenheit und Mäßigung.“ Also durfte der neue Staat nicht so sein wie Athen, das der Anmaßung der Macht, gestützt auf seine Herrschaft über die See, nicht hatte widerstehen können.

Aristoteles zeigte sich versöhnlicher. Er wußte besser als Platon, daß die Seeherrschaft mit mehr als einer politischen Ordnung vereinbar war. Also wog er die platonischen Übel gegen die wirtschaftlichen Vorteile einer am Meer gelegenen Stadt auf und fand einen Kompromiß: Hafen und städtischer Markt müßten strikt voneinander getrennt werden, und wenn eine Flotte nötig sei, dürften den Seeleuten keine bürgerlichen Rechte zugestanden werden; vielmehr gehöre die Befehlsgewalt über die Matrosen den mit dem Bürgerrecht ausgestatteten Hopliten (Politik 1327a11-b15). Das Mißtrauen gegenüber den Plebejern in den Seestädten führte hier wie dort die Feder – so verschieden die Lösungsvorschläge auch waren. Es gründete in den Vorbehalten gegen die Demokratie der Athener, in der nicht nur die Philosophen die Habgier und Anmaßung der Besitzlosen an der Macht sahen.

Ihr eigenes Bild von Recht und Gerechtigkeit malten die Philosophen so, daß es mit keiner der bekannten Staatsformen verbunden werden konnte. Platon sah in der Gerechtigkeit die höchste aller Ideen. Diese existierte für ihn unabhängig von und jenseits der menschlichen Existenz, und sie verkörperte die absolute Wahrheit. Zugänglich war sie nur wenigen, über lange Jahre geschulten Philosophen. Wollte die Politik also gerecht sein, so mußte sie in die Hände solcher Männer gelegt werden, die – mit absoluter Macht ausgestattet und in asketischer Genügsamkeit – als *Wächter* über die Bauern und Gewerbetreibenden zu herrschen hatten. Von dieser Vorstellung führte kein gangbarer Weg in die Niederungen der Politik oder zum praktischen positiven Recht des Staates.

In einem weiteren wesentlichen Punkt waren sich die Philosophen einig: Die Natur habe es so eingerichtet, daß die Menschen ungleich beschaffen seien; nicht nur, was ihre körperlichen Eigenschaften (schön oder häßlich) und ihre gesellschaftliche Stellung (frei oder Sklave) angeht, sondern auch was ihre Moral und den Grad ihrer verfügbaren Intelligenz betrifft. Nur einigen weise die Natur die Fähigkeit zu, sich völlig vernünftig und damit zugleich moralisch richtig zu verhalten; die überwiegende Mehrheit sei dazu nicht in der Lage.

Am auffallendsten bleibt die Bindung der Philosophie an die Politik, die in tiefgreifenden Analysen und in all ihren Erscheinungsformen erfaßt wurde. Dies wurzelte in der für den Bürger eines Stadtstaates selbstverständlichen Erkenntnis, daß der Mensch in erster Linie ein politisches Wesen sei (*Zóon politikón*, lat.: *homo politicus*; Gegensatz: *homo oeconomicus*). Als Aristoteles 322 starb, war die Glanzzeit der Polis vorbei und mit ihr ein Menschenbild, das die Existenz des Menschen von seiner Tätigkeit im Raume des Staatlichen her definierte. Die nachfolgenden Generationen setzten in der Philosophie andere Akzente: Für sie wurde nicht das Dasein als Bürger bestimmend für den Menschen, sondern seine individuelle Seele, um die es sich Sorgen zu machen galt.

Platon und der ideale Staat

Platon (427-347), Aristokrat und Athener, Schüler des Sokrates, gründete 387 in Athen eine Philosophenschule (die Akademie), an der er bis zu seinem Tode lehrte, und die bis 529 n.Chr. bestand. Er formulierte die Grundlagen seiner Philosophie in ständiger Auseinandersetzung mit den Sophisten. Die Form, in der dies geschah, war der Dialog, in dem Sokrates in der Diskussion mit wechselnden Gegnern auftrat. Zentral war der Kampf gegen die Auflösung aller sittlichen Werte. Die Antwort auf die sophistischen Lehren war die Entdeckung der objektiven Existenz von Ideen, die das absolute Gute verkörpern und denen daher die höchste Autorität zukommt; sie können in mühsamen Lehrjahren von wenigen Menschen erkannt werden.

Über den Wert einer staatlichen Ordnung entschied dementsprechend nur ein Kriterium: Machte sie die Menschen besser, als sie vorher waren, oder nicht? Das Ziel jeder öffentlichen Tätigkeit und Einrichtung war damit festgelegt: Sie mußten tugendhafte Bürger schaffen. Ein gut regierter Staat war nur der, für den das sittlich gute

Leben seiner Bürger im Zentrum aller Mühen stand. Gerade dies hatten nach Platon alle demokratischen Führer von Themistokles bis Perikles versäumt: Sie hätten im Kampf um die persönliche Macht allen Wünschen und Gelüsten des Volkes Vorschub geleistet und sich wie Kuchenbäcker gebärdet, die eine unwissende Masse mit den Süßigkeiten der Macht (Schiffe, Diäten u.ä.) an sich gefesselt hätten, statt sie wie Ärzte zur Einsicht und zum besseren Leben anzuleiten. Das Grundübel der Demokratie, welche die Macht in die Hände Unwissender gelegt habe, sei durch den Machthunger ihrer Führer noch verstärkt worden.
Wie aber kann der Staat eine gerechte Ordnung schaffen? Zunächst durch Gesetze, denen zu gehorchen sei, antwortete auch Platon, aber nicht durch die absolute Herrschaft des Gesetzes, wie es die Demokraten eingeführt hatten. Denn Gesetze sind notwendig für alle da und können nur mechanisch angewandt werden; die vielfältigen Einzelschicksale der Menschen erfassen sie nur unvollkommen. Ihre Anwendung muß daher unter die Kontrolle einsichtiger Weiser gestellt werden, welche die Idee der Gerechtigkeit geschaut haben, die zugleich das höchste Gute ist. Sie allein können die mechanische Starrheit der Gesetze durch deren souveräne (d. h. nicht rechenschaftspflichtige) Handhabung vermeiden. Daraus folgte für Platon die entscheidende Frage, wie solche weisen Männer oder Frauen geschaffen werden können und auf welche Weise sie leben und regieren müssen. Die Möglichkeit, durch die Einrichtung von Institutionen und deren ständige Verbesserung das angestrebte Ziel einer gerechten Staatsordnung zu erreichen, hat er nicht erwogen.
Zentral wurde für Platon die Frage nach der Gerechtigkeit. Sein Werk *Der Staat* (*Politeia*) beginnt mit der Frage: Warum sollte jedermann gerecht sein, obwohl das Leben tagtäglich bewies, daß der Erfolg in keinem Verhältnis zur moralischen Beschaffenheit der Menschen steht? „Zeige uns also in deiner Antwort nicht nur, daß die Gerechtigkeit besser ist als die Ungerechtigkeit, sondern auch, was für eine Wirkung die beiden auf den ausüben, der sie hat, und wie deshalb die eine an und für sich etwas Schlechtes, die andere dagegen etwas Gutes ist; den guten oder schlechten Ruf aber lasse beiseite“ (367c). Die so fragen, sind die Brüder Platons, Glaukon und Adeimantos, und sie waren sich sicher, daß der Ungerechte jeder Strafe entgehen könne, da die Künste der Rede vor Gericht und Volksversammlung jeden Freispruch erwirken konnten, und die Götter durch Opfer und Geschenke leicht zu betören waren.

Auf der Suche nach der Antwort entwarf Platon das Bild eines gerechten Staates, der die Erfüllung der menschlichen Bedürfnisse sichern muß, da Menschen nur in gegenseitiger Abhängigkeit voneinander existieren können. Gerechtigkeit wird definiert als der Zustand, in dem jeder das tut, „wozu seine Natur sich am geschicktesten eignet." Dies wiederum kann nur der mit Vernunft begabte Weise herausfinden, der auch allein in der Lage ist, sich um das Wohl aller und nicht nur um sein eigenes zu kümmern; ein Privat- und Familienleben darf ihm, der nur dem allgemeinen Wohle zu leben hat, nicht gestattet werden.
Platon sprach von einem idealen Staat, der mit der menschlichen Natur vereinbar sein muß. Ihn in der tatsächlichen Welt, die so ganz anders war, zu verwirklichen, lag außerhalb seiner Überlegungen. Dies hat sein Werk vor Aneignungen durch Extremisten nicht geschützt. So haben britische Imperialisten und deutsche Elitedenker des zwanzigsten Jahrhunderts die platonischen Lehren von der Wächterfunktion der Weisen für die Legitimation ihrer Interessen ausgebeutet. Andere, wie Karl Popper, haben Platon leidenschaftlich angeklagt, tatsächlich der große Lehrmeister totalitärer Regime zu sein und darauf verwiesen, daß die Philosophenkönige seiner *Politeia* und der *Gesetze* ihre Untertanen zu ihrem Wohle täuschen, in eine Besserungsanstalt schicken oder töten konnten, wenn sie halsstarrig blieben. Die Autorität der Weisen trat an die Stelle der freien Entscheidung: „niemand, weder Mann noch Weib, sollen jemals ohne Führer sein" (Gesetze 942a).

Die Unvergänglichkeit der Seele

Seit und durch Platon ist Religion wesentlich verschieden von dem, was früher war. Für die Griechen Homers schloß sie Körperlichkeit und Vergänglichkeit ein: Die Götter herrschten über die Menschen und mischten sich in ihr Leben ein, aber sie versprachen keinen Trost dem, der aus dieser Welt scheiden mußte; ihn erwartete ein düsteres Reich wesenloser Schatten (s. S. 118). Wer von dort entkommen wollte, mußte zu Lebzeiten etwas geleistet haben, das der Erinnerung der Menschen wert war, da diese allein die Grenzen der Zeit aufheben konnte. Die Verherrlichung in Gesängen und Monumenten, die fernen Generationen Kunde von erstaunlichen Taten brachte, verlieh einen Abglanz jener Unsterblichkeit, die nur den Göttern eignete. An diesem Schicksal hatten bereits die Mysterienreligionen gerüttelt, als sie die Lehre von der Seelenwanderung entwarfen. Dieser Gedanke setzte voraus, daß im Menschen ein individuelles, beständiges Etwas existiert, ein Ich, das seine Identität unabhängig vom vergänglichen Körper bewahren kann. Die Unsterblichkeit, die bisher allein die Götter auszeichnete, wird damit zum Wesensmerkmal auch des Menschen.

Woher die Unsterblichkeit der vom Körper geschiedenen Seele kommt, war auf verschiedene Weise zu erklären. Entweder stammte sie von den Göttern und kehrte nach mehrfacher Bewährung in verschiedenen Leben zu diesen zurück. Oder sie war als lichte Himmelssubstanz, obwohl abgestürzt in die Zone irdischer Vergänglichkeit, Teil des ewigen Kosmos und durchlief alle seine Bereiche; über die jeweilige neue Körperlichkeit entschieden der Zufall oder ein Totengericht. Amtierte dies, so erhielt das bessere Los und endlich einen Platz im Himmel, wer ein moralisch untadeliges Leben vorwies oder aber durch eine besondere Mysterienweihe von aller Schuld befreit worden war. Der himmlische Kosmos und die Hoffnung des Menschen auf Erlösung begegneten sich und begannen ihren Siegeszug durch die folgenden Jahrhunderte.

Auch Platon hat jenseits der faßbaren Realität eine unkörperliche, unveränderbare Überwelt gesehen. Außerhalb von Raum und Zeit existierten die *Ideen*, das „wahrhaft Seiende“. Was in der Welt ist, ist dies durch Teilhabe an der Idee. Fähig im Menschen, das ewig Seiende zu erkennen, ist die Seele. Sie trägt ein Wissen in sich, das sie nicht in dieser Welt gewonnen hat: Wissen ist Erinnerung (*anámnesis*). Das konnte nur bedeuten, daß alles Wissen um die Ideen angeboren ist; die Sinne jedenfalls erfaßten sie nicht, und durch das Experiment waren sie auch nicht nachweisbar. Damit überragt die erkennende Seele das Dasein zwischen Geburt und Tod. Denn wenn es zwei Gattungen des Seienden gibt, das unveränderliche, wahre und das, was wird und vergeht, dann steht die Seele auf der Seite des Höheren, Bleibenden, das sie allein sehen kann.

Was der Mysterienpriester nur im Ritual glaubhaft machen konnte, wird bei Platon zur Gewißheit höchster Rationalität. Denn die Ideen, die bestimmen, was das *Gerechte*, das *Schöne* und das *Gute* ist, sind der Seele des Menschen als Gegenstand der Erkenntnis unverlierbar gegeben. Sie kann also von den Göttern nicht mehr im Stich gelassen werden, da sie zum Aufstieg durch Erkenntnis berufen ist. Auf diesem Weg ist der Körper mit seinen Leidenschaften nur hinderlich; er wird zum Gefängnis, in dem die unsterbliche Seele gefangen ist und aus dem sie zur Freiheit der Anschauung des Ewigen fliehen muß. Den höchsten Gipfel der Erkenntnis, jenseits

des Himmelsgewölbes, erreichen nur wenige. Er wird im *Phaidros* in fast hymnischer Verehrung beschrieben: „Den Ort über dem Himmel hat noch keiner der hiesigen Dichter besungen, und nie wird ihn einer nach Gebühr besingen . . . Das ungefärbte, ungeprägte, unberührte Sein, das wahrhaft ist, das nur vom Noûs, dem Lenker der Seele zu schauen ist, mit dem es die Art wahren Wissens zu tun hat, dies ist es, was diesen Ort einnimmt“ (246a-249b).
Wie die Götter konnte der Mensch niemals sein – auch für Platon nicht. Aber er war, gemessen an seinem homerischen Ausgangspunkt, weit gekommen: Zusammengesetzt aus Unendlichem und Sterblichem, strebte jetzt ein Teil von ihm danach, sich vom Sterblichen zu lösen, was durch eigene Kraft oder durch die Hilfe der Götter möglich war. Grundsätzlich dachten Jahrhunderte später die Christen nicht anders: Auch für sie war der Mensch in dieser Welt nicht zuhause, vielmehr führte ihn sein göttlich bestimmter Weg weit darüber hinaus und am Ende aller Tage zu Gott. Dies allerdings war – anders als bei Platon – nicht möglich ohne die unmittelbare Hilfe Gottes, der seinen Sohn auf die Erde senden und zum Tod am Kreuz verurteilen mußte, um den Menschen den Zugang zu Gott und zum Paradies, den die Sünde Adams verschüttet hatte, wieder zu öffnen.

Aristoteles und die Entdeckung der politischen Wissenschaft

Aristoteles (384-322), geboren als Sohn eines Arztes in Stageira (Chalkidike), Schüler Platons und Metoike in Athen, gründete dort eine eigene Schule. 343 übernahm er am makedonischen Hof für drei Jahre die Erziehung des damals 13jährigen Königssohnes Alexander. Zeitlebens hielt er das Streben nach Wissen um des Wissens willen für die höchste Form menschlicher Betätigung und den schönsten Weg zum Glück. Denn die Philosophie allein, so glaubte er, genügt sich selbst, während alle anderen Tätigkeiten sich der bohrenden Frage nach ihrem Nutzen unterwerfen lassen müssen.
In langen Auseinandersetzungen mit seinem Lehrer Platon entwickelte er eine Staatslehre, die die Ideen als Endpunkt aller Erkenntnis ablehnte. Seine Neugier auf alle Erscheinungen der Natur und der menschlichen Existenz war unersättlich: Die antiken Verzeichnisse seiner Schriften führen nahezu 200 Titel, deren Themen von der Erkenntnistheorie, Logik und Naturwissenschaft bis hin zur Politik und Poetik reichten. Das gesamte literarische Werk ist verloren gegangen; erhalten blieben die Vorlesungsmanuskripte, die

für den eigenen Gebrauch und für die Schule abgefaßt worden waren. Sie gelangten als lateinische Übersetzungen (zunächst aus arabischen, später aus griechischen Quellen) im 12. Jahrhundert in den Westen, wo sie die christliche Theologie des Mittelalters (Scholastik, Thomas von Aquin) beeinflußten.

Die Philosophie des Aristoteles ruhte auf der Überzeugung, daß man den Menschen nur verstehen könne, wenn man in die Welt der Erfahrung eintauche; mit dieser müsse auch jede Forschung beginnen. Die politische Wissenschaft entstand denn auch in zwei Schritten: Zunächst trugen Lehrer und Schüler Verfassungen verschiedener griechischer Poleis zusammen, die sie miteinander verglichen; insgesamt soll Aristoteles 158 von ihnen beschrieben haben, von denen der *Staat der Athener* 1890 im ägyptischen Sand wiedergefunden wurde. Dann wurden Kriterien entwickelt, nach denen die Qualität von Verfassungen bestimmt werden sollte (bis heute berühmt ist die Analyse der Tyrannis in der *Politik*, s. S. 150). Die dabei aufgeworfenen Fragen kreisten um die Anlage der Stadt (Größe des Territoriums, Bevölkerungszahl), die soziale und politische Beschaffenheit ihrer Bürger und ihre Erziehung zum Staatsbürger.

Große, weiterwirkende Bedeutung erhielt das entworfene Modell einer Mischverfassung, die zwei Jahrhunderte später der Historiker Polybios in Rom tatsächlich verwirklicht sah. Gedacht war an eine Mischung monarchischer, oligarchischer und demokratischer Elemente in den Kernbereichen der staatlichen Institutionen (Volksversammlung, Gerichte, Regierungsämter). Dazu gehörte ein Ausgleich der sozialen Gegensätze, die latent jede politische Stabilität bedrohten: Die Mitte des Staates sollte von den Bürgern mit mittlerem Besitz eingenommen werden. Dies mußte keineswegs das Ende der demokratischen Ordnung bedeuten. Sie konnte aber nur bestehen, wenn die Regierung in die richtigen Hände geriet: „So ist es ... zuträglich und kommt auch öfter vor, daß zwar die Behörden gewählt werden, und daß alle Recht sprechen und zur Rechenschaft ziehen, daß aber die höchsten Behörden aufgrund der Steuereinschätzung gewählt werden, und zwar die höheren aufgrund der höheren, oder auch daß gar kein Amt nach der Steuereinschätzung vergeben wird, sondern gemäß der Fähigkeit. Eine solche Staatsverfassung muß gut sein, denn die Ämter werden immer durch die Besten verwaltet“ (Politik 1318b27 ff.). Nur sie glaubte Aristoteles gefeit vor der Gier nach dem Besitz anderer, und nur bei ihnen fand er die Bereitschaft, die Interessen aller nüchtern abzuwägen – an-

ders als die Reichen, die nur despotisch über andere herrschen, anders als die Armen, die nur ihre eigene elende Situation verbessern wollten.
Der ideale Staatsbürger mußte dazu erzogen werden – dies sah Aristoteles wie sein Lehrer Platon. Die Erziehung sollte für alle gleich sein, da in der besten Verfassung die besitzenden und wehrfähigen Bürger abwechselnd regieren. Die Hauptgegenstände der Erziehung reichten von der frühkindlichen Ausbildung über das Lesen und Schreiben bis hin zur allseitigen Schulung des Intellekts und des Körpers (Gymnastik); letzteres dürfe nicht übertrieben werden: die Spartaner hätten so „ihre Kinder durch übermäßige Anstrengungen tierisch gemacht, als ob dies der geeignete Weg zur Tapferkeit wäre." Die im Schlußsatz der *Politik* genannten Erziehungsgrundsätze: „das Mittlere, das Mögliche und das Passende" könnten als Motto über der gesamten politischen Philosophie des Aristoteles stehen.

X. Griechenland und der Orient unter der Herrschaft makedonischer Könige (338-200)

402-400	Ein griechisches Söldnerheer dringt unter Führung des Thronprätendenten Kyros tief in die Stammlande des persischen Großreiches ein und schlägt sich auf dem Rückmarsch bis zum Schwarzen Meer durch („Zug der Zehntausend").
338	Vereinbarung einer Symmachie zwischen Philipp II. und den griechischen Städten (ohne Sparta) mit dem Ziel, den allgemeinen Frieden (*koiné eiréne*) zu bewahren. Faktisch sichert der Bund die Vormachtstellung des makedonischen Königs über Griechenland und zwingt es zur Heeresfolge gegen das Perserreich.
334-323	Der Makedonenkönig Alexander der Große erobert das Perserreich und dringt bis nach Indien vor. Der Orient bleibt bis zur Expansion des Islam (7. Jahrhundert n.Chr.) unter griechischem Einfluß.
306/5	Die rivalisierenden Generäle Alexanders nehmen den Königstitel an; die Einheit des Alexanderreiches ist damit endgültig zerstört.
281-148/5	Die hellenistische Staatenwelt verharrt in einem labilen Gleichgewicht der Großmächte (Makedonien, Ptolemäer- und Seleukidenreich). An den Höfen ihrer Könige werden die Wissenschaften umfassend gefördert.
263-133	Auf dem Boden des zerfallenden Seleukidenreiches breiten sich Kleinstaaten aus; der bedeutendste wird Pergamon unter dem Herrschergeschlecht der Attaliden.

1. Das Gliederungsprinzip der Epoche

Die Forschung hat lange von einer Krise der griechischen Polis im 4. Jahrhundert gesprochen, auf die das Zeitalter des Hellenismus gefolgt sei. Ausgelöst worden sei sie durch die Erschütterungen des Peloponnesischen Krieges und den Zusammenbruch Athens. Beides habe zu grundlegenden Veränderungen geführt, die nicht nur den sozialen und wirtschaftlichen Bereich des Lebens, sondern auch die geistige Einstellung der Bürger zu ihren Städten betroffen habe. Das 19. Jahrhundert sprach von einem Nachlassen der geistigen und moralischen Kräfte, das zu einem Rückzug gerade der fähigen Bürger aus dem politischen Leben geführt habe: Die mißratenen Söhne seien nicht mehr vom politischen Geist der Väter getragen worden und hätten sich ihrer privaten Welt zugewandt. Das 20. Jahrhundert erörterte den sozialen und wirtschaftlichen Bereich und hat dort eine wachsende Not der Bauern (Eigentumskonzentration auf dem Land) und der Handwerker (Verlust von Absatzmärkten außerhalb Griechenlands als Ergebnis des langen Krieges) erkannt.

Die heutige Forschung hat die Diskussion über die Tragweite dieser Prozesse – Bruch der Entwicklung seit 404 oder lokale und auf bestimmte Bereiche beschränkte Veränderungen – wieder aufgenommen. Sie verweist insbesondere auf die unterschiedliche Beschaffenheit unseres Quellenmaterials: Während das 5. Jahrhundert die Zeit der großen Historiker, der Tragödien und der politischen Komödie gewesen ist, bieten die Quellen des 4. Jahrhunderts ein vielfältigeres Bild: Hier sind es vor allem die Redner, die philosophischen Schriften und in zunehmendem Maße Inschriften, die es auszuwerten gilt.

Bis heute unstrittig ist die begriffliche Erfassung der griechischen Geschichte von Alexander bis Augustus und Jesus als die Epoche des *Hellenismus*. Die Forschung folgt damit dem Historiker Johann Gustav Droysen (1808-1884), dessen christlich geprägtes Weltbild in der Stiftung des Christentums Ziel und Zentrum der Menschheitsgeschichte sah. Die entscheidende Voraussetzung für die Ausbildung des Christentums sah Droysen im Vorhandensein einer von griechischen, orientalischen und jüdischen Gedanken geprägten Kultur, die seit den Kriegszügen Alexanders langsam zum Leben erwachte. Die folgenden rund 300 Jahre dieser neuen Kultur grenzte Droysen durch den Begriff *Hellenismus* vom Zeitalter der griechischen „Kleinstaaterei" einerseits und vom Zeitalter der römischen Monarchie andererseits ab; unter dieser wuchs die christliche Heilslehre, die seit Paulus in der Sprache der Griechen gepredigt wurde.

Die unter dem Einfluß nationalstaatlicher Begeisterung entstandene negative Bewertung der Welt der griechischen „Kleinstaaterei“, die zur Bildung eines geeinten Nationalstaates nicht fähig gewesen sei, gilt heute nicht mehr. Anderes hingegen scheint weit wichtiger. In den Jahrhunderten ihrer Existenz gelang den Griechen, was den Menschen in der Geschichte nicht häufig widerfuhr: Sie erprobten im Raum der Politik die Möglichkeiten einer vom Willen der ganzen Bürgerschaft getragenen politischen Ordnung und durchmaßen im Raum der geistigen Auseinandersetzungen alle Regungen und Ausdrucksformen, deren der menschliche Geist fähig ist. Sie sind damit zum wesentlichen Ausgangspunkt und zugleich integralen Bestandteil der Geschichte Europas geworden.

2. Der Aufstieg Makedoniens unter Philipp II.

Die weiten Landschaften im Norden Griechenlands, Epirus und Makedonien, hatten an der Geschichte der griechischen Welt so gut wie keinen Anteil. Hier lebte eine bäuerliche Bevölkerung verstreut in Dörfern und in dünn besiedelten Gegenden, in denen sich noch endlose Wälder dehnten. Der Dialekt, der hier gesprochen wurde, war den übrigen Griechen ebenso wie die altertümlichen Sitten nahezu unverständlich. Wer von ihnen in diese Gebiete kam, glaubte sich im Barbarenland.

Die politische und soziale Ordnung dieser Welt im Norden wirkte nicht minder fremd. An der Spitze des Staates stand ein König, der seine Stellung in den ständigen Kämpfen gegen die illyrischen und thrakischen Nachbarstämme als Führer des militärischen Aufgebots immer neu legitimieren mußte. Ohne daß es den Griechen zunächst bewußt war, lag dieser so rückständig wirkende Staat wie ein schützender Sperriegel vor den aus dem Norden andrängenden Völkern und sicherte Griechenland über viele Jahrhunderte seine Entwicklung in der ägäischen Welt. Als dieser Riegel Mitte des 2. Jahrhunderts im Ansturm der Legionen Roms zerbrach, erbte der Sieger für weitere Jahrhunderte diese Aufgabe der makedonischen Könige, deren letzter, Perseus, 167 mit seiner Familie im Triumphzug durch die Straßen der neuen Weltstadt am Tiber getrieben wurde. Die 149 v.Chr. eingerichtete Provinz Makedonien übernahm die Grenzsicherung gegen die Völker des Balkans, also vor allem gegen Skordisker, Dardaner und Thraker.

In den Jahren des Peloponnesischen Krieges konnte sich Makedonien der Dynamik der griechischen Politik nicht mehr entziehen; nun wandten auch seine Könige ihr Gesicht nach Süden. Den Durchbruch schaffte Philipp II., der als 23jähriger 359 als Usurpator an die Regierung gekommen war. Drei Aufgaben hatte er zu lösen, wenn Makedonien als Macht in Griechenland anerkannt werden wollte:

- Die politische Einigung des Landes, was gleichbedeutend war mit einer völligen Neugestaltung der monarchischen Gewalt, die sich aus der Abhängigkeit des makedonischen Adels befreien mußte.
- Die Unterwerfung der griechischen Städte in Thrakien und auf der Chalkidike, die Makedonien von der Küste abschnitten.
- Die Eroberung Epirus' und Thessaliens, die den Zugang nach Mittelgriechenland blockierten.

Der makedonische König war der Führer des Heerbanns und verkörperte in seiner Person den Staat. In seinem Namen schloß er Verträge und amtierte als oberster Priester und Richter. Seine Macht war institutionell begrenzt durch die Heeresversammlung, die bei der Wahl des Königs mitwirkte und in Hochverratsprozessen entschied, und sie war sozial gefährdet durch einen selbstbewußten Adel, der über weitgehend selbständige Fürstentümer herrschte. Beide Schranken sprengte Philipp: zum einen durch seine Eroberungspolitik, zum anderen durch die Anpassung seiner Königsstellung an das Vorbild des persischen Großkönigs.

Die gewalttätige Ausdehnung Makedoniens gelangte Ende der vierziger Jahre zu einem ersten Abschluß: Epirus ordnete sich unter, die Chalkidike und Thrakien wurden eingegliedert (348-342), und 344 wählte der thessalische Bund Philipp II. zum obersten Beamten auf Lebenszeit (Archon). Durch diese Eroberungen war Makedonien zum Vielvölkerstaat geworden, für dessen Organisation es in der griechischen Vergangenheit keine Vorbilder gab.

Diese fanden sich im benachbarten Reich der Perser. So wurde Thrakien wie eine persische Satrapie eingerichtet: Das Land gehorchte einem Strategen, der für den König den Zehnten einzog sowie die zu stellenden Truppen aushob und befehligte. Thessalien wurde in Personalunion (Philipp als König und Archon) ebenso wie später Griechenland (Philipp als König und Hegemon des hellenischen Bundes, s.u.) beherrscht – vergleichbar dem Herrschergebaren des Großkönigs, der König der Perser und zugleich Stadtkönig von Babylon und ägyptischer Pharao war. Die Regierbarkeit des neuen Reiches sicherte eine Kanzlei, die für den ausgedehnten

Schriftverkehr des Königs mit seinen Beamten und den auswärtigen Völkern zuständig war.
Für die Stabilität der Monarchie sorgten Veränderungen in der Führungselite sowie neue Institutionen wie die Einführung von Leibwächtern, einer Leibgarde und des Pagenkorps. Schon in früherer Zeit kommandierte der König das Aufgebot der zu Fuß kämpfenden freien Bauern (*Pezhetairoi* = Gefährten zu Fuß) und eine berittene Gefolgschaft, die den Namen *Hetairoi* trug und die den gesamten makedonischen Reiteradel umfaßte. Dieser wurde durch Nichtmakedonen (Thessaler, andere Griechen, gelegentlich auch Barbaren) erweitert (Pairs-Schub); sie erhielten vom König umfangreiche Ländereien und drängten den Einfluß des alten Adels am Hofe, in der Verwaltung und im Krieg zurück. Die Söhne des Adels wurden im höfischen Pagenkorps im Sinne des Königs erzogen und bürgten als Geiseln zugleich für das Wohlverhalten ihrer Väter.
Alle Maßnahmen dienten dem Aufbau des neuen Reiches und der Festigung der Monarchie. Sie war angesichts ihrer weitgespannten Kriegspläne der Loyalität der aristokratischen Führungselite auf Gedeih und Verderb ausgeliefert. Unter Philipp II. tat der makedonische Volkskönig den ersten Schritt auf dem Weg zum universalen Monarchen von Gottes Gnaden.

3. Makedoniens Herrschaft über Griechenland und die Entscheidung zum Krieg gegen Persien

Die Professionalisierung des Krieges und der Triumph des Söldners

„Es ist eine abgeschmackte Behauptung, womit man die Stadt [Athen] zu beruhigen gedenkt, daß Philipp ja noch nicht so mächtig sei als es einst die Lakedaimonier waren, die über alles Land und Meer geboten. ... Allein wie beinahe alles seitdem so mächtig vorwärts geschritten ist, daß die gegenwärtigen Zustände den vergangenen nicht mehr ähnlich sind, so hat meines Erachtens nichts in so hohem Grade sich verändert und solche Fortschritte gemacht als das Kriegswesen. ... Ihr hört, es ist nicht ein Heer schweren Fußvolks, an dessen Spitze Philipp jede beliebige Bewegung ausführt, sondern ein aus Leichtbewaffneten, Reitern, Bogenschützen, Söldnern und anderem Volke zusammengesetztes Heer, das sein Gefolge bildet. Greift er dann eine Stadt an, so läßt er Geschütze auffahren und beginnt die Belagerung, – ganz davon zu schweigen, daß ihm Sommer und Winter gleich ist und er keine Jahreszeit ungenutzt verstreichen läßt" (Dritte Philippika 47-50).

Als der Athener Demosthenes, gewiß ein Mann, der mehr über die vergangene Größe Athens als über eine künftige Neuordnung der Welt nachsann, im Mai 341 seinen Zuhörern mit diesen Worten ins Gewissen redete, sollten bis zur Schlacht von Chaironeia noch drei Jahre ins Land gehen, in der über die griechische Freiheit neu entschieden wurde. Drei Veränderungen des Krieges waren es, die den Redner beunruhigten: Die Vielzahl der Truppengattungen, die an die Stelle der einförmigen Hoplitenphalangen getreten waren, die Technisierung der Belagerungskunst und die Fortsetzung der Kämpfe über die Sommermonate hinaus, in denen über viele Jahrhunderte hinweg ausschließlich gekämpft worden war. Geprägt war dieses neue Gesicht des Krieges durch

- den Söldner, angeworben vornehmlich in den griechischen Städten und Stämmen,
- den Berufsoffizier, vergleichbar dem Kondottiere des 15. und 16. Jahrhunderts,
- und den Ingenieur, der Sturmböcke baute, um Breschen in die Mauern zu schlagen, und Geschütze und bewegliche Holztürme, die den Angriff an jedem Punkt der Front unterstützen konnten. Die Festungen, die früher nur eingeschlossen und ausgehungert werden konnten, verloren damit ihre frühere Bedeutung (vgl. S. 66), und die Strategen konnten jetzt großräumige Kriegszüge planen, die sich nicht mehr an der nächsten Stadtmauer festbissen.

Alles dies: der Söldner, der Kondottiere, der Ingenieur und die vielfältige Ausstattung der Armeen trieben die Kriegskosten in astronomische Höhen; sie konnten nur noch auf dem Wege der direkten Kriegssteuer oder dem unerbittlichen Eintreiben von Kontributionen von Freund und Feind zusammengekratzt werden.

Angefangen hatte alles im Peloponnesischen Krieg, der ein ums andere Mal bewies, daß Reiter und gut ausgebildete leichte Truppen (*Peltasten*, so genannt nach ihrem Schild *Pelte*) dem schwergerüsteten Fußvolk überlegen sein konnten. In den letzten Kriegsjahren waren nahezu alle griechischen Staaten in den Konflikt hineingezogen worden und als er zu Ende ging, standen Tausende kampferprobter Männer bereit, sich und ihre Waffen an den Meistbietenden zu verkaufen.

Aus den inneren Querelen und der chronischen sozialen Not eines armen, übervölkerten Landes hatte es weder für die Großen noch für die Kleinen je ein Entrinnen gegeben: man fügte sich oder wanderte aus. Jetzt tat sich ein neuer Weg zu Reichtum und Ansehen auf, den der kleine Mann auf den Flotten der Kriegsparteien bereits beschritten hatte. Die militärische Überlegenheit des griechischen Soldaten in allen Schlachten seit Marathon schuf vor allem im Ausland einen schier unerschöpflichen Markt für griechische Söldner. An erster Stelle stand das Perserreich, gefolgt von Ägypten, wo die immer neu aufflammenden Kämpfe und sämtliche Versuche, das persische Joch abzuschütteln, auf beiden Seiten Tausende griechischer Söldner im Kampf sahen. Nicht anders im westlichen Mittelmeer: Dort fochten Söldner vor allem unter den Bannern der Tyrannen von Syrakus, die sich der Karthager und der eigenen Bürger zu erwehren hatten. Karthago selbst, das seine Kriege niemals mit seinen eigenen Söhnen geführt hat, konnte gar nicht anders, als in seine aus aller Herren Länder zusammengewürfelten Truppen auch Griechen einzugliedern; ihre Kampfkraft war in den Kriegen auf Sizilien gegen die dortigen Griechenstädte ganz unverzichtbar.

Und es gab natürlich noch die Kriegsschauplätze im griechischen Mutterland selbst: So übernahm im sogenannten Korinthischen Krieg (395-386) der Athener Iphikrates das Kommando über eine angeworbene Söldnertruppe aus Peltasten, mit denen er bald auf allen Schlachtfeldern des Krieges auftauchte. Sein Name wurde bis in die 50er Jahre zum Symbol eines erfolgreichen und begehrten Truppenführers, dessen Leidenschaft für den Krieg ihn vom Hellespont bis nach Ägypten Dienste nehmen ließ und ihm die Hand der schönen Tochter des thrakischen Königs Kotys verschaffte. Männer wie dieser wurden zum großen Vorbild für viele, und sie veränderten das Gesicht des Krieges. Unsere Quellen lassen vermuten, daß in der Zeit von 400-375 nie weniger als 25.000 griechische Söldner irgendwo unter Waffen standen und ihre Zahl später bis auf 50.000 stieg; in dem Heer, mit dem die Perser 343 das abgefallene Ägypten zurückeroberten, marschierten zehntausend Griechen, und in der Schlacht bei Issos 333 kämpften allein 30.000 von ihnen auf beiden Seiten. Sie anzuwerben machte keine Schwierigkeiten: Die Behörden der griechischen Städte ließen den auswärtigen Werbern freie Hand, offenbar froh, auf diese Weise einen Teil ihrer unruhigen Bürger mit Lohn und Brot in die Fremde ziehen zu sehen. Natürlich kamen die meisten aus den Gebieten, deren Armut nahezu sprichwörtlich geworden war. So kämpften bereits 413 vor Syrakus auf beiden Seiten arkadische Reisläufer, von denen Thukydides mit verwundertem Kopfschütteln notierte, daß sie „gewohnt waren anzugreifen, wo man ihnen jeweils den Feind zeigte" (7, 57,9).

Der Triumphzug des Söldners hatte mit dem Auftritt des berühmtesten aller griechischen Söldnerheere begonnen: Den Zehntausend, die der persische Satrap Kyros 402 angeworben und bis an den unteren Euphrat geführt hatte; ihnen huldigte der Athener Xenophon in einem autobiographischen Kriegstagebuch, der *Anabasis* (wörtlich: das „Hinaufsteigen", der „Marsch ins Landesinnere"). Er tat es zu Recht, denn höchst Ungewöhnliches hatte sich ereignet: Diese Armee von annähernd 13.000 Mann hatte sich bis nach Kunaxa, 70 km nördlich von Babylon am Ufer des Euphrat, vorgekämpft, dort den Großkönig zum Kampf gestellt, jedoch mit ihrem Anführer Kyros, der im Handgemenge fiel, Lohn und Ziel des Unternehmens verloren. Es kam noch schlimmer: Ihre Kommandeure wurden vom persischen Feldherrn Tissaphernes in eine Falle gelockt und getötet. Die Hoffnung jedoch, nun mit dem führerlosen Söldnerhaufen leichtes Spiel zu haben, trog. Die Truppenführer der zweiten Reihe rückten auf und übernahmen das Kommando: Offenkundig verfügte diese Armee über ein Reservoir an fähigen Offizieren, das in der damaligen Welt ganz ungewöhnlich war. „Wer leben will, muß versuchen zu siegen" (Anabasis 3,2,39) – mit dieser Parole rüstete sich der scheinbar verlorene Haufe zum Rückzug. Bedrängt von persischen Reitertruppen und wilden Bergstämmen überquerte er die verschneiten armenischen Hochlande und erreichte im Februar 400 bei Trapezunt endlich das Schwarze Meer: „Als das Geschrei [der Vorhut] immer lauter wurde und näher rückte . . . hörten sie die Soldaten rufen: ‚Das Meer, das Meer', und der Ruf ging durch die Reihen. Da liefen nun alle heran, auch die Nachhut, Zugtiere und Pferde wurden herangetrieben. Als alle auf die Berghöhe gekommen waren, da umarmten sie einander unter Tränen" (Anabasis 4,7,21 ff.).

Dieser Zug der Zehntausend hatte kein unmittelbares Ergebnis. Aber er hat Freund und Feind nachhaltig beeindruckt und bisher Undenkbares zum Greifen nahe gerückt: Zum erstenmal war ein griechisches Heer bis in die Kernlande des persischen Reiches vorgestoßen und hatte die militärische und organisatorische Schwäche der persischen Zentralgewalt schonungslos aufgedeckt. Und zum erstenmal kam eine mehrere tausend Mann starke Truppe aus der Fremde zurück, die sich nicht auflöste, sondern neue Kriegsherren suchte: 399 musterte der größere Teil bei dem thrakischen Dynasten Seuthes, dem Herrn der Propontis, an; später traten 5000 von ihnen in Spartas Dienste und kämpften gegen den persischen Zugriff auf die kleinasiatischen Griechenstädte; die letzten von ihnen führte der aus Kleinasien abrückende Spartaner Herippidas in die Schlacht von Koroneia (Böotien: 394), wo sie die gegnerischen Thebaner im ersten Ansturm zum Weichen brachten.

Die Heimkehrenden trugen eine faszinierende Lehre im Gepäck: Die Griechen – so schrieb der Reisläufer Xenophon – seien selbst schuld an ihrer Armut; denn wer in Griechenland Not leide, brauche nur nach Asien zu gehen, wo der Sold ausschließlich in schweren Goldmünzen ausgezahlt würde. Es bedarf kaum der Phantasie sich vorzustellen, daß solche Kunde viele Männer auf die Beine brachte, zumal in Gegenden, wo jeder, der ging, in seiner Heimatstadt als ehrenwerter Mann und künftiger Wohltäter gefeiert wurde.

So fiel der Krieg in die Hände der Berufssoldaten. Ihre Offiziere machten ihn zum hoch spezialisierten Handwerk und entwickelten immer neue Techniken, um ihn zu vervollkommnen. Viele verschrieben sich ihm auf Dauer und mit Haut und Haaren: „Offenbar war dieser Mann über das Maß des Notwendigen hinaus für die soldatischen Dinge begeistert, schätzte den Krieg als das vielseitigste Betätigungsfeld der Tugend und verachtete diejenigen, die da versagten als Untätige ganz und gar“ (Plutarch, Philopoimen 4). Dieses Psychogramm eines Soldaten, der den Krieg zeitlebens liebte, trifft auf viele Hunderte bekannter und namenloser Söldnerführer zu. Diese sprengten denn auch die früher selbstverständliche Identität von Staatsmann und Feldherr. Gewiß stiegen auch jetzt noch siegreiche Generäle in hohe Staatsämter auf; aber ein militärischer Laie, so engagiert er in der Politik sein mochte, konnte nicht mehr daran denken, diese neue, hoch komplizierte Kriegsmaschinerie zu bedienen und Männer zu führen, die nur noch die militärische Tüchtigkeit gelten ließen.

Dies mußte zu Konflikten führen und die Bereitschaft der Bürger mindern, wie gewohnt als Hoplit für die Heimat in einen Krieg zu ziehen, dem man nun auch in den Wintermonaten nicht entrinnen konnte und gegen dessen professionelle Diener keine Siegeslorbeeren mehr zu ernten waren. „Herrschen wollen wir [Athener] zwar über alle, aber in den Krieg ziehen wollen wir nicht, und es fehlt nur wenig, daß wir gegen die ganze Menschheit den Krieg aufnehmen; aber dazu bemühen wir uns nicht etwa selbst, sondern Menschen, die sich teils als Heimatlose, teils als Überläufer, teils aufgrund anderer Missetaten miteinander verbunden haben, die, sobald ihnen jemand einen höheren Sold zahlt, mit jenem gegen uns ziehen werden." Isokrates, der so sprach (Über den Frieden 44-48), hatte keine Sympathie für die Söldner, „die gemeinsamen Feinde aller Menschen." Aber er glaubte, den Weg zur Lösung des Problems zu kennen. Dieser wies erneut auf die Spur der Zehntausend, die fast bis vor die Tore Babylons gezogen waren: Wie hoch muß, König der Makedonen, dein Ruhm reichen, „wenn du versuchst, das ganze Reich des Großkönigs zu erobern, oder doch wenigstens so viel Land wie möglich davon abzutrennen? Wenn du darüber hinaus versuchst, Städte in diesem Gebiet zu gründen und die anzusiedeln, die jetzt aus Mangel am täglichen Auskommen umherirren und schädigen, auf wen sie treffen? Wenn wir sie nicht daran hindern, sich zusammenzurotten, indem wir ihnen genug zum Leben geben, werden sie, ohne daß wir es bemerken, so viele werden, daß sie den Griechen nicht weniger Schrecken einflößen werden als die Barbaren" (Philippos 120 f.).

Der Krieg selbst und die beliebige Einsatzbereitschaft seiner Getreuen drängte die Griechen nach Osten, dorthin, wo neues Land, große Reichtümer und das Ende der Söldnerplage winkten. Dagegen standen unverrückbar wie ein Fels immer noch die Autonomie und die Freiheit der griechischen Städte, die lieber mit ihren Übeln leben als sich unter der harten Hand eines einzelnen beugen wollten – wie schön die Welt auch immer sein mochte, von der er sprach.

Die Unterwerfung Griechenlands

Ende der vierziger Jahre begann für die einen der Absturz, für die anderen die Zukunft: Der makedonische König pochte an die Tore Mittelgriechenlands; sein Staat war zur führenden Macht auf der Balkanhalbinsel aufgestiegen. 340 marschierten seine Truppen auf die Meerengen (Bosporus und Hellespont) zu und fingen die Schiffe ab, die Athen mit dem lebensnotwendigen Getreide versorgten. Der Krieg war damit unvermeidbar geworden. In ihm führte Athen zum letztenmal eine große Koalition der noch freien Griechenstädte an. 30.000 ihrer Bürger und Söldner marschierten an der Nordgrenze Böotiens auf, um den Vormarsch des makedonischen Königs zu stoppen, der das phokische Amphissa bereits genommen hatte. Alle Tapferkeit war vergeblich: Am 2. August 338 durchbrach auf dem

Schlachtfeld von Chaironeia die makedonische Phalanx unter Führung des Königssohnes Alexander die Reihen der Verbündeten; die Koalition zerfiel, in die Burg des Kadmos in Theben zog eine makedonische Besatzung ein.

Griechenland gehorchte zum erstenmal in seiner Geschichte *einer* Stimme. Sie kam von draußen, und sie war die Stimme eines Despoten; dieser war jedoch geschickt genug, die Abhängigkeit Griechenlands in eine politische Form zu kleiden, die das griechische Selbstgefühl nicht zerbrach und zugleich die Kräfte des Landes an ein neues, großes Expansionsziel zu binden wußte.

Der makedonische Angriff traf die Griechen, als ihre Fähigkeit zur Abwehr nur noch gering war. Ein politischer Zusammenschluß der Stadtstaaten zu größeren Gebilden lag nach 404 ferner denn je: Sparta, Athen, Theben und andere hatten ihre Karten im Spiel um die Vormachtrolle ausgespielt und dabei alles verloren. Das innenpolitische Leben vieler Städte war durch politische Machtkämpfe zerrissen, die unter dem Einfluß größerer Nachbarn häufig in Bürgerkriegen endeten. Der soziale Konfliktstoff nahm zu, auch wenn die Verhältnisse in Athen weitgehend stabil blieben und in Sparta der äußere Niedergang (noch) keine sozialen Konflikte provozierte. In zahlreichen anderen Poleis jedoch verschärften sich die Gegensätze zwischen arm und reich; mancherorts wurde wieder die Forderung nach Neuverteilung des Bodens und nach Erlaß der Schulden gehört.

Untrügliche Symptome einer Verschärfung der sozialen und politischen Auseinandersetzungen waren Tausende von Verbannten, die eine neue Heimat suchten. Als kurz vor Chaironeia der Korinther Timoleon aus dem fernen Sizilien zur Neubesiedlung des im Karthagerkrieg weitgehend entvölkerten Syrakus aufrief, kamen Zehntausende aus allen Teilen der griechischen Welt – auch dies ein Zeichen sozialer Heimatlosigkeit, die auf Dauer zu weiteren Konflikten führen mußte.

Die Geschichte hatte den Griechen zwei Wege zur Lösung sozialer Probleme gezeigt: Der eine führte nach innen, zum Umsturz oder zum Ausgleich, der andere nach außen, zur Besiedlung entfernter, spärlich bevölkerter Landstriche (Kolonisation). Der neue Herr Griechenlands hatte eigene, neue Pläne, die den Griechen einen dritten Weg, den zu Krieg und Eroberung, wiesen. Der Gedanke war hie und da schon aufgetaucht und hatte vor allem die Phantasie des Isokrates beflügelt (s.o.). Es entsprach dies offenbar den schon damals gehegten politischen Wünschen des Makedonen, der jetzt, nach der Unterwerfung Griechenlands, daran ging, sie in die Tat umzusetzen. Dabei durfte er davon ausgehen, daß der Haß der Städte auf alle Tyrannen und Monarchen angesichts der sozialen Not schwächer wurde, ja viele davon sprachen, daß der Monarch Rettung bringen könne. Der Söldnerführer Xenophon, inzwischen Privatier und Gutsherr in der Nähe von Olympia, hatte einen historischen Roman über die „Erziehung des Kyros" (*Kyrupädie*) geschrieben, dessen Held, der ältere Kyros (s. S. 156 f.), als vorbildlicher König und Feldherr auftrat; das Buch wurde ein durchschlagender Erfolg, was besser als vieles andere belegt, daß weite Kreise durchaus bereit waren, an den guten Monarchen zu glauben und auf ihn zu hoffen.

Die politische und ideologische Vorbereitung des Krieges

Nach der Schlacht von Chaironeia rief der Sieger die Besiegten zu einem Kongreß nach Korinth, um sie dauerhaft an sich zu binden. Er griff das mit dem Königsfrieden eingeführte Modell der Friedensgenossenschaft auf (*koiné eiréne*, s. S. 226), das in den zurückliegenden Jahrzehnten immer wieder zur Herstellung friedlicher Zustände gedient hatte. Dieser Pakt, der seinem Wortlaut nach die gegenseitige Beherrschung ausschloß, erwies sich als geeignetes Instrument, um den Griechen die Illusion von Freiheit und Autonomie zu belassen und sie zugleich für die Ziele des Königs zu gewinnen.

In Korinth wurde ein Bund geschlossen, in dem alle Griechen mit Ausnahme der Spartaner untereinander und mit dem makedonischen König verbündet waren (StV III nr. 403). Er wurde geleitet von einem Bundesrat, in den die Städte proportional zu ihrer Größe Abgeordnete entsandten. In gemeinsamen Kriegen sollte ein bevollmächtigter Stratege (*strategós autokrátor*) gewählt werden, der nach Lage der Dinge nur der makedonische König sein konnte. Als Ziel des Bundes wurde die Sicherung des *Allgemeinen Friedens* festgelegt, womit nicht nur der Schutz gegen äußere Feinde, sondern auch die Sicherung der bestehenden Verfassungen gegen Aufruhr und Umsturz gemeint war: Nirgendwo sollte „die Beschlagnahme von Vermögen, die Umverteilung von Land, die Streichung von Schulden, die Befreiung von Sklaven zum Zwecke des Umsturzes" möglich sein, wie ein anonymer Chronist berichtet.

337 beauftragte die Bundesversammlung Philipp mit dem Krieg gegen Persien; im Frühjahr 336 überschritt ein aus Makedonen und

Griechen zusammengestelltes Heer den Hellespont und begann, die griechischen Städte Kleinasiens zum Abfall zu bewegen. Die Öffentlichkeit wurde in Anlehnung an Isokrates propagandistisch auf einen gemeinsamen (panhellenischen) Krieg vorbereitet, in dem die Griechen für die Zerstörung ihrer Tempel durch Xerxes vor beinahe anderthalb Jahrhunderten Rache nehmen sollten. Dieser Schlachtruf mag in einer Welt, die den Rächer von Unrecht und Entehrung achtete, schwerer gewogen haben, als dies unsere Vorstellung, geprägt vom römischen Recht und vom christlichen Gedanken einer übermenschlichen Gerechtigkeit, nachvollziehen kann. Er verbrämte kaum das eigentliche Ziel, die Ausweitung der Macht der makedonischen Könige. Er reichte jedoch aus, einer an Krieg und Eroberung, Unterwerfung und Ausbeutung gewöhnten Welt ein erstes, gemeingriechisches Ziel vorzugeben, das die Herrschaft des allmächtigen Makedonen erträglicher machte.

Eben dies, das allen Griechen Gemeinsame, das, was sie im eigenen Verständnis von dem persischen Barbar trennte, führte aber noch viel weiter und war am nachhaltigsten programmatisch zu formulieren. Platon (Politeia 469 ff.) hatte bereits davon gesprochen, daß als Kriege nur Konflikte mit Barbaren gelten dürften, hingegen Kämpfe unter Griechen als Staseis, innere Fehden, zu bezeichnen seien. Aufgabe der Griechen müsse es sein, ihre Feindschaften wie Krankheiten zu kurieren, damit man sich gegen die Barbaren wenden könne, mit denen die Griechen „von Natur aus" in Feindschaft lägen. Nur auf die Welt der Poleis und ihr eisernes Festhalten an der eigenen Autonomie bezogen, konnten solche Gedanken allenfalls zu den Koine-Eirene-Verträgen führen, welche die Sicherung des Friedens mit der überkommenen Eigenständigkeit verbinden wollten. Im Falle des Eroberungskrieges gegen Persien sah alles anders aus: Hier wird der Traum vom innergriechischen Frieden zur Voraussetzung eines gerechten und von der Natur geforderten Kampfes gegen jene wilden Tiere, von denen Isokrates sprach, wenn er die Barbaren meinte, oder gegen geborene Sklaven, wie Aristoteles wissen ließ. Überlegen fühlte man sich – gestützt auf die historische Erfahrung seit Marathon – in jedem Fall, und es kam nur noch darauf an, die Ursache dieser Überlegenheit in Erfahrung zu bringen.

Aristoteles fand sie in der geographischen Mittellage, welche die Griechen zwischen den Völkern in den kalten Ländern des Nordens und den Völkern Asiens beanspruchten. Die einen, so philosophierte er, hätten im Norden wohl den Mut, nicht aber die Fähig-

keit zu denken gelernt; die anderen im Osten wohl das Denken, aber nicht den Mut. „Das Geschlecht der Griechen endlich, wie es örtlich die Mitte zwischen beiden einnimmt, vereinigt auch die Vorzüge beider, denn es ist voll Mut und zugleich mit Denkvermögen begabt. Daher erhält es sich nicht bloß fortwährend frei, sondern auch am meisten in staatlicher Ordnung und würde die Herrschaft über alle anderen Völker zu gewinnen imstande sein, wenn es zu einem einzigen Staat verbunden wäre" (Politik 1327b22-33).
Da ist sie, die Vision von der Einheit der Besten, ausgezeichnet durch Freiheit und staatliche Ordnung, berufen zur Herrschaft. Die so dachten, konnten nicht ahnen, daß der Monarch, der sie bis an den Indus führen sollte, ganz anderes im Sinn hatte: Seine Politik gegenüber den Unterworfenen (s. S. 289) gehorchte der Vorstellung von einer anderen Weltordnung, in der Orient und Okzident verschmolzen sein sollten. Beides blieb ein Traum.

4. Die Eroberung des Orients durch Alexander den Großen

Die Kriege und ihr Motiv

Nach der Ermordung Philipps 336 hob die makedonische Heeresversammlung seinen zwanzigjährigen Sohn Alexander auf den Thron. Dieser beseitigte alle potentiellen Nebenbuhler und schlug den Versuch griechischer Städte, die verlorene Freiheit zurückzugewinnen, mit berechnender Grausamkeit nieder. Insbesondere Theben zählte zu den Spänen, als gehobelt wurde: Die Stadt wurde dem Erdboden gleich gemacht und ihre Bevölkerung auf die Sklavenmärkte getrieben; es war, so ein zeitgenössischer Redner, als ob der Mond am Firmament ausgelöscht worden wäre. Niemand dachte jetzt mehr an Widerstand. Der neue König konnte sich rüsten, den von seinem Vater ererbten Krieg gegen Persien aufzunehmen. Im Frühling 334 fiel er mit offizieller Billigung des hellenischen Bundes in Asien ein, gefolgt von einem Heer von 35.000 Mann, etwa zur Hälfte Makedonen, zur Hälfte griechische Bundesgenossen und Söldner; hinzu kam eine Flotte von 160 Schiffen.
Der Eroberungszug gliedert sich in vier Phasen. In der ersten (334-331) wurden Kleinasien, die Städte an der syrischen Küste und Ägypten erobert, das die Eindringlinge aus dem Norden als Befreier begrüßte. Anschließend fielen die Stammlande Persiens; der Groß-

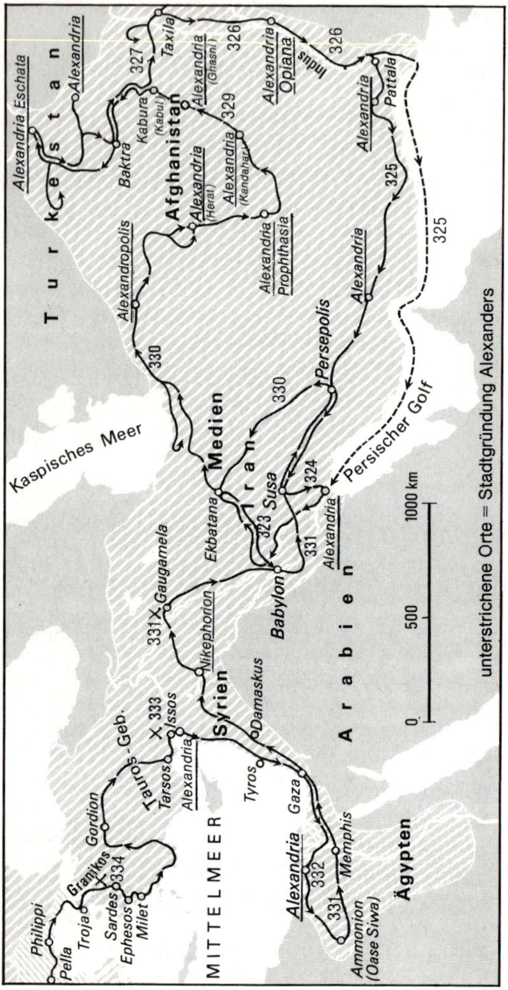

Der Alexanderzug

könig Dareios starb auf der Flucht, verraten und ermordet von seinen eigenen Gefolgsleuten. Die Königsburg der Achämeniden in Persepolis ging in Flammen auf. Der Kreuzzug der Griechen gegen die Zerstörer ihrer Heiligtümer wurde offiziell für beendet erklärt, die Truppen des griechischen Bundes kehrten in die Heimat zurück.

In der zweiten Phase (330-327) eroberte Alexander die östlichen Teile des Perserreiches; sie ging mit der Eroberung Baktriens zu Ende.

In der dritten (327-325) fiel Alexander in das Wunderland Indien ein; sein Versuch, bis zum Ganges und darüber hinaus an die Küste des unbekannten östlichen Ozeans vorzustoßen, scheiterte am Widerstand seiner meuternden Truppen.

In der vierten Phase (325-323), nach qualvollen Rückmärschen seiner erschöpften Armee aus dem Osten, begannen die Vorbereitungen für einen neuen Feldzug, der mit einer Flottenexpedition nach Arabien beginnen sollte.

Im Sommer 323 riß der Tod den König, noch keine 33 Jahre alt, aus allen hochfliegenden Plänen. Geboren im Jahre 356, wurde der Sohn Philipps mit zwanzig Jahren König, und in den dreizehn Jahren, die ihm blieben, trug er seine Waffen von der Donau bis zum Nil, vom Euphrat bis zum Indus und im Süden bis an die Küsten des Ozeans. Er starb nicht im Kampf wie Achill, sondern am Fieber. Am Tage seines herannahenden Todes verlangten seine Soldaten, ihn noch einmal zu sehen. Schweigend zogen sie an seinem Lager vorbei. Sie nahmen damit auf ihre Weise Abschied von einem Eroberer, dem sie alles gegeben und der ihnen mit Lohn, Beute, Ruhm und Ansehen gedankt hatte. Auch seine Feinde, wie die Athener, nahmen Abschied: Man könne die Kunde nicht glauben, sagten sie, denn wenn es wahr wäre, hätte der Geruch seines Leichnams bereits die ganze Erde durchdrungen.

Die wahren Motive der Eroberungszüge Alexanders erfaßte weder die offizielle Propaganda, die von einem Rachefeldzug gegen die persischen Tempelschänder sprach, noch vermochten die Vorstellungen eines Isokrates ihnen gerecht zu werden, der glaubte, die Eroberung Persiens könne die sozialen Probleme Griechenlands lösen. Kein Makedone, vom General bis zum Bauernsoldaten, war bereit, für die Interessen anderer zu Felde zu ziehen. Ihnen ging es um Ruhm und Beute, die sie in die Heimat zurückzuschleppen hofften, und um den Gehorsam ihrem König gegenüber. Dieser selbst fand im Krieg den Sinn seines Daseins: Dort lebte er seine ganze Leidenschaft und Phantasie aus; in Feldlagern, Schlachten und Märschen fand er eine Selbsterfüllung, der nichts sonst gleichkam. Der Historiker Arrian sprach von der Sehnsucht (*póthos*) des Königs, die ihn immer tiefer in unbekannte Länder vordringen ließ. Er verwies damit auf die irrationalen Züge im Handeln des Makedonen, dem die Quellen durchaus glaubhaft den Plan zuschrieben, auch die Völker des westlichen Mittelmeeres erobern zu wollen. Die Eroberung Asiens gelang nicht zuletzt deshalb, weil Alexander als geborener Krieger seine Soldaten zu Leistungen anspornte, die das normale, Menschen zumutbare Maß überstiegen. Sie konnte auch gelingen, da das Bündnis mit den Griechen hielt, die in der ersten Phase des Krieges an den Erfolgen entscheidenden Anteil hatten. Und sie war auch der Schwäche des Gegners zu danken. Das persische Großreich hatte das Streben der beherrschten Völker nach Selbständigkeit niemals völlig unterdrücken können. Erst 356 war es dem Großkönig nach zehnjährigen Kämpfen gelungen, einen großen Aufstand der westlichen Satrapien niederzuwerfen; das 408 abgefallene Ägypten war erst 343 dem Reich wieder eingegliedert worden. Und in Kleinasien und Ägypten wurden die einmarschierenden makedonischen Truppen vielerorts als Befreier begrüßt.

Die Umrisse einer neuen Ordnung

Alexander starb als Herr von Makedonien, Griechenland, Ägypten und Westasien; sein Wort galt von der Adria bis Indien, vom Kaukasus bis zum Nil. Sein kurzes Leben wurde von seinen Feldzügen so ausgefüllt, daß ihm wenig Zeit geblieben war, die eroberten Länder neu zu ordnen. Er herrschte denn auch über kein einheitliches Reich, sondern über ein Konglomerat von Ländern, die unterschiedlichen Rechtsstellungen gehorchten: Da war das makedonische Stammland mit seiner archaischen Sozialordnung und der von Philipp reformierten Königsstellung, da waren die griechischen Städte, die in einem Bund zusammengefaßt den makedonischen König lediglich als obersten Feldherrn anerkannten, da waren die persischen Stammlande, die allein durch die Fortsetzung der Herrschaftspolitik der gestürzten Achämeniden zusammengehalten werden konnten, da war Ägypten, das in seiner über zweitausendjährigen Geschichte Herrschaft ausschließlich in der Gestalt des Pharao kennengelernt hatte, und da gab es (z. B. in Phönikien und auf Zypern) eine Vielzahl kleiner Bünde, Tempelstaaten (Kleinasien; die Herrschaft der Hohepriester in Judäa) und Stammesverbän-

de, mit denen zunächst nur vertragliche Abmachungen getroffen worden waren. Ob und wie sich Alexander die Organisation dieses Konglomerats vorgestellt hat, ist mit ihm ins Grab gesunken. Rekonstruierbar sind nur einzelne Maßnahmen, bei denen es unklar bleibt, ob sie Teile eines planvollen Herrschaftskonzepts waren.
Das Reich der Großkönige sollte wie bisher regiert werden; daher trat Alexander die Nachfolge der Achämeniden und der Pharaonen an. Damit rückte Makedonien an die Peripherie und hörte auf, Kernland des Reiches zu sein. Dem entsprach, daß der alte persische Adel als Träger der Reichsorganisation neben die Makedonen trat und die Armee durch persische Truppen ergänzt wurde. Dieser unter heftigem Widerstand der makedonischen Eliten vorangetriebene Prozeß gipfelte nach der Rückkehr aus dem Osten in dem Versuch, Makedonen und Perser physisch zu verschmelzen. Alexander selbst hatte sich bereits in Baktrien mit Roxane, der Tochter eines dortigen Fürsten, vermählt und heiratete nach dem Indienfeldzug 324 in Susa eine Tochter des ermordeten Großkönigs; am gleichen Tag gaben 80 seiner engsten Gefolgsleute persischen Fürstentöchtern widerstrebend das Jawort, und 10.000 seiner Soldaten heirateten Frauen aus dem Volke. Gescheitert war zu diesem Zeitpunkt bereits der Versuch, das persische Satrapen-System unverändert weiterzuführen: Von achtzehn eingesetzten Satrapen mußten zehn wegen Untauglichkeit oder schwerer Vergehen hingerichtet und durch Makedonen ersetzt werden.
Besonders problematisch blieb das Verhältnis zu Griechenland, das Alexanders Befehlen nur zähneknirschend gehorchte. Zwar erklärten ihn die Städte des hellenischen Bundes 324 für göttlich und richteten Kulte ein. Dahinter verbarg sich jedoch zunächst nur die politisch motivierte Absicht, den geforderten Loyalitätsbekundungen eine geeignete Form zu verleihen und nicht die Idee, durch die reichsweite und einheitliche Verehrung Alexanders als Gott die nur lose zusammengefügten Länder des neuen Weltreiches zu einer festen Einheit zu verknüpfen.
Aber dieser Gedanke wies weit in die Zukunft: Auch die römischen Kaiser haben drei Jahrhunderte später die kultische Verehrung ihrer Untertanen gefordert. In Rom und Italien war dies zwar nicht möglich, da Augustus seine persönliche Herrschaft in die überkommene republikanische Rechtsordnung eingefügt hatte, und diese ließ eine sakrale Überhöhung eines Menschen nicht zu. Die Provinzen jedoch sahen dies ganz anders. Der Osten des Imperium Romanum hatte die Götter und Heilande inzwischen schon lange kom-

men und gehen sehen und daher nur zu fragen, ob die längst gegenwärtigen Formen der kultischen Verehrung eines Monarchen auch auf den Sieger in Rom anwendbar waren. „Der leibhaftig erschienene Gott und der Retter des Menschengeschlechts" (Syll.[3] 760) – so sollte der Landtag Asiens Caesar begrüßen. Damit war der Weg frei, die lange umlaufende Vorstellung von der göttlichen Erscheinung auf Erden und von einem universellen Wohltäter an die Person eines mächtigen Römers zu binden.

Die historische Leistung und die Legende

Von allen Versuchen Alexanders, zu einer neuen Ordnung zu kommen, ist wenig geblieben. Mit dem Tod des Königs zerfiel die mit dem Schwert gewonnene Ländermasse politisch wieder in ihre Einzelteile und trotzte allen Bemühungen, sie noch einmal unter den Befehl eines Einzelnen zu bringen. Was blieb, war eine Welt, die durch die Gewalttätigkeit und das Ausmaß der in ihr angerichteten Zerstörungen nicht mehr zu ihrer früheren Ordnung zurückfinden konnte. Alexander ging in die Geschichte also nicht als Neuordner der Welt – vergleichbar etwa dem Römer Augustus – ein. Daß er in ihr trotzdem eine fast einzigartige Stellung einnimmt, resultierte einzig aus seinen Kriegszügen: Der gesamte Vordere Orient und Ägypten wurden hellenisiert. Damit erhielt die griechische Kultur Weltgeltung, und das Mittelmeer wuchs mit allen seinen Randgebieten für tausend Jahre zu einem einheitlichen Kulturraum zusammen.
Erst mit Muhammad und den Eroberungskriegen der arabischen Stammeskrieger unter dem grünen Banner des Propheten ging diese Einheit des Mittelmeeres im 7. Jahrhundert n.Chr. verloren. Der erfolgreiche Ausbruch der zum Glauben an Allah bekehrten Nomaden aus der Wüste traf auf eben die Regionen, in denen die Völkerwanderung der Nordvölker die geringsten Verheerungen angerichtet und die das Erbe der griechisch-römischen Prosperität am besten bewahrt hatten. Wenig davon überlebte: Die nomadischen Sieger drängten die städtische Lebensform und mit ihr die Seßhaftigkeit zurück, und ihre Religion hob die von den Christen erkämpfte Trennung von Staat und Kirche auf. Der bloße Gedanke an eine säkulare Autorität und Rechtssprechung, an einen Bereich des Lebens jenseits des religiösen Gesetzes und seiner Hüter, erschien bereits als Gottlosigkeit und Verrat am Islam.
Bis es soweit war, gehorchte die Welt des Orients den Griechen und deren Vorstellung von Staat und Bürger. Denn die neue Ordnung,

welche die von Alexander zerstörte Welt zum Überleben brauchte, konnte nur eine griechische sein, und sie lag in den Händen der Generäle Alexanders. Ihre vordringliche Aufgabe ergab sich aus ihrem Status: Sie mußten die monarchische Gewalt neu begründen und ihr eine tragfähige machtpolitische und ideologische Grundlage schaffen. Denn keiner von ihnen konnte sich auf das ehrwürdige Erbe einer monarchischen Tradition berufen: Außer ihrem Schwert gab es keinen Rechtstitel, auf den zu verweisen war.

Als Monarch blieb Alexander das große Vorbild. In der politischen Praxis wie in der theoretischen Diskussion wurde in der griechischen und später in der römischen Welt Alexander zum Symbol unbegrenzter Macht. Er verkörperte in idealer Form die Möglichkeit, durch die individuelle Tat alles auf Erden erreichen und damit Unsterblichkeit erlangen zu können. Insbesonders die römischen Feldherren des letzten Jahrhunderts der Republik, die die Grenzen des römischen Imperiums bis an das Ende der bekannten Welt ausdehnten, suchten von sich aus die Verbindung zu Alexander. Ihre großen Kriege im Orient, zu denen Sulla, Lucullus und Pompeius aufgebrochen waren, boten den äußeren Anknüpfungspunkt, um die neu gewonnene Machtfülle durch die Angleichung an Alexander jedermann verständlich zu machen. Augustus schmückte 30 v.Chr. in Alexandria die Leiche des Makedonenkönigs mit Kränzen und Blumen und siegelte mit dessen Ring.

Nach dem Tod Alexanders begann sich die Sage sogleich seiner Person zu bemächtigen und verlieh ihm das Weltreich, das er zu Lebzeiten nur zu Teilen hatte gewinnen können. Mehr als achtzig Versionen des Alexanderromans, der Zusammenfassung aller Legenden um den großen König, kursierten in 24 Sprachen; keine andere Geschichte der Welt ist so weit verbreitet worden. Die griechisch-ägyptische Legende erzählte von siegreichen Kriegszügen gegen Karthago und Rom, in der jüdischen kündigte der Hohepriester ihn nach Daniels Prophezeiung als Herrscher des vierten Weltreiches an, und nach persischen Erzählungen unterwarf Alexander Indien, China und Rußland, bis er das Land der Finsternis erreichte. Die Kreuzfahrer des 12. Jahrhunderts brachten die Geschichte des Welteroberers nach Europa, wo der Held bald als dämonischer Weltherrscher, bald als Vollstrecker des göttlichen Heilswillens in immer neu erzählten märchenhaften Geschichten und Bildern auftrat.

5. Die hellenistische Staatenwelt

Die Reiche der Diadochen

Alexander starb, ohne einen Nachfolger zu hinterlassen. Die Verwalter seines Erbes, die Diadochen (= Nachfolger), hatten von Anfang an verschiedene Vorstellungen von der Zukunft: Die Anhänger des makedonischen Königshauses kämpften für die Einheit des Reiches, während die meisten Generäle darauf bedacht waren, sich die Macht über ein bestimmtes Reichsgebiet zu sichern. In den daraufhin ausbrechenden Kämpfen zerfiel das Reich. Nach vierzigjährigen Kriegen beanspruchten zunächst drei Staaten das Erbe: Makedonien, Ägypten (mit Süd-Syrien, der Cyrenaika und Zypern) und das Reich der Seleukiden, das von Kleinasien bis nach Indien reichte. Sie alle mühten sich unablässig, den Rivalen einen möglichst großen Teil von deren Beute wieder abzujagen. Angesichts ihrer ungefähr gleichen Machtmittel pendelte sich dabei ein labiles Gleichgewicht der Kräfte ein, das drei Faktoren nachhaltig bestimmten:

- Alle Großmächte orientierten sich zum östlichen Mittelmeerraum hin. Die dortige Inselwelt und die Küstenstreifen Syriens und Kleinasiens bildeten die Drehscheibe der machtpolitischen und wirtschaftlichen Interessen.
- Die griechischen Städte des Mutterlandes, der Inseln und Kleinasiens wurden zu heftig umworbenen Bundesgenossen, da ihre Handlungsfreiheit durch den Zusammenbruch der zentralen Reichsgewalt weitgehend wiederhergestellt worden war. Der Preis für ihr Engagement für einen der Diadochen war in jedem Fall das Versprechen von Freiheit und Autonomie.
- Das faktische Gleichgewicht der drei Großen erwies sich schließlich als derart labil, daß das Enstehen hellenistischer Kleinstaaten nicht verhindert werden konnte.

In Makedonien, das mal mehr, mal weniger große Teile Griechenlands beherrschte, behauptete sich ab 280 die Dynastie der Antigoniden; sie endete mit Perseus, der 167 v.Chr. den Römern unterlag, die das Land 148 als Provinz einrichteten. Ägypten hatte sich der General Ptolemaios bereits 323 als seinen Anteil an der Beute gesichert (Hauptstadt war das von Alexander gegründete Alexandria); die Außenbesitzungen im südlichen Syrien, auf Zypern, in der Ägäis und in der Cyrenaika gingen nach und nach verloren. Die Dynastie der Ptolemäer endete, als Augustus nach dem Tode Kleopatras 30 v.Chr. das Land provinzialisierte. Die Dynastie der

Seleukiden, die seit 312/1 die alten persischen Kernlande bis an die indische Grenze regierte, verfiel einem langsamen Auflösungsprozeß. Im dritten Jahrhundert löste sich im Norden Kleinasiens Bithynien, es folgten an der Nordküste Pontos, im Inneren Kleinasiens Kappadokien und (seit 261) an der Westküste das kleine Reich von Pergamon unter der Dynastie der Attaliden. Im äußersten Nordosten des Reiches machte sich Baktrien nördlich des Hindukusch selbständig. Gegen 250 setzten die Einfälle des iranischen Stammes der Parther ein, die aus den Steppen östlich des Kaspischen Meeres kamen und bis um die Mitte des 2. Jahrhunderts ganz Iran eroberten. Als im Jahre 64 v.Chr. der letzte Seleukiden-König in arabischer Gefangenschaft starb, bestand sein Reich nur noch aus Teilen Syriens, nachdem die Juden in Palästina seit 168 unter Führung der Makkabäer ihre Selbständigkeit erkämpft hatten.

Der König als die Mitte des Staates

Alle Könige der Diadochenreiche waren als Usurpatoren zur Macht gekommen, die die von Alexander eroberte Welt in unerhörten Machtkämpfen unter sich aufgeteilt hatten. Die Legitimation ihrer Besitzansprüche leitete sich daher notwendig zunächst aus dem Recht des Siegers ab: Das eroberte Gebiet war als „speererworbenes Land“ (*Chóra doríktetos*) Eigentum des Königs, der nach Gutdünken über Grund und Boden verfügte und mit jedermann, vom Niedrigsten bis zum Höchsten, nach Belieben verfahren konnte. Die Herrschaft war in solchem Maße auf die Person des Königs zugeschnitten, daß das Land, über das er herrschte, in der offiziellen Amtssprache keinen Namen hatte. Rechtlich lag alle Verfügungsgewalt einschließlich der richterlichen allein beim König, der sein Reich durch schriftliche Erlasse und Briefe regierte und die Gesetze erließ. Eine Verfassung, die die königliche Souveränität einschränkte, gab es nicht.

Die Legitimation des Königstitels hing mit der kriegerischen Inbesitznahme der Herrschaft zusammen: Nur die im Krieg bewiesene Fähigkeit zu ungewöhnlichen Leistungen konnte den Anspruch auf das Königsdiadem allgemein verständlich machen. In einem Lexikon der Zeit heißt es unter dem Stichwort „Königtum“ (*basiléia*), König werde man weder kraft Natur und Abstammung noch durch Gerechtigkeit, sondern durch die Fähigkeit, ein Heer zu führen und die Staatsgeschäfte vernünftig zu handhaben.

Die militärische Großtat stand denn auch Pate, als sich fast 40 Jahre nach dem Tode Alexanders die ersten Diadochen zu Königen ausriefen: Die Generäle Antigonos und sein Sohn Demetrios, der den bezeichnenden Beinamen *der Städtezerstörer* trug, setzten sich das Diadem als Zeichen ihrer monarchischen Würde aufs Haupt, nachdem sie 306 bei Salamis auf Zypern einen großen Sieg über ihren mächtigen Widersacher Ptolemaios errungen hatten. Allein der Sieger und Eroberer hatte es verdient, König zu sein, und er durfte erwarten, von seinen Untertanen, insbesondere seinen Soldaten, als solcher anerkannt zu werden. Diese Legitimation monarchischer Herrschaft bedurfte der ständigen Bewährung. Nicht zuletzt dies erklärt, warum die politische Geschichte der hellenistischen Staaten überquoll von Kriegen und Dynastenkämpfen. Der Gedanke der Erblichkeit der Königsstellung setzte sich zwar durch, entband jedoch den jeweils neuen König nicht von der Pflicht, seine kriegerischen Fähigkeiten immer wieder vorzuführen.

Zum Beweis der Leistungsfähigkeit des Herrschers gehörte auch die ständige Zurschaustellung der königlichen Macht und des königlichen Reichtums. So errichteten die makedonischen Herren gewaltige Paläste (in Alexandria mit seinen rd. 80.000 Einwohnern nahmen die Palastanlagen ein Drittel der bebauten Fläche ein) und inszenierten in öffentlichen Auftritten ihre Macht und ihre Tugenden: Feste und Paraden, spendable Gastmähler für Tausende, der Bau von Heiligtümern und Bibliotheken, geförderte Wissenschaftler und Künstler, Spiele und Prozessionen, reich beschenkte Beamte und Soldaten bezeugten die von einem König erwarteten großen Leistungen.

Die Titel *Wohltäter* (*euergétes*) und *Retter* (*sotér*) – von vielen als Bestandteil des Namens geführt – spiegelten sehr genau die Wünsche aller Untertanen. Die Griechen erwarteten darüber hinaus den König als *Befreier*, d. h. sie gehorchten, soweit sie dies in der Hand hatten, nur dem, der in einer feierlichen Proklamation ihre Autonomie und Freiheit verkündet hatte. Die militärische Tat blieb jedoch immer das eigentliche Fundament. So lobte der zeitgenössische Historiker Polybios den makedonischen König Philipp V., weil er „in herausragender Weise über Geistesgegenwart, Gedächtnis und Charme, dazu über eine königliche Erscheinung und Fähigkeit, und, was das Wichtigste war, über militärische Leistungskraft und Mut“ verfüge.

Die Untertanen erkannten die Stellung ihrer Könige an, indem sie sie kultisch verehrten. Den Göttern gleich wurden ihnen Altäre gebaut und Kulte eingerichtet; Opfer, Spiele und Prozessionen dienten ihrer Verehrung. Widerstand dagegen war selten, und wo er auftrat, wurde er als politisches Vergehen, als Bedrohung der königlichen Herrschaft, nicht als Blasphemie oder Ketzerei verfolgt. Das politische Ziel des Herrscherkultes – regelmäßige Bekundungen von Gehorsam und Loyalität – enthielt jedoch nicht die ganze Wahrheit. An der kultischen Verehrung der Könige beteiligten sich Millionen Menschen aller sozialen Schichten, und sie spendeten riesige Summen für Weihgaben und Opfer. Viele taten dies gläubigen Herzens. Die Welt, in der man so handelte, war es gewohnt, übermenschlich erscheinende Leistungen mit dem Nimbus des Heiligen zu umgeben. Die Ägypter und die Menschen des Vorderen Orients hatten ihre Könige ohnehin immer nur als Götter oder Söhne von Göttern gekannt. Die Frömmigkeit insbesondere der einfachen Menschen richtete sich daher ganz natürlich auf die Herrscher, die alles besaßen und die die Macht zu allem hatten. Begrifflich ging dies in den Beinamen *Heiland* ein, der einen königlichen Erlöser von allen Übeln beschrieb.

Die Grundzüge des wirtschaftlichen und sozialen Lebens

Das Siegerrecht hatte den König zum Besitzer des Landes gemacht, es war *Königsland* (*Chóra basiliké*). Der König herrschte also als ein riesiger Großgrundbesitzer mit den Vorrechten eines Souveräns. Viele Ländereien wurden als Schenkungen abgetreten: Der Adel, die hohen Offiziere und die führenden Beamten erhielten Landgüter (nicht selten ganze Landstriche und kleine Provinzen) als Lohn für die erwiesene Treue. Das verbliebene Königsland stellte das größte Wirtschaftspotential dar. Seine Erträge und die Einkünfte aus den Steuern, Zöllen und Naturalabgaben füllten die königlichen Kassen. Weitere große Gewinne brachte der Handel ein, von dem wichtige Zweige (vor allem im Ptolemäerreich) staatlich gelenkt wurden, so z. B. der Handel mit Wein, Öl, Papyrus und anderen hochwertigen Luxusartikeln. Die Entscheidung Alexanders, die gehäuften Schätze der Achämeniden in Umlauf zu bringen, hatte die verfügbare Geldmenge spürbar gesteigert und die Wirtschaft in einem Lande belebt, das bis dahin den Geldverkehr kaum kannte. Die geknüpften Handelsbeziehungen reichten schließlich vom westlichen Mittelmeer bis nach Indien und China.

Das Zentrum des Handels lag jedoch in der Ägäis. Die dortigen griechischen Städte stellten den Absatzmarkt für die Exportgüter

insbesondere des Ptolemäerreiches. Nur sie hatten einen ständigen Bedarf an Getreide, und nur ihre Bürger kamen als Käufer jener Luxuswaren in Frage, die über die Karawanenstraßen aus dem Osten nach Syrien gelangten. Auch Papyrus, Glaswaren und Textilien, Hauptexportartikel Ägyptens, fanden lediglich dort ihre zahlungskräftige Kundschaft. Ziel des königlichen Wirtschaftens war eine aktive Außenhandelsbilanz, mit der die hohen Ausgaben für das Heer und die Beamten ausgeglichen werden sollten.
Angesichts der Ausdehnung der Reiche war der König auf eine große Beamtenschaft angewiesen. Alle hohen Verwaltungsposten nahmen Makedonen und Griechen ein. Einheimische arbeiteten nur in der unteren lokalen Verwaltung; soweit sie Bauern waren, blieben sie an die Scholle gebunden. Die Generäle Alexanders hatten mit dessen Vermischungspolitik gründlich aufgeräumt und die beherrschte Welt in die privilegierte fremde Oberschicht und die politisch und wirtschaftlich benachteiligten *Barbaren* aufgeteilt.
Persönlich frei und privilegiert waren zunächst die Angehörigen des herrschenden Volkes, die Makedonen. Sie dienten am Hofe, erhielten die Offizierspatente oder siedelten als erbliche Bauernsoldaten in geschlossenen Dörfern, die dem Heer die neuen Rekruten lieferten. Ebenfalls frei waren die Griechen, die rechtlich Bürger ihrer Heimatstadt waren und blieben. Teils standen auch sie auf die verschiedenste Weise in königlichen Diensten, teils lebten sie als selbständige Siedler, Gutsbesitzer, Kaufleute oder Handwerker. Sie kamen zu Zehntausenden als Soldaten oder Einwanderer ins Land und bildeten dort zusammen mit den Makedonen eine neue Herrenschicht, die über Macht und Reichtum verfügte, während die Eingeborenen Untertanen blieben. In Griechenland ließ der Bevölkerungsdruck nach, die einsetzende wirtschaftliche Erholung war jedoch nur von kurzer Dauer. Der Historiker Polybios machte dafür die unaufhörlichen Kriege verantwortlich, die mit dem Eingreifen der hellenistischen Mächte an Härte zugenommen hatten und durch die ständigen Verwüstungen den grundbesitzenden Mittelstand ruinierten.
Ein ganz anderes Bild boten die von Alexander und seinen Nachfolgern neu gegründeten Städte, etwa 300, die nach griechischem Recht eingerichtet wurden und ein neues, nun weltweites Kapitel der griechischen Kolonisation aufschlugen. Sie reichten bis zum Hindukusch und verließen den Bereich der Mittelmeervegetation, blieben jedoch in der Regel Ackerbaustädte, und sind dementsprechend nur dort zu finden, wo der Anbau von Getreide, wie z. B. in

den Oasen-Ketten am Steppenrand der syrischen Wüste, möglich war.

Alle Städte übernahmen die typischen Erscheinungsformen einer Polis: Die Volksversammlungen, den Rat, die Behörden, die Tempel und die in ihnen wohnenden Götter, die Agora und die Gymnasien. Die Bewohner und ihre Nachkommen sprachen griechisch in einem modifizierten attischen Dialekt, der sich über den ganzen Osten ausbreitete (die Evangelien des jungen Christentums zeugen von ihm). Einige der Neugründungen entwickelten sich zu Weltstädten, wie Alexandria, Antiochia in Syrien oder Seleukeia am Tigris. Sie übertrafen das klassische Athen an Größe, Bevölkerungszahl und Wohlstand bei weitem und sind nur mit dem Rom der frühen Kaiserzeit vergleichbar. Alle Städte waren rechtlich in jeder Beziehung frei: Ihre Bürger waren frei und das Territorium Eigentum der Stadt oder der Bürger. Sie unterschieden sich also in Nichts von den Städten im Mutterland und an der Westküste Kleinasiens. Politisch waren sie mehr oder weniger vom König abhängig, dessen militärischen Schutzes sie bedurften, und der sich im Konfliktfall auch nicht scheute, Besatzungen in die Städte zu legen.

Was König und Städte verband, war der Gegensatz zur orientalischen Bevölkerung. Denn diese war vom Bürgerrecht ausgeschlossen, und nur ihre sprachlich und kulturell angepaßte Oberschicht konnte auf die Verleihung des Bürgerrechts und damit auf den sozialen Aufstieg hoffen. Die Herrschaft der hellenistischen Könige blieb immer eine Fremdherrschaft. Die breiten Massen der einheimischen Bevölkerung haben denn auch mit Gleichgültigkeit reagiert, als der römische Eroberer der Welt der Diadochen den Garaus machte.

Literaturverzeichnis

I. Quellensammlungen zur Griechischen Geschichte

Deutschsprachige Quellensammlungen

1. Arend, W.: Altertum, in: Geschichte in Quellen, hg. W. Lautermann/M. Schlenke, Bd. 1, 2. Aufl. München 1975
(Umfassende Quellensammlung zur Antike. Literatur, Philosophie und Naturwissenschaften werden berücksichtigt)
2. Austin, M./Vidal-Naquet, P.: Gesellschaft und Wirtschaft im alten Griechenland, München 1984
(Studienbuch für Studenten der französischen Universitäten. Auf eine kurze, chronologisch geordnete Darstellung der Zeit von Homer bis Alexander, die die gesellschaftlichen und wirtschaftlichen Bedingungen des Lebens in den Vordergrund stellt, folgen nach demselben Ordnungsprinzip angelegte „Texte und Dokumente“)
3. Brodersen, K. /Schmitt, H.H.: Historische griechische Inschriften in Übersetzung, Bd. 1: Die archaische und klassische Zeit, Darmstadt 1992
4. Flashar, H.: Griechisches Lesebuch, Frankfurt a.M. 1987
(Längere Auszüge aus literarischen Texten von Homer bis zu den griechischen Autoren der römischen Kaiserzeit)
5. Fuhrmann, M. (Hrsg.): Bibliothek der Antike, 5 Kassetten mit mehreren Bänden, Stuttgart 1990 (dtv)
(Unter den literarischen Gattungsbegriffen „Epos“, „Erzählkunst“, „Drama“, „Geschichtsschreibung“ und „Philosophie“ zusammengestellte Quellensammlung, die den Grundbestand der wichtigsten Werke der jeweiligen Gattung enthält. Kurze Erläuterungen und Einführungen informieren über den aktuellen Wissensstand)
6. Görgemanns, H. (Hrsg.): Die griechische Literatur in Text und Darstellung, 5 Bde., Stuttgart 1986 (Reclam)
(Zweisprachige Texte von Homer bis zum Ende der Antike. Gliederung nach Epochen und Gattungen; z. B. Bd. 2: Klassische Periode, gegliedert nach Dichtung [Tragödie, Komödie] und Prosa [Geschichtsschreibung, philosophische und politische Schriften]. Historische Gliederungsprinzipien werden nicht zugrunde gelegt)
7. Griechische und lateinische Quellen zur Frühgeschichte Mitteleuropas bis zur Mitte des 1. Jahrtausends n. Chr., hg. J. Herrmann, 4 Bde., Berlin 1988/1991
(Quellentexte von Homer bis Ausonius mit Übersetzung und Kommentar)

8. Hengstl, J. u.a.: Griechische Papyri aus Ägypten als Zeugnisse des öffentlichen und privaten Lebens, München 1978
(Zweisprachige Auswahl griechischer Papyri aus Ägypten mit Kommentar; sachlich gegliedert mit Schwerpunkt auf dem sozialen und wirtschaftlichen Bereich)
9. Rilinger, R.: Leben im antiken Griechenland, München 1990
(Quellen zum Tagesablauf von Frauen und Kindern, Herren und Sklaven, Bürgern und Fremden und zu den Stationen eines antiken Lebens: Geburt, Kindheit, Heirat, Alter und Tod. Eine Kommentierung fehlt)
10. Stahl, M.: Die griechische Polis. Quellen zur griechischen Geschichte von 800-400 v. Chr., in: Zeiten und Menschen, Ausgabe Q, hg. W. Grütter u.a., Paderborn 1989
(Quellen und ergänzende Texte moderner Autoren. Der Schwerpunkt liegt auf der Entwicklung von Staatlichkeit und Demokratie; Sparta und Athen werden in gesonderten Kapiteln behandelt. Die Quellen werden kurz kommentiert)
11. Wagner-Hasel, B.: Das antike Griechenland, in: Weltgeschichte im Aufriß. Ausgabe in Themenheften, hg. W. Ripper, Frankfurt a.M. 1988
(Chronologisch aufgebaute Quellenübersicht mit ergänzenden Texten moderner Autoren. Erfaßt wird die Geschichte der Griechen von der minoisch-mykenischen Zeit bis zur römischen Eroberung. Die hellenistische Kultur wird ebenso gewürdigt wie das Fortleben der Antike)

Englischsprachige Quellensammlungen

12. Badian, E./Sherk, R.K.: Translated Documents of Greece and Rome, Bd. 1: Fornara, C.W.: Archaic Times to the End of the Peloponnesian War, Baltimore/London 2. Aufl. 1983; Bd. 2: Harding, Ph.: From the End of the Peloponnesian War to the Battle of Ipsus, 1985
(Mit kommentierenden Anmerkungen versehene literarische Quellen und Inschriften für die Zeit von 800 bis 330)
13. Meritt, B.D./Wade-Gery, H.T./Mc.Gregor, M.F.: The Athenian Tribute-Lists, Bd. 1, Cambridge (Mass.) 1939; Bd. 2-4, Princeton 1949-53 (abgekürzt: ATL)
(Ausgabe und historische Analyse von Quellen zum Seebund der Athener, insbesondere der von 454/3 bis 406/5 überlieferten „Tributlisten“, d. h. der Zahlungen athenischer Verbündeter an die Göttin Athena. Darauf aufbauend vermittelt das Werk einen detaillierten und grundlegenden Einblick in die Zeit des 5. Jhdts.)

Inschriften- und Quellensammlungen ohne Übersetzungen, jedoch teilweise kommentiert

14. Die Staatsverträge des Altertums Bd. 2, hg. H. Bengtson, 2. Aufl. München 1975; Bd. 3, hg. H.H. Schmitt, 1969
(Die Verträge der griechisch-römischen Welt von 700 bis 200 v. Chr.; kurz kommentiert, teilweise übersetzt, bibliographisch erschlossen)
15. Dittenberger, W.: Sylloge Inscriptionum Graecarum, 3. Aufl. Leipzig 1915-24 (ND Hildesheim 1960), 4 Bde. (abgekürzt: Syll.)
(Chronologisch [Bd. I-II] und sachlich [Bd. III] gegliederte Inschriftensammlung zur griechischen Antike mit ausführlichem Indexband [IV]. Die Originaltexte sind lateinisch kommentiert)
16. Jacoby, F.: Die Fragmente der griechischen Historiker, 3 Teile, Berlin (später Leiden) 1923 ff. (abgekürzt: FGrHist)
(Thematische Gliederung der einzelnen Bände: I: Genealogie und Mythographie; II: Zeitgeschichte; III: Geschichte von Städten und Völkern. Zusammengestellt werden die Fragmente der überlieferten Historiker [F] und die Zeugnisse zu ihrem Leben und Werk [T = Testimonia]; philologische und historische Kommentare erschließen die Texte. Das Werk ist nicht vollendet, so daß die ältere Sammlung von C. und Th. Müller, Fragmenta Historicorum Graecorum, 5 Bde., Paris 1841-7 [abgekürzt: FHG] weiterhin zu beachten ist)
17. Meiggs, R./Lewis, D.: A Selection of Greek Historical Inscriptions to the End of the Fifth Century B.C., Oxford 1969
(Inschriften aus der Zeit vom 8. Jhdt. bis 405 v. Chr. in chronologischer Reihenfolge mit ausführlichen epigraphischen und historischen Kommentaren)
18. Tod, M.N.: A Selection of Greek Historical Inscriptions, Bd. 1, 2. Aufl. Oxford 1946, Bd. 2, 1948
(Chronologisch geordnete Sammlung wichtiger Inschriften bis 323 v. Chr. mit ausführlichem Kommentar)

II. Forschungsberichte

19. Bleicken, J.: Die athenische Demokratie, 2. Aufl Paderborn 1994, S. 435-633
(Umfassende Vorstellung der Forschung von der Entwicklung der Demokratie bis zu ihrem Niedergang in der 2. Hälfte des 4. Jhdts.; ausführliches Literaturverzeichnis)
20. Gehrke, H.-J.: Geschichte des Hellenismus, München 1990, S. 129-213 (Oldenbourg Grundriß der Geschichte Bd. 1 A)
(Eingehende Darstellung der Forschungsdiskussion zu allen Problemen der politischen, sozialen und kulturellen Geschichte bis zu den Eroberungskriegen Roms im 2. Jhdt. v. Chr.)

21. Schuller, W.: Griechische Geschichte, 3. Aufl. München 1991, S. 59-146 (Oldenbourg Grundriß der Geschichte Bd. 1)
22. Timpe, D.: Literaturberichte zur Geschichte des Altertums, in: Geschichte in Wissenschaft und Unterricht 37 (1986) S. 184-196 [Allgemeine und vorhellenistische Geschichte]; 37 (1986) S. 247-262 [Alexander und der Hellenismus]; 41 (1990) S. 439-456 [Griechische Geschichte]
23. Weiler, I.: Griechische Geschichte. Einführung, Quellenkunde, Bibliographie, 2. Aufl. Darmstadt 1988
(Den einzelnen Kapiteln vorangestellte Diskussion der Forschung)

III. Zur Wirkungsgeschichte

24. Bolgar, R.R. (Hrsg.): Classical Influences on Western Thought A.D. 1650-1870, Cambridge 1978
25. Kristeller, P.O.: Humanismus und Renaissance I-II, München 1974-76
(Aufsätze des Autors zum Thema; Schwerpunkt: Die Quellen)
26. Nippel, W.: Ancient and modern republicanism: ‚mixed constitution' and ‚ephors', in: The invention of the modern republic, hg. B. Fontana, Cambridge 1994, S. 6-26
27. Rawson, E.: The Spartan Tradition in European Thought, Oxford 1966; 2. Aufl. 1992
28. Seznec, J.: Das Fortleben der antiken Götter. Die mythologische Tradition im Humanismus und in der Kunst der Renaissance, München 1990
29. Sühnel, R.: Homer und die englische Humanität, Tübingen 1958
(Grundlegend zur Homer-Rezeption in England bis ins 20. Jhdt.; Schwerpunkt: Chapmans und Popes Übersetzungen)
30. Vidal-Naquet, P.: La Démocratie grecque vue d'ailleurs. Essais d'historiographie ancienne et moderne, Paris 1990
(Aufsatzsammlung zum Thema; besonders hervorzuheben ist Kapitel VIII: „La place de la Grèce dans l'imaginaire des hommes de la Révolution")
31. Weiss, R.: The Renaissance Discovery of Classical Antiquity, Oxford 1969, S. 132 ff.
32. Wiedemann, C.: Deutsche Klassik und nationale Identität. Eine Revision der Sonderwegs-Frage, in: Klassik im Vergleich. Normativität und Historizität europäischer Klassiken, hg. W. Voßkamp, Stuttgart 1993, S. 541-569

IV. Allgemeine Hilfsmittel, Handbücher

33. Der große Ploetz. Auszug aus der Geschichte, 29. Aufl. Freiburg 1980
(Ausführliches, von Fachgelehrten verfaßtes Nachschlagewerk mit Daten und Kurzbeschreibungen)
34. Der Kleine Pauly, hg. K. Ziegler und W. Sontheimer, 5 Bde., Stuttgart 1964-1975 (Nachdruck dtv München 1979)
35. dtv-Atlas zur Baukunst Bd. 1, hg. W. Müller und G. Vogel, München 1974 (seitdem mehrere Auflagen)
36. Griechenland. Lexikon der historischen Stätten von den Anfängen bis zur Gegenwart, hg. S. Lauffer, München 1989
(Topographisches Lexikon Griechenlands unter Einschluß der Inseln; die Geschichte der behandelten Orte wird von ihren Anfängen bis in die heutige Zeit vorgestellt)
37. Kleines Wörterbuch des Hellenismus, hg. H.H. Schmitt/E. Vogt, Wiesbaden 1988
(Behandelt den Zeitraum vom 4.-1. Jhdt. v. Chr. unter Einschluß von Kultur, Philosophie, Recht und Literatur)
38. Lexikon der Alten Welt, hg. C. Andresen u.a., Zürich 1965; Nachdruck (mit neuer Gliederung des Stoffs) als dtv-Lexikon der Antike, 2. Aufl. München 1978
39. Lexikon Iconographicum Mythologiae Classicae (LIMC), hg. J. Boardmann u.a., Zürich/München, 1981
(Vielbändiges Werk über die Darstellung mythologischer Themen. Aufbau der Artikel: Einleitung, Bibliographie, Katalog, ikonographischer Kommentar)
40. Paulys Real-Encyclopädie der classischen Altertumswissenschaft, hg. W. Kroll u.a., Stuttgart 1898-1976
(Ausführlichstes Lexikon zu allen Bereichen der antiken Geschichte)
41. Propyläen Technikgeschichte, hg. W. König, Bd. 1: Hägermann, D./ Schneider, H.: Landbau und Handwerk 750 v. Chr. bis 1000 n. Chr., Berlin 1991

V. Kapitelübergreifende Literatur

Die Literatur der Griechen (s. auch Nr. 83-92; 186-203)

42. Assmann, J.: Das kulturelle Gedächtnis. Schrift, Erinnerung und politische Identität in frühen Hochkulturen, München 1992
(Ägypten, Israel und Griechenland in vergleichender Betrachtung; Ziel, die Wechselbeziehung von Schrift, Erinnerung und politischer Identität zu klären)

43. Latacz, J.: Einführung in die griechische Tragödie, 1994 (UTB 1745)
44. Lendle, O.: Einführung in die griechische Geschichtsschreibung, Darmstadt 1992
(Die Geschichtsschreibung von 500 v.- 500 n.Chr.; Forschungsstand)
45. Müller, K.E.: Geschichte der antiken Ethnographie und ethnologischen Theoriebildung. Von den Anfängen bis auf die byzantinischen Historiographen, Bd. 1, Wiesbaden 1972; Bd. 2, 1980
(Nach den griechischen und römischen Autoren geordnete Behandlung der antiken Ethnographie)
46. Pipers Handbuch der politischen Ideen Bd. 1: Frühe Hochkulturen und europäische Antike, hg. I. Fetscher und H. Münkler, München 1988
(Darstellung des politischen Denkens der Antike von verschiedenen Fachgelehrten. Einbezogen sind die Herrschaftsvorstellungen im Fernen Osten (China und Indien), in den Reichen des Alten Orients und in Israel)
47. Propyläen Geschichte der Literatur Bd. 1: Die Welt der Antike 1200 v. Chr. bis 600 n.Chr., Berlin 1981 (Nachdruck 1988)
(Umfassende Darstellung aller Literaturgattungen durch verschiedene Fachgelehrte; Beschränkung auf die griechische und lateinische Literatur)
48. The Cambridge History of Classical Literature: The Greek Literature, ed. P.E. Easterling/B.M.W. Knox, Cambridge 1985
(Chronologisch und systematisch geordnete Literaturgeschichte unter Einschluß der griechischen Autoren der römischen Kaiserzeit)

Die natürlichen Grundbedingungen des Lebens

49. Braudel, F.: Das Mittelmeer und die mediterrane Welt in der Epoche Philipps II., Bd. 1, Frankfurt a.M. 1990 (Franz. Originalausgabe: 4. Aufl. 1979)
(Grundlegende Erörterung der geographischen Lebensbedingungen im Mittelmeerraum unter Einbeziehung der Randgebiete)
50. Kirsten, E.: Die griechische Polis als historisch-geographisches Problem des Mittelmeerraumes, Bonn 1956
(Grundlegend im Rahmen der althistorischen Forschung)
51. Müller, D.: Topographischer Bildkommentar zu den Historien Herodots. Griechenland im Umfang des heutigen griechischen Staatsgebietes, Tübingen 1987
(Bildlexikon, das – obwohl es dem Werk Herodots folgen will – nur den Raum des heutigen Griechenlands berücksichtigt; jeder Ort wird von den Quellen wie von den geographischen Bedingungen her eingehend vorgestellt)
52. Philippson, A./Kirsten, E.: Die griechischen Landschaften, 4 Bde., Frankfurt a.M. seit 1950

Geschichte und Kultur

53. Beloch, K.J.: Griechische Geschichte, 4 Bde., 2. Aufl. Strasburg/Berlin 1912-1927 (ND Berlin 1967)
(Streitbare und originelle Darstellung, die bis heute Grundlage jeder Diskussion geblieben ist)
54. Bengtson, H.: Griechische Geschichte von den Anfängen bis in die römische Kaiserzeit, 6. Aufl. München 1982 (Handbuch der Altertumswissenschaft III. Abt., 4. Teil)
(Vorwiegend politische Geschichte; vor jedem Kapitel ausführliche und kommentierende Auflistung der Quellen und der neueren Forschung)
55. Bowra, C.M.: The Greek Experience; deutsch: Griechenland. Von Homer bis zum Fall Athens, München 1974
(Eine Geistes- und Kulturgeschichte Griechenlands mit Schwerpunkt auf der archaischen und klassischen Zeit)
56. Burckhardt, J.: Griechische Kulturgeschichte, 4 Bde., München 1977 (dtv)
(1898 erschienene, von Fachgelehrten häufig und voreilig als unwissenschaftlich abgelehnte Kulturgeschichte, die der schöpferischen Potenz des Mythos, der Religion, der Musik, der Philosophie und der Rhetorik nachspürt; der Schlußband gibt einen zusammenfassenden Längsschnitt)
57. Ehrenberg, V.: Der Staat der Griechen, 2. Aufl. Stuttgart 1965
(Verfassungsgeschichte der griechischen Polis und der hellenistischen Monarchie; übersichtliche Einführung in die Thematik)
58. Fine, J.V.A.: The Ancient Greeks. A Critical History, Cambridge 1983
(Von den Anfängen bis zur Schlacht von Chaironeia; im Vordergrund stehen politische, wirtschafts- und sozialgeschichtliche Fragestellungen. Kontinuierliche Verweise auf die Probleme der Interpretation, die sich aus der jeweiligen Quellenlage ergeben)
59. Finley, M.I.: Das politische Leben in der antiken Welt, München 1986 (englisch 1983)
(Unsystematische Betrachtungen zur Eigenart der Politik in den antiken „city-states", konzentriert auf die griechische Polis und die römische Republik des 2. Jhdts. v. Chr. Diskussion der Frage, warum und wie in diesen Staaten die Herrschaft der aristokratischen Eliten gesichert und akzeptiert werden konnte, obwohl Bauern, Handwerker, z.T. auch Tagelöhner voll berechtigte Bürger mit starken eigenen Interessen waren)
60. Finley, M.I.: Die antike Wirtschaft, München 1977
(Keine Wirtschaftsgeschichte im engeren Sinne, sondern Untersuchungen zur antiken Gesellschaftsstruktur)
61. Finley, M.I.: Die Sklaverei in der Antike, München 1981
(Aufsätze zur Forschung und ihrer Geschichte, zur Entstehung und zum Niedergang der Sklaverei)
62. Forrest, W.G.: Wege zur hellenischen Demokratie. Staatsdenken und politische Wirklichkeit von 800-400 v. Chr., München 1966

(Konzentriert auf die Veränderungen der Gesellschaft seit der Zeit Homers und den langen Weg der griechischen Stadtstaaten zu demokratischen Ordnungen; Athen und Sparta werden besonders gewürdigt)

63. Gehrke, H.J.: Die Griechen und die Rache. Ein Versuch in historischer Psychologie, in: Saeculum 38 (1987) S. 121-149
(Die Rache als ein wichtiges und in der Forschung bisher zu wenig beachtetes Motiv politischen und sozialen Handelns)
64. Gehrke, H.J.: Jenseits von Athen und Sparta. Das Dritte Griechenland und seine Staatenwelt, München 1986
(Behandelt im ersten Teil die naturräumlichen, wirtschaftlichen, politischen und geistigen Bedingungen des Lebens. Der zweite Teil stellt die griechischen Staaten geordnet nach dem Ausmaß ihrer maritimen Möglichkeiten vor; abschließend werden die Poleis mit ausgeprägten Spezialisierungen [Bodenschätze, religiöse Zentren, Händlerstaaten] beschrieben)
65. Heuß, A.: Hellas, in: Propyläen-Weltgeschichte Bd. 3, 1962, S. 69-400
(Beste zusammenfassende Darstellung der griechischen Geschichte von den Anfängen bis Alexander)
66. Kolb, F.: Die Stadt im Altertum, München 1984
(Versuch einer begrifflichen und historischen Definition von „Stadt“ und „Stadtstaat“ in der griechischen und römischen Welt)
67. Raaflaub, K. (Hrsg.): Anfänge politischen Denkens in der Antike. Die nahöstlichen Kulturen und die Griechen, München 1993
(Aufsatzsammlung)
68. The Cambridge Ancient History, Bde. 1, 2, 3 I, 3 III, IV, 7 I in 3. Aufl. Cambridge 1970-1988; sonst 2. Aufl. Cambridge 1925-39
(Umfassende Darstellung der griechischen Geschichte von verschiedenen Autoren)
69. Veyne, P. (Hrsg.): Der Mensch der griechischen Antike, Frankfurt a.M. 1993

VI. Der Krieg und seine Diener

Waffen und Kriege

70. Burkert, W.: Krieg, Sieg und die Olympischen Götter der Griechen, in: F. Stolz, Religion zu Krieg und Frieden, Zürich 1986, S. 69-87
71. Cobet, J.: Herodotus and Thucydides on War, in: S. Moxon u.a., Studies in Greek and Roman Historical Writing, Cambridge 1986, S. 1-18
(Gemeinsamkeiten und Unterschiede in den Kriegskonzeptionen beider Autoren; die Motive beider, Krieg zum Gegenstand ihrer Geschichtswerke zu machen)
72. Finley, M.I.: Soziale Modelle zur antiken Geschichte II: Krieg und Herrschaft, in: Historische Zeitschrift 239 (1984) S. 286-308

73. Hanson, V.D.: Hoplites: The classical Greek battle experience, 1991
74. Jordan, B.: The Athenian Navy in the Classical Period. A Study of Athenian Naval Administration and Military Organization in the Fifth and Fourth Centuries B.C., Berkeley 1975
75. Meier, Chr.: Die Rolle des Krieges im klassischen Athen, in: Historische Zeitschrift 251 (1990) S. 555-605
76. Momigliano, A.: Sea-power in Greek Thought, in: Secondo contributo alla storia degli studi classici, Rom 1960, S. 57-67
77. Pritchett, W.K.: The Greek State at War, 5 Bde., Berkeley 1974-91 *(Erschöpfende Darstellung aller Aspekte des Krieges und des Soldatentums)*
78. Snodgrass, A.M.: Arms and Armours of the Greeks, 1967; dt.: Mainz 1984 *(Darstellung der Bewaffnung von der mykenischen bis zur hellenistischen Zeit; Schwerpunkt: die Frühzeit und die Auswertung des archäologischen Quellenmaterials; keine Behandlung des Seekrieges)*

Die völkerrechtlichen Grundlagen von Krieg und Frieden

79. Baltrusch, E.: Symmachie und Spondai: Untersuchungen zum griechischen Völkerrecht der archaischen und klassischen Zeit (8.-5. Jhdt.), Berlin 1994 *(Erste grundlegende Behandlung des Themas)*
80. Gawantka, W.: Isopolitie. Ein Beitrag zur Geschichte der zwischenstaatlichen Beziehungen in der griechischen Antike, München 1975 (Vestigia 22) *(Die Funktionen der Isopolitie als Instrument der Außenpolitik der Poleis bis zum Ausgang des 2. Jahrhunderts v. Chr.)*
81. Jehne M.: Die allgemeinen Friedensschlüsse in Griechenland im 4. Jahrhundert v. Chr., Historische Zeitschrift 255 (1992) S. 99-116 *(Forschungsbericht)*
82. Tausend, K.: Amphiktyonie und Symmachie. Formen zwischenstaatlicher Beziehungen im archaischen Griechenland, Stuttgart 1992

VII. Das archaische Griechenland

Mythen, Epen und lyrische Dichtung

83. Anthologia Lyrica Graeca, Fasc.1-3, ed. E. Diehl, 3. Aufl. Leipzig 1954; Iambi et Elegi Graeci ante Alexandrum cantati, I/II, ed. M.L. West, 2. Aufl. Oxford 1981
84. Bowra, C. M.: Heroic Poetry, London 1952; deutsch: Heldendichtung. Eine vergleichende Phänomenologie der heroischen Poesie aller Völker und Zeiten, Stuttgart 1964

(Vergleichende Darstellung der Heldendichtung unter Einschluß der Erzählmuster, der Kompositionstechniken und der jeweils zugrunde liegenden Geisteshaltung der Kulturen, die – wie die Griechen – Helden kannten und verewigten)

85. Burkert, W.: Mythos und Mythologie, in: 47, S. 11-35
(Beste zusammenfassende Behandlung der Funktion und der thematischen Schwerpunkte des Mythos)
86. Fränkel. H.: Dichtung und Philosophie des frühen Griechentums, 3. Aufl. München 1969
87. Franyó, Z./Gan, P.: Frühgriechische Lyriker, 4 Bde., 2. Aufl. Berlin (O) 1981
(Zweisprachige Ausgabe der frühen Elegiker, der Jambographen, der Chorlyriker sowie von Sappho, Alkaios und Anakreon)
88. Hölscher, U.: Die Odyssee. Epos zwischen Märchen und Roman, 3. Aufl. München 1990
(Systematische Gliederung des Stoffes; die Kapitel folgen in ihrer Anordnung der Reihe der Gesänge und sind je besonderen Phänomenen der odysseischen Epik gewidmet. Das Märchen ist die vorliterarische Form, die von Homer in den großepischen Stil umgewandelt wird; der Roman entwickelt sich als neue Gattung im Schatten der Odyssee)
89. Latacz, J.: Homer. Der erste Dichter des Abendlandes, 2. Aufl. München/Zürich 1989
(Knappe Vorstellung der Epen Homers und ihrer Umwelt)
90. Parry, M.: The Making of Homeric Verse. The Collected Papers of M.P., hg. A. Parry, Oxford 1971
(Die Eigenheiten von Sprache und Metrik der homerischen Epen beweisen, daß von der Existenz einer generationenlangen Tradition mündlicher Überlieferung ausgegangen werden muß)
91. Patzek, B.: Homer und Mykene. Mündliche Dichtung und Geschichtsschreibung, München 1992
(Kritische Auseinandersetzung mit der These, das homerische Epos spiegele Ereignisse der mykenischen Zeit; Überblick über die Homer-Forschung seit dem 17. Jhdt.)
92. Rösler, W.: Dichter und Gruppe, München 1980
(Die soziale Bindung der Dichter und ihre politischen Zielsetzungen)

Gesamtdarstellungen

93. Burkert, W.: Griechische Religion der archaischen und klassischen Epoche, Stuttgart 1977
(Historische und systematische Erfassung der Götterwelt und der religiösen Vorstellungen der griechischen Polis von der minoisch-mykenischen bis zur philosophischen Religion des 4. Jhdts. v. Chr.; eingehende Behandlung der Mysterien)

94. Gschnitzer, F. (Hrsg.): Zur griechischen Staatskunde, Darmstadt 1969 (Wege der Forschung Bd. 96)
(Aufsätze verschiedener Autoren zu den Grundlagen und der Entwicklung des griechischen Staates, dem Stammesstaat und den zwischenstaatlichen Beziehungen)
95. Heuß, A.: Die archaische Zeit Griechenlands als geschichtliche Epoche, 1946, in: 94: S. 36-96
(Grundlegende Diskussion der Phänomene, welche die Charakterisierung der Zeit von Homer bis zum persischen Angriff auf Griechenland als „archaische Epoche" zulassen)
96. Murray, O.: Das frühe Griechenland, München 1982 (dtv-Geschichte der Antike Bd. 1)
(Die bis zu den Perserkriegen reichende Darstellung erfaßt auch die wirtschaftlichen und kulturgeschichtlichen Aspekte)
97. Sakellariou, M.B.: The Polis-State. Definition and Origin, Paris 1989
(Breite, auf Quellen und Forschung gestützte Definition von „Polis". Der zweite Teil versucht eine Entwicklungsgeschichte von den Anfängen in Attika und Euboia bis in die Zeit Homers. These von der Kontinuität staatlicher Organisation seit der mykenischen Zeit)
98. Welwei, K.-W.: Die griechische Polis. Verfassung und Gesellschaft in archaischer und klassischer Zeit, Stuttgart 1983
(Die Zusammenhänge zwischen Verfassungs- und Gesellschaftsordnung werden systematisch und historisch am Beispiel Spartas und Athens vorgestellt)

Adel, Staat und Gesellschaft

99. Finley, M.I.: Die Welt des Odysseus, München 1979
(Sozialgeschichtliche Auswertung der homerischen Epen. Zentrale Themen: der Oikos, Geschenk und Handel, Familie und Klasse, die auf Tapferkeit und Ehre gegründete Kriegergesellschaft und die Historizität der von Homer geschilderten Ereignisse)
100. Link, S. : Landverteilung und sozialer Frieden im archaischen Griechenland, Wiesbaden 1991
(Landverteilung und Bodenrecht in den Städten Athen, Chalkis, Korinth, Theben, Sparta, Megara, Elis sowie in Kreta und Thessalien. These: Die soziale Not in den Städten ging von der Besitzgier der Adligen aus, die das freie Land okkupierten und damit dem Kleinbauern die Möglichkeit nahmen, in Zeiten der Not selbst auf noch nicht verteiltes Land zurückzugreifen)
101. Stein-Hölkeskamp, E.: Adelskultur und Polisgesellschaft. Studien zum griechischen Adel in archaischer und klassischer Zeit, Stuttgart 1989
(Die Adelsgesellschaft war bis zum Ende des 6. Jhdts. eine Wettbewerbsgesellschaft mit einer darauf bezogenen Ethik und daher nur zögerlich bereit, politische Aufgaben in der Polis zu übernehmen; erst seit Klei-

sthenes konnte der seinem Eigeninteresse dienende Adlige den Ansprüchen des Staates unterworfen werden)

102. Ulf, C.: Die homerische Gesellschaft. Materialien zur analytischen Beschreibung und historischen Lokalisierung, München 1990 (Vestigia Bd. 43)
(Bestimmung der Faktoren, die jedermann seinen Platz in der sozialen Hierarchie zuwiesen; Beschreibung der bäuerlichen Lebensformen)
103. Walter, U.: An der Polis teilhaben. Bürgerstaat und Zugehörigkeit im archaischen Griechenland, Stuttgart 1993

Die Kolonisation

104. Boardman, J.: Kolonien und Handel der Griechen, München 1981
(Nach Landschaften geordnete Behandlung der Kolonisation unter starker Berücksichtigung der archäologischen Zeugnisse)
105. Dunbabin, T.J.: The Western Greeks, Oxford 1948
106. Faure, P.: La vie quotidienne des colons grecs de la mer Noire à l'Atlantique au siècle de Pythagore, sixième siècle avant J.-C., deutsch: Die Griechische Welt, Stuttgart 1981
(Gegliedert nach den von der Kolonisation erfaßten Großräumen; mit hohem literarischen Anspruch geschriebene Geschichte der Lebensbedingungen der griechischen Kolonisten)
107. Forrest, W.G.: Colonization and the Rise of Delphi, in: Historia 6 (1957) S. 160-175
108. Graham, A.J.: Colony and Mother City in Ancient Greece, Manchester 1964
109. Kirsten, E.: Raumordnung und Kolonisation in der griechischen Geschichte, in: Landschaft und Geschichte in der antiken Welt, Bonn 1984, S. 215-236
(Vergleichende Betrachtung der Kolonisationsphasen von den Anfängen bis in die hellenistische Zeit)
110. Prinz, F.: Gründungsmythen und Sagenchronologie, München 1979
(Methodisch konzentriert auf eine Überprüfung der inneren Logik und der verfolgten Absichten der mythischen Berichte. Dreigliederung des behandelten Stoffs: Einzelne Gründungssagen, die Sage von der Rückkehr der Herakliden, die Kolonisation Ioniens)
111. Timpe, D.: Entdeckungsgeschichte, in: Reallexikon der Germanischen Altertumskunde, Bd. 7, 2. Aufl. Berlin 1989, S. 307-337
(Die faktische, mythische und wissenschaftliche Erschließung Nord-Mittel- und Westeuropas; die Fahrten der großen Entdecker)
112. Werner, R.: Probleme der Rechtsbeziehungen zwischen Metropolis und Apoikie, in: Chiron 1 (1971) S. 19-73
113. Werner, R.: Zur Geschichte der vorderorientalisch-phönikischen und mykenisch-griechischen Handels- und Kolonisationsfahrten im Spie-

gel der Epos- und Periplus-Literatur, in: Orientalisch-Ägäische Einflüsse in der europäischen Bronzezeit, Monographien RGZM 15 (1990) S. 47-79

Zur Geschichte Spartas und des Peloponnesischen Bundes

114. Christ, K. (Hrsg.): Sparta, Darmstadt 1986 (Wege der Forschung Bd. 266)
(Aufsätze vor allem englischer und deutscher Autoren zur Geschichte der sozialen und politischen Ordnung Spartas; die Außenpolitik und der Peloponnesische Bund bleiben unberücksichtigt; Forschungsüberblick)
115. Clauss, M.: Sparta. Eine Einführung in seine Geschichte und Zivilisation, München 1983
116. Gschnitzer, F.: Ein neuer spartanischer Staatsvertrag und die Verfassung des Peloponnesischen Bundes, Meisenheim 1978
117. Kiechle, F.: Lakonien und Sparta, München 1963
(Methodisch und sachlich grundlegende Diskussion der Quellenlage zur Staatswerdung Spartas)
118. Talbert, R.A.: The Role of the Helots in the Class Struggle at Sparta, in: Historia 38 (1989) S. 22-40
119. Tigerstedt, E.N.: The Legend of Sparta in Classical Antiquity, 2 Bde., Stockholm 1965
120. Wickert, K.: Der peloponnesische Bund von seiner Entstehung bis zum Ende des archidamischen Krieges, Erlangen 1961
(Methodisch richtungsweisende Arbeit zur Entstehung und zur Funktionsweise des Bundes)

Zur Geschichte Athens

121. Kienast, D.: Die innenpolitische Entwicklung Athens im 6. Jahrhundert und die Reformen von 508, in: Historische Zeitschrift 200 (1965) S. 265-283
122. Kolb, F.: Die Bau-, Religions- und Kulturpolitik der Peisistratiden, in: Jahrbuch d. Deutschen Archäologischen Instituts 92 (1977) S. 99-138
(Die Baupolitik als Ausdruck rein persönlichen Machtstrebens, das sich keiner bestimmten sozialen Gruppe zuwendet)
123. Ruschenbusch, E.: Solonos Nomoi. Die Fragmente des solonischen Gesetzeswerkes mit einer Text- und Überlieferungsgeschichte, Wiesbaden 1966
(Grundlegende Rekonstruktion der solonischen Gesetze)
124. Siewert, P.: Die Trittyen Attikas und die Heeresreform des Kleisthenes, München 1982
(Die Reformen zielten auf die Reorganisation des Hoplitenaufgebots; die Trittyen wurden als Wehrbezirke eingerichtet, die eine etwa gleich große Zahl von Hopliten zu stellen hatten)

125. Stahl, M.: Aristokraten und Tyrannen im archaischen Athen. Untersuchungen zur Überlieferung, zur Sozialstruktur und zur Entstehung des Staates, Stuttgart 1987
(Eingehende Behandlung insbesondere der mündlichen Tradition – festgehalten bei Herodot – und der Methodik ihrer Rekonstruktion. Zentral die Entstehung der staatlichen Ordnung in der Zeit Solons und der Tyrannen. Studien zu den Formen des aristokratischen Lebens anhand ausgewählter Beispiele)

126. Welwei, K.-W.: Athen. Vom neolithischen Siedlungsplatz zur archaischen Großpolis, Darmstadt 1992
(Geschichte Athens von den Anfängen der Besiedlung bis zum Ende der Tyrannis 510 v. Chr.; Forschungsüberblick)

Tyrannen und Gesetzgeber

127. Berve, H.: Die Tyrannis bei den Griechen, 2 Bde., München 1967
(Chronologisch und regional gegliederte, auf die Einzelpersonen konzentrierte Gesamtdarstellung der Tyrannis)

128. Cobet, J.: König, Anführer, Herr, Monarch, Tyrann, in: E.Ch. Welskopf (Hrsg.): Soziale Typenbegriffe im alten Griechenland Bd. 3, Berlin 1981, S. 11-66

129. Fadinger, V.: Griechische Tyrannis und Alter Orient, in: 67, S. 263-316

130. Kinzl, K.H. (Hrsg.): Die ältere Tyrannis bis zu den Perserkriegen. Beiträge zur griechischen Tyrannis, Darmstadt 1979 (Wege der Forschung Bd. 510)
(Aufsatzsammlung; gegliederte Bibliographie)

VIII. Handel, Wirtschaft und Gesellschaft

Allgemeine Darstellungen

131. Austin, M./Vidal-Naquet, P.: Gesellschaft und Wirtschaft im alten Griechenland, München 1984
(Die Grundbedingungen der Wirtschaftsgeschichte von Homer bis zum Beginn der makedonischen Herrschaft. Besondere Betonung der Entwicklung von Handel und Handwerk: „den Handwerker kann man den Helden der griechischen Geschichte nennen, aber er ist es nur im Verborgenen")

132. Davies, J.K.: Athenian Propertied Families, 600-300 B.C., Oxford 1971
(Prosopographisches Handbuch zu den führenden Familien Athens, deren Querverbindungen aufgezeigt werden)

133. Fine, J.V.A.: Horoi. Studies in Mortgage, Real Security, and Land Tenure in Ancient Athens, 1951 (Hesperia Suppl.9)

134. Gehrke, H.-J.: Stasis. Untersuchungen zu den inneren Kriegen in den griechischen Staaten des 5. und 4. Jahrhunderts v. Chr., München 1985 (Vestigia Bd. 35)
(Bearbeitung der Bürgerkriege in zwei methodischen Schritten: Alphabetisch geordnete Übersicht der Städte, in denen Staseis nachweisbar sind; ihre systematische Analyse)

135. Gschnitzer, F.: Griechische Sozialgeschichte von der mykenischen bis zum Ausgang der klassischen Zeit, Wiesbaden 1981
(Gegliedert in vier Zeitabschnitte werden die gesellschaftlichen Gegebenheiten mit dem Ablauf der politischen Geschichte und der Entwicklung der staatlichen Institutionen verbunden. Die fortschreitende soziale Differenzierung der Gesellschaft [z. B. die Verbreiterung der Mittelschicht] wird im Kontext der ungewöhnlichen Dynamik der frühgriechischen Entwicklung geschildert)

136. Heuß, A.: Das Revolutionsproblem im Spiegel der antiken Geschichte, in: Historische Zeitschrift 216 (1973) S. 1-46
(Zusammenfassende Behandlung der sozialen Konflikte und Bürgerkriege in den griechischen Städten; vgl. Nr. 134)

137. Hopper, R.J.: Handel und Industrie im klassischen Griechenland, München 1982
(Schwerpunkt: das klassische Athen und sein Handel. Darüberhinaus werden die handwerkliche Produktion, Landwirtschaft, Bergbau, Finanz- und Bankwesen und die Stellung des Staates zur Wirtschaft erörtert; umsichtige Beurteilung der jeweiligen Quellenlage)

138. Kiechle, F.: Korkyra und der Handelsweg durch das Adriatische Meer, in: Historia 28 (1979) S. 173-191
(Wesentlich zur Bestimmung der Rolle der Adria in der griechischen Geschichte)

139. Nippel, W.: Griechen, Barbaren und „Wilde". Alte Geschichte und Sozialanthropologie, Frankfurt a.M. 1990
(Essays, die die Tragfähigkeit sozialanthropologischer Fragen an antike Gegenstände prüfen. Wichtig vor allem: Ethnographie und Anthropologie bei Herodot; ökonomische Anthropologie und griechische Wirtschaftsgeschichte)

140. Strasburger, H.: Zum antiken Gesellschaftsideal, Heidelberg 1976
(Breite Erörterung der Grundmuster und Leitbilder der antiken Lebensformen)

141. Timpe, D.: Griechischer Handel nach dem nördlichen Barbaricum (nach historischen Quellen), in: Untersuchungen zu Handel und Verkehr der vor- und frühgeschichtlichen Zeit in Mittel- und Nordeuropa, Teil 1, Göttingen 1985, S. 181-213
(Einzelanalyse der Wirtschaftsräume in Pontos, Thrakien, dem Adriaraum, Massilia und dem gallischen Westen. Zusammenfassende Behandlung der allgemeinen Bedingungen des Nordhandels)

Die Familie; Mann und Frau

142. Günther, L.-M.: Witwen in der griechischen Antike, Historia 42 (1993) S. 308-325
143. Just, R.: Woman in Athenian Law and Life, London 1989
144. Laqueur, Th.: „Auf den Leib geschrieben". Die Inszenierung der Geschlechter von der Antike bis Freud, Frankfurt a.M. 1992
(Eine Geschichte der Geschlechtsorgane; das Nachdenken darüber war immer eingebunden in die wechselnden Vorstellungen von der kulturellen und sozialen Rolle von Mann und Frau. Von der griechischen Antike bis ins 18. Jhdt. galt die Vorstellung von der grundsätzlichen Gleichheit der im menschlichen Körper nur jeweils verschieden gelagerten Geschlechtsorgane. Besonders ausgewertet werden die Ausführungen des Arztes Galen [130-200 n.Chr.])
145. Lefkowitz, M.R.: „Die Töchter des Zeus". Frauen im alten Griechenland, München 1992
(Auswertung der griechischen Mythen für die Stellung der Frau in den griechischen Städten)
146. Pomeroy, S. B.: Frauenleben im klassischen Altertum, Stuttgart 1985
(Chronologisch geordnete Darstellung der Frauengeschichte in der griechischen und römischen Welt. Erfaßt werden alle Lebensbereiche: Familie, Recht, Religion, Kunst)
147. Wagner-Hasel, B. (Hrsg.): Matriarchatstheorien der Altertumswissenschaft, Darmstadt 1992
(Aufsatzsammlung; fundierte Einleitung zum Thema)
148. Winkler, John J.: Der gefesselte Eros. Sexualität und Geschlechterverhältnis im alten Griechenland, Marburg 1993

IX. Die Demokratie der Athener

Die Kriege gegen die Perser

149. Balcer, J.M.: The Persian Wars against Greece: A Reassessment, in: Historia 38 (1989) S. 127-143
150. Burn, A.R.: Persia and the Greeks. The Defense of the West, 546-478 B.C., London 1962
151. Cook, J.M.: The Persian Empire, London 1983
152. Hignett, C.: Xerxes' Invasion of Greece, Oxford 1963
153. Walser, G.: Hellas und Iran. Studien zu den griechisch-persischen Beziehungen vor Alexander, Darmstadt 1984 (Erträge der Forschung Bd. 209)

Die politische Ordnung

154. Bleicken, J.: Die athenische Demokratie, 2. Aufl. Paderborn 1994 (Studienausgabe ohne Forschungsteil in: UTB 1330)
(Umfassende, systematische und historische Darstellung der politischen, sozialen, institutionellen und ideologischen Strukturen des demokratischen Athen. Ausführlicher Forschungsbericht)
155. Bleicken, J.: Zur Entstehung der Verfassungstypologie im 5. Jahrhundert v. Chr. (Monarchie, Aristokratie, Demokratie), in: Historia 28 (1979) S. 148-172
156. Davies, J.K.: Das klassische Griechenland und die Demokratie, München 1983 (dtv-Geschichte der Antike Bd. 2)
(Zusammenfassende Darstellung unter besonderer Berücksichtigung der englischen Forschung zur Geschichte des 6., 5. und 4. Jhdts.)
157. Hansen, M.H.: Was Athens a Democracy? Popular Rule, Liberty and Equality in Ancient and Modern Political Thought, Kopenhagen 1989
(Diskussion der Parallelen zur modernen Demokratie)
158. Humphrey, S. C.: The Evaluation of legal Process in Ancient Attica, in: E. Gabba, Tria corda, 1983, S. 229-251
(Entwicklungsgeschichte der athenischen Gerichtsverfassung bis zu den Reformen des Ephialtes; dieser – oder Perikles – habe die Heliaia in mehrere Gerichtshöfe geteilt, die Richter besolden lassen und die von Kleisthenes abgeschafften Demenrichter wieder eingerichtet)
159. Martin, J.: Von Kleisthenes zu Ephialtes. Zur Entstehung der athenischen Demokratie, in: Chiron 4 (1974) S. 5-42
(Der Sturz des Areopag als Folge der außenpolitischen Frontstellung gegen Sparta; so auch 162: Ruschenbusch)
160. Meier, Chr.: Athen. Ein Neubeginn der Weltgeschichte, Berlin 1993
(Griechische Geschichte als die Geschichte eines „Sonderwegs" in der antiken Welt. Darin eingebettet Athens Aufstieg zur politischen und kulturellen Weltmacht; „Der Außenseiter, der Störenfried als Herrschender, die maßlose Stadt als die maßgebende", lautet die Kernthese)
161. Ostwald, M.: From Popular Sovereignty to the Sovereignty of Law: Law, Society and Politics in fifth-century Athens, Berkeley 1986
(„The purpose of this book is to trace the growth of popular power in ancient Athens to the point at which it became popular sovereignty, to investigate the challenges popular sovereignty had to face, and to show how a principle of the sovereignty of law emerged from these challenges")
162. Ruschenbusch, E.: Athenische Innenpolitik im 5. Jahrhundert, Bamberg 1979
(These vom Primat der Außenpolitik, die alle entscheidenden Phasen des Demokratisierungsprozesses bestimmt habe)
163. Schäfer, H.: Besonderheit und Begriff der attischen Demokratie im

5. Jahrhundert, in: Probleme der Alten Geschichte, Heidelberg 1963, S. 136-152
(Die kleisthenische Reform als Ausdruck des Machtwillens der Alkmeoniden; die demokratische Neuordnung der Politik erscheint als ein unbeabsichtigtes Nebenprodukt)

164. Sealey, R.: The Athenian Republic. Democracy or the Rule of Law?, London 1987

Die Eliten

164. Carter, L.B.: The Quiet Athenian, Oxford 1986
(Vorstellung der Personen und Gruppen, die sich nicht aktiv am politischen Leben beteiligten: Junge Adlige, die Gegner der agressiven Seebundspolitik, die Bauern, reiche Privatiers und Philosophen wie Platon)
165. Finley, M.I.: Athenian Demagogues, in: Studies in Ancient Society, hg. Finley, London 1974, S. 1-25
(Abwehr der antiken Kritik an den Demagogen; sachgerechte Bestimmung ihrer Tätigkeit und Leistungen)
166. Kagan, D.: Perikles. Die Geburt der Demokratie, Stuttgart 1992
(Umfängliche Biographie, geordnet nach systematischen Stichworten wie „Aristokrat", „Politiker", „Soldat", „Imperialist" u.a.; meist mißlungene Vergleiche mit Politikern der Neuzeit; vgl. daher E. Bayer, in: 193, S. 171-259)
167. Ober, J.: Mass and Elite in Democratic Athens: Rhetoric, Ideology, and the Power of the People, Princeton 1989
(Die Formen des Umgangs der Eliten mit den einfachen Bürgern in der Öffentlichkeit, im Raum der Politik und vor Gericht. Im Zentrum der Betrachtung stehen die Redner, die ihre elitären Fähigkeiten je nach Situation verbergen oder zur Schau stellen mußten, um den Erwartungen der Massen zu genügen)
168. Wirth, G. (Hg.): Perikles und seine Zeit, Darmstadt 1979 (Wege der Forschung Bd. 412)
(Sammlung beliebiger Aufsätze zum Thema)

Die Ideale der Demokratie und die Stimme der Opposition

169. Flach, D.: Der oligarchische Staatsstreich in Athen vom Jahre 411, in: Chiron 7 (1977) S. 9-33
170. Lehmann, G.A.: Die revolutionäre Machtergreifung der „Dreißig" und die staatliche Teilung Attikas (404-401/0 v. Chr.), in: Festschrift H.E. Stier, Münster 1972, S. 201-233
171. Lintott, A.: Violence, Civil Strife and Revolution in the Classical City, Oxford 1982, S. 125-184

172. Meier, Chr.: Die Entstehung des Politischen bei den Griechen, Frankfurt a.M. 1980
(Aufsätze des Autors zur Vorgeschichte und Entstehung der griechischen Demokratie, zum Wandel der politisch-sozialen Begriffswelt, zur Entstehung der griechischen Historiographie und zur Ausbildung der Vorstellung von „Fortschritt")
173. Raaflaub, K.: Die Entstehung der Freiheit. Zur historischen Semantik und Gesellschaftsgeschichte eines politischen Grundbegriffes der Griechen, München 1985
(Der Gedanke der Freiheit und seine Entwicklung von den Epen Homers bis zum Ende des Peloponnesischen Krieges. These vom Schlüsselerlebnis des Perserkrieges, der ab 470 den Rückblickenden als Krieg um die Freiheit der Griechen erschienen sei. Die in der Innenpolitik wichtige Gleichsetzung von Freiheit und Demokratie erfolgte seit den dreißiger Jahren des 5. Jahrhunderts)
174. Raaflaub, K.: Politisches Denken und Krise der Polis. Athen im Verfassungskonflikt des späten 5. Jahrhunderts v. Chr., Historische Zeitschrift 255 (1992) S. 1-60
175. Wolff, H.: Die Opposition gegen die radikale Demokratie in Athen bis zum Jahre 411 v. Chr., in: Zeitschrift für Papyrologie und Epigraphik 36 (1979) S. 279-302
(Methodisch überzeugende Diskussion der einschlägigen Quellenzeugnisse)

Der Seebund der Athener

176. Finley, M.I.: The Fifth-Century Athenian Empire: A Balance-Sheet, in: P.D.A. Garnsey, Imperialism in the Ancient World, Cambridge 1978, S. 103-126; 306-310
(Die Armen als die Profiteure einer aggressiven Seebundspolitik; These von der Abhängigkeit der radikalen Demokratie von den Einnahmen des Seebundes)
177. Kiechle, F.: Athens Politik nach der Abwehr der Perser, in: Historische Zeitschrift 204 (1967) S. 265-304
(Betonung des athenischen Machtwillens)
178. McGregor, M.F.: The Athenians and their Empire, Vancouver 1987
179. Meiggs, R.: The Athenian Empire, Oxford 1972
(Zusammenfassung aller Aspekte der Seebundspolitik; Betonung der wirtschaftlichen Interessen Athens und der Bündner)
180. Schuller, W.: Die Herrschaft der Athener im Ersten Attischen Seebund, Berlin 1974
(Historische und systematische Analyse des Seebundes; Betonung der besonderen Bedeutung, die die ständige Kriegführung für die Ausgestaltung des Bundes hatte)

Der Peloponnesische Krieg

181. De Ste. Croix, G.E.M.: The Origins of the Peloponnesian War, London 1972
(Betonung der Furcht Spartas vor der wachsenden Macht Athens, das die Herrschaft der Spartiaten über die Heloten und damit die Grundlage der spartanischen Existenz bedroht hätte)
182. Kagan, D.: The Peace of Nicias and the Sicilian Expedition, Ithaca und London 1981 und: The Fall of the Athenian Empire, Ithaca und London 1987
183. Kiechle, F.: Ursprung und Wirkung der machtpolitischen Theorien im Geschichtswerk des Thukydides, in: Gymnasium 70 (1963) S. 289-312
(Grundlegende Erörterung des Machtwillens der athenischen Eliten zu Beginn des Krieges)
184. Lotze, D.: Lysander und der Peloponnesische Krieg, Berlin 1964
185. Nesselhauf, H.: Die diplomatischen Verhandlungen vor dem Peloponnesischen Krieg (Thukydides 1, 139 ff.), in: Hermes 69 (1934) S. 286-299

X. Philosophen, Dichter und Historiker

186. Capelle, W.: Die Vorsokratiker. Die Fragmente und Quellenberichte, 6. Aufl. Stuttgart 1968
187. Diels, H.: Die Fragmente der Vorsokratiker, hg. W. Kranz, 10. Aufl. Berlin 1960
188. Dihle, A.: Griechische Literaturgeschichte. Von Homer bis zum Hellenismus, 2. Aufl. München 1991
189. Dihle, A.: Die Griechen und das Fremde, München 1994
(Das Verständnis des Fremden und Barbarischen von den Anfängen bei Homer bis zur Römischen Kaiserzeit und der christlichen Literatur der Spätantike)
190. Dreher, M.: Sophistik und Polisentwicklung. Die sophistischen Staatstheorien des fünften Jahrhunderts v. Chr. und ihr Bezug auf Entstehung und Wesen des griechischen, vorrangig athenischen Staates, Frankfurt a.M. 1983
191. Fritz, K. von: Die griechische Geschichtsschreibung, Bd. 1, Berlin 1967 (weitere Bände nicht erschienen)
(Betonung der Einflüsse der ionischen Naturphilosophie)
192. Guthrie, W.K.C.: A History of Greek Philosophy III: The Fifth-Century Enlightenment. The World of the Sophists, Cambridge 1969
193. Herter, H. (Hrsg.): Thukydides, Darmstadt 1968 (Wege der Forschung Bd. 98)

194. Marg, W. (Hrsg.): Herodot. Eine Auswahl aus der Neueren Forschung, 3. Aufl. Darmstadt 1982 (Wege der Forschung Bd. 26)

195. Martin, J.: Zur Entstehung der Sophistik, in: Saeculum 27 (1976) S. 143-164
(Die Sophisten als Lehrer des Adels, der sich auf die neuen Formen des Politiktreibens einstellen mußte und dazu ein besonderes geistiges Rüstzeug brauchte)

196. Meier, Chr.: Die politische Kunst der griechischen Tragödie, München 1988
(Einordnung der griechischen Tragödie in den historischen Kontext der Geschichte des demokratischen Athen. Leitmotiv des Buches: „. . .fragen, wozu die attischen Bürger die Tragödie brauchten." Zentrale Gegenstände: Die Hiketiden, der Prometheus und die Orestie des Aischylos sowie der Aias und die Antigone des Sophokles)

197. Meister, K.: Die griechische Geschichtsschreibung. Von den Anfängen bis zum Ende des Hellenismus, Stuttgart 1990
(Chronologisch geordnete, auf die einzelnen Historiker konzentrierte Geschichte des historischen Denkens der Griechen; umfassende Literaturhinweise)

198. Seeck, G.A. (Hrsg.): Das griechische Drama, Darmstadt 1979
(Aufsatzsammlung)

199. Strasburger, H.: Die Wesensbestimmung der Geschichte durch die antike Geschichtsschreibung, Frankfurt a.M. 1966

200. Strasburger, H.: Die Entdeckung der politischen Geschichte durch Thukydides, in: 193, S. 412-476

201. Strasburger, H.: Umblick im Trümmerfeld der griechischen Geschichtsschreibung, in: Historiographia antiqua, Festschrift W. Peremans, Löwen 1977, S. 3-52

202. Touloumakos, J.: Aristoteles' Politik 1925-1985, in: Lustrum 32 (1990) S. 177-282
(Forschungsbericht)

203. Winterling, A.: „Arme" und „Reiche". Die Struktur der griechischen Polisgesellschaften in Aristoteles' ‚Politik', in: Saeculum 44 (1993) S. 179-205

XI. Jahrzehnte des Umbruchs: Das vierte Jahrhundert

Der Aufstieg Makedoniens

204. Errington, M.: Geschichte Makedoniens, München 1986
(Geschichte des makedonischen Königstaates, gegliedert nach sachlichen Gesichtspunkten)

205. Hammond, N.G.L./Griffith, G.T.: A History of Macedonia, Bd. 2: 550-336 B.C., Oxford 1979

(Erschöpfende Behandlung aller Aspekte der makedonischen Geschichte bis Alexander)
206. Kienast, D.: Philipp II. von Makedonien und das Reich der Achämeniden, Wiesbaden 1973
(Die Bedeutung des persischen Vorbildes bei der Modernisierung des makedonischen Staates)

Die politische und soziale Ordnung Griechenlands

207. Bringmann, K.: Studien zu den politischen Ideen des Isokrates, Göttingen 1965
208. Hamilton, C.D.: Sparta's Bitter Victories: Politics and Diplomacy in the Corinthian War, Ithaca 1979
209. McKechnie, P.: Outsiders in the Greek Cities in the Fourth Century B.C., London 1990
(Verbannte, Söldner, Piraten, Räuber, wandernde Handwerker und Händler und ihre Interessen im Gegensatz zur städtischen Bürgerschaft)
210. Mossé, C.: La fin de la démocratie athénienne. Aspects sociaux et politiques de déclin de la cité grecque au IVe siècle avant J.-C., Paris 1962
211. Murray, G.: Reactions to the Peloponnesian War in Greek Thought and Practice, in: Journal of Hellenic Studies 64 (1944) S. 1 ff.
212. Ryder, T.T.B.: Koine Eirene, Oxford 1965
213. Seibert, J.: Die politischen Flüchtlinge und griechischen Verbannten in der griechischen Geschichte, 2 Bde., Darmstadt 1979
(Eine Geschichte der griechischen Flüchtlinge auf prosopographischer Grundlage)

Sizilien und Unteritalien

214. Berger, S. : Democracy in the Greek West and the Athenian Example, in: Hermes 117 (1989) S. 303-314
215. Finley, M.I.: Das antike Sizilien, München 1979
216. Hans, L.-M.: Karthago und Sizilien. Die Entstehung und Gestaltung der Epikratie auf dem Hintergrund der Beziehungen der Karthager zu den Griechen und den nichtgriechischen Völkern Siziliens (VI.-III. Jahrhundert), Hildesheim 1983
217. Stroheker, K.F.: Dionysios I. Gestalt und Geschichte des Tyrannen von Syrakus, Wiesbaden 1958
218. Talbert, R.J.A.: Timoleon and the Revival of Greek Sicily 344-317 B.C., Cambridge 1974

Das neue Gesicht des Krieges

219. Anderson, J.K.: Military Theory and Practice in the Age of Xenophon, Berkeley 1970
220. Parke, H.W.: Greek Mercenary Soldiers, Oxford 1933
221. Seibt, G.F.: Griechische Söldner im Achaimenidenreich, Bonn 1977

XII. Das hellenistische Zeitalter

Alexander der Große

222. Alexandre le Grand. Image et réalité. in: Entretiens sur l'antiquité classique XXII, Vandoeuvres-Genève 1975
(Sieben Aufsätze; Schwerpunkt: Nachwirken und Persönlichkeitsbild)
223. Fox, R. Lane: Alexander the Great, London 1973 (dt.: 1974)
224. Hampl, F.: Alexander der Große, 2. Aufl. Göttingen 1965
225. Heuß, A.: Alexander der Große und das Problem der historischen Urteilsbildung, in: Historische Zeitschrift 225 (1977) S. 29 ff.
226. Lauffer, S. : Alexander der Große, 2. Aufl. Frankfurt a.M. 1981
227. Pfister, F.: Der Alexanderroman mit einer Auswahl aus den verwandten Texten, Meisenheim 1978

Die hellenistischen Großreiche

228. Burstein, S. M.: The Hellenistic Age from the Battle of Ipsos to the Death of Kleopatra VII, Cambridge 1985 (Translated Documents of Greece and Rome 3)
229. Gehrke, H.-J.: Geschichte des Hellenismus, München 1990 (Oldenbourg Grundriß der Geschichte Bd. 1 A)
(Darstellung der Zeit von Alexander bis 168 v. Chr. unter Einbeziehung der Kultur; ausführliche Einführung in den Forschungsstand; gegliederte Bibliographie)
230. Gehrke, H.-J.: Der siegreiche König. Überlegungen zur hellenistischen Monarchie, in: Archiv für Kulturgeschichte 64 (1982) S. 247 ff.
231. Préaux, C.: Le monde hellénistique. La Grèce et l'Orient de la mort d'Alexandre à la conquête romaine de la Grèce (323-146 av. J.-C.), 2 Bde., Paris 1978
232. Rostovtzeff, M.: Gesellschafts- und Wirtschaftsgeschichte der hellenistischen Welt, 3 Bde., Stuttgart 1955/56 (Nachdruck Darmstadt 1984)
(Umfassende Gesamtdarstellung bis in die Zeit der römischen Herrschaft; das Quellenmaterial wird eingehend vorgestellt und erörtert)
233. Schneider, C.: Kulturgeschichte des Hellenismus, 2 Bde., München 1967; 1969

(Gesamtbild der hellenistischen Epoche; das Alltagsleben wird ebenso erfaßt wie die Literatur, die Wissenschaften, Kunst und Religion)
234. Tarn, W./Griffith, G.T.: Die Kultur der hellenistischen Welt, Darmstadt 1966
235. Walbank, F.W.: Die hellenistische Welt, München 1983 (dtv-Geschichte der Antike Bd. 3)
236. Will, E.: Histoire politique du monde hellénistique (323-30 av.J.-C.), 2. Aufl. Nancy 1982

Städtische Freiheit und monarchische Gewalt

237. Bikerman, E.: La cité grecque dans les monarchies hellénistiques, Revue de Philologie 13 (1939) S. 335 ff.
(Gegen 242: Heuß betont B. die Abhängigkeit der Städte vom Willen des Herrschers)
238. Bringmann, K.: Der König als Wohltäter. Beobachtungen und Überlegungen zur hellenistischen Monarchie, in: Frankfurter Althistorische Studien, hg. J. Bleicken, Bd. 13, 1993, S. 83-95
(Die von den Königen den Städten, Stämmen und Personengruppen erwiesenen Wohltaten kompensierten bis zu einem gewissen Grade die machtpolitischen Schwächen der Monarchien)
239. Cartledge, P./Spawforth, A.: Hellenistic and Roman Sparta: a tale of two cities, London 1989
240. Gauthier, Ph.: Les cités grecques et leurs bienfaiteurs (IVe-Ier siècle av. J.-C.). Contribution à l'histoire des institutions, Paris 1985
(Leistungen und Stellung der Notabeln der griechischen Städte; Bedeutung der ihnen erwiesenen Ehren; Politik gegenüber den hellenistischen Herrschern)
241. Habicht, Chr.: Gottmenschentum und griechische Städte, 2. Aufl. München 1970
(Grundlegend zu den kultischen und profanen Ehren der Könige und der Notabeln, die für ihre Städte oder anderswo Herausragendes geleistet hatten)
242. Heuß, A.: Stadt und Herrscher des Hellenismus in ihren staats- und völkerrechtlichen Beziehungen, Leipzig 1937 (ND Aalen 1963 mit eingehendem Nachwort)
(Grundlegend über das Verhältnis der hellenistischen Könige zu den griechischen Städten in ihrem Herrschaftsbereich. Kernthese: Die Städte gingen nicht in einem einheitlichen Untertanenverband auf; sie unterhielten nicht nur staats-, sondern auch völkerrechtliche Beziehungen zu den Territorialherren)
243. Quaß, F.: Zur Verfassung der griechischen Städte im Hellenismus, Chiron 9 (1979) S. 37 ff.
(Historische Einordnung der demokratischen Verfassungen der Städte;

andere Bewertung der Bedeutung der „Honoratiorenherrschaft" [Begriff nach Max Weber] als 240: Gauthier)

244. Quaß, F.: Die Honoratiorenschicht in den Städten des griechischen Ostens. Untersuchungen zur politischen und sozialen Entwicklung in hellenistischer und römischer Zeit, Stuttgart 1993

Glossar

Akropolis: Hochgelegenes, durch Ummauerung geschütztes Zentrum einer griechischen Polis, das als Herrschaftssitz, Tempelbezirk, Zufluchtsort und Festung genutzt werden konnte. Nach der Konsolidierung der Städte herrschte meist eine Funktion vor: in Athen die des Tempelbezirkes, in Korinth die der Festung, im hellenistischen Pergamon die der Residenz.

Apella: Versammlung der Bürger (*Politen*) in Sparta. Nach der Großen Rhetra (s.u.) stand der königlichen Gewalt der Vorsitz und das Initiativrecht zu. Als Ergebnis der inneren Konflikte des 6. Jahrhunderts verdrängte das Ephorat (s.u.) die Könige aus der Leitungsfunktion. Unter den fünf Ephoren wird die Apella zum Zentrum staatlicher Entscheidungen in Sparta.

Archon, Archonten: Bezeichnung für die höchsten Staatsbeamten in Athen. Den neun jährlich durch die Volksversammlung gewählten Archonten oblag bis zum Beginn des 5. Jahrhunderts die Leitung der Staatsgeschäfte, die Kriegführung, die Aufsicht über das Sakralwesen und die Rechtsprechung. Sie setzten sich zusammen aus dem leitenden Archon, der dem Jahr auch den Namen gab (*árchon epónymos*), dem obersten Feldherren (*polémarchos*), dem Verwalter der wichtigsten religiösen Angelegenheiten (*basileús*) und sechs Richtern (*thesmothétai*). In der Demokratie blieben den Archonten nur Zuständigkeiten meist repräsentativer Natur: ihre einst umfassenden Kompetenzen wurden auf zahlreiche Beamte verteilt.

Areopag: Der alte Adelsrat Athens, genannt nach seinem Tagungsort auf dem Ares-Hügel (*Areios págos*). Seit Solon die Versammlung der ehemaligen Archonten, die die Regierung der Stadt kontrollierte. 462/1 wurde ihr die Kontrolle der Exekutive entzogen, die künftig vor allem von den Geschworenengerichten (siehe *Heliáia*) wahrgenommen wurde. Der Areopag behielt die Blutgerichtsbarkeit und einige andere wichtige Kompetenzen.

Autarkie (gr.: *autárkeia*: „Selbstgenügsamkeit"): Wirtschaftliche und politische Unabhängigkeit.

Autonomie (*autonomía*): Das Recht eines Staatswesens, seine inneren Angelegenheiten selbst zu bestimmen.

Boulé (Ratsversammlung): In Athen soll Solon einen Rat von 400 Personen (je 100 aus den alten vier Geschlechterphylen) geschaffen haben, dessen Aufgaben unklar bleiben. Kleisthenes richtete den Rat der 500 ein, der jährlich neu bestellt wurde und sich aus je 50 Vertretern der 10 Phylen zusammensetzte. Dieser Rat bereitete die Beschlüsse der Volksversammlung vor (siehe *Probouleuma*) und führte sie zusammen mit den Behörden aus; eigene Entscheidungskompetenzen besaß er nicht.

Choregie: Ausstattung und Unterhalt des Chors bei einer Theateraufführung durch einen wohlhabenden Bürger, den sog. Choregen, als Form der Leiturgie (s.u.).

Demagoge (*demagogós*): Politiker in Athen, der die politische Initiative übernahm, für die in modernen Demokratien vornehmlich die Regierung und die Parteien zuständig sind. Die Demagogen stellen Anträge in der Volksversammlung und reden dort. Sie stammen aus dem Adel oder aufsteigenden reichen Familien.

Demen: Lokale Selbstverwaltungseinheiten, in Athen durch Kleisthenes eingerichtet. Sie verfügten über einen eigenen Vorsteher (*Démarchos*), eine eigene Versammlung der Mitglieder (*Demoten*) und eigene Kulte. Sie führten die Bürgerlisten.

Demos: Bezeichnung für das Volk im Sinne einer politischen Einheit (im Gegensatz zu *Ethnos*, das die blutsmäßige und kulturelle Einheit benennt), d. h. die durch die Volksversammlung repräsentierte Bürgerschaft; auch gemeint als Unterabteilung des Staates (Dorfgemeinde, Stadtbezirk), die in Athen durch Kleisthenes Grundlage der Staatsordnung wurde.

Diadochen: Die Nachfolger Alexander des Großen, die an seinen Feldzügen teilgenommen hatten. Die ihnen folgende Generation sind die *epígonoi*, die Epigonen.

Dikasterien: In Athen die einzelnen, nach den Prozeßgegenständen aufgeteilten Geschworenengerichte, an denen insgesamt 6000 Bürger richteten. Die benötigten Geschworenen wurden jährlich aus den Bürgern ausgelost, die älter als 30 Jahre waren und sich freiwillig gemeldet hatten. Sie waren Laien, die per Mehrheitsbeschluß über die vorgetragenen Rechtsfälle urteilten und dabei an den Buchstaben der geltenden Gesetze gebunden waren. Gegen die Urteile der Gerichte gab es keine Berufung.

Ekklesía: Volksversammlung. Zentrales politisches Organ in den Stadtstaaten, das sich aus der Heeresversammlung entwickelt hatte und aus den wehrfähigen, stimmberechtigten und männlichen Bürgern der Polis bestand. Ihre Befugnis bezog sich auf alle Bereiche der Innen- und Außenpolitik, wie Entscheidungen über Krieg und Frieden, Vertragsabschlüsse mit anderen Poleis, Verwendung von Einnahmen, Ostrakismos. Ihren Beschlüssen ging ein Gutachten (*Probouleuma*, s. unten) des Rates voraus. Als Versammlungsorte dienten die Agora und die Theater in den Städten. In Athen ermöglichten im 4. Jahrhundert Tagegelder jedermann die Teilnahme an den Versammlungen. (s. auch: *Apella*)

Ephorat, Ephoren („Aufseher"): Magistrate der spartanischen Bürgergemeinde, die das Volk für ein Jahr wählte und die rechenschaftspflichtig waren. Ihre Kompetenzen, die sie seit dem 6. Jahrhundert besaßen, bestanden in der Beratung und Kontrolle der Könige, der obersten Gerichtsbarkeit sowie der Leitung von Rat und Volksversammlung; damit war das Ephorat die wichtigste politische Institution Spartas.

Eunomía („Wohlgesetzlichkeit"): Die auf der Übereinkunft aller Bürger beruhende gerechte staatliche Ordnung; bei Solon die „feste Gesetzlichkeit" im Gegensatz zur *Dysnomía*, der Gesetzesmißachtung.

Génos: Familien- bzw. Sippenverband, der zugleich eine Kultgemeinschaft war.

Gerusie („Ältestenrat"): In Sparta der Rat der Dreißig, der durch den legendären Staatsgründer Lykurg gemäß göttlicher Bestimmung eingerichtet worden sein soll. Er ersetzte einen bereits vorhandenen Adelsrat und bestand aus 28 über sechzig Jahre alten Mitgliedern (*Geronten*) und den beiden Königen; die Bedeutung der spartanischen Gerusie wurde seit dem 6. Jahrhundert durch die Ephoren und die von ihnen geleitete Apella stark eingeschränkt.

Hegemonie: Die Vorherrschaft eines Staates, die sowohl vertraglich abgesichert sein als auch auf der bloßen militärisch-strategischen, ökonomischen oder kulturellen Übermacht des Hegemon beruhen konnte.

Heliáia: Volksgericht in Athen, untergliedert in mehrere Abteilungen (*Dikasterien*, s. oben), deren Größe sich nach der Bedeutung des anstehenden Rechtsfalles richtete.

Heloten: Die Bevölkerung der von Sparta unterworfenen nichtdorischen Gemeinden, später vor allem die Messenier, die rechtlich an den Grundbesitz eines Spartiaten gebunden waren und als versklavte (helotisierte) Zwangsarbeiter die Felder ihrer Herren bearbeiteten. Die aufgrund ihrer kriegerischen Leistungen freigelassenen Heloten wurden *Neodamódeis* („die dem Damos neu Angeglichenen") genannt.

Hopliten: Schwerbewaffnete; mit Harnisch, Beinschienen, Helm, Lanze, Schwert und Rundschild ausgerüstete Fußkämpfer, die seit dem 7.Jahrhundert den Kern des griechischen Heeres bildeten und im geschlossenen Verband (*Phalanx*) kämpften.

Isonomie (gr.: *ísos*=gleich, *némein*=verteilen): Den Reformen des Kleisthenes zugrunde liegendes Prinzip der Gleichheit aller Staatsbürger in der Volksversammlung.

Isopolitie: Eine besondere Form von Bürgerrechtsverleihung von Staaten untereinander. Dabei wandte sich die Verleihung des Bürgerrechts nicht nur an Einzelpersonen, sondern auch und vor allem an ganze Bürgergemeinden; die Folge war nicht der Zusammenschluß der Partner zu einem neuen Gemeinwesen (*Synoikismos*, s. unten), vielmehr kam es allen

Beteiligten darauf an, auf diese Weise kriegerische Konflikte auf Dauer zu beenden und neue Freunde zu gewinnen, ohne die eigene Autonomie aufzugeben.

Klaroten: Hörige auf Kreta, die aus der Zeit der Eroberung der Insel durch dorische Stämme stammten. Sie lebten auf eigenem Grund und Boden, den sie im Familienbetrieb entweder für ihre privaten Herren oder als Staatssklaven (*Mnoiten*) bearbeiteten.

Kleros („das Los"): Der Landanteil, den eine Familie oder ein einzelner nach der Eroberung siedlungsfähigen Landes erhalten hatte und der als Privateigentum an die Söhne vererbt wurde.

Koiné eiréne („gemeinsamer Friede"): Bezeichnung für die alle Griechen betreffenden Friedensschlüsse im 4. Jahrhundert v.Chr. Sie wurden nicht zwischen zwei Kontrahenten abgeschlossen, sondern umfaßten alle Teilnehmer in gleicher Weise. Als Ziele wurden die Autonomie, die Freiheit aller Vertragsteilnehmer und der Friede für die Zukunft festgelegt.

Leiturgie (*leiturgía*): Die von Staat und Gesellschaft geforderten öffentlichen Leistungen wohlhabender Bürger; als reguläre Leiturgie galt z. B. der Einsatz als Chorege (s. oben), eine außerordentliche bestand etwa in der Finanzierung von Kriegsschiffen.

Magna Graecia („Großgriechenland"): Bezeichnung für die im Zuge der Kolonisation griechisch besiedelten Gebiete Unteritaliens und Siziliens.

Metoiken („Mitbewohner"): Die besonders in Handelsstädten dauernd ansässigen Fremden, die als persönlich Freie Rechtsschutz genossen und ihren Geschäften ohne Beschränkungen nachgehen konnten. Sie waren vom Bürgerrecht jedoch ausgeschlossen, hatten eine Kopfsteuer (*Metoikion*) zu entrichten und durften keinen Landbesitz erwerben.

Metropolis („Mutterstadt"): Bezeichnung derjenigen griechischen Städte, von denen im Zuge der Kolonisation die Gründung einer oder mehrerer Kolonien (*Apoikien*) ausgegangen war.

Mythos, Mythen: Erzählungen vom Ursprung der Welt und ihren Einrichtungen und von Göttern, Heroen und Helden. Ihre Funktion waren vielfältig, und sie sind allein aus ihrer Anwendung in Religion, Philosophie und Politik nicht restlos zu erklären. Den frühen Griechen gliederten die Mythen die Zeit und halfen in Worte und Geschichten zu fassen, was die Welt an Wirklichkeiten bereithielt.

Nomos: Die gegebene Lebensordnung, die jedem das Richtige zukommen läßt; wurde diese ursprünglich als göttlich gestiftet angesehen, so bezeichnete der Ausdruck später auch das Gesetz als von Menschen geschaffene Ordnung.

Oikist: Der adlige Gründer einer Kolonie, der meist aus eigener Initiative, aber mit dem Segen der Mutterstadt das Kolonisationsunternehmen leitete, in der neuen Heimat eine Stadt nach dem heimischen Vorbild gründete und das Land an die Siedler verteilte. Er wurde nach seinem Tode meist als Heros in der von ihm gegründeten Kolonie verehrt.

Oikos (Haus, Haushalt, Familie): Der Begriff umfaßt das Haus, die zu ihm gehörenden Personen einschließlich der Sklaven, den Grundbesitz sowie den Besitz an Vieh, Waffen und aller weiteren beweglichen Habe einer Familie. Der Oikos ist für Aristoteles (Politik 1252b12) „die für das tägliche Zusammenleben bestehende natürliche Gemeinschaft" und damit der erste Baustein staatlicher Organisation. Die rechte Führung des Oikos bestand in der Kunst der Ökonomie (*oikonomía*), die seit Aristoteles neben Ethik und Politik den dritten Teil der praktischen Philosophie ausmachte. Die Wirtschaft des Oikos war auf Autarkie ausgerichtet.

Oligarchie: Die Herrschaft der Wenigen (*olígoi*) im Gegensatz zur Demokratie, der Herrschaft des *Démos*. Sie konnte von alteingesessenen Adelsfamilien wie von Emporkömmlingen ausgeübt werden.

Ostrakismos: Für das Jahr 488/87 erstmals belegtes Scherbengericht, das den Peisistratiden Hipparchos aus Athen verbannte; 417 traf der letzte Ostrakismos den Politiker Hyperbolos. Die Einführung dieser Möglichkeit, die vor der Volksversammlung ausgetragenen Kämpfe der führenden adligen Familien durch die Verbannung der Hauptunruhestifter zu begrenzen, schreiben die antiken Autoren dem Kleisthenes zu. *Verfahren*: die Volksversammlung stimmte mittels Scherben (*óstraka*) über eine zehnjährige Verbannung von Bürgern ab, die nach der Überzeugung der Mehrheit der Versammlung die politische Ordnung gefährdeten; dabei wurden weder Vermögen noch Ehrenrechte des Verbannten angetastet.

Panathenäen (*Panathénaia*): Das zu Ehren der Stadtgöttin Athene gefeierte Hauptfest in Athen, das mit einer Prozession aller Bürger und Gäste sowie verschiedenen Wettspielen begangen wurde. Der Festakt gipfelte in der Übergabe eines neuen Gewandes, das die Frauen Athens gemeinsam hergestellt hatten, an das Standbild der Athena Polias. Seit etwa 570 wurden alle vier Jahre die „Großen Panathenäen" gefeiert.

Panhellenismus: Seit den Perserkriegen aufgekommene gemeingriechische Bewegung, die die politische Einigung aller griechischen Poleis zum Rachefeldzug gegen den Perserkönig, die Befreiung der kleinasiatischen Griechenstädte sowie die Eroberung und Besiedlung dortiger Gebiete anstrebte; mit der Zunahme des persischen Einflusses seit dem Ende des 5. Jahrhunderts suchte Isokrates als berühmtester Wortführer des Panhellenismus erst Athen (mit der Rede *Panegyrikos*), dann Philipp II. von Makedonien für diesen Plan zu gewinnen.

Peltasten: Die ursprünglich hauptsächlich aus Thrakien stammenden, mit Wurfspieß und leichtem Schild ausgerüsteten Leichtbewaffneten.

Perioiken („Umwohnende"): Auf spartanischem Gebiet lebende Dorer und Nichtdorer, denen das Bürgerrecht vorenthalten wurde, die jedoch in ihren Städten weitgehend autonom waren. Sie trieben vorwiegend Handel und Gewerbe und unterstützten Sparta im Krieg durch ihre militärischen Kontingente.

Phalanx: Nahkampfformation, die aus einer Schlachtreihe bestand, die in einer Tiefe von acht Mann gestaffelt war und aus Schwerbewaffneten (*Hopliten*) gebildet wurde. Ihre Anfänge reichen bis in das 7.Jahrhundert zurück. Als die Bürger und nicht mehr einzelne Adlige die Masse der Kämpfer stellten, konnten sie – dem Grundgesetz des politischen Lebens in den antiken Städten entsprechend – auch im politischen Leben weitreichende Rechte fordern.

Phratrie („Bruderschaft"): Zwischen Genos und Phyle stehende Gemeinschaft mit sakralen und sozialen Aufgaben unter der Kontrolle eines adligen Geschlechtes. Im Athen des 6. Jahrhunderts kontrollierten sie das Bürgerrecht.

Phyle: Die in Griechenland seßhaft werdenden Stämme waren nach Phylen (Stämme) und Phratrien (Bruderschaften) geordnet. Diese waren durch gemeinsame Kulte verbunden und stellten die Aufgebote der Krieger. Sie bildeten die Organisationsform, innerhalb deren sich die Überlegenheit des Adels entfalten konnte. In Athen fand unter Kleisthenes eine grundlegende Reform der Phylenordnung statt: Die Phyle bildete jetzt eine aus jeweils drei Trittyen – davon je eine aus der Stadt, eine der Küstenzone und eine des Inlandes – zusammengesetzte Verwaltungseinheit (insgesamt zehn), deren jede je 50 Vertreter in die Boule entsandte und eine eigene Hopliteneinheit aufstellte.

Polis: Ursprünglich die Burg und die dazugehörige Siedlung; dann die Stadt als (meist ummauertes) Siedlungszentrum oder als Gemeinwesen, das aus einem städtischen Zentrum und dem rechtlich dazugehörigen Umland bestand. Nicht das Territorium, sondern die Bürger, die zugleich die Soldaten der Stadt waren, sind das konstitutive Element des Gemeinwesens. Seine Ordnung beruht auf Recht und Gesetz und steht unter dem Schutz der Götter, die von allen Bürgern gemeinsam kultisch verehrt werden wollen. Die äußeren Merkmale der Polis sind ihre Tempel, die Agora, das Prytaneion, wo das Herdfeuer der Stadt gehütet wird, das Bouleuterion und die Gymnasien.

Politeia: Seit der 2. Hälfte des 5. Jahrhunderts die Bezeichnung für die Bürgerschaft einer Polis und für die staatliche Ordnung im Sinne von *Verfassung*. Die Entstehung des Begriffes ist die Folge der historischen Entwicklung, die die Polis mit ihrer Bürgerschaft identifizierte, so daß staatliche Ordnung nur unter dem Stichwort von Bürgerschaft und Bürgerrecht diskutiert werden konnte.

Probuleuma (*proboúleuma*, d.h. „vorweg gegebener Ratschlag"): Bezeichnung für den Beschluß, den die Boulé über alle Anträge faßte, die der Volksversammlung zur Entscheidung vorgelegt werden sollten. Die Volksversammlung konnte ein Probouleuma abändern und dem Rat neue Vorschläge an die Hand geben.

Prytanie: In Athen seit Kleisthenes ein aus 50 Mitgliedern bestehender Ausschuß, der die Amtsgeschäfte des insgesamt fünfhundertköpfigen Rates leitete; ihr täglich wechselnder Vorsitzender (*Epistates*) stand auch der Volksversammlung vor, die damit täglich einen anderen Präsidenten erhielt.

Rentier: Eine Person, die ihren Lebensunterhalt aus Einkommen bestreitet, die nicht als Gegenleistung für in derselben Zeit geleistete Arbeit bezogen werden; so lebten die Spartiaten vom Ertrag ihres durch die Heloten bearbeiteten Landes.

Rhetra, Große Rhetra: Wahrscheinlich nach vorangegangenen inneren Konflikten im 7. Jahrhundert eingerichtete Verfassung Spartas, die die religiösen, politischen und sozialen Institutionen auf eine neue Grundlage stellte. Die Überlieferung erzählt, das Orakel des delphischen Apoll habe die neue Ordnung dem Gesetzgeber Lykurgos verkündet.

Spartiaten: Vollbürger Spartas, die sich als „Gleiche" (*Hómoioi*) verstanden. Die Versammlung der Spartiaten (*Apella*, s. oben) entschied über alle wesentlichen Staatsangelegenheiten: Gesetze, Krieg und Frieden, Bündnisse. Sie führten ein asketisches Kriegerdasein und lebten von dem Ertrag, den auf ihrem Grund und Boden die Heloten erwirtschafteten. Bedingung für eine Aufnahme unter die Spartiaten war neben Landbesitz und der spartiatischen Abstammung auch die Teilnahme an der staatlich geregelten Erziehung und den Syssitien (s. dort).

Spondai („Trankspende"): Gewöhnlich ein völkerrechtlicher Vertrag, mit dem schon in der homerischen Zeit die Kriegführenden eine Waffenruhe herstellen konnten. In der klassischen Zeit werden die Spondai darüber hinaus zum wichtigsten Instrument der Konfliktbeilegung. Sie sind daher die am weitesten verbreitete Vertragsform in der griechischen Welt. Der Begriff im engeren Sinne bezeichnet die Zeremonie des Vertragsabschlusses, die den Schutz der Götter erwirken sollte; nur diese konnten als übergeordnete Instanz auf die Einhaltung der eingegangenen Verpflichtungen pochen und Vertragsverletzer strafen.

Strategen: Jährlich gewählte (nicht geloste) Beamte, die das militärische Kommando führten und wiedergewählt werden konnten; wie für alle Ämter galt die Rechenschaftspflicht und die Weisungsgebundenheit. Die Bewerbung um das Strategenamt erforderte den Nachweis von Grundbesitz in Attika.

Symmachie („Kampfgemeinschaft"): Seit dem 7. Jahrhundert die militärische Bündnisform zwischen den griechischen Staaten. Sie umfaßte zwei Haupttypen: Der ältere Typus war durch das eidliche Versprechen eines Bundesgenossen gekennzeichnet, der dem kriegführenden Partner schwur, „dieselben Freunde und Feinde zu haben." Alle großen Bündnissysteme (Seebund der Athener, Peloponnesischer Bund) gründeten auf dieser Formel. Seit der Mitte des 5. Jahrhunderts wurden Symmachien geschlossen, deren Grundlage eine Schutzklausel für das Territorium des jeweiligen Partners bildete. Dies bedeutete, daß der Bündnisfall erst bei einem Angriff auf das Gebiet eines der beiden Vertragspartner gegeben war.

Synoikismos („Zusammensiedlung"): Eine aus politischen oder militärischen Gründen vorgenommene Zusammenfassung mehrerer Siedlungen in räumlichem oder juristischem Sinne, um eine neue Stadt zu schaffen oder eine schon bestehende zu stärken.

Syssitien: Die Speisegemeinschaften, bei denen die Spartiaten in der Fortführung archaischer Sitten als die Gleichen (*Hómoioi*) gemeinsam ihre Mahlzeiten einnahmen.

Theorika („Schaugelder"): Staatliche Zahlungen, die 354 von Eubulos in Athen eingeführt wurden, um auch den Armen den Besuch der großen Theateraufführungen zu ermöglichen.

Thesmophorien: Ausschließlich von Frauen begangenes archaisches Fruchtbarkeitsfest zu Ehren Demeters.

Theten: Bezeichnung für die seit Solon als unterste Steuerklasse geführten athenischen Bürger ohne Grundbesitz. Infolge der athenischen Seemachtpolitik gewannen sie wegen ihres Einsatzes als Ruderer auf den siegreichen Trieren an Bedeutung und konnten in der Volksversammlung schließlich auch politischen Einfluß nehmen.

Timokratie: Die Abstufung der staatsbürgerlichen Rechte nach dem Vermögen oder Einkommen, wie sie beispielsweise Solon in Athen durch die Einteilung der Bevölkerung in vier Steuerklassen eingeführt hat.

Triere: ca. 35 m langes und 4,5 m breites Kampfschiff mit Rammsporn, das durch rd. 170 Ruderer angetrieben wurde. Die Anordnung der drei Ruderdecks ist nicht überliefert; sicherlich waren sie sowohl seitlich als auch in der Höhe gestaffelt. Die Triere revolutionierte den Kampf zur See: Bekämpften sich früher Krieger auf Schiffen, so war jetzt das Schiff selbst die Waffe, die das feindliche Schiff rammte oder manövrierunfähig machte.

Trittyen („Drittel"): Von Kleisthenes geschaffene, aus den Bürgern mehrerer Demen bestehende Verwaltungseinheiten (insgesamt dreißig), von denen je drei wiederum eine Phyle bildeten.

Tyrannis: Die unumschränkte Herrschaft eines Adligen ohne Ermächtigung durch die bestehenden staatlichen Institutionen. Vom Königtum unterschied sich die Tyrannis dadurch, daß ihr eine Legitimation auf der Basis von Tradition, Erbfolge oder göttlichem Willen fehlte.

Zeugiten: Bevölkerungsschichten mit mittelgroßem Besitz; politische Rechte bereits seit Solon.

Personenregister

Sach- und Ortsregister

Kartenverzeichnis

Standardwerke der Alten Geschichte

Jochen Bleicken

Die athenische Demokratie

2., völlig überarbeitete und wesentlich erweiterte Auflage 1994.
648 Seiten, geb., ISBN 3-506-71901-7

»Mustergültige Verflechtung der wirtschaftlichen, sozialen, politischen und institutionellen Aspekte... Sein mit fast britischem Understatement formuliertes Ziel, einem weiteren Kreis von historisch Interessierten ein besseres Verständnis der athenischen Demokratie zu vermitteln, hat B. übertroffen.«

Historisches Jahrbuch

Ungekürzte Taschenbuchausgabe:

Jochen Bleicken

Die athenische Demokratie

4., völlig überarbeitete und erweiterte Auflage 1995.
747 Seiten, kart., ISBN 3-8252-1330-7
= Uni-Taschenbücher UTB 1330

Jochen Bleicken

Die Verfassung der Römischen Republik

Grundlagen und Entwicklung

7., völlig überarbeitete und erweiterte Auflage 1995.
359 Seiten, kart., ISBN 3-8252-0460-X
= Uni-Taschenbücher UTB 460

Schöningh Paderborn München Wien Zürich

Roms Weltherrschaft

Raimund Schulz

Herrschaft und Regierung

Roms Regiment in den Provinzen in der Zeit der Republik

1997. 330 Seiten, geb., ISBN 3-506-78207-X

Roms Herrschaft über die Länder des Mittelmeerraums ist ein welthistorisches Phänomen ersten Ranges. Sie war das Werk einer Republik, die ein Weltreich eroberte, mit wenigen Männern beherrschte und lange Zeit regierte.
Raimund Schulz erklärt, wie diese Herrschaft in der Praxis funktionierte: Der Leser begleitet die römischen Beamten in die Provinzen, beobachtet sie bei ihren Planungen und Entscheidungen, nimmt an den Festen und Intrigen im Hauptquartier teil und lernt so die Probleme der Regierungsarbeit aus nächster Nähe kennen. Herrschaft wird als lebendiger Prozeß geschildert, der von zahlreichen sozialen Verpflichtungen und Beziehungen gelenkt wird.

Schulz hat ein Buch geschrieben, das die Seite der Eroberer und die Lage der Unterworfenen gleichermaßen ins Blickfeld rückt und so die römische Herrschaftspraxis in ihrer ganzen Breite und Vielfalt erklärt.

Seine Perspektive erlaubt interessante Antworten auf die alte und immer neue Frage nach den Ursachen und Umständen des römischen Erfolgs und ermöglicht darüber hinaus die vergleichende historische Betrachtung von Herrschaftsphänomenen.

Ein fesselndes Buch, das verspricht, ein Standardwerk zur römischen Geschichte zu werden.